《新时代的中国人口》丛书

中国人口普查
CHINA POPULATION CENSUS

U0501686

国家出版基金项目
NATIONAL PUBLICATION FOUNDATION

新時代的中国人口

内蒙古自治区第七次全国人口普查领导小组办公室　编

中国统计出版社
China Statistics Press

© 中国统计出版社有限公司 2023

版权所有。未经许可，本书的任何部分不得以任何方式在世界任何地区以任何文字翻印、拷贝、仿制或转载。

图书在版编目（CIP）数据

新时代的中国人口. 内蒙古卷 / 内蒙古自治区第七次全国人口普查领导小组办公室编. -- 北京：中国统计出版社, 2023.8

ISBN 978-7-5230-0156-1

Ⅰ．①新… Ⅱ．①内… Ⅲ．①人口普查－内蒙古 Ⅳ．①C924.25

中国国家版本馆 CIP 数据核字(2023)第 134798 号

新时代的中国人口——内蒙古卷

作　　者/内蒙古自治区第七次全国人口普查领导小组办公室
责任编辑/张　洁
封面设计/李雪燕
出版发行/中国统计出版社有限公司
通信地址/北京市丰台区西三环南路甲 6 号　邮政编码/100073
发行电话/邮购（010）63376909　书店（010）68783171
网　　址/http://www.zgtjcbs.com/
印　　刷/河北鑫兆源印刷有限公司
经　　销/新华书店
开　　本/787mm×1092mm　1/16
字　　数/350 千字
印　　张/24
版　　别/2023 年 8 月第 1 版
版　　次/2023 年 8 月第 1 次印刷
定　　价/85.00 元

如有印装差错，请与发行部联系退换。

《新时代的中国人口》
总编委会

顾 问：康 义

主 编：毛有丰

副主编：王萍萍 叶礼奇

编 委：（以姓氏笔画为序）

万 玲 卫永杰 王 舸 王素君 石曰灿 叶福生

田新茹 白玛卫东 朱静蕾 刘雅杰 江永平 李 涛

李 睿 李希如 李绍文 李珠桥 杨弘毅 杨洪春

吴定伟 张 明 张子政 张兴华 张跃文 卓 玲

庞江倩 孟灿文 赵玉西 侯运红 徐 良 曹宗泉

崔红艳 康 玲 蒋春华 程龙干 靳 力

总编辑部成员：（以姓氏笔画为序）

马玉德 马永春 马旭东 王 娟 王梦轩 白 菲

权少伟 任 强 米清奎 杜 若 杜明翠 李 姝

李万海 李方启 李永章 李两聪 杨 康 杨 毅

张 丹 张忠阳 张定新 陈光曙 武 超 周心奕

赵社领 班成英 袁 红 徐鸿峰 黄昭朝 辜 阳

喻 荣 赖晓东 雷炳建 鲍建辉 燕慧军 魏巍峰

《新时代的中国人口——内蒙古卷》编委会和编辑工作人员

一、编委会

主　编：曹思阳

副主编：田新茹

二、编辑部

执行编辑：白　菲　石云峰

撰稿人：第一章　张建华　　第二章　石云峰

第三章　石云峰　　第四章　白　菲

第五章　杜文杰　　第六章　杨　源

第七章　张建华　　第八章　杨　源

第九章　陈　婧　　第十章　李清华

第十一章　汪欣宇　　第十二章　阿斯雅

第十三章　杜文杰

丛书总序

习近平总书记在党的二十大报告中深刻指出："中国式现代化是人口规模巨大的现代化。我国十四亿多人口整体迈进现代化社会，规模超过现有发达国家人口的总和，艰巨性和复杂性前所未有，发展途径和推进方式也必然具有自己的特点。"作为世界上的人口大国，人口问题始终是我国的全局性、战略性问题。当前，我国人口发展出现了一些显著变化，必须全面认识、正确看待我国人口发展新形势，深刻厘清人口发展对现代化事业产生的复杂影响，以系统观念统筹谋划人口问题，以改革创新推动人口高质量发展。

第七次全国人口普查恰逢全面建成小康社会决胜收官，担负着在"两个一百年"历史交汇点上，为开启全面建设社会主义现代化国家新征程提供人口基础资料的重大使命。面对艰巨繁重的普查任务，谋划筹备、现场登记、数据汇总、成果开发的每个环节都倾注了大量人力物力，特别是登记期间正值新冠肺炎疫情肆虐，各项工作在攻坚克难中砥砺前行。在以习近平同志为核心的党中央坚强领导下，按照国务院第七次全国人口普查领导小组统一部署，我们建立高效完备的组织体系，制定科学可行的普查方案，组建业务过硬的普查队伍，开展全面细致的准备工作，进行广泛深入的普查动员，完成极为不易的现场登记，发布丰富翔实的普查成果，按期圆满完成了第七次全国人口普查的各项任务，为完善人口发展战略和政策体系、制定经济社会发展规划、推动经济高质量发展提供了真实准确的统计信息支撑。

由国务院第七次全国人口普查领导小组办公室组织编写的《新时代的中国人口》系列丛书，以第七次全国人口普查资料为主，辅以历次人口普查数据和相关资料文献，从人口的发展、性别年龄构成、老龄化、出生、死亡、婚姻家庭、受教育状况、少数民族人口、人口迁移、城镇化、居住状况、资源环境、人口展望等方面，系统阐述了新时代的中国人口状况，反映了我国推动高质量发展、决胜全面建成小康社会的实践历程，是集科学性、知识性、可读性为一体的综合性国情读物。丛书分为全国卷和各省分卷。全国卷回顾了新中国成立以来的人口情况，重点是近十年来的发展变化情况，力求全面描述我国人口概貌。各省分卷在此基础上，结合各地实际情况、突出本地特点，尽可能反映了各地人口状况。

组织出版一套系列丛书，是一项要求极高、任务极重的系统工程。我们的初衷是用更加直观、更加通俗易懂的文字和图表来展现新时代中国人口的现状和结构变化，不仅为政府和有关部门咨政建言，也要不断满足社会各界了解人口发展情况的需求。全书既便于闲暇品读，又利于研修查证，这是我们编辑此书的一个愿望，也是希望大家在阅读时有一种感受——这套丛书具有重要的参考价值，值得一读。

人口发展是关系中华民族伟大复兴的大事。以人口高质量发展支撑中国式现代化，关键在党，力量源自人民。在中国共产党的坚强领导下，十四亿多人口与祖国一起成长，一起奋进，一起为新时代喝彩！

《新时代的中国人口》总编委会

前 言

2020 年内蒙古自治区第七次全国人口普查是新时代开展的一次重大区情区力调查，内蒙古自治区第七次全国人口普查的结果全面反映了内蒙古自治区人口现状，展现了 2010 年到 2020 年十年间内蒙古自治区人口状况发生的深刻变化，为全面了解内蒙古自治区人口数量、结构、分布等方面情况和当前人口变化的趋势性特征提供了大量宝贵的信息资源，为完善内蒙古自治区人口发展战略和政策体系、有针对性地制定人口相关战略和政策、促进人口长期均衡发展提供了准确统计信息基础，为制定内蒙古自治区经济社会发展规划、推动高质量发展、推进内蒙古自治区中国式现代化提供了强有力的统计信息支撑。

为了更好地开发利用内蒙古自治区 2020 年第七次全国人口普查资料，对新时代内蒙古自治区人口的现状、人口的新特征、新变化以及人口问题进行全面分析，按照国务院第七次全国人口普查领导小组办公室统一部署，内蒙古自治区第七次全国人口普查领导小组办公室组织精干力量开展了《新时代的中国人口》系列丛书内蒙古卷撰写工作。内蒙古卷根据统一制定的撰写提纲，以 2020 年人口普查数据分析为基础，共分十三章，包括人口发展回顾、人口性别与年龄构成、人口老龄化、生育水平与人口发展、人口死亡状况、婚姻与家庭状况、人口的受教育状况、少数民族人口、人口迁移与流动、新型城镇化与城乡融合发展、人口居住状况、人口与自然资源环境、人口发展展望等内容。书中提供了详实的文字和数据资料，以反映人口现状为主，同时兼顾历史并展望未来，对内蒙古自治区各种基本人口现象和人口问题做了综合阐述与详细分析，是集科学性、统一性、综合性、知识性、可读性为一体的普及性读物。

本书在编写过程中，得到了国务院第七次全国人口普查领导小组办公室、有关省人口普查办公室及自治区统计局有关处室（中心）的大力支持。同时，向本书各位撰写者的辛勤劳动表示衷心的感谢，也向中国统计出版社为这部书的出版发行而做的卓有成效工作表示感谢。

本书肯定还会有疏漏与不足之处，诚恳希望读者给予批评指正。

《新时代的中国人口——内蒙古卷》编委会

目　　录

第一章　人口发展回顾

内蒙古自治区位于祖国北部边疆，由东北向西南斜伸，呈狭长形。东近黑龙江、吉林、辽宁，南接河北、山西、陕西，西连宁夏、甘肃，横跨东北、华北、西北三北地区；北部与俄罗斯、蒙古国接壤。是我国"北开南连、东进西出"的重要枢纽，相较于其他省区，内蒙古有两大突出优势：一是"南平原、北草原"有我国最大的草场和天然牧场，"风吹草低见牛羊"，内蒙古农牧业生产具备天然优势；二是地域辽阔，矿产资源丰富，是我国重要的能源和战略资源基地。全区土地面积 118.3 万平方公里，占全国土地总面积的 12.3%，土地面积仅小于新疆维吾尔自治区和西藏自治区，在全国居第 3 位。在内蒙古这块富饶、美丽、辽阔的土地上，居住着蒙古族、汉族、回族、满族、达斡尔族、朝鲜族、鄂温克族、鄂伦春族等 56 个民族。

2010 年到 2020 年的 10 年间，内蒙古切实转变经济发展方式，地区经济快速增长，各项社会事业全面进步，城乡居民生活条件和生活水平有了大幅度改善和提升。在社会经济和各项事业发展的同时，内蒙古人口增长方式及人口结构也发生了根本性的改变。内蒙古人口增长方式及特点与内蒙古经济社会发展有着密切关系。

2020 年第七次全国人口普查，内蒙古行政区划辖 12 个盟（市），其中地级市 9 个、盟 3 个，所辖 9 个地级市分别为呼和浩特市、包头市、乌海市、赤峰市、通辽市、鄂尔多斯市、呼伦贝尔市、巴彦淖尔市和乌兰察布市；3 个盟分别为兴安盟、锡林郭勒盟和阿拉善盟。辖 103 个旗县（市、区）及 5 个开发区。与 2010 年第六次全国人口普查行政区划相比，盟市个数没有发生变化，旗县（市、区）增加了 2 个，分别为鄂尔多斯市的康巴什区、呼伦贝尔市的扎赉诺尔区。

第七次全国人口普查数据显示，2020 年 11 月 1 日零时，内蒙古常住人口为 2404.92 万人，其中男性人口为 1227.53 万人，女性人口为 1177.39 万人，男性人口占 51.04%，女性人口占 48.96%，常住人口的性别比为 104.26。在内蒙古常住人口中，居住在城镇的人口为 1622.75 万人，占 67.48%；居住在乡村的人口为 782.17 万人，占 32.52%。与 2010 年第六次全国人口普查相比，10 年间内蒙古常住人口减少了 65.72 万人，减少 2.66%，常住人口平均每年减少了 6.57 万人，年平均增长率为 -0.27%；城镇人口增加了 250.73 万人，增长 18.27%，年平均增长率为 1.69%，城镇人口比重提高了 11.95 个百分点，城镇人口的增长远远快于常住人口的增长；同期乡村人口减少了 316.44 万人，减少 28.80%，年平均减少 3.34%。2020 年内蒙古人口密度为每平方公里 20.3 人，比 2010 年的每平方公里 20.9 人减少了 0.6 人。由于常住人口总量的减少，特别是受经济社会发展、人口迁移流动等的影响，内蒙古常住人口的地区分布、年龄构成和城镇化进程等也都发生了显著的、实质性的变化。

一、新中国成立以来的人口发展

据有关历史资料，1949 年末内蒙古总人口仅为 608.1 万人，其中，男性人口 334 万人，占 54.93%；女性人口 274.1 万人，占 45.07%，性别比高达 121.85。在总人口中，居住在城镇的人口为 75.2 万人，占 12.37%；居住在乡村的人口为 532.9 万人，人口密度为每平方公里 5.1 人。1949 年末，内蒙古总人口占全国（大陆 31 个省、自治区、直辖市，下同）总人口的比重只有 1.12%，总人口性别比较全国高出 13.69，城镇人口比重比全国高 1.73 个百分点。

中华人民共和国成立以后，在中国共产党的领导下，在党的民族政策和民族区域自治政策下，实现了各民族的平等和共同进步。勤劳、智慧的内蒙古各族人民，艰苦创业、开拓进取，用辛勤的劳动和汗水，改变了内蒙古社会、经济、教育和医疗卫生状况落后的局面，社会、经济、教育和医疗卫生事业得到了快速发展，取得了巨大的成就，人民生活水平和健康水平大幅度提高，人口死亡率逐步降低，人口平均预期寿命不断延长。20 世纪 50 年代到 70 年代中期，内蒙古人口再生产属于高出生、高死亡、高自然增长类型，人口的出生率、自然增长率都处于较高水平，加之 20 世纪五六十年代国家为支援内蒙古的经济建设，有组织、有计划地将内地一些工业企业整体迁入内蒙古，迁入人口大量增加。同时在内蒙古自身经济快速发展，建设规模不断扩大的情况下，对劳动力的需求也随之增加，也使大量人口由其他省区涌入内蒙古地区，使得内蒙古人口总量迅速增加，而且由于大量的迁入人口基本上以青壮年男性居大多数，不仅使得内蒙古人口规模快速扩大，也使内蒙古的人口结构，特别是人口的年龄结构、性别构成发生了根本性的变化，并在较长时期对内蒙古人口和经济社会的发展产生了重大影响。

2020 年第七次全国人口普查，内蒙古常住人口为 2404.92 万人，占全国人口总量的 1.70%。从 1949 年到 2020 年的 71 年间，内蒙古人口总量增加了 1796.82 万人，增加了近 3 倍，平均每年增加 25.31 万人，年平均增长速度为 1.96%，内蒙古人口增长速度高于同期全国平均水平。

内蒙古人口的发展与其不同时期国家政策及政治、社会、经济、文化等的发展有着密切联系。纵观内蒙古 71 年来人口发展变化过程，不同历史时期人口总量的发展变化，有很大差异，特别是在 20 世纪 70 年代以前，虽然内蒙古自然增加人口处于较高水平，但由于迁入人口数量大，迁入人口在许多年份是内蒙古人口增加的主要原因；20 世纪 80 年代到 2010 年这一时期，内蒙古人口总量的增加主要是人口的自然增加起着主要作用；2010 年以后，同样是由于人口迁移流动的影响，内蒙古迁出人口逐年增加，人口总量也逐年呈减少态势，内蒙古人口发展方式发生了根本性的转变，这也是内蒙古人口发展变化不同于其他省区的一个非常显著特点。从历次人口普查和历年人口发展变化情况，不仅可以反映出内蒙古人口发展变化的过程和特点，而且也能够对内蒙古人口发展变化过程有一个充分的了解和认识。

（一）历次人口普查内蒙古人口变化情况

1953 年第一次全国人口普查，内蒙古人口总量为 757.38 万人，占全国总人口的 1.3%，人口密度为每平方公里 6.4 人；到 1964 年第二次全国人口普查时，内蒙古人口总量就达到了 1233.41 万人，11 年间人口增加了 476.03 万人，增长了 62.85%，平均每年增加人口 43.28 万人，年平均增长速度高达 4.53%，是同期全国人口年均增长速度 1.61% 的 2.8 倍。由于人口增长速度较快，内蒙古人口占全国总人口的比重也有了较大的提高，达到了 1.78%，人口密度也上升到了每平方公里 10.4 人。

1982 年第三次全国人口普查，内蒙古总人口增加到 1927.43 万人，从第二次全国人口普查到第三次全国人口普查的 18 年间，总人口增加了 694.02 万人，增长 56.27%，平均每年增加人口 38.56 万人，年均增长速度为 2.51%，较前两次人口普查间的增长速度虽有较大幅度的下降，人口增长速度虽然开始趋缓，但比同期全国年均增长速度 2.09%，仍然高出 0.42 个百分点，其占全国总人口的比重提高到了 1.91%，人口密度增加到每平方公里 16.3 人。

1990 年第四次全国人口普查，内蒙古总人口为 2145.65 万人，从第三次全国人口普查到第四次全国人口普查的 8 年间，总人口增加了 218.22 万人，人口增长速度为 11.32%，平均每年增加人口 27.28 万人，年均增长速度为 1.35%，比同期全国年均增长 1.48% 的水平低 0.13 个百分点，内蒙古人口发展开始出现较大的转折，即人口的年均增长速度由以往高于全国水平，转变为低于全国平均水平。由于这一时期，内蒙古总人口的增长速度低于全国水平，总人口占全国人口的比重有所降低，降至 1.89%，比第三次全国人口普查所占比重降低 0.02 个百分点。人口密度上升到每平方公里 18.1 人，增加了 1.8 人。

2000 年第五次全国人口普查，内蒙古常住人口达到 2375.54 万人，10 多年间常住人口增加了 229.89 万人，增长 10.71%，平均每年增加 22.25 万人，年平均增长速度更是降到了 1% 以下，为 0.99%，比全国同期的年均增长速度 1.07% 低 0.08 个百分点，由此反映出内蒙古人口增长已开始进入低增长阶段。内蒙古常住人口占全国人口的比重降低至 1.88%，人口密度上升到每平方公里 20.1 人，比第四次全国人口普查增加了 2 人。

2010 年第六次全国人口普查，内蒙古常住人口为 2470.63 万人，从 2000 年到 2010 年的 10 年间，常住人口仅增加了不足 100 万人，为 95.09 万人，人口增长速度大幅度下降，降至 4.0%，平均每年增加的人口也不足 10 万人，年平均增加人口只有 9.5 万人，年平均增长速度更是降至 0.39%，比同期全国年均增长速度 0.57% 低 0.18 个百分点，内蒙古人口开始进入了一个新的发展时期。由于常住人口缓慢的增长,使得 2010 年内蒙古常住人口占全国人口的比重又有所下降,所占比重下降了 0.04 个百分点,为 1.84%;而人口密度仅达到每平方公里 20.9 人,比第五次全国人口普查时的 20.1 人,增加了 0.8 人。

2020 年第七次全国人口普查,内蒙古常住人口为 2404.92 万人,与 2010 年第六次全国人口普查相比,10 年间常住人口减少了 65.72 万人,减少 2.66%,平均每年减少 6.57 万人,年平均增长速度降至-0.27%,比同期全国年均增长速度 0.53%低 0.80 个百分点,内蒙古人口发展方式发生了重大转折。由于常住人口的减少,2020 年内蒙古常住人口占全国人口的比重有较大幅度下降,所占比重又下降了 0.14 个百分点,占 1.70%;人口密度也降至每平方公里 20.3 人,比第六次全国人口普查时的 20.9 人,减少了 0.6 人。

历次人口普查数据,总体上直观地反映了内蒙古人口发展演变的过程。可以说 70 多年来,内蒙古人口发展经历了从高速增长→快速增长→低速增长→平缓增长→常住人口减少的过程。内蒙古人口的发展变化,在不同年代和时期波动是比较大的,影响因素也是不尽相同。见表 1-1。

表 1-1 内蒙古历次人口普查人口变化情况

普查年份	常住人口(万人)	增加人口(万人)		增长率(%)	
		增加总量	年均增加	总增长	年均
1953	757.38	—	—	—	—
1964	1233.41	476.03	43.28	62.85	4.53
1982	1927.43	694.02	38.56	56.27	2.51
1990	2145.65	218.22	27.28	11.32	1.35
2000	2375.54	229.89	22.25	10.71	0.99
2010	2470.63	95.09	9.51	4.00	0.39
2020	2404.92	-65.72	-6.57	-2.66	-0.27

资料来源:内蒙古历次人口普查资料。

(二)1949 年到 2020 年内蒙古人口发展历程

从 1949 年到 2020 年,内蒙古人口发展过程,大体可以分为几个不同的时期。见表 1-2,表 1-3。

1.人口高速增长时期

1949 年到 1973 年,是内蒙古人口高速增长的时期,持续时间长达

24 年。这一时期，除个别年份外内蒙古人口出生率基本上都在 30‰ 以上；人口自然增长率也都保持在 20‰ 以上，人口再生产属于典型的高出生、高死亡、高自然增长的再生产类型。同时 20 世纪 50 年代和 60 年代初期，人口的高机械增长也是促使内蒙古人口高速增长的一个重要的、不可忽视的因素。在高自然增长和高机械增长两者的共同作用下，内蒙古人口由 1949 年的 608.1 万人增加到 1973 年的 1651.1 万人，增长 171.5%。但在这一时期，内蒙古人口的发展变化在不同年份也存在一定的差异。

1949 年到 1960 年，是内蒙古人口增长最快的一个时期。人口总量大幅度增加。11 年间内蒙古总人口由 1949 年的 608.1 万人，增加到 1960 年的 1191.1 万人，增加了 583 万人，增长 95.87%，人口接近翻番，年平均增加人口 53 万人，年均增长率高达 6.3%。总人口的大规模增加，其人口的机械增长起了主导作用，但人口自然增长的因素也是不可低估的。因为在这一时期各年的人口自然增长率，基本上在 20‰ 以上，内蒙古历史上人口自然增长率最高的 1952 年为 33.51‰，1950 年、1951 年和 1953 年自然增长率也都超过了 30‰。在所增加的 583 万人口中，自然增加人口为 236.73 万人，占增加人口的 40.61%，而机械增加人口远远高于自然增加的人口，为 346.27 万人，占 59.39%，在这其中仅 1960 年内蒙古净迁入人口就达到 106.08 万人。

1961 年和 1962 年，内蒙古人口发展的出现了低谷。受自然灾害影响，内蒙古的社会经济发展遭受了严重挫折，人口增长速度放慢，1961 年、1962 年人口自然增长率虽然也分别达到 13.31‰ 和 29.14‰，但是由于人口的大量迁出，而且迁出人口超过了自然增加人口，致使 2 年间内蒙古人口总量减少了 19.3 万人。1961 年内蒙古自然增加人口只有 15.67 万人，同年净迁出人口就为 43.67 万人，使内蒙古人口总量减少了 28 万人，这也是自内蒙古自治区成立以来总人口首次出现人口减少的一年。1962 年自然增加人口开始回升，达到了 34.02 万人，然而净迁出人口的规模仍然较大，为 25.32 万人，致使当年总人口仅增加了 8.7 万人。

1963 年到 1973 年，在经受自然灾害以后，随着国民经济的恢复和发展，人民生产、生活逐步稳定，人口也出现补偿性生育。加之 20 世纪 50 年代和 60 年代初期大量迁入内蒙古的人口开始进入婚育期，形成了人口的生育高峰，人口自然增长率快速回升。1963—1965 年，内蒙古人口的自然增长率又都超过了 30‰，自然增加人口达到了历史峰值。从 1966 年开始内蒙古人口的自然增长率逐渐降低，但也一直维持在 22‰以上。尽管这一时期机械增长人口已不是内蒙古人口增加的主要原因，但是由于内蒙古人口基数增大，每年自然增加的人口都在 36 万人以上，人口增长速度仍然非常高。到 1973 年内蒙古总人口达到了 1651.1 万人，比 1962 年又增加了 479.3 万人，增长速度为 40.9%，平均每年增加 43.57 万人，年均增长速度为 3.17%。但比 1949—1960 年间的年均增长速度 6.3%下降了 3.13 个百分点，下降的速度是非常明显的。

2.人口快速增长时期

1974—1990 年，是内蒙古人口快速增长时期。20 世纪 70 年代，随着计划生育工作的开展，内蒙古人口的自然增长速度开始由高向低逐渐转变。1974 年人口自然增长率降到了 20‰以下，为 19.87‰，自然增加人口 33.34 万人，然而机械增加人口却达到了 20.76 万人，受其影响总人口增加了 54.1 万人，年增长率为 3.28%，也是这一时期人口增加最多的一年。

1974 年到 1990 年，内蒙古人口自然增长速度呈逐渐下降趋势，但在不同年份存在一定的波动。1974 年内蒙古人口自然增长速度为 19.87‰，1982 年下降到 15.46‰，8 年间下降了 4.41 个千分点，但是在此期间人口自然增长速度有较大波动，其中 1981 年人口自然增长速度一度上升到 17.34‰，而最低年份的 1980 年只有 11.53‰，相差 5.81 个千分点。人口总量则由 1973 年的 1651.1 万人增加到 1982 年的 1941.6 万人，增加了 290.5 万人，增长 17.59%，年平均增加人口 32.28 万人，比 1963—1973 年平均每年少增加 11.29 万人，年平均增长速度为 1.82%，比 1963—1973 年的 3.17%又降低了 1.35 个百分点。

1983 年内蒙古人口自然增长率降到了 15‰以下，为 14.46‰，此后人口自然增长速度呈平缓下降趋势。1983 年到 1990 年人口自然增长速度基本上保持在 13‰左右。与此同时，人口的机械增长也发生了改变，内蒙古由过去的人口净迁入地区转变为人口的净迁出地区。到 1990 年内蒙古常住人口为 2162.6 万人，比 1982 年末增加了 221 万人，增长了 11.38%，平均每年增加人口 27.63 万人，年平均增长速度为 1.36%。

3.人口低速增长时期

内蒙古在经历了人口高速增长和快速增长期后，1991 年到 2000 年人口发展进入了一个新的时期，人口的自然增长速度进一步降低，人口发展进入低速发展阶段。1991 年内蒙古人口增长发生了转折，人口自然增长速度首次降至 10‰以下，为 9.8‰。虽然 1992 年到 1995 年人口自然增长速度有所反弹，但也只在 10.3‰—12.5‰之间，人口自然增长速度仍处于比较低的水平，到 2000 年人口自然增长率更降低到了 6.1‰。同时，人口省际的迁移流动仍然为人口净流出，但人口净流出的数量很小。由于人口自然增长速度降低，自然增加人口大幅度减少，到 2000 年内蒙古常住人口为 2372.4 万人，同 1990 年相比，10 年间常住人口增加了 209.8 万人，增长 9.7%，年平均增加人口 20.98 万人，年平均增长速度为 0.93%。人口增长速度和人口年平均增长速度分别降至 10%和 1%以下。

4.人口平缓增长时期

进入 21 世纪以后，内蒙古人口发展呈现出新的特点，常住人口进入了平稳缓慢增长时期。2001 年内蒙古人口自然增长速度降至 5‰，到 2002 年又降至 3.7‰，与此同时人口出生率也首次降至 10‰以下，为 9.8‰。以后各年度人口自然增长速度基本上在 4‰左右，人口出生率保持在 10‰左右。2001 年到 2010 年是内蒙古经济社会快速发展的 10 年，经济的发展吸引了众多其他省（自治区、直辖市）的人口来内蒙古务工经商，从而使内蒙古人口的省际迁移流动发生了转变。从 1996 年开始，内蒙古已由以往的人口净迁出地区转变为人口净迁入地区。

到 2010 年，内蒙古常住人口达到 2472.2 万人，与 2000 年的 2372.4 万人相比，常住人口增加了 99.8 万人，增长 4.21%，年平均增加 9.98 万人，年平均增长速度为 0.41%。

5.常住人口减少时期

内蒙古常住人口在经历了高速增长到平缓增长期后，常住人口的发展有了质的变化。从 2011 年开始到 2020 年，内蒙古常住人口呈逐年减少趋势,2020 年末内蒙古常住人口为 2402.8 万人,比 2010 年末的 2472.2 万人减少 69.4 万人,减少 3.0%,年平均减少 6.94 万人,年均减少 0.28%。内蒙古常住人口减少的原因是由于省际人口迁移流动和人口自然增长发生了变化,而且省际人口迁移流动的变化是内蒙古常住人口减少的最主要原因。

从 1949 年到 2020 年内蒙古人口发展变化过程可以看出,不同时期内蒙古人口的发展变化存在很大的差异,人口的发展变化经历了一个比较曲折的过程,在不同时期其影响因素也不尽相同,人口的自然增长是影响人口发展变化的主要因素,但人口机械增长对内蒙古人口发展变化的影响也是不可忽视的,特别是 20 世纪五六十年代,人口的机械增长是影响内蒙古人口发展变化的一个非常重要的因素。

内蒙古人口总量由 1949 年的 608.1 万人,增加到 2020 年的 2402.8 万人,增加了 1794.7 万人,增加了近 3 倍,在所增加的人口中,自然增加的人口占 86%。

表 1-2　内蒙古 1949—2020 年人口发展变化情况

年份	总人口（万人）	增加人口		#自然增加人口	
		人口数（万人）	增长率（%）	人口数（万人）	自增率（‰）
1949	608.1	—	—	—	—
1950	659.9	51.8	8.5	18.9	29.7
1951	686.6	26.7	4.1	21.8	32.4
1952	715.9	29.3	4.3	23.5	33.5
1953	758.4	42.5	5.9	22.3	30.2
1954	801.5	43.1	5.7	23.2	29.7
1955	843.0	41.5	5.2	21.5	26.1
1956	896.6	53.6	6.4	18.8	21.6
1957	936.6	39.4	4.4	24.4	26.7
1958	986.1	50.1	5.4	19.7	20.5
1959	1062.5	76.4	7.8	20.3	19.8
1960	1191.1	128.6	12.1	22.5	20.0
1961	1163.1	-28.0	-2.4	15.7	13.3
1962	1171.8	8.7	0.8	34.0	29.1
1963	1215.4	43.6	3.7	39.2	32.8

续表

年份	总人口（万人）	增加人口		#自然增加人口	
		人口数（万人）	增长率（%）	人口数（万人）	自增率（‰）
1964	1253.7	38.3	3.2	37.2	30.1
1965	1296.4	42.7	3.4	39.2	30.7
1966	1329.6	33.2	2.6	36.8	28.0
1967	1371.0	41.4	3.1	36.7	27.2
1968	1411.0	40.0	2.9	38.4	27.6
1969	1460.0	49.0	3.5	37.0	28.8
1970	1491.0	31.0	2.1	38.5	26.1
1971	1555.0	64.0	4.1	36.7	24.1
1972	1602.9	47.9	3.1	38.0	24.1
1973	1651.1	48.2	3.0	36.7	22.5
1974	1705.2	54.1	3.1	33.3	19.9
1975	1737.9	32.7	1.9	29.6	17.2
1976	1769.2	31.3	1.8	25.6	14.6
1977	1798.1	28.9	1.6	22.7	12.7
1978	1823.4	25.3	1.4	24.1	13.3
1979	1851.8	28.4	1.6	24.3	13.2
1980	1876.5	24.7	1.3	21.5	11.5
1981	1902.9	26.4	1.4	32.8	17.3
1982	1941.6	38.7	2.0	29.7	15.5
1983	1969.8	28.2	1.5	28.3	14.5
1984	1993.1	23.3	1.2	26.6	13.4
1985	2015.9	22.8	1.1	23.1	11.5
1986	2040.7	24.8	1.2	26.8	13.2
1987	2066.4	25.7	1.3	28.0	13.6
1988	2093.9	27.5	1.3	27.6	13.3
1989	2122.2	28.3	1.4	28.3	13.4
1990	2162.6	40.3	1.9	30.0	13.8
1991	2183.9	21.3	1.0	21.3	9.8
1992	2206.6	22.7	1.0	22.7	10.3
1993	2232.4	25.8	1.2	25.9	11.7
1994	2260.5	28.1	1.3	28.0	12.5
1995	2284.4	23.9	1.1	23.9	10.5
1996	2306.6	22.2	1.0	22.1	9.7

续表

年份	总人口（万人）	增加人口		#自然增加人口	
		人口数（万人）	增长率（%）	人口数（万人）	自增率（‰）
1997	2325.7	19.1	0.8	19.1	8.3
1998	2344.9	19.2	0.8	19.2	8.2
1999	2361.9	17.0	0.7	17.0	7.2
2000	2372.4	10.5	0.4	14.5	6.1
2001	2381.4	9.0	0.4	11.9	5.0
2002	2384.1	2.7	0.1	8.8	3.7
2003	2385.8	1.7	0.1	7.4	3.1
2004	2392.7	6.9	0.3	8.6	3.6
2005	2403.1	10.4	0.4	11.0	4.6
2006	2415.1	12.0	0.5	9.6	4.0
2007	2428.8	13.7	0.6	10.9	4.5
2008	2444.3	15.5	0.6	10.5	4.3
2009	2458.2	13.9	0.6	9.8	4.0
2010	2472.2	14.0	0.6	9.4	3.8
2011	2470.1	-2.1	-0.1	8.7	3.5
2012	2463.9	-6.2	-0.3	9.1	3.7
2013	2455.3	-8.6	-0.4	8.4	3.4
2014	2449.1	-6.2	-0.3	8.8	3.6
2015	2440.4	-8.7	-0.4	5.9	2.4
2016	2436.2	-4.2	-0.2	8.1	3.3
2017	2433.4	-2.8	-0.1	9.0	3.7
2018	2422.2	-11.2	-0.5	5.8	2.4
2019	2415.3	-6.9	-0.3	6.3	2.6
2020	2402.8	-12.5	-0.5	-0.2	-0.1

资料来源：《内蒙古统计年鉴—2021》。

1982 年、1990 年增加人口中，包括了以前漏统人数。

1982—2010 年为人口变动抽样调查数。

1991—1999 年增加人口数中，未考虑人口机械变动的影响。

表1-3　内蒙古历年人口出生率、死亡率、自然增长率

单位：‰

年份	出生率	死亡率	自增率	年份	出生率	死亡率	自增率
1955	37.5	11.4	26.1	1988	19.0	5.7	13.3
1956	29.5	7.9	21.6	1989	19.3	5.8	13.5
1957	37.2	10.5	26.7	1990	21.2	7.2	14.0
1958	28.4	7.9	20.5	1991	16.8	7.0	9.8
1959	30.8	11.0	19.8	1992	17.1	6.7	10.3
1960	29.4	9.4	20.0	1993	18.5	6.8	11.7
1961	22.1	8.8	13.3	1994	19.0	6.5	12.5
1962	38.2	9.0	29.2	1995	17.2	6.7	10.5
1963	41.3	8.5	32.8	1996	16.1	6.4	9.7
1964	41.9	11.8	30.1	1997	15.2	7.0	8.3
1965	40.0	9.3	30.7	1998	14.4	6.2	8.2
1966	36.1	8.1	28.0	1999	13.3	6.1	7.2
1967	34.9	7.7	27.2	2000	12.1	5.9	6.1
1968	34.9	7.3	27.6	2001	10.8	5.8	5.0
1969	32.5	6.8	25.7	2002	9.6	5.9	3.7
1970	32.3	6.2	26.1	2003	9.2	6.2	3.1
1971	29.7	5.6	24.1	2004	9.5	6.0	3.6
1972	30.7	6.6	24.1	2005	10.1	5.5	4.6
1973	28.3	5.7	22.6	2006	9.9	5.9	4.0
1974	25.9	6.1	19.8	2007	10.2	5.7	4.5
1975	23.3	6.1	17.2	2008	9.8	5.5	4.3
1976	20.1	5.5	14.6	2009	9.6	5.6	4.0
1977	18.1	5.4	12.7	2010	9.3	5.5	3.8
1978	18.5	5.2	13.3	2011	8.9	5.4	3.5
1979	18.1	4.9	13.2	2012	9.2	5.5	3.7
1980	16.5	4.9	11.5	2013	9.0	5.6	3.4
1981	17.3	4.9	12.4	2014	9.3	5.8	3.6
1982	21.2	5.7	15.5	2015	7.7	5.3	2.4
1983	20.0	5.5	14.5	2016	9.0	5.7	3.3
1984	18.9	5.5	13.4	2017	9.5	5.7	3.7
1985	17.2	5.7	11.5	2018	8.4	6.0	2.4
1986	19.1	5.9	13.2	2019	8.2	5.7	2.6
1987	19.7	6.1	13.6	2020	7.2	7.3	-0.1

资料来源：1.《内蒙古统计年鉴—2021》。

2.2011年到2019年出生率、死亡率、自然增长率数据为各年度人口抽样调查数据，未作修整。

二、人口发展变化的特点及原因

（一）人口发展变化的特点

1.常住人口减少

影响一个地区人口发展变化的最基本因素是人口的自然增长和人

口的机械增长。由于目前各地区人口的自然增长已处于较低的水平，因而人口的机械增长就成为影响内蒙古及各地区人口发展变化的最主要因素，而人口迁移流动的规模和流向与各地区经济社会发展水平、产业结构、人民群众生活水平、医疗卫生和教育条件等各项事业的发展密切相关。同时，经济的发展和社会的进步，人们的生产、生活方式和生育观念也在发生转变，多重因素叠加使得内蒙古常住人口的发展方式在2010年以后发生了根本性的转变。

2020年第七次全国人口普查结果表明，内蒙古常住人口为2404.92万人，与第六次全国人口普查的2470.63万人相比，10年间内蒙古常住人口共减少65.72万人，减少2.66%，年平均减少6.57万人，年平均增长率为-0.27%，内蒙古也成为全国6个常住人口减少的省区之一。由于常住人口的减少，常住人口的增长率和年平均增长率比全国同期的5.38%和0.53%分别低8.04个、0.80个百分点，内蒙古常住人口占全国人口的比重也降至1.70%，较2010年的1.84%下降了0.14个百分点。

根据第七次全国人口普查结果，按照全国统一要求和方法，对内蒙古2011年到2019年常住人口历史数据修正结果显示，内蒙古常住人口从2011年开始逐年减少（见表1-2），也就是说2020年人口普查反映出的常住人口减少的总量，是2011年以来常住人口历年减少的综合结果。内蒙古常住人口的减少，不能笼统地理解为人口负增长，人口统计学定义的人口负增长指的是当一个地区人口出生率低于人口死亡率，人口自然增长率呈负数时，才可称为人口负增长。鉴于人口普查后未对人口出生率、死亡率和自然增长率等历史数据进行修正，从目前相关数据反映出内蒙古只是在2020年呈现人口负增长（见表1-2）。

总体看，内蒙古常住人口减少，而各盟市之间、城乡之间常住人口的发展变化还是存在比较大的差异。在内蒙古12个盟市中，2020年第七次全国人口普查常住人口增加的有6个盟市，在常住人口增加的6个盟市中，除锡林郭勒盟外均位于内蒙古的中、西部地区；常住人口减少的也是6个盟市，其中东部地区有4个盟市。中、西部地区各有1个盟市，而且除东部地区的通辽市外，其他5个盟市在2010年人口普查时，就已经呈现常住人口减少的态势。2020年人口普查，常住人口增加最多的是呼和浩特市，其次为鄂尔多斯市和锡林郭勒盟，2010 年到 2020 年的 10 年间，呼和浩特市常住人口增加了 57.95 万人，鄂尔多斯市、锡林郭勒盟分别增加了 21.29 万人、7.91 万人。从常住人口增长速度看，年均增长速度最快的是呼和浩特市为 1.86%，其次为阿拉善盟和鄂尔多斯市，年平均增长率也超过了 1%，分别达到 1.27% 和 1.05%。在常住人口减少的 6 个盟市中，常住人口减少最多的是乌兰察布市、呼伦贝尔市、赤峰市和通辽市，常住人口减少均在 25 万人以上，分别减少了 43.73 万人、30.64 万人、30.52 万人和 26.60 万人；年均增长率最低的 3 个盟市为乌兰察布市、兴安盟和呼伦贝尔市，年均增长率分别为 -2.26%、-1.29% 和 -1.27%。见表 1-4。

表 1-4　各盟市常住人口增长变化情况

地　区	2020 年普查人口（万人）	2010 年普查人口（万人）	2020 年与 2010 年比较		
			增加人数（万人）	增长率（%）	年均增长率（%）
总　计	**2404.92**	**2470.63**	**-65.72**	**-2.66**	**-0.27**
呼和浩特市	344.61	286.66	57.95	20.22	1.86
包头市	270.94	265.04	5.90	2.23	0.22
乌海市	55.66	53.29	2.37	4.45	0.44
赤峰市	403.60	434.12	-30.52	-7.03	-0.73
通辽市	287.32	313.92	-26.60	-8.47	-0.88
鄂尔多斯市	215.36	194.07	21.29	10.97	1.05
呼伦贝尔市	224.29	254.93	-30.64	-12.02	-1.27
巴彦淖尔市	153.87	166.99	-13.12	-7.86	-0.81
乌兰察布市	170.63	214.36	-43.73	-20.40	-2.26
兴安盟	141.69	161.33	-19.64	-12.17	-1.29
锡林郭勒盟	110.71	102.80	7.91	7.69	0.74
阿拉善盟	26.24	23.13	3.11	13.45	1.27

资料来源：内蒙古自治区 2020 年、2010 年人口普查资料。

从城乡人口的增长变化情况看，10 年间在内蒙古常住人口减少的情况下，内蒙古城镇人口仍保持了较高的增长速度。2020 年人口普查，内

蒙古城镇人口为 1622.75 万人,乡村人口为 782.17 万人。与 2010 年第
六次全国人口普查相比,城镇人口增加了 250.73 万人,增长 18.27%;
而乡村人口则减少了 316.44 万人,其增长速度为-28.80%,也就是说乡
村人口在 2010 年人口普查的基础上,减少了近三分之一,也使得内蒙
古乡村人口不足 800 万人。见表 1-5。

表 1-5 内蒙古城镇、乡村人口增长情况

地 区	2020 年普查人口数(万人)	2010 年普查人口数(万人)	2020 年与 2010 年比较	
			增加人数(万人)	增长率(%)
合 计	**2404.92**	**2470.63**	**-65.71**	**-2.66**
城 镇	1622.75	1372.02	250.73	18.27
乡 村	782.17	1098.61	-316.44	-28.8

资料来源:内蒙古自治区 2020 年、2010 年人口普查资料。

2.人口地区分布的差距进一步缩小

一个地区常住人口的增加或减少,主要取决于人口的自然增长和机
械增长的变化情况。在目前大部分地区人口自然增长率处于较低水平的
状态下,人口的机械增长也就成为影响各地区常住人口增减变化的最主
要、最直接的因素。而且出于对就业、就学、养老等方面因素的考虑,
首府城市、较大城市及社会经济发展水平较高、具有产业支撑地区人口
聚集的功能凸显,人口自然而然地向这些地区流动和聚集,就内蒙古而
言,这种状况也是非常明显的,所以人口迁移流动的规模已成为影响人
口地区分布的重要因素。

2010 年到 2020 年,由于各地区社会经济发展水平、产业结构不同,
人口迁移流动的流向和规模存在着很大不同和差异,使得内蒙古各地区
常住人口分布发生了更加明显的变化,各盟市常住人口规模的差距进一
步缩小,各盟市常住人口占内蒙古常住人口的比重同 2010 年人口普查
相比,发生了显著变化。从 2020 年内蒙古常住人口的地区分布看,常
住人口比重增幅变化较大的依然是呼和浩特市、鄂尔多斯市,其常住人
口占全区常住人口的比重分别提高了 2.73 个和 1.10 个百分点,而阿拉
善盟常住人口比重也由不足 1%提高到 1.09%,提高了 0.15 个百分点;
常住人口比重下降较大的是乌兰察布市、呼伦贝尔市;经过 10 年的发

展，乌兰察布市和呼伦贝尔市常住人口所占比重则分别下降了 1.58 个、0.99 个百分点。尽管如此，内蒙古盟市间人口分布的差异仍然是比较大的，但常住人口分布的差异有所缩小，人口规模最大盟市与最小盟市的差距也在缩小，由 2010 年的 1∶19 缩小为 2020 年的 1∶15。见表 1-6。

表 1-6　2020 年内蒙古常住人口的地区分布

地　区	常住人口所占比重（%）			人口密度（人/平方公里）		
	2020 年	2010 年	增减	2020 年	2010 年	增减
合　计	**100**	**100**	—	**20**	**21**	**-1**
呼和浩特市	14.33	11.60	2.73	200	167	33
包头市	11.27	10.73	0.54	98	96	2
乌海市	2.31	2.15	0.15	327	313	14
赤峰市	16.78	17.57	-0.79	45	48	-3
通辽市	11.95	12.71	-0.76	48	53	-5
鄂尔多斯市	8.96	7.86	1.10	25	22	3
呼伦贝尔市	9.33	10.32	-0.99	9	10	-1
巴彦淖尔市	6.40	6.76	-0.36	24	26	-2
乌兰察布市	7.10	8.68	-1.58	31	39	-8
兴安盟	5.89	6.53	-0.64	24	27	-3
锡林郭勒盟	4.60	4.16	0.44	5	5	
阿拉善盟	1.09	0.93	0.15	1	0.9	0.1

资料来源：内蒙古自治区 2020 年、2010 年人口普查资料。

从内蒙古东部、中部、西部常住人口所占比重看，2020 年内蒙古东部 5 盟市（包括：呼伦贝尔市、兴安盟、通辽市、赤峰市及锡林郭勒盟）常住人口总量占全区常住人口的 48.55%，比 2010 年人口普查的 51.29% 降低了 2.74 个百分点；中部 4 市（包括：呼和浩特市、包头市、鄂尔多斯市和乌兰察布市）常住人口总量占全区常住人口的 41.66%，比 2010 年人口普查的 38.87% 提高 2.79 个百分点，如果不包括常住人口减少最多的乌兰察布市，呼和浩特市、包头市和鄂尔多斯市 3 市常住人口所占比重为 34.56%，占全区常住人口的三分之一以上，比 2010 年的 30.23% 提高了 4.33 个百分点；西部 3 盟市（包括：巴彦淖尔市、乌海市及阿拉善盟）常住人口总量占全区常住人口的 9.80%，比 2010 年人口普查的 9.84%下降 0.04 个百分点。由此反映出内蒙古人口地域分布的变化还是比较大的，常住人口主要向具有产业支撑、经济发展较快的呼和浩特市、包头市和鄂尔多斯市聚集。

人口密度的变化从另一方面反映出不同地区吸纳和聚集人口的能力，在全区及各盟市常住人口规模发生变化的同时，内蒙古人口密度也有了新的变化。2020 年内蒙古人口密度为 20 人/平方公里，比 2010 年的 21 人/平方公里减少 1 人，而各盟市人口密度的变化则极其明显。在 6 个常住人口增加的盟市中，人口密度最高的仍然是乌海市，达到 327 人/平方公里，比 2010 年的 313 人/平方公里又增加了 14 人；人口密度提高最多的是呼和浩特市，人口密度由 2010 年的 167 人/平方公里，增加到 2020 年的 200 人/平方公里，增加了 33 人。在 6 个常住人口减少的盟市中，人口密度下降最大的是乌兰察布市，其次为通辽市，分别比 2010 年减少了 8 人和 5 人。

3.常住人口性别比处于正常范围

2020 年第七次全国人口普查，在内蒙古常住人口中，男性人口为 1227.53 万人，占 51.04%；女性人口为 1177.39 万人，占 48.96%。常住人口性别比（以女性为 100，男性对女性的比例）为 104.26，较同期全国的 104.80 低 0.54，与 2010 年内蒙古第六次全国人口普查的 108.17 相比，下降 3.91。长期以来，内蒙古人口性别比不仅高于全国平均水平，而且属于人口性别比较高的地区，在出生人口性别比趋于正常，省际人口迁移流动等因素的作用下，到 2020 年第七次全国人口普查时，内蒙古常住人口性别比已经处于正常范围。

4.家庭户数增加，家庭户规模以 2 人户为主

社会经济的发展，人民生活水平的不断提高，城乡居民住房条件的改善，人口迁移流动规模的不断扩大，内蒙古家庭户规模进一步缩小，人口数量较多的大家庭和传统的"几世同堂"的家庭户正在逐渐消失，内蒙古家庭户的规模和类别呈现出不可逆转的变化。

2020 年第七次全国人口普查，内蒙古家庭户户数为 948.40 万户，家庭户人口为 2229.62 万人，平均家庭户规模为 2.35 人。同期

17

全国平均家庭户规模为 2.62 人，比内蒙古多 0.27 人。与 2010 年人口普查相比，内蒙古家庭户户数增加了 127.85 万户，家庭户人口则减少了 77.55 万人，平均家庭户人口减少了 0.19 人。在家庭户人口减少、家庭户户数增加双重叠加作用下，内蒙古平均家庭户规模又有所缩小。

从家庭户规模看，2020 年人口普查结果显示，内蒙古家庭户以 2 人户所占比重最高，达 37.60%，比 2010 年的 29.61% 提高了 7.99 个百分点；而 2010 年人口普查，内蒙古以 3 人户所占比重最高为 36.31%，到 2020 年 3 人户所占比重降至 25.20%，降低了 11.11 个百分点，10 年间内蒙古家庭户规模发生了根本性的转变。发生变化较大的还有 1 人户，2010 年内蒙古 1 人户所占比重已达 11.66%，到 2020 年人口普查更是达到 23.30%，比重提高了 11.64 个百分点，提高幅度最大；4 人户所占比重也由 2010 年的 14.11% 降至 2020 年的 10.03%，降低了 4.08 个百分点；5 人及以上户所占比重，2020 年仅占 3.87%，比 2010 年的 8.32% 下降了 4.45 个百分点。

从家庭户类别看，2020 年人口普查，内蒙古家庭户中 1 代户为 534.22 万户，占家庭户的 56.33%，与全国同期相比 1 代户比重高出全国平均水平 6.83 个百分点，与 2010 年人口普查相比，1 代户增加了 227.63 万户，比重提高了 18.97 个百分点；而 "核心户家庭" 的 2 代户，户数和比重均呈减少趋势。2020 年，内蒙古家庭户中 2 代户为 355.13 万户，占 37.44%，比全国的 36.72%，仅高 0.72 个百分点。2010 年人口普查，内蒙古 2 代户为 431.24 万户，占家庭户的 52.55%。10 年间 2 代户减少了 76.11 万户，比重降低了 15.11 个百分点。1 代户的户数和比重的大幅增加。"核心户家庭" 2 代户的户数和比重的大幅下降，与家庭户中子女外出就学、就业、子女婚后单独居住、人口流动等密切相关。

不同区域经济发展水平、生产生活习俗不同，在家庭户类别上存在一定的差别。2020 年人口普查，内蒙古城市、镇、乡村家庭户数分别为 358.61 万户、264.32 万户和 325.47 万户。城市、镇、乡村家庭户类别构成均与全区一致，即 1 代户所占比重最高，2 代户次之，但不同区域家庭户类别的差距表现十分明显。2020 年内蒙古城市、镇、乡村家庭户中，1 代户所占比重分别为 52.02%、53.31% 及 63.53%，城市、镇 1 代户比重低于全区水平，乡村则比全区水平高出 7.20 个百分点。同 2010 年相比，城市、镇、乡村 1 代户比重分别上升了 14.04 个、15.76 个和 26.74 个百分点；2 代户所占比重城市、镇分别为 42.35% 和 41.29%，高于全区水平，乡村为 28.93%，比全区水低 8.51 个百分点。同 2010 年相比，城市、镇、乡村 2 代户比重分别下降了 13.39 个、13.45 个和 19.99 个百分点。

5.城镇化水平稳步提升

2020 年人口普查，内蒙古城镇人口为 1622.75 万人，比 2010 年人口普查的 1372.02 万人，增加 250.73 万人，增长 18.27%，平均每年增加 25.07 万人，城镇人口比重为 67.48%，比 2010 年的 55.53%，提高了 11.95 个百分点；2020 年内蒙古城镇人口比重比全国的 63.89%，高出 3.59 个百分点，而 2010 年时比全国高 5.85 个百分点。2010 年到 2020 年全国城镇人口比重提高了 14.21 个百分点，内蒙古城镇人口比重提高的幅度低于全国平均水平，内蒙古城镇化水平与全国平均水平的差距逐步在缩小。2020 年内蒙古城镇化水平在全国 31 个省、自治区、直辖市中仅低于 4 个直辖市及辽宁、江苏、浙江、福建、广东等省市，位居第 10 位，与 2010 年相同。

2010 年到 2020 年，内蒙古城镇人口比重提高了 11.95 个百分点，但是由于各地区经济发展水平不平衡及产业结构不同，城镇化水平的发展有较大差距。从各盟市城镇化水平发展看，2020 年城镇化水平超过 70% 的有 7 个盟市，而 2010 年只有 3 个盟市城镇化水平超过 70%。城镇化水平最高的是乌海市为 95.38%；其次为包头市和阿拉善盟，均超过了 80%，分别为 86.16%、82.01%。城镇化水平提升较高的是乌兰察布市，2010 年到 2020 年的 10 年间，乌兰察布市城镇化水平由 42.26% 提高到 59.66%，提高了 17.40 个百分点；其次是呼和浩特市提高了 16.68 个百分点，城镇化水平提高超过 10 个百分点的还有锡林郭勒盟、赤峰市、巴彦淖尔市和兴安盟等 4 个盟市。见表 1-7。

表1-7 内蒙古各地区城镇化水平

地 区	城镇人口数（万人）		城镇化水平（%）		增减（%）
	2020年	2010年	2020年	2010年	
合 计	**1622.75**	**1372.02**	**67.48**	**55.53**	**11.95**
呼和浩特市	272.75	179.07	79.15	62.47	16.68
包头市	233.44	210.68	86.16	79.49	6.67
乌海市	53.09	50.27	95.38	94.33	1.05
赤峰市	214.34	178.69	53.11	41.16	11.95
通辽市	143.75	126.78	50.03	40.39	9.64
鄂尔多斯市	166.80	134.93	77.45	69.53	7.92
呼伦贝尔市	165.69	172.28	73.87	67.58	6.29
巴彦淖尔市	92.30	80.83	59.99	48.41	11.25
乌兰察布市	101.86	90.59	59.66	42.26	17.40
兴安盟	75.42	67.84	53.22	42.05	11.17
锡林郭勒盟	81.79	62.85	73.88	61.13	12.75
阿拉善盟	21.52	17.22	82.01	74.44	7.57

资料来源：内蒙古自治区2020年、2010年人口普查资料。

6.少数民族人口平稳增长

2020年第七次全国人口普查，共有56个民族的人口居住、生活在内蒙古，其中少数民族有55个，少数民族的个数比2010年人口普查增加了1个，即珞巴族。

2020年第七次全国人口普查显示，内蒙古常住人口中，汉族人口为1893.55万人，占78.74%；少数民族人口为511.36万人，占21.26%，其中蒙古族人口为424.78万人，占全区常住人口的17.66%，占全部少数民族人口的83.07%，其他少数民族人口为86.58万人，占3.60%，占全部少数民族人口的16.93%。有回族、朝鲜族、满族、达斡尔族、鄂温克族等5个民族人口超过万人，分别为21.49万人、1.82万人、46.97万人、7.35万人和2.80万人。同2010年人口普查相比，汉族人口占常住人口比重降低了0.8个百分点；少数民族人口比重提高了0.8个百分点，其中蒙古族人口比重上升了0.55个百分点，其他少数民族人口比重提高了0.24个百分点。

2010 年到 2020 年，内蒙古少数民族人口增加了 5.80 万人，增长 1.15%，其中蒙古族人口增加了 2.17 万人，增长 0.51%，其他少数民族人口增加了 3.63 万人，增长 4.37%。而 10 年间，汉族人口减少了 71.52 万人，减少 3.64%。从总体上看，在内蒙古常住人口减少的情况下，少数民族人口仍呈增加态势。

7. 人口老龄化程度加深

由于在较长一段时期，内蒙古处于较低的人口生育水平，自然增加人口明显减少，加之人口迁移流动的影响，内蒙古人口的年龄构成在不断发生变化，"少子化"与"老龄化"趋势更加突出。在人口年龄结构上具体反映出，0—14 岁人口占常住人口的比重不断降低，15—59 岁人口比重大幅降低，60 岁及以上人口比重显著提高，人口的年龄结构到 2020 年已完全属于老年型。

2020 年人口普查，内蒙古 0—14 岁人口比重为 14.04%，较 2010 年的 14.07% 下降了 0.03 个百分点；15—59 岁人口比重为 66.17%，比 2010 年的 74.45% 下降了 8.28 个百分点；而 60 岁及以上人口比重由 2010 年的 11.48%，上升到 2020 年的 19.78%，提高了 8.30 个百分点，其中 65 岁及以上人口比重由 2010 年的 7.56%，上升到 2020 年 13.05%，提高了 5.49 个百分点。与全国相比，2020 年内蒙古 0—14 岁人口比重比全国的 17.95% 低 3.91 个百分点；15—59 岁人口比重比全国的 63.35% 高 2.82 个百分点；60 岁及以上人口比重比全国的 18.70% 高 1.08 个百分点；65 岁及以上人口比重比全国的 13.50% 低 0.45 个百分点。2010 年到 2020 年，全国 0—14 岁人口比重上升了 1.35 个百分点，15—59 岁人口比重下降 6.79 个百分点，60 岁及以上人口比重、65 岁及以上人口比重分别上升了 5.44 个和 4.63 个百分点。2020 年内蒙古不论是 60 岁及以上老年人口所占比重，还是 65 岁及以上老年人口所占比重，都显示出已经进入了老龄社会，同时内蒙古 0—14 岁人口比重远低于全国平均水平，而人口老龄化的发展程度却快于全国平均水平，人口老龄化进程加快，老龄化程度进一步加深。

内蒙古城市、镇、乡村人口年龄结构存在非常大的差异，虽然城市、镇和乡村的人口年龄构成都已属于老龄型，但乡村人口的老龄化程度更高，乡村 60 岁及以上人口比重、65 岁及以上人口比重分别比内蒙古平均水平高出 6.96 个和 4.56 个百分点，比城市分别高出 10.30 个和 6.76 个百分点。

由于 0—14 岁人口的减少，60 岁及以上老年人口的大幅增加，内蒙古常住人口年龄中位数又有了较大幅度提高，人口年龄中位数超过了 40 岁。2020 年内蒙古常住人口年龄中位数达到了 43.26 岁，即内蒙古有一半的人口在年龄中位数以上，一半人口在年龄中位数以下。比 2010 年的 37.17 岁又提高了 6.09 岁，比全国同期人口年龄中位数 39.44 岁高出 3.82 岁。内蒙古人口年龄中位数最高的是乡村达到了 49.25 岁，已接近 50 岁。乡村人口年龄中位数比内蒙古平均水平高 5.99 岁，更是比城市高出 9.76 岁，由此也反映出乡村人口老龄化程度更加严峻。见表 1-8。

表 1-8　内蒙古人口年龄结构

地　区	少儿人口比重（％）		60 岁及以上人口比重（％）		65 岁及以上人口比重（％）		年龄中位数（岁）	
	2020	2010	2020	2010	2020	2010	2020	2010
全　国	**17.95**	**16.61**	**18.70**	**13.26**	**13.50**	**8.87**	**39.44**	**35.83**
内蒙古	14.04	14.07	19.78	11.48	13.05	7.56	43.26	37.17
城市	14.38	13.22	16.44	10.77	10.88	7.38	39.49	36.32
镇	16.51	15.44	16.41	9.96	10.83	6.60	40.18	35.88
乡村	11.51	13.98	26.74	12.79	17.61	8.20	49.25	38.66

资料来源：1.内蒙古自治区 2020 年、2010 年人口普查资料。

2.中国 2020 年、2010 年人口普查资料。

人口年龄结构的变化，也使人口抚养比发生了很大改变。2020 年以 65 岁及以上人口计算老年抚养比，则内蒙古常住人口总抚养比为 37.17%，少儿抚养比为 19.27%，65 岁及以上老年抚养比为 17.90%。与全国同期比较，总抚养比、少儿抚养比、老年抚养比分别比全国的 45.98%、26.24%、19.74%低 8.81 个、6.97 个和 1.84 个百分点；同 2010 年相比，总抚养比、少儿抚养比、老年抚养比分别提高了 9.57 个、1.31 个和 8.25 个百分点。2020 年内蒙古按 65 岁为老年人口起点年龄计算的总抚养比较全国来说比较低，但同 2010 年相比少儿抚养比和老年抚养比都有所提高，特别是老年抚养比提升了 8.25 个百分点，提高幅度也是比较大的。总体看，由于内蒙古人口抚养比相对较低，抚养负担较轻、劳动力资源较丰富、仍处于有利于经济发展的"人口红利期"，但随着时间的推移，"人口红利"也会逐渐减少。见表 1-9。

由于城市、镇、乡村人口年龄构成的不同，其人口的抚养比也有着根本的不同，尽管内蒙古人口抚养比低于全国平均水平，但内蒙古城市、镇、乡村之间存在明显差别。乡村人口的总抚养比和老年抚养比最高。

表 1-9　2020 年内蒙古人口抚养比

单位：%

地　区	总抚养比	少儿抚养比	老年抚养比
全　国	**45.98**	**26.24**	**19.74**
城市	35.96	21.32	14.64
镇	46.63	29.32	17.31
乡村	58.71	30.58	28.13
内蒙古	**37.17**	**19.27**	**17.9**
城市	33.79	19.23	14.56
镇	37.61	22.72	14.9
乡村	41.07	16.23	24.84

资料来源：1.内蒙古自治区 2020 年、2010 年人口普查资料。

2.中国 2020 年、2010 年人口普查资料。

注：本表是以 65 岁及以上人口计算的老年抚养比。

8.未婚人口比重下降，平均初婚年龄不断提高

根据普查长表数据，2020 年第七次全国人口普查，在内蒙古 15 岁及以上人口中，未婚人口占 15.08%，有配偶人口占 76.21%，离婚人口占 2.95%，丧偶人口占 5.76%。同 2010 年人口普查相比，未婚人口比重比 2010 年 18.76% 降低了 3.68 个百分点；而有配偶、离婚及丧偶人口比重，则分别比 2010 年的 74.97%、1.48%、4.79% 提高了 1.24 个、1.47 个和 0.97 个百分点。从内蒙古人口的婚姻状况变化看，未婚人口所占比重有较大幅度下降，有配偶、丧偶和离婚人口所占比重均有不同程度的提高，但丧偶和离婚人口所占比重提高的幅度较小，总体上内蒙古常住人口的婚姻状况还是比较稳定的。见表 1-10。

表 1-10　2020 年内蒙古 15 岁及以上人口的婚姻状况

单位：%

城　乡	未　婚	有 配 偶	离　婚	丧　偶
内蒙古	**15.08**	**76.21**	**2.95**	**5.76**
城市	18.62	73.34	3.33	4.71
镇	14.35	77.36	3.11	5.18
乡村	11.68	78.51	2.39	7.41

资料来源：内蒙古自治区 2020 年人口普查资料。

受生产生活方式、婚姻观念、社会经济发展及人口迁移流动等因素的影响，城市、镇、乡村人口的婚姻状况存在比较大的差异，比较城市、镇、乡村 15 岁及以上人口的婚姻状况，可以看出其具有不同的特征。城市的未婚人口、离婚人口所占比重在城市、镇、乡村中最高，未婚人口比重为 18.62%，高出镇 4.27 个百分点，更高出乡村 6.94 个百分点；离婚人口比重为 3.33%，比镇、乡村分别高 0.22 个、0.94 个百分点。乡村的有配偶人口和丧偶人口所占比重最高，有配偶人口比重为 78.51%，比镇高 1.15 个百分点，比城市高出 5.17 个百分点；丧偶人口比重为 7.41%，比镇高 2.23 个百分点，比城市高 2.70 个百分点。同时，乡村未婚人口和离婚人口比重在城市、镇、乡村中是最低的，乡村未婚人口比重为 11.68%，比未婚人口比重最高的城市低 6.94 个百分点；乡村离婚人口比重为 2.39%，同样比最高的城市低 0.94 个百分点，反映出乡村人口的婚姻关系较城市、镇更加稳定。但乡村丧偶人口所占比重是最高的，这与乡村人口老龄化程度高、老年人口死亡率较高直接相关，同时也与老年人口丧偶后再婚人口比重较小有一定关系。

人口平均初婚年龄的高低及发展变化，直接影响到人口的生育水平和人口的世代间隔。20 世纪 80 年代以来，内蒙古人口平均初婚年龄不断提高。1980 年内蒙古人口平均初婚年龄为 22.93 岁，男性人口为 23.78 岁，女性人口为 22.09 岁。同期，全国人口平均初婚年龄为 23.78 岁，男性人口为 24.72 岁，女性人口为 22.88 岁。内蒙古人口平均初婚年龄比全国平均水平低 0.85 岁，其中男性低 0.94 岁，女性低 0.79 岁。

2020 年内蒙古人口平均初婚年龄大幅提高，达到了 29.31 岁，男性人口为 29.94 岁，女性人口为 28.65 岁，人口平均初婚年龄比 1980 年提高了 6.38 岁，男性和女性人口则分别提高了 6.16 岁、6.56 岁；与 2010 年相比，人口平均初婚年龄提高了 4.05 岁，男性和女性人口分别提高了 3.78 岁、4.32 岁，女性人口平均初婚年龄的提高程度要高于男性。同时内蒙古人口平均初婚年龄也由低于全国平均水平，变为高于全国平均水平。2020 年内蒙古人口平均初婚年龄、男性和女性人口平均初婚年龄分别比全国的 28.67 岁、29.38 岁、27.95 岁高 0.64 岁、0.56 岁和 0.70 岁。

9.人口受教育程度稳步提升

人口受教育程度的高低，反映了一个国家或地区经济社会发展水平、科学技术水平及社会文明进步程度。2010 年到 2020 年，随着经济的发展，各级政府进一步加大了对教育事业的投入，内蒙古各级各类教育事业又有了快速发展，人口受教育程度稳步提升。

2020 年第七次全国人口普查，内蒙古 6 岁及以上人口为 2279.46 万人，其中具有大学专科及以上受教育程度的人口为 449.43 万人，占 6 岁及以上人口的 19.72%；具有高中（含中专）受教育程度人口为 356.27 万人，占 15.63%；具有初中受教育程度人口为 814.32 万人，占 35.72%；具有小学受教育程度人口为 566.13 万人，占 24.84%；未上过学人口为 93.28 万人，占 4.09%。同 2010 年人口普查相比，大学专科及以上受教育程度人口比重提高了 8.92 个百分点，而高中（含中专）、初中、小学受教育程度、未上过学人口比重则分别下降了 0.38 个、5.75 个、2.04 个和 0.75 个百分点。

2020 年人口普查，内蒙古每 10 万人中具有大学专科及以上受教育程度的由 2010 年的 10208 人提高到 18688 人，增加 8480 人；拥有高中（含中专）受教育程度的由 15125 人减少为 14814 人，减少 311 人；拥有初中受教育程度的由 39218 人减少为 33861 人，减少 5357 人；拥有小学受教育程度的由 25418 人减少为 23627 人，减少 1791 人。内蒙古常住人口的受教育程度及层次又有了进一步提高。

2020 年内蒙古 15 岁及以上人口的平均受教育年限达到了 10.08 年，比全国的 9.91 年高 0.17 年，比 2010 年的 9.22 年提高了 0.86 年。内蒙古 15 岁及以上人口的平均受教育程度已相当于高中一年级水平。见表 1-11。

在内蒙古人口受教育程度有较大提高的同时，内蒙古文盲人口持续减少。2020 年人口普查，在内蒙古常住人口中，15 岁及以上文盲人口为 79.31 万人，粗文盲率（15 岁及以上文盲人口占常住人口比重）为 3.30%,文盲率（15 岁及以上文盲人口占 15 岁及以上人口比重）为 3.83%。与 2010 年人口普查相比，文盲人口减少了 21.20 万人，粗文盲率下降了 0.77 个百分点，文盲率下降了 0.90 个百分点。

表 1-11　内蒙古 6 岁及以上人口受教育程度构成

单位：%

受教育程度	2020 年	2010 年	增减变化
6 岁及以上人口	100	100	—
大学本科及以上	9.19	3.94	5.25
大学专科	10.53	6.86	3.67
高中（含中专）	15.63	16.01	-0.38
初中	35.72	41.47	-5.75
小学	24.84	26.88	-2.04
未上过学	4.09	4.84	-0.75
平均受教育年限（年）	10.08	9.22	0.86

资料来源：《内蒙古自治区人口普查年鉴—2020》《内蒙古自治区 2010 年人口普查资料》。

注：平均受教育年限，为 15 岁及以上人口的平均受教育年限。

（二）常住人口发展变化的原因

一般来说，人口的自然增长与人口机械增长，是决定一个地区人口发展变化的根本原因。2010 年到 2020 年，在内蒙古人口发展变化中，内蒙古常住人口总量、各种人口结构，特别是人口年龄结构都发生了非常大的变化，"少子化"与"老龄化"共存，常住人口的这些发展变化，完全是人口自然增长和机械增长共同作用的结果。

1.2010 年到 2020 年，内蒙古持续处于低生育水平，人口自然增长率大多数年份在 3‰以下，2015 年、2018 年、2019 年人口自然增长率不到 2‰，2020 年人口自然增长率为-0.1‰，人口呈现负增长。10 年间，无论是常住人口的自然增长率，还是自然增加人口的绝对数量，都是内蒙古人口发展历史上最低的时期。从 2010 年第六次全国人口普查到 2020 年第七次全国人口普查，内蒙古自然增加人口远远少于省际净迁移流动人口，由此内蒙古常住人口减少了 65.72 万人，因而造成内蒙古常住人口总量减少除人口自然增长率较低外，人口的机械增长是最主要原因。

2.人口省际迁移流动是内蒙古常住人口总量减少及人口各种结构，特别是常住人口年龄结构发生变化的最根本原因。根据第七次全国人口普查数据，2020 年内蒙古省际净迁移人口为-9.13 万人，需要说明的是，这部分人为常住户口登记地仍在内蒙古，而在外省区市居住半年以上的人，不包括 2010 年到 2020 年的 10 年间，人、户同时净迁出内蒙古的人口。由此也明确地反映出，内蒙古人口发展变化的趋势已经发生了根本性的转变，已由人口净流入地区，转变为人口净流出地区。

3.人口生育水平下降、少儿人口比重不断降低，与人口年龄构成的变化有密切关系。2020 年内蒙古 15—49 岁育龄妇女人数为 558.20 万人，同 2010 年的 717.79 万人相比，减少 159.59 万人，减少 22.23%；20—29 岁处于生育旺盛期的妇女人数为120.38 万人，比 2010 年的 199.06 万人减少 78.68 万人，减少 39.52%，15—49 岁育龄妇女，尤其是 20—29 岁生育旺盛期妇女人数的大幅减少，是内蒙古人口生育率持续低位运行的主要原因之一。另外，经济的发展，人们更加重视对子女的教育和培养，而随着子女教育和培养成本越来越高，在教育、住房、就业等方面投入也越大，也使得人们生育观念发生改变，这也是造成人口生育率水平低不可忽略的原因。

4.常住人口年龄结构的变化，使内蒙古人口"少子化"与"老龄化"问题更加凸显。年龄结构的变化同样是由于人口低生育水平和人口省际净迁移流动而使常住人口减少产生的。

三、人口变化对社会经济发展的影响

人口数量的发展变化和人口结构的变化，对社会经济发展有着极大影响，人口的发展变化与经济社会的发展是紧密联系、相辅相成的。

（一）低生育水平对社会经济发展的影响

内蒙古人口生育率在较长时期处于较低水平，出生人口逐年减少，少儿人口比重逐步走低，"少子化"状况日趋严重。少儿人口比重的不断下降，不仅影响未来人口的再生产，从长远看将导致常住人口和劳动年龄人口的减少，人口活力下降，不利于经济社会的可持续发展。

（二）常住人口的减少对社会经济发展的影响

第七次全国人口普查，内蒙古常住人口较 2010 年人口普查减少了65.72 万人。常住人口的减少，不仅表现在数量上，而且也在很大程度上改变了常住人口的年龄结构，15—59 岁人口比重下降，劳动年龄人口的年龄结构后移，平均年龄上升，年龄结构老化，在人力资源方面对社会经济发展的影响不可忽视。

（三）人口老龄化对社会经济发展的影响

第七次全国人口普查数据显示，内蒙古人口老龄化程度在快速加深，就内蒙古而言未富先老问题十分严峻，而且内蒙古人口老龄化程度在今后一段时期还将进一步加快，老年人口数量不断增多。内蒙古人口年龄结构的持续老龄化，不仅会加大社会养老负担，降低劳动力供给能力和水平，也会引发一系列结构性难题，必将对内蒙古社会经济发展产生持久和深远影响。

第二章　人口性别、年龄构成

一、人口性别构成状况

人口性别构成是衡量人口结构是否合理的最重要指标。性别比例（以女性为 100，男性对女性的比例）影响到一个国家或地区的经济发展、社会发展和家庭生活，合理的性别比例是社会健康和谐发展的基础，既关系人口均衡发展，也关系婚育、养老等大量社会问题。进入新时代以来，随着经济社会的大发展和共享发展理念的深入推进，以及脱贫攻坚战役取得重大胜利，中国各族人民的生活发生了翻天覆地的变化，同时人们生育观念也发生了重大转变，"生男生女都一样"观念渐入人心。从第七次全国人口普查资料显示，内蒙古人口性别比处于正常范围。

（一）内蒙古人口性别构成变化及特点

历次普查数据显示，内蒙古常住人口性别比一直高于全国平均水平，特别是第一、二次全国人口普查时比较明显，性别比严重偏高，分别达到 128.62 和 118.64。1982 年下降到了 109.02，这是因为新中国成立后较低的出生人口性别比对总人口性别结构的稀释作用，使总人口性别比直线下降。1982 年第三次全国人口普查以后，虽然内蒙古人口的性别比仍然高于全国，但差距比较小。2020 年第七次全国人口普查，内蒙古常住人口性别比为 104.26，低于全国 0.81，处于正常范围（见图 2-1）。

图 2-1　内蒙古及全国历次人口普查常住人口及总人口性别比

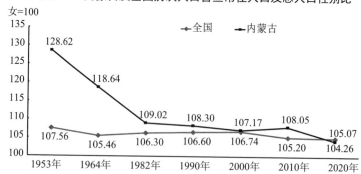

资料来源:《第七次全国人口普查公报》(第四号),《内蒙古自治区第七次全国人口普查公报》(第三号)。

经过 70 多年的发展,内蒙古常住人口性别比由新中国成立初期的严重失衡状态发展到新时代已进入正常状态。总人口性别构成是以往历年出生人口性别构成、死亡人口性别构成长期作用的结果。近期的或个别年份出生、死亡人口的性别构成影响较小。如果是开放型的人口,即人口流入、流出比较频繁的地区,其性别构成还受到流动人口性别构成的影响。对于整个内蒙古地区来看,早期总人口性别比偏高是历史原因。

早期内蒙古总人口性别比一直较高,这是由于新中国成立前内蒙古社会经济、文化教育、科学技术等还处于极端落后状态,重男轻女思想十分严重,因此抛弃女婴和溺婴现象时有发生,少年女子过早夭折导致了女性人口比重下降、男性人口比重较高。人口迁移变动也是造成内蒙古总人口性别比偏高的重要原因。新中国成立初期,国家实施了开发边疆、建设边疆的政策,内地人口大量流入,支援内蒙古经济建设,特别是1953—1960年的 8 年间,大量其他地区的职工和大中专毕业生进入内蒙古支边,由于迁入人口中男性比重较大,这不但使内蒙古的人口总量急速增加,也促使内蒙古的性别比不断上升,致使内蒙古总人口性别比一直处于较高水平。

1960 年之后,内蒙古人口的发展主要是自然增长,在很长一段时期内受鼓励生育政策和补偿生育因素的影响,自然增加的人口达到了历史的顶峰,同时自增人口的性别比较低,这样对总人口的性别构成产生稀释作用。伴随着国家各项事业大发展,到 2020 年第七次全国人口普查时总人口性别比已趋于正常。

（二）出生人口性别比趋于正常

第七次全国人口普查数据显示，内蒙古 2020 年普查的出生人口性别比为 107.02，接近出生人口性别比的通常值域 102—107 范围（见图 2-2）。

图 2-2　内蒙古历次人口普查出生婴儿性别比

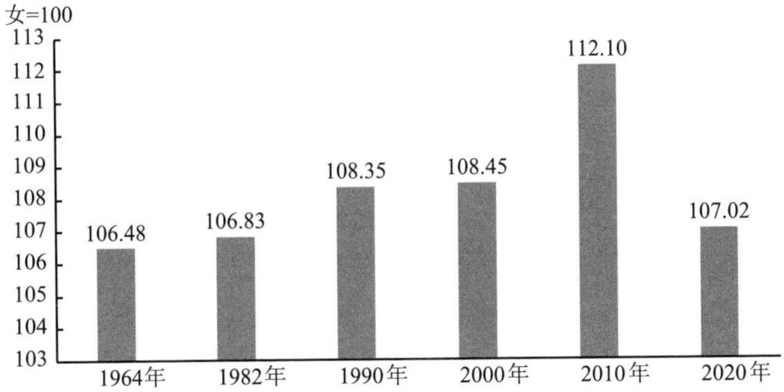

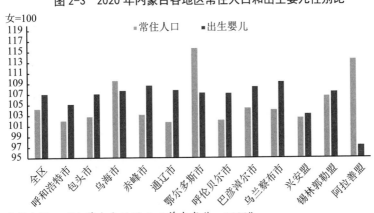

资料来源：历次人口普查资料计算所得。

从历次人口普查数据来看，2000 年之前，内蒙古的出生人口性别比大致保持在 106—108 左右，稍有上升的趋势。但是，2010 年快速达到 112.10 的水平，出现了阶段性出生人口性别比异常。到 2020 年时出生人口性别比已接近正常值域范围。

（三）各地区人口性别构成差异较大

虽然内蒙古出生婴儿性别比总体偏高，但各盟市也表现出不同的特点。各盟市常住人口性别比和出生人口性别比差距较大（见图 2-3），

图 2-3　2020 年内蒙古各地区常住人口和出生婴儿性别比

资料来源：《内蒙古自治区人口普查年鉴—2020》。

而且盟市常住人口性别比与出生婴儿性别比也不同步。

比如，2020 年第七次全国人口普查，呼和浩特市、兴安盟和阿拉善盟出生人口性别比低于全区平均水平，分别为 105.16、103.27 和 97.37，其余盟市出生人口性别比全部高于全区平均水平。常住人口性别比最高的是鄂尔多斯市、阿拉善盟和乌海市，分别为 115.65、113.56 和 109.59（见表 2-1）。

表 2-1　内蒙古各地区常住人口性别构成

地　　区	性别比（女=100）		
	2020 年	2010 年	2000 年
全　区	**104.26**	**108.17**	**107.10**
呼和浩特市	102.00	104.20	108.41
包头市	102.85	106.82	107.81
乌海市	109.59	112.72	109.99
赤峰市	103.18	106.10	105.78
通辽市	101.77	103.68	104.25
鄂尔多斯市	115.65	132.58	113.64
呼伦贝尔市	102.07	106.02	106.21
巴彦淖尔市	104.35	113.30	107.02
乌兰察布市	103.99	104.37	107.64
兴安盟	102.51	105.61	106.79
锡林郭勒盟	106.66	109.28	107.80
阿拉善盟	113.56	120.05	113.48

资料来源：《内蒙古自治区 2000 年人口普查资料》《内蒙古自治区 2010 年人口普查资料》《内蒙古自治区人口普查年鉴—2020》。

再如鄂尔多斯市，其常住人口性别比极高的原因，主要由于历史因素和迁移流动人口性别比较高两方面原因共同促成的。从历史上看，鄂尔多斯市一直是内蒙古人口性别比最高的地区，2000 年"五普"和 2010 年"六普"，鄂尔多斯市人口性别比分别为 113.64 和 132.58，该地区的人口性别比呈现逐步走高趋势，到 2020 年"七普"下降到 115.65，但也居于全区首位。主要原因是进入 21 世纪以来，鄂尔多斯市经济出现了快速发展态势，各种生产要素迅速聚集，吸引了自治区各地乃至其他省区众多的人口到鄂尔多斯市务工、经商，这些都以男性人口居多，促使人口性别比进一步上升。

另外比较突出的是乌兰察布市，其总人口性别比较低，而且呈现下降趋势，原因是近年来乌兰察布市人口大量外出，特别是男性外出打工谋生人口多于女性，导致现有人口中男性人口比重逐渐下降，性别比降低。赤峰市、通辽市虽然出生人口性别比较高，但总人口性别比却较低，这就说明人口迁移流动对总人口性别构成的影响起主要作用，与乌兰察布市一样由于外出人口中男性居多导致性别比下降。

当然，内蒙古及其他各盟市常住人口性别比的变化，也同样受这两方面因素的影响，只是影响的程度和方向不同。地区间产业结构的不同对于迁移流动的人口性别结构的影响也不同，从而影响到本地区总人口的性别比。比如，鄂尔多斯市经济快速增长主要依靠煤炭开采加工、装备制造和房地产拉动，这些行业主要吸纳男性人口，所以造成当地总人口性别比偏高。而呼和浩特市和包头市虽然流入人口较多，但性别比却并没有偏高，相反却较低，原因是呼和浩特市和包头市不仅工业较周边地区发达，第三产业和服务业也同样具有优势，对于女性和男性就业者具有同样的吸引力，所以流入人口没有明显的性别差异。

（四）人口性别构成的城乡差异

内蒙古人口性别构成在城市、镇、乡村之间存在着很大的差异，而且，除乡村人口性别比呈上升趋势，城市、镇、总人口性别比都有不同程度的下降（见表2-2）。

表2-2　内蒙古分城乡性别比

单位：女=100

年份	城市	镇	乡村	全部
2020	99.63	101.99	112.26	104.26
2010	105.35	106.44	111.21	108.17
相差	-5.72	-4.45	1.05	-3.91

资料来源：《内蒙古自治区人口普查年鉴—2020》《内蒙古自治区2010年人口普查资料》。

2020年内蒙古城市人口性别比为99.63，镇为101.99，乡村最高为112.26，性别比表现出镇高于城市、乡村高于镇的特点，城市与乡村相差12.63，比2010年的差5.86扩大6.77。2020年城市、镇的性别比都低于2010年，城市人口性别比下降5.72，镇人口性别比下降4.45。2020年乡村人口性别比继续上升，比2010年上升1.05。

图 2-4　内蒙古城乡人口性别比

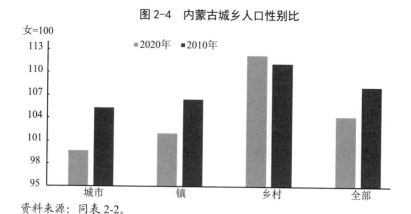

资料来源：同表 2-2。

2020 年，内蒙古城市、镇、乡村出生婴儿性别比分别为 106.92、106.39 和 108.03，乡村最高，城市次之，镇最低（见表 2-3）。

表 2-3　内蒙古出生婴儿性别比

单位：女=100

年份	城市	镇	乡村	全部
2020	106.92	106.39	108.03	107.02
2010	107.72	109.87	115.57	112.09
相差	-0.8	-3.48	-7.54	-5.07

资料来源：《内蒙古自治区人口普查年鉴—2020》《内蒙古自治区 2000 年人口普查资料》。

与 2010 年相比，城市、镇、乡村出生婴儿性别比分别比 2010 年低 0.8、3.48、7.54，全区城市、镇、乡村出生婴儿性别比处于或趋于正常范围。

随着中国生产力的提高、经济社会的高速发展和保障体制的完善，人们传统落后的生育观念有了较大改变，内蒙古出生人口性别比趋向合理，会进一步促使全区人口长期均衡发展，有利于家庭稳定，有利于经济社会稳定和谐发展。

二、人口年龄构成状况

进入新时代，我们党始终坚持把人民放在心中最高位置，以人民为中心的发展思想，是习近平新时代中国特色社会主义思想的重要内容，人是一切工作的出发点和落脚点。第一个百年目标已实现，现正在向第二个百年奋斗目标奋进。在全面把中国建成富强民主文明和谐美丽的社会主义现代化强国进程中，前提是必须保持人口本身均衡可持续发展。人口年龄结构的现状不仅直接影响着当前劳动力供给，关系到社会和经济发展的一系列问题，而且影响着未来人口发展趋势和社会经济的可持续发展。

（一）人口年龄结构状况

第七次全国人口普查资料显示，内蒙古常住人口中0—14岁人口为337.77万人，占14.04%；15—64岁人口为1753.26万人，占72.90%；65岁及以上人口为313.89万人，占13.05%（见表2-4）。

同2010年第六次全国人口普查相比，0—14岁人口比重下降了0.03个百分点，15—64岁人口比重下降了5.47个百分点，65岁及以上人口比重上升了5.49个百分点。同全国相比，内蒙古0—14岁常住人口比重比全国平均水平低3.91个百分点，15—64岁常住人口比重高4.35个百分点，65岁及以上常住人口比重低0.45个百分点。

表2-4　内蒙古普查年份人口年龄构成

单位：%

普查年份	0—14岁	15—64岁	65岁及以上
1964	44.60	52.28	3.12
1982	35.52	60.87	3.61
1990	28.45	67.55	4.00
2000	21.28	73.37	5.35
2010	14.07	78.37	7.56
2020	14.04	72.90	13.05

资料来源：历次人口普查资料。

内蒙古0—14岁人口比重和65岁及以上人口比重，均低于全国平均水平。从历次人口普查数据看，自20世纪80年代以来，内蒙古0—14岁人口比重从第三次全国人口普查到第六次全国人口普查呈急剧下降趋势，1982年第三次全国人口普查、1990年第四次全国人口普查、2000年第五次全国人口普查、2010年第六次全国人口普查到2020年第七次全国人口普查，0—14岁人口比重分别为35.35%、28.45%、21.28%、

14.07%，第六次全国人口普查到第七次全国人口普查 0—14 岁人口比重呈稳定趋势；65 岁及以上人口比重，第三次全国人口普查、第四次全国人口普查差距不大，一直在 3%—4% 之间，到 2000 年第五次全国人口普查时比重上升到 5.35%，2010 年第六次全国人口普查时比重上升到 7.56%，到第七次全国人口普查急剧上升，达到了 13.05%，10 年间即上升了 5.49 个百分点，人口老龄化程度进一步加深，接近深度老龄化阶段。从历次人口普查年龄数据看出，内蒙古 0—14 岁常住人口比重逐渐下降，15—64 岁和65 岁及以上常住人口比重逐渐上升，而且这种趋势还会延续。

（二）年龄结构变化分析

仅从三个年龄段人口比重，不能够对人口整体状态形成较为全面的认识，我们可以通过人口年龄结构分布图（见图 2-5）对人口年龄结构进行直观了解。下面一组五张图是改革开放以来内蒙古自治区从 1982 年第三次全国人口普查到 2020 年第七次全国人口普查五个时点上的人口金字塔。

人口金字塔是表示人口的年龄和性别构成的条形图。水平条代表某一年龄组男性和女性的人口数或比例。金字塔各个年龄性别组相加构成了总人口。图 2-5 是根据内蒙古第三次全国人口普查到第七次全国人口普查人口年龄数据制作的五次人口普查的人口年龄金字塔图。人口年龄金字塔是采用 10 岁为一个年龄组，分别计算每一个年龄组男性（或女性）人口占总人口的比重，将各个年龄性别组的比重放到同一张图中，男右女左，得到了五个金字塔图。

图 2-5　内蒙古人口年龄金字塔

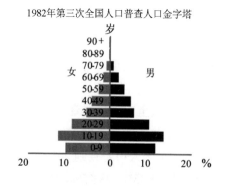

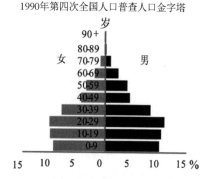

2000年第五次全国人口普查人口金字塔

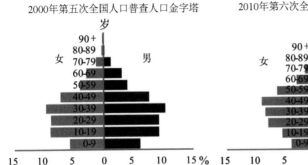

2010年第六次全国人口普查人口金字塔

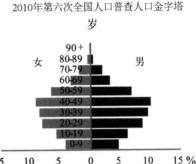

2020年第七次全国人口普查人口金字塔

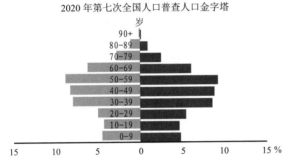

观察五个金字塔可以发现，1982年内蒙古自治区人口金字塔属于增长型，主要特点是金字塔底部宽顶部窄，人口比例最高的年龄组在10—19岁，这主要也与之前所描述的1963年之后内蒙古迎来了第二次的生育高峰有关，在1982年的时候，第二次婴儿潮出生的人口刚好年龄在10—19岁之间。到了1990年第四次全国人口普查时，内蒙古人口金字塔仍然有较强的增长型态势，但略趋近于静止型。主要特点是，50岁以下各个年龄性别组的人口比例差别不大，人口最多的组是20—29岁，这依然是1963年之后内蒙古第二次人口生育高峰所导致的。还可以发现，0—9岁和10—19岁年龄组人口数相比于1982年有了较大程度的下降，这主要与内蒙古人口出生率和生育率的下降有关，60岁以上各个年龄组的人口数相比于1982年略有增加。到了2000年，金字塔底部的形状已经发生了明显的变化，0—9岁人口比重明显减少，这是因为1990—2000年这10年间，内蒙古人口出生率持续下降，到2000年之后出生率一直保持较低水平。持续的低出生率使得金字塔最宽的年龄组持续向上推进，人口比重最大的一组是30—39岁。60岁以上人口已经显著多于1982年和1990年，60岁以上人口不论是男性还是女性都已经超过了4%的比重。预示着内蒙古人口老龄化的开始和老年赡养负担的加重。这一时点上，人口金字塔从稳定型向缩减型转变。2010年的第六次全国人口普查，可以清晰地看到，内蒙古的人口金字塔已经接近缩减型，金字塔两端小中间大，人口比例最高的组是40—49岁，60岁以上年龄组所占的比例相比于前两次人口普查时有了大幅增加。2020年的第七次全国人口普查，更加清楚地看出，内蒙古的人口金字塔已经呈缩减型，金字塔两端小中间大，人口比例最高的组是50—59岁，60岁以上年龄组所占的比例有了更大幅度增加，老龄化程度加深。

可见，内蒙古改革开放之后30多年来人口年龄结构的变化中，1963年之后第二次生育高峰时出生的人口起到了巨大作用，人口结构的改变一方面来自人口出生率和死亡率的下降，另一方面来自第二次婴儿潮人口的年龄变化。2020年第七次全国人口普查时的人口金字塔中还可以发现，60岁以上年龄组所占的比例相比于前两次人口普查时有了大幅增加，这预示着内蒙古人口逐步进入深度老龄化阶段和老年抚养负担的加重。

（三）人口年龄结构类型

通过人口金字塔我们看到了内蒙古人口年龄结构的大体变化趋势和形态。那么在不同的时间点上，内蒙古人口年龄结构属于哪种类型，在改革开放40多年的进程中，人口年龄结构的类型经历了怎样的变动。下面我们通过将内蒙古人口年龄结构的几个指标与国际标准的人口年龄结构类型的评判指标作对比，来找出内蒙古人口年龄结构类型的变动特征。

表2-5　国际通用的人口年龄结构类型指标数值

指　　标	年轻型	成年型	老年型
老年系数	＜4%	4%—7%	＞7%
少儿系数	＞40%	30%—40%	＜30%
老少比	＜15%	15%—30%	＞30%
年龄中位数	＜20%	20—30岁	＞30岁

资料来源：刘铮主编.人口理论教程[M].中国人民大学出版社，1985.

表2-6　内蒙古历次人口普查时的人口年龄结构

测度指标	1982 年	1990 年	2000 年	2010 年	2020 年
0—14 岁人口比例（%）	35.52	28.45	21.28	14.07	14.04
65 岁及以上人口比例（%）	3.61	4.00	5.51	7.56	13.05
老少比（%）	10.17	14.09	25.15	53.64	92.93
年龄中位数（岁）	21.11	24.65	30.71	37.28	43.26

数据来源：内蒙古历次人口普查数据。

表2-5 给出了国际通用的人口年龄结构类型指标数值，表2-6 列出了内蒙古历次人口普查的年龄结构测度指标。国际上标准划分人口年龄结构是 0—14 岁为少儿人口，15—64 岁为劳动年龄人口，65 岁及以上为老年人口。老少比=老年人口数/少儿人口数。年龄中位数是将全部人口按照年龄由小到大排列，处在中间位置的人年龄大小。通过这些指标的对比我们可以发现，1982 年，内蒙古 0—14 岁人口占比为35.52%，介于 30%—40%之间，属于成年型；65 岁及以上人口占比为3.61%，小于 4%，属于年轻型；老少比为 10.17%，小于 15%，属于年轻型指标；年龄中位数 21.11 岁，介于 20—30 岁之间，属于成年型指标。在 1982 年各项指标中，有两个指标属于年轻型，有两个指标属于成年型，由此我们可以确定，在 20 世纪 80 年代初，内蒙古自治区人口年龄结构类型正在从年轻型向成年型过渡。在这里我们也可以再向前推测。由于 1953 年和 1964 年两次人口普查的年代久远，当时的统计技术不够发达，部分指标缺失，抚养系数和年龄中位数无法获得。但根据 1963 年之后迎来了内蒙古的第二次人口生育高峰，那么在 1982 年之前的 10 年时间里，内蒙古的人口年龄结构类型应该属于年轻型，1982 年这个时点上正在从年轻型向成年型过渡。到了 1990 年，内蒙古 0—14 岁人口占比为 28.45%，小于 30%，属于老年型；65 岁及以上人口占比为 4.00%，介于 4%—7%，属于成年型；老少比 14.09%，小于 15%，属于年轻型指标；年龄中位数 24.65 岁，介于 20—30 岁之间，是成年型指标。在 1990 年第四次全国人口普查的各项指标中，有两项是成年型指标，有一项是年轻型指标，一项是老年型指标，我们可以判定，当进入 20 世纪 90 年代，内蒙古人口年龄结构的类型已转为成年型阶段，且处于成年型初级。2000 年第五次全国人口普查，内蒙古

0—14 岁人口占比为 21.28%，小于 30%，属于老年型指标；65 岁及以上人口占比为 5.51%，介于 4%—7%，属于成年型；老少比 25.15%，介于 15%—30%，属于成年型指标；年龄中位数 30.71 岁，大于 30 岁，是老年型指标。在 2000 年第五次全国人口普查各项指标中，有两项是成年型指标，两项为老年型指标且其中一项刚过指标临界值，我们可以认为 2000 年内蒙古人口类型已接近老年型，属于成年型社会的晚期。2010 年第六次全国人口普查，内蒙古 0—14 岁人口占比为 14.07%，小于 30%，属于老年型指标；65 岁及以上人口占比为 7.56%，大于 7%，属于老年型；老少比 53.64%，大于 30%，属于老年型指标；人口年龄中位数为 37.28 岁，大于 30 岁，属于老年型。2010 年第六次全国人口普查的各项指标显示，内蒙古人口年龄结构已经完全进入老年型阶段，这一方面与中国多年实行计划生育政策使得出生率降低有关，另一方面，在新中国成立初期第一次人口生育高峰出生的婴儿，在 2010 年已经陆续进入老龄阶段。2020 年第七次全国人口普查，内蒙古 0—14 岁人口占比为 14.04%，小于 30%，属于老年型指标；65 岁及以上人口占比为 13.05%，大于 7%，属于老年型；老少比 92.93%，远大于 30%，属于老年型指标；人口年龄中位数为 43.26 岁，大于 30 岁，属于老年型。结合 65 岁及以上人口占比接近 14%国际通用深度老龄化标准起点线，通过 2020 年这些指标可以看出，内蒙古人口年龄结构已经接近深度老年型阶段。这种变动趋势对今后内蒙古人口年龄结构的变化产生极大影响，将影响劳动力人口、学龄人口和老年人口的比例分布，影响社会各方面资源的分配，例如医疗服务、教育布局、消费模式等。

表 2-7　历次人口普查抚养比

单位：%

年份	总人口抚养比		少儿人口抚养比		老年人口抚养比	
	全国	内蒙古	全国	内蒙古	全国	内蒙古
1982	62.6	64.29	54.6	58.35	8.0	5.93
1990	49.8	48.05	41.5	42.12	8.3	5.93
2000	42.6	36.30	32.6	29.01	9.9	7.29
2010	34.2	27.64	22.3	17.99	11.9	9.65
2020	45.9	37.17	26.2	19.27	19.7	17.9

资料来源：历次人口普查数据。

表 2-7 是改革开放之后全国和内蒙古历次人口普查时点上人口抚养比指标。少儿人口抚养比=少儿人口数/劳动年龄人口数×100%；老年人口抚养比=老年人口数/劳动年龄人口数×100%；总抚养比=少儿人口抚养比+老年人口抚养比=（少儿人口数+老年人口数）/劳动年龄人口数×100%。老少比=老年人口数/少儿人口数。从历次人口普查的人口抚养比看，从1982 年到 2010 年总人口抚养负担在大幅下降，抚养负担的下降有可能带来重要的人口机遇期，即"人口红利"期，说明中国和内蒙古仍处于劳动力资源较为丰富、抚养负担相对较轻，人口红利对于经济的发展将起到重要的推动作用。

1982 年中国的人口结构处于少年型向成年型转变时期，1990 年基本属于成年型，2000 年中国已经基本处于初级老年型社会，2010 年中国已经完全进入了老年型社会。通过对比内蒙古和全国人口抚养比指标和人口年龄结构指标的变化，可以发现，内蒙古人口年龄结构类型的转变速度在 2000 年之前稍慢于全国，而在 2000 年之后快于全国的平均水平。而且从中国人口年龄结构类型的变化过程可以发现，中国是一个老年抚养系数长期偏高的国家，随着进入新时代以来生育率的持续下降，少儿人口抚养比也会出现持续下降，虽然使得总抚养负担有所减轻，但随着人口老龄化程度的不断加深，未来会出现老年人口抚养比超过少儿人口抚养比的情况。2020 年第七次全国人口普查的人口抚养比出现了上涨趋势，老年人口抚养比更是大幅上涨。

（四）年龄构成的地区差异

根据第七次全国人口普查资料，从内蒙古的角度来看，内蒙古已经接近深度老年型社会，但是从各盟市的情况来看，存在着不同程度的差别（见表 2-8）。

从表 2-8 看出，老年抚养比最高的是乌兰察布市为 30.55%，最低的是阿拉善盟为 12.91%，相差 17.64 个百分点。老少比最高的也是乌兰察布市为 188.40%，最低的是鄂尔多斯市，其老少比为 54.22%。由此可见，内蒙古各盟市的人口年龄结构存在很大差异，特别是老年人口的比重差异更大。人口过程与人口的年龄结构之间存在密切关系，人口的生育、死亡、迁移过程影响着人口的年龄结构。人口年龄结构的形成依赖于人口出生率、死亡率和迁移率的高低和变化，三者共同决定了本地区的人口年龄构成及变化趋势。比如乌兰察布市由于固有的自然环境差，经济相对落后，人口大量持续外出，而外出人口中大部分为青壮年，造成当地人口严重老化，所以老年抚养系数相对较高。而鄂尔多斯市则正好相反，由于鄂尔多斯市经济的快速发展，吸引了大量的外来人员，迁入人口急剧增加，使得青壮年人口的数量相对增多，老年抚养系数相对较低，有利于促进经济社会发展。

表 2-8   2020 年内蒙古各地区年龄结构基本指标

单位：%

地　　区	总抚养比	少儿抚养比	老年抚养比	老少比	年龄中位数（岁）
内蒙古	**37.17**	**19.27**	**17.90**	**92.93**	**43.26**
呼和浩特市	34.89	18.76	16.13	85.99	39.14
包头市	36.64	17.92	18.73	104.50	43.44
乌海市	33.16	17.88	15.28	85.45	42.80
赤峰市	40.01	21.48	18.53	86.29	44.31
通辽市	36.12	19.76	16.36	82.80	42.42
鄂尔多斯市	38.65	25.06	13.59	54.22	38.99
呼伦贝尔市	34.04	15.65	18.39	117.47	45.90
巴彦淖尔市	37.06	17.34	19.72	113.70	45.94
乌兰察布市	46.76	16.21	30.55	188.40	49.55
兴安盟	35.17	19.59	15.58	79.54	42.88
锡林郭勒盟	34.39	18.89	15.50	82.05	43.35
阿拉善盟	31.35	18.44	12.91	70.01	41.89

资料来源：《内蒙古自治区人口普查年鉴—2020》。

（五）年龄构成的城乡差异

人口现象是社会经济结构的发展过程和水平在人口结构上的反映。所以，社会经济发展状况影响着人口的出生、死亡、迁移过程，进而影响了人口的年龄结构。比如，同一地区不同的城乡类型其人口的年龄结构也存在差异，表 2-9 中列出了内蒙古第七次全国人口普查分城市、镇、乡村的人口年龄结构。

表 2-9 2020 年内蒙古分城乡人口年龄结构

单位：%

城乡	占常住人口比重			抚养比			老少比
	0—14 岁	15—64 岁	65 岁及以上	总抚养比	少儿抚养比	老年抚养比	
内蒙古	14.04	72.90	13.05	37.17	19.27	17.90	92.93
城市	14.38	74.74	10.88	33.79	19.23	14.56	75.69
镇	16.51	72.67	10.83	37.61	22.72	14.90	65.58
乡村	11.51	70.88	17.61	41.07	16.24	24.84	152.96

资料来源：《内蒙古自治区人口普查年鉴—2020》。

表 2-10 历次普查 65 岁及以上人口比重

单位：%

城乡	65 岁及以上人口占常住人口比重					1990年比1982年增减	2000年比1990年增减	2010年比2000年增减	2020年比2010年增减
	1982年	1990年	2000年	2010年	2020年				
内蒙古	3.64	4.00	5.35	7.56	13.05	0.36	1.35	2.21	5.49
城市	3.25	3.61	5.19	7.38	10.88	0.36	1.58	2.19	3.50
镇	2.75	3.10	4.71	6.60	10.83	0.35	1.61	1.89	4.23
乡村	3.85	4.34	5.90	8.20	17.61	0.49	1.56	2.30	9.41

资料来源：《内蒙古自治区人口普查年鉴—2020》。

从数据可知，内蒙古乡村人口中 65 岁及以上人口比重最大，城市和镇的 65 岁及以上人口占比基本一致；内蒙古镇的 0—14 岁人口的比重最高，城市人口中 0—14 岁人口的比重次之，乡村人口中 0—14 岁人口的比重最低。在内蒙古 15—64 岁人口中，城市比重最高，镇比重次之，乡村比重最低。乡村人口的老少比最大，其次是城市老少比，镇的老少比最低。这说明目前内蒙古乡村人口的老龄化要高于城市人口和镇人口，这一格局从第三次全国人口普查已经形成，并且其差异日益明显（见表 2-10）。这主要是由于农村劳动力人口和青少年人口大量向城镇转移，以及生育率、死亡率降低等因素累积效应。所以人口老龄化问题的重点不在城市而是在乡村，农村人口老龄化的速度快于城市和镇，而且老年人口的数量也比城市和镇多，约占全部老年人口的 43.87%。

（六）汉族、蒙古族和其他少数民族的年龄构成

各民族人口在生产方式、文化传统、宗教信仰、思想观念、医疗卫生、民族通婚以及各民族聚居区所处的自然地理环境的不同，会不同程度地影响到本民族人口的发展从而对年龄结构产生一定的影响。第七次全国人口普查内蒙古人口包含 56 个民族,但是少数民族人口数量较少,少数民族中人口最多的为蒙古族人口,共 422.61 万人,其他少数民族共 82.95 万人。由于少数民族人口数量较少,将蒙古族以外的其他少数民族作为一个整体来进行分析(见表 2-11)。

表 2-11　汉族、蒙古族和其他少数民族人口年龄结构

单位:%

民　族	0—14 岁	15—64 岁	65 岁及以上
合计	**14.04**	**72.90**	**13.05**
汉族	12.41	73.19	14.39
蒙古族	20.30	71.85	7.85
其他少数民族	19.07	71.71	9.22

资料来源:《内蒙古自治区人口普查年鉴—2020》。

从表 2-11 数据看出,内蒙古汉族、蒙古族和其他少数民族的年龄结构存在较大差异。蒙古族 0—14 岁人口比重最高达到 20.30%,其次其他少数民族为 19.07%,汉族 0—14 岁人口比重最低为 12.41%。汉族中 0—14 岁人口比重比蒙古族低 7.89 个百分点。汉族人口中 65 岁及以上人口比重为 14.39%,蒙古族为 7.85%,其他少数民族为 9.22%,蒙古族最低,汉族最高,相差 6.54 个百分点。

表 2-12　汉族、蒙古族、其他少数民族人口年龄结构

单位:%

年龄	汉族	蒙古族	其他少数民族
0—9 岁	8.18	13.56	13.20
10—19 岁	8.09	12.29	10.36
20—29 岁	10.05	12.02	11.58
30—39 岁	15.83	18.71	20.10
40—49 岁	17.42	15.90	14.68
50—59 岁	18.90	14.55	15.20
60—69 岁	13.11	8.82	9.79
70—79 岁	5.85	3.07	3.48
80—89 岁	2.32	0.98	1.41
90—99 岁	0.25	0.09	0.19
100 岁及以上	0.01	0.00	0.01

资料来源:《内蒙古自治区人口普查年鉴—2020》。

根据表 2-12 可明显地看出，内蒙古汉族人口与蒙古族人口和其他少数民族人口相比，老年人口比重较大，青少年人口比重较低，由此可知，蒙古族和其他少数民族的年龄结构比汉族年轻，尤其是蒙古族人口，其年龄结构明显比汉族和其他少数民族年轻。这与少数民族的生育政策不同于汉族有关，同时也受到蒙古族和其他少数民族人口的城乡分布、生产生活条件、思想观念等因素的影响。

三、劳动年龄人口的性别、年龄构成

经济增长与发展离不开劳动力资源的投入，劳动力的供给规模和结构对于一个国家或地区社会经济的健康可持续发展具有重要的战略意义。劳动力资源是一个国家或地区具有劳动能力人口的总和，是社会、经济活动的主体。深入了解内蒙古劳动力资源状况，对于合理开发、充分利用人力资源，科学制定内蒙古国民经济和社会发展战略，促进内蒙古经济社会高质量发展具有十分重要的意义。

（一）劳动年龄人口的现状及特点

劳动年龄人口反映着一个国家或地区的劳动力资源拥有量和人力资源情况。如按照国际上将 15—64 岁人作为劳动年龄人口的统计口径计算，根据第七次全国人口普查资料显示，内蒙古 2020 年劳动年龄人口为 1753.26 万人，占全区常住人口的比重为 72.90%，与 2010 年第六次全国人口普查相比，劳动年龄人口减少 182.91 万人。劳动年龄人口占常住人口的比重下降 5.45 个百分点，劳动年龄人口呈下降趋势。

表 2-13　内蒙古劳动年龄人口

年份	常住人口（万人）	15—64 岁人口（万人）	比重（%）
2020	2404.92	1753.26	72.90
2010	2470.63	1936.17	78.37
增减（万人）	-65.71	-182.91	-5.45
增长（%）	-2.66	-9.45	

资料来源：《内蒙古自治区人口普查年鉴—2020》《内蒙古自治区 2010 年人口普查资料》。

劳动年龄人口的年平均增长速度下降快于常住人口的年平均增长速度下降幅度 6.79 个百分点。说明内蒙古劳动力资源增长态势出现了逆转，呈现下降走势，并将会持续下去。内蒙古劳动力资源下降快于总人口的主要原因是，低生育水平的稳定和持续以及人口预期寿命的提高，死亡率下降和 65 岁及以上人口增长太快等多重因素所致。

（二）劳动年龄人口的性别构成

从劳动年龄人口性别构成来看，内蒙古 2020 年男性劳动年龄人口为 1753.26 万人，比 2010 年 1936.17 万人减少 182.91 万人；女性劳动年龄人口 841.56 万人，比 2010 年 927.36 万人减少 85.80 万人。2020 年劳动年龄人口性别比为 106.15，比 2010 年的 108.79 下降了 2.64 个百分点，虽然有部分年龄组人口的性别比偏高，但 2020 年劳动年龄人口大部分年龄组都比 2010 年下降，劳动年龄人口的性别构成基本合理。

表 2-14　内蒙古分年龄人口性别比

年龄	2020 年			2010 年			性别比相差
	男（%）	女（%）	性别比（女=100）	男（%）	女（%）	性别比（女=100）	
合计	**51.49**	**48.51**	**106.15**	**52.10**	**47.90**	**108.79**	**-2.64**
15—19 岁	52.12	47.88	108.84	51.65	48.39	106.84	2.00
20—24 岁	51.94	48.06	108.07	51.56	48.44	106.46	1.61
25—29 岁	52.25	47.75	109.41	52.36	47.64	109.89	-0.48
30—34 岁	51.65	48.35	106.82	52.93	47.07	112.46	-5.64
35—39 岁	52.14	47.86	108.96	52.55	47.45	110.74	-1.78
40—44 岁	51.91	48.09	107.95	52.78	47.22	111.77	-3.82
45—49 岁	51.19	48.81	104.89	52.40	47.60	110.10	-5.21
50—54 岁	51.42	48.58	105.83	51.92	48.08	108.00	-2.17
55—59 岁	50.77	49.23	103.12	50.88	49.12	103.60	-0.48
60—64 岁	50.13	49.87	100.53	50.47	49.53	101.89	-1.36

资料来源：《内蒙古自治区人口普查年鉴—2020》《内蒙古自治区 2010 年人口普查资料》。

（三）劳动年龄人口的年龄构成

劳动适龄人口的年龄结构对劳动力的就业结构、劳动力的效率和效力、以及社会经济的发展都有重要的影响。为便于比较分析，将劳动适龄人口分为四个年龄组，第一组 15—24 岁青年组，第二组 25—44 岁壮年组，第三组45—59岁成年组，第四组60—64岁中年组。根据第七次全国人口普查资料，内蒙古劳动年龄人口的内部结构中，第一组比重为11.80%，第二组为41.05%，第三组为37.92%，第四组为9.23%（见表2-15）。

表2-15　内蒙古劳动力资源人口年龄构成

年龄	2020 年		2010 年		2020 年与 2010 年比较	
	人数（万人）	比重（%）	人数（万人）	比重（%）	人数（万人）	比重（%）
合计	1753.26	100.00	1936.17	100.00	-182.91	
15—24 岁	206.91	11.80	374.87	19.36	-167.96	-7.56
25—44 岁	719.73	41.05	907.68	43.41	-187.95	-2.36
45—59 岁	664.81	37.92	556.79	26.63	108.02	11.29
60—64 岁	161.83	9.23	96.82	5.00	65.01	4.23

资料来源：《内蒙古自治区 2010 年人口普查资料》《内蒙古自治区人口普查年鉴—2020》。

表2-15 数据可知，2020 年内蒙古劳动适龄人口中青年组人口（15—24 岁）人数比 2010 年减少了 167.96 万人，比重下降了 7.56 个百分点；壮年组（25—44 岁）人口的人数减少 187.95 万人，与 2010 年相比，比重下降 2.36 个百分点；成年组（45—59 岁）的劳动适龄人口快速增加，10 年增加 108.02 万人，与 2010 年相比，比重上升 11.29 个百分点。内蒙古劳动适龄人口中，高龄劳动人口（45 岁以上）比重上升，并且超过 40%，劳动力结构趋向老化；年轻劳动适龄人口所占比重偏低，将影响未来劳动力市场的供需；壮年劳动力人口比重高达 41.05%，是现时经济发展强大后盾，也是国家发展经济的中坚力量，他们的劳动技能最成熟，经验最丰富。

（四）劳动年龄人口的文化素质构成

第七次全国人口普查资料表明，内蒙古 2020 年劳动年龄人口的受教育程度比 2010 年有明显提高，平均受教育年限（按大学 16 年、高中 12 年、初中 9 年、小学 6 年计算）由 2010 年的 9.58 年提高到 2020 年的 15.32 年，提高了 5.74 年。

表 2-16　劳动年龄人口受教育程度

受教育程度	2010 年		2020 年		2020 年与 2010 年比较	
	人数（万人）	比重（%）	人数（万人）	比重（%）	人数（万人）	比重（%）
合计	**1936.17**	**100.00**	**1753.26**	**100.00**	**-182.91**	**100.00**
大专以上	246.28	12.72	436.57	24.90	190.29	12.18
高中	360.22	18.60	330.23	18.84	-29.99	0.24
初中	877.05	45.30	677.69	38.65	-199.36	-6.65
小学	397.94	20.55	278.83	15.90	-119.11	-4.65
未上过学	54.68	2.82	29.94	1.71	-24.74	-1.11
平均受教育年限（年）	9.58		15.32		5.74	

资料来源：《内蒙古自治区人口普查年鉴—2020》《内蒙古自治区 2010 年人口普查资料》。

在劳动年龄人口中，受过初中教育的人口由 2010 年的 877.05 万人减少到 2020 年的 677.69 万人，减少了 199.36 万人，受过初中教育的人口占劳动适龄人口的比重由 2010 年的 45.30%下降到 2020 年 38.65%，下降了 6.65 个百分点；受过大专以上教育的人口由 2010 年的 246.28 万人增加到 2020 年的 436.57 万人，增加了 190.29 万人，受过大专以上教育的人口占劳动适龄人口的比重，由 2010 年的 12.72%上升到 2020 年 24.90%，上升了 12.18 个百分点。受过高中教育的劳动适龄人口由 2010 年的 360.22 万人减少到 2020 年的 330.23 万人，减少了 29.99 万人，比重上升了 0.24 个百分点；2020 年接受小学教育的人口和文盲人口所占劳动适龄人口的比重都比 2010 年有所下降，劳动适龄人口的平均受教育年限已经达到了高中水平。劳动适龄人口的文化素质是劳动力素质的重要方面，劳动力的素质在很大程度上决定着劳动生产率的高低和生产力的发展。劳动适龄人口文化素质的提高，是由于内蒙古高度重视义务教育和大力发展高等教育事业的结果，为内蒙古经济社会高质量发展提供智力支持。

（五）劳动年龄人口的地区和城乡分布

内蒙古城镇化水平的快速发展和人口在城乡间流动的不断增强，使得劳动适龄人口的城乡分布也发生了很大的变化。

表 2-17　劳动年龄人口的城乡构成

年份	合计人数（万人）	城镇		乡村	
		人数（万人）	比重（%）	人数（万人）	比重（%）
2010	1936.17	1081.17	55.84	855.00	44.16
2020	1753.26	1198.83	68.38	554.43	31.62
相差	-182.91	117.66	12.54	-300.57	-12.54

资料来源：《内蒙古自治区人口普查年鉴—2020》《内蒙古自治区 2010 年人口普查资料》。

　　2020 年内蒙古城镇劳动年龄人口为 1198.83 万人，比 2010 年增加 117.66 万人，增长了 12.54%，城镇劳动年龄人口占全部劳动年龄人口的比重由 2010 年的 55.84%上升到 2020 年的 68.38%；2020 年乡村劳动年龄人口比 2010 年减少了 300.57 万人，减少 12.54%。2020 年与 2010 年相比，乡村劳动年龄人口占全部劳动年龄人口的比重由 44.16%下降到 31.62%，降低了 12.54 个百分点。2020 年劳动适龄人口也比 2010 年减少了 182.91 万人，下降了 9.45 个百分点。但是城镇的劳动适龄人口的增长幅度较大，增长 12.54 个百分点。由于城镇化的不断深入和工业化水平的进一步提高，农村剩余劳动力不断向城市集聚，劳动者从第一产业、第二产业转向第三产业，城镇就业压力增大。

第三章　人口老龄化

　　一个国家或地区的老年人口数量和老龄化程度关系到整个国家或地区的经济发展，也会对社会的诸多方面产生影响。内蒙古自治区从1999年就进入了老龄化社会，在二十几年中老年人口不断扩大，人口老龄化问题日益严重。内蒙古日益凸显的老龄化问题为全区高质量发展和人口均衡型社会的构建带来更加严峻的挑战。为了应对这一挑战，自治区人民政府先后出台了《内蒙古自治区"十四五"老龄事业发展规划》《"健康内蒙古2030"规划》等一系列规划措施，这些规划的出台明确地提出要积极应对老龄化，积极推动自治区老龄事业的发展。人口老龄化不仅仅是内蒙古自治区的未来发展趋势，它已经成为中国社会发展的趋势，也侧面反映了人类文明的进步、人类医疗水平的提高。人口老龄化问题将会是中国很长时期内需要解决的问题。习近平总书记热切地关注老龄化问题，并对此做出了一系列重要批示，给我们开展老龄化工作提供了基本遵循。各级政府和社会要高度重视老龄化工作，营造有利于老年人的社会生活环境，进而提高老年人的健康水平及生活质量。

一、人口老龄化的现状及发展进程

　　第七次全国人口普查数据显示，2020年内蒙古自治区常住人口中60岁及以上人口为475.72万人，占比19.78%，高于全国平均水平1.08个百分点，其中65岁及以上人口达到313.89万人，占比13.05%，接近中度老龄化水平。与2010年第六次全国人口普查相比，60岁及以上人口占比上升了8.30个百分点，65岁及以上人口占比上升了5.49个百分点，老年人口规模显著扩大。

（一）人口老龄化的现状

1.老年人口数量和比重进入"快车道"

从 2000 年以来内蒙古老年人口数量情况来看，老年人口数量不断增加，进入数量快速增加时期。老年人口数量从 2000 年的 206.88 万增加到 2010 年的 283.64 万，到了 2020 年增加到 475.72 万。从增加的过程来看，2000—2010 年间每年平均增加 7.68 万，2010—2020 年间每年平均增加 19.21 万，2010 年以来老年人口数量增加的速度更快。

从 60 岁及以上老年人口比重的增长过程来看，人口老龄化进入快速上升时期。2000—2010 年间增长了 2.61 个百分点，2010—2020 年间增长了 8.30 个百分点，2010 年以来老年人口比重增长的百分点比之前 10 年的百分点明显增加。

不管是老年人口的增量还是老年人口比重上升的幅度，在过去的 10 年间速度都更快，说明内蒙古老年人口数量进入了一个快速增加的时期。同样，人口老龄化也进入了快车道，重要的原因在于 20 世纪 50、60 年代以后出生的人口陆续进入老年且新生儿数量不断减少。

表 3-1　2000—2020 年内蒙古 60 岁及以上老年人口情况

指　　标	2000 年	2010 年	2020 年
数量（万人）	206.88	283.64	475.72
比重（%）	8.87	11.48	19.78

资料来源：2000 年和 2010 年数据根据内蒙古相应年份的普查数据计算而来；2020 年数据来源于《内蒙古自治区人口普查年鉴—2020》。

2.人口老龄化过程中出现高龄化

从 2020 年以来老年人口不断高龄化。2020 年第七次全国人口普查数据显示，80 岁及以上老年人口占 11.51%，与 2000 年和 2010 年相比，80 岁及以上老年人口比重不断攀升。与此同时，80 岁及以上老年人口的规模也不断增加，2020 年有 54.72 万人。

表 3-2 2000—2020 年内蒙古 60 岁及以上老年人口年龄构成

单位：%

年龄组	2000 年	2010 年	2020 年
60—69 岁	66.60	57.54	61.85
70—79 岁	27.73	33.95	26.64
80 岁及以上	5.68	8.51	11.51

资料来源：2000 年和 2010 年数据根据内蒙古相应年份的普查数据计算而来；2020 年数据来源于《内蒙古自治区人口普查年鉴—2020》。

3.人口老龄化城乡倒置现象一直存在并呈不断扩大的趋势

人口老龄化程度城乡倒置是全球的普遍现象，内蒙古也不例外。从最近三次人口普查的结果来看，内蒙古人口老龄化程度的倒置不仅一直存在而且有扩大的趋势，差距在 2000 年、2010 年和 2020 年分别为 1.32 个、2.83 个和 10.33 个百分点。人口老龄化程度城乡倒置与人口流迁密不可分，人口流迁的主体是青壮年，流向是从乡村到城镇，青壮年流出以后会加剧乡村的人口老龄化程度，同时，会稀释城市的人口老龄化程度。

表 3-3 2000—2020 年内蒙古城乡老年人口规模与比重

城乡	2000 年		2010 年		2020 年	
	规模（万人）	比重（%）	规模（万人）	比重（%）	规模（万人）	比重（%）
城市	50.11	8.83	86.29	10.77	155.29	16.44
镇	33.81	7.88	56.88	9.96	111.27	16.41
乡	122.95	9.20	140.47	12.79	209.16	26.74

资料来源：2000 年和 2010 年数据根据内蒙古相应年份的普查数据计算而来；2020 年数据来源于《内蒙古自治区人口普查年鉴—2020》。

（二）人口老龄化的发展进程

第七次全国人口普查资料显示，2020 年内蒙古人口年龄结构已经完全进入老年型阶段（见表 3-4）。少儿抚养系数为 19.27%，小于 30%；老年抚养系数为 17.90%，远大于 7%；老少比为 92.93%，远大于 30%；人口年龄中位数为 43.26 岁，大于 30 岁。与国际通用人口类型标准对比显示，2020 年内蒙古人口年龄结构已经接近深度老年型阶段。与全国相比，内蒙古1982年、1990年人口的年龄结构明显比全国年轻，到2000年时，内蒙古人口的年龄结构与全国平均水平基本在同一水平。但到2010年，特别是2020年时，从老少比和年龄中位数看，2010年至2020年呈现数据逐渐大于全国的情况，表明内蒙古人口比全国人口的老龄化程度还要高，也说明20年来，内蒙古人口老龄化的速度快于全国的平均水平。

表3-4 内蒙古自治区历次人口普查年龄结构基本指标

年　份	总抚养比（%）	少儿抚养比（%）	老年抚养比（%）	老少比（%）	年龄中位数（岁）
1982	64.29	58.35	5.93	10.17	21.11
1990	48.05	42.12	5.93	14.09	24.65
2000	36.30	29.01	7.29	25.15	30.71
2010	27.64	17.99	9.65	53.64	37.28
2020	37.17	19.27	17.90	92.93	43.26

资料来源：内蒙古历次人口普查数据。

表3-5 全国历次人口普查年龄结构基本指标

年　份	总抚养比（%）	少儿抚养比（%）	老年抚养比（%）	老少比（%）	年龄中位数（岁）
1982	62.6	54.6	8.0	14.7	—
1990	49.8	41.5	8.3	20.0	—
2000	42.6	32.6	9.9	30.4	30.8
2010	34.2	22.3	11.9	53.4	35.9
2020	45.9	26.2	19.7	75.2	39.4

资料来源：历次全国人口普查数据。

结合表3-4和表3-5对内蒙古人口年龄结构的变化和老龄化的过程进行观察发现，1982年之前内蒙古人口属于典型的年轻型人口，少年儿童人口比重大，少儿抚养比高，老年人口比重小，老年抚养系数低，老少比低，年龄中位数轻。1990年虽然人口年龄结构仍然属于年轻型人口类型，但少儿抚养系数较1982年降低了16.23个百分点，人口由增长型向静止型靠近。到 2000 年，从各项年龄指标看，内蒙古人口已初步进入老年型人口类型，不仅少儿抚养系数大幅度下降，老年抚养系数也大幅度上升，老少比大幅度提高，人口年龄中位数超过了 30 岁，比 1990 年增加了 6.06 岁。到 2010 年第六次全国人口普查时，内蒙古已完全属于老年型人口社会，甚至属于中度老年型社会，而且与 2000 年相比，年龄中位数提高了 6.57 岁，老少比提高了 28.49 个百分点，这一时期人口老龄化进程加快。到 2020 年第七次全国人口普查时，内蒙古已接近深度老年型阶段，与 2010 年比，年龄中位数提高了 5.98 岁，达到了 43.26 岁，老少比提高了 39.29 个百分点。从历次普查数据的比较看出，内蒙古人口从 1982 年开始至今属于人口老龄化加速发展期。人口类型从 1990 年的年轻型发展到 2020 年的接近深度老年型只经历了 30 年的时间。

二、人口老龄化的地区差异

（一）人口老龄化的地区差异

各盟市人口年龄结构存在一定差异，主要表现在老年人口占总人口的比重。内蒙古 12 个盟市老年人口比重从 9.80% 到 20.81% 不等（见表 3-6），最高和最低相差 11.01 个百分点，从这个意义上看，各盟市人口的老龄化程度存在很大差异。这种差异的形成，主要是由各地区在一定时期内经济社会发展和地域环境的影响所致。

表 3-6 2020 年内蒙古各地区人口年龄构成及抚养比

单位：%

地 区	占总人口比重			抚养比		
	0—14岁	15—64岁	65岁及以上	总抚养比	少儿抚养比	老年抚养比
总 计	**14.04**	**72.90**	**13.05**	**37.17**	**19.27**	**17.90**
呼和浩特市	13.91	74.13	11.96	34.89	18.76	16.13
包头市	13.11	73.18	13.70	36.64	17.92	18.73
乌海市	13.43	75.10	11.48	33.16	17.88	15.28
赤峰市	15.34	71.42	13.24	40.01	21.48	18.53

续表　　　　　　　　　　　　　　　　　　　　　　　　　单位：%

地　区	占总人口比重			抚养比		
	0—14岁	15—64岁	65岁及以上	总抚养比	少儿抚养比	老年抚养比
通辽市	14.52	73.46	12.02	36.12	19.76	16.36
鄂尔多斯市	18.08	72.12	9.80	38.65	25.06	13.59
呼伦贝尔市	11.68	74.61	13.72	34.04	15.65	18.39
巴彦淖尔市	12.65	72.96	14.39	37.06	17.34	19.72
乌兰察布市	11.05	68.14	20.81	46.76	16.21	30.55
兴安盟	14.49	73.98	11.53	35.17	19.59	15.58
锡林郭勒盟	14.06	74.41	11.53	34.39	18.89	15.50
阿拉善盟	14.04	76.13	9.83	31.35	18.44	12.91

资料来源：《内蒙古自治区人口普查年鉴—2020》。

比如，乌兰察布市老年人口比重最高，达20.81%，原因在于该地多数旗县以农业生产为主，土地贫瘠收入较少，经济发展水平低，农村中的青壮年人口纷纷离开家乡进城打工，从而造成劳动年龄人口减少，老年人口比重相应提高。这与该地15—64岁人口比重较低相一致。各盟市人口年龄结构差异有其历史原因和现实因素，直接原因是人口出生水平和迁移流动的不同造成的。

（二）人口老龄化的城乡差异

2020年内蒙古城市、镇、乡村65岁及以上人口占总人口的比重，分别为10.88%、10.83%和17.61%。从第三次全国人口普查以来的历次普查数据来看，内蒙古老年人口比重表现出乡村高于城市、城市高于镇的特点。而且，人口老龄化的速度也是乡村快于城市、城市快于镇。内蒙古城乡人口老龄化的差异主要是城、镇和乡村之间人口迁移流动的方向不同造成的（见表3-7）。

表3-7　内蒙古分城乡的老年人口比重

单位：%

城　乡	65岁及以上人口占常住人口比重					1990年比1982年增减	2000年比1990年增减	2010年比2000年增减	2020年比2010年增减
	1982年	1990年	2000年	2010年	2020年				
全区	**3.64**	**4.00**	**5.35**	**7.56**	**13.05**	**0.36**	**1.35**	**2.21**	**5.49**
城市	3.25	3.61	5.19	7.38	10.88	0.36	1.58	2.19	3.50
镇	2.75	3.10	4.71	6.60	10.83	0.35	1.61	1.89	4.23
乡村	3.85	4.34	5.90	8.20	17.61	0.49	1.56	2.30	9.41

资料来源：内蒙古历次人口普查资料或年鉴。

一般情况下，受经济社会发展的影响，城市人口的生育水平应该一直低于镇和乡村，如果不考虑迁移的影响，在同一时点，城市人口的老龄化程度应该高于镇，同样镇应该高于乡村。但是，目前的情况却正好相反。造成这种异常情况的因素主要有两个，一是中国实行的计划生育措施，从70年代开始农村高生育水平得到控制，突然下降到较低的状态并一直下降至今。时至今日，以往出生的大量人口步入了老年行列，由于生育水平的逐渐下降，新出生人口愈来愈少，导致年轻人口的增长速度较慢，这样农村老年人口的比重变得很高。城市虽然也受到计划生育的影响，但由于城市人口原本生育水平较农村低，所以影响不如农村显著；第二个因素是，改革开放后，特别是进入新时代以后，随着经济社会高速发展，人口的流动规模越来越大，大量农村青壮年劳动人口和青少年人口为了谋生和上学涌向城镇，这就使得农村的青壮年人口进一步减少，老年人口的比重进一步加大，相反，城镇人口中年轻人口增加，老年人口比重相对较低。这样就形成了目前农村人口老龄化程度高于城镇的现状。由此看出，人口老龄化问题的重点不在城市而是在乡村，农村人口老龄化的速度快于城市和镇，而且老年人口的数量也比城市和镇多，约占全部老年人口的43.88%。

三、老年人口的健康状况和生活来源

（一）老年人口的健康状况

1.老年人口总体健康状况较好

由表3-8可见，2020年内蒙古老年人口身体健康状况中，健康占比为45.42%，基本健康占比为35.62%，二者之和为81.04%，说明内蒙古老年人口总体健康状况较好。与2010年相比，健康状态的占比提高约3.53%，基本健康状态的占比下降约2.56%。整体来看，2020年内蒙古老年人口健康比重上升，基本健康、不健康但生活能自理和生活不能自理的比重下降（图3-1）。虽然内蒙古老年人口占比较2010年提高5.49个百分点（表3-9），但是随着医疗水平的提升及老年人健康意识的增强，健康状态的老年人口占比明显增加。

表 3-8 2010 年、2020 年内蒙古分性别的老年人口的健康状况与变化比较

单位：%

年份	健 康			基本健康			不健康但生活能自理			生活不能自理		
	小计	男	女	小计	男	女	小计	男	女	小计	男	女
2010	41.89	46.19	37.60	38.18	36.12	40.23	16.40	14.54	18.25	3.53	3.15	3.91
2020	45.42	48.78	42.26	35.62	33.76	37.37	15.80	14.51	17.02	3.15	2.95	3.35
变化率	3.53	2.59	4.66	-2.56	-2.35	-2.86	-0.60	-0.03	-1.23	-0.38	-0.21	-0.56

资料来源：《内蒙古自治区 2010 年人口普查资料》《内蒙古自治区人口普查年鉴—2020》。

表 3-9 内蒙古历次人口普查的人口年龄结构

单位：%

普查年份	0—14 岁	15—64 岁	65 岁及以上
1964	44.60	52.28	3.12
1982	35.52	60.87	3.61
1990	28.45	67.55	4.00
2000	21.28	73.37	5.35
2010	14.10	78.34	7.56
2020	14.04	72.90	13.05

资料来源：《内蒙古自治区人口普查年鉴—2020》。

2.绝大多数老年人口生活能够自理

健康、基本健康、不健康但生活能自理这 3 种健康状况都属于具有日常生活能力。2020 年内蒙古有 96.85%的老年人口生活能够自理；生活不能自理的比重为 3.15%。与 2010 年相比，老年人口生活能够自理的比重微升，生活不能自理的比重相应微降。2020 年还有 3.15%老年人口生活不能自理，他们是社会养老服务体系优先服务的人群；而占比约 16%的不健康但生活能自理的老年人口是医疗卫生机构和社会养老服务体系共同服务的重点人群。

3.男性老年人口总体健康状况好于女性

由表 3-8 可见，2020 年男性老年人口健康状态比重高于女性，占比为 48.78%。男性老年人口基本健康、不健康但生活能自理、生活不能自理的比重均低于女性。男性老年人口健康和基本健康的比重之和为

82.54%，高出女性 2.91 个百分点。与 2010 年相比，男性老年人口健康的比重提高 2.59%，女性老年人口健康比重提高 4.66%；男性老年人口基本健康比重下降约 2.35%，女性老年人口基本健康比重下降约 2.86%。综上表明，内蒙古男性老年人口健康状况总体上好于女性。

图 3-1　2010 年、2020 年内蒙古老年人口的健康状况变化比较

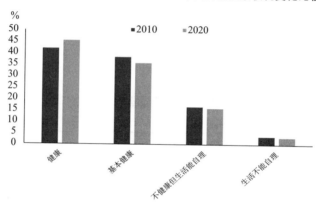

资料来源：《内蒙古自治区 2010 年人口普查资料》《内蒙古自治区人口普查年鉴—2020》。

（二）分年龄的老年人口健康状况

1.不同年龄的老年人口健康状况存在显著差异

由表 3-10 和图 3-2 可见，2020 年内蒙古老年人口健康比重随年龄增大逐渐降低，基本健康的比重先升、后降、再微升，不健康但生活能自理的比重先升后降，生活不能自理的比重提高。具体特征为：一是老年人口健康比重从最低年龄组到最大年龄组大致呈现阶梯式递减变化态势；二是基本健康的比重呈现"两头小中间大"的年龄差异格局，即随着年龄增大基本健康比重上升再逐步下降，75—79 岁组的基本健康占比最高，达到 41.34%。与健康占比相比，基本健康占比的年龄差异变化比较平缓；三是随着年龄增大，不健康但生活能自理的占比呈现出较明显的先升后降特点，其中在 90—94 岁达到最高值（32.26%）；生活不能自理的比重呈现随年龄增大而快速上升。

表 3-10　2020 年内蒙古分性别、分年龄的老年人口健康状况

单位：%

年龄 （岁）	健康			基本健康			不健康但生活能自理			生活不能自理		
	小计	男	女	小计	男	女	小计	男	女	小计	男	女
60—64	59.99	62.84	57.15	29.83	27.43	32.24	9.00	8.48	9.53	1.17	1.26	1.09
65—69	47.52	50.92	44.28	36.92	34.57	39.16	13.68	12.50	14.81	1.87	2.01	1.74
70—74	36.32	39.43	33.47	40.77	39.18	42.23	19.88	18.37	21.26	3.03	3.02	3.03
75—79	29.72	32.28	27.53	41.34	40.80	41.81	23.90	21.99	25.52	5.04	4.93	5.14
80—84	23.60	26.08	21.48	39.07	39.34	38.83	28.36	26.74	29.75	8.97	7.84	9.94
85—89	17.59	19.70	15.78	35.99	38.01	34.25	32.17	31.14	33.05	14.25	11.15	16.92
90—94	15.48	19.47	11.81	31.09	32.63	29.68	32.26	30.66	33.74	21.16	17.24	24.77
95—99	13.89	15.45	12.55	25.00	30.04	20.66	29.37	28.33	30.26	31.75	26.18	36.53
100+	5.77	10.53	3.03	26.92	42.11	18.18	21.15	15.79	24.24	46.15	31.58	54.55

资料来源：《内蒙古自治区人口普查年鉴—2020》。

图 3-2　2020 年内蒙古分年龄的老年人口健康状况

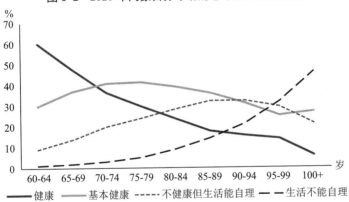

资料来源：《内蒙古自治区人口普查年鉴—2020》。

　　由表 3-11 可以看出，与 2010 年相比，2020 年 60—84 岁各年龄组的健康比重提高了约 3%左右；基本健康比重除 80—84 岁和 100 岁以上年龄组以外都有所降低；不健康但生活能自理比重除 60—69 岁、85—94 岁年龄组外，各年龄组的水平都低于 2010 年；生活不能自理比重在 95—99 岁前后先降后升。根据图 3-2 显示，2020 年老年人口健康曲线在下降过程中，先后 3 次分别与上升过程中的基本健康曲线、不健康但生活能自理曲线、生活不能自理曲线交叉，交点年龄分别为 68—69 岁、

77—78 岁、86—87 岁，这可以理解为最佳健康状况转换为或被替代为次级健康状况乃至较差的健康状况的临界年龄。相比 2010 年，2020 年老年人口健康变化的临界年龄都有所延迟。

表 3-11　2020 年内蒙古分年龄段的老年人口健康状况变化率（与 2010 年比）

单位：%

年龄（岁）	健康	基本健康	不健康但生活能自理	生活不能自理
60—64	3.59	-3.79	0.29	-0.09
65—69	2.41	-2.07	0.01	-0.35
70—74	2.73	-1.79	-0.37	-0.57
75—79	3.35	-0.47	-1.87	-1.01
80—84	3.55	0.15	-2.19	-1.51
85—89	0.79	-0.12	0.16	-0.83
90—94	1.65	-0.47	0.43	-1.62
95—99	-2.09	-5.77	-2.00	9.85
100+	-15.66	5.49	-14.56	24.73

资料来源：《内蒙古自治区人口普查年鉴—2020》。

2.分年龄的男性老年人口健康状况普遍好于女性

2020 年，老年人口的健康状况差异还表现在分年龄的性别差异方面。由图 3-3 和图 3-4 可知，各个年龄组男性老年人口处于"健康"占比均高于女性，特别是老年人口数量多的前 5 个年龄组。年龄在 60—80 岁的女性老年人口处于"基本健康"比重高于男性，高龄组 80 岁以上

图 3-3　2020 年内蒙古分性别的老年人口健康状况

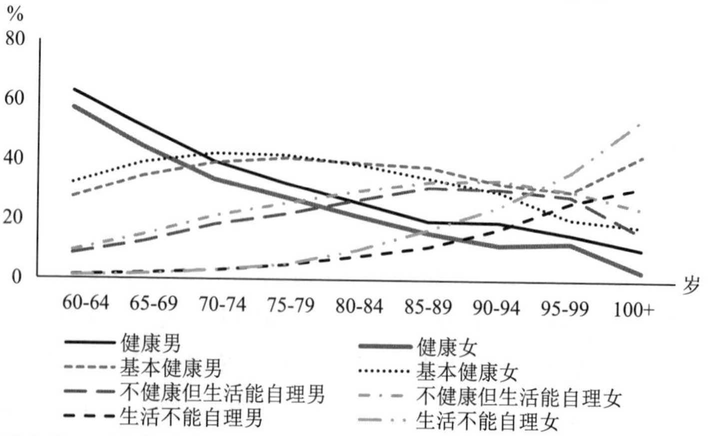

资料来源：《内蒙古自治区人口普查年鉴—2020》。

的情况则正好相反。各年龄段的男性老年人口处于"不健康但生活能自理"状态的比重均低于女性。年龄段在 60—79 岁的男性老年人口处于"生活不能自理"状态的比重与女性基本持平，80 岁以上的女性老年人口处于"生活不能自理"状态的比重明显高于男性。

图 3-4 2020 年内蒙古分性别的老年人口健康状况

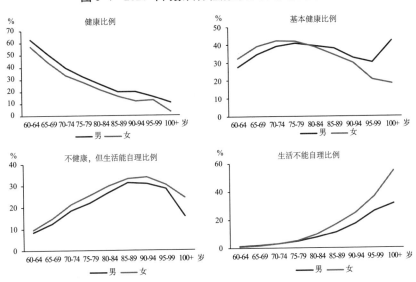

资料来源：《内蒙古自治区人口普查年鉴—2020》。

（三）城乡老年人口的健康状况

1.老年人口健康状况存在较大的城乡差距

由表 3-12 和图 3-5 可以看出，城市老年人口的总体健康状况明显好于镇、好于乡村。这种城市、镇、乡村梯度递减的健康水平差异是内蒙古城乡社会经济发展不平衡性的体现。城市老年人口健康的比重为 59.35%，高于镇（45.47%）和乡村（35.20%）。相反，城市老年人口基本健康、不健康但生活能自理和生活不能自理比重均低于镇、低于乡村。相比于 2010 年，2020 年城市老年人口健康的比重提高 9.67%，乡村老年人口健康的比重则下降 1.8%；城市老年人口基本健康的比重下降 8.36%，乡村老年人口健康的比重则提高 1.86%；城市老年人口不健康但生活能自理比重下降 1.33%，而镇、乡村老年人口的这一比重则分别提高 0.30%和 0.68%。城市老年人口生活不能自理比重城市略有上升，而乡村老年人口的这一比重则下降 0.74%。

表 3-12　2020 年内蒙古城乡分性别的老年人口健康状况比较

单位：%

城乡	健康			基本健康			不健康但生活能自理			生活不能自理		
	小计	男	女	小计	男	女	小计	男	女	小计	男	女
城市	59.35	62.21	56.81	29.89	27.71	31.82	8.22	7.55	8.82	2.54	2.53	2.55
镇	45.47	48.75	42.55	36.65	34.51	38.56	14.64	13.62	15.55	3.24	3.12	3.34
乡村	35.20	39.62	30.73	39.28	37.53	41.05	21.96	19.70	24.25	3.56	3.15	3.97

资料来源：《内蒙古自治区人口普查年鉴—2020》。

图 3-5　2020 年内蒙古城乡分性别的老年人口健康状况比较

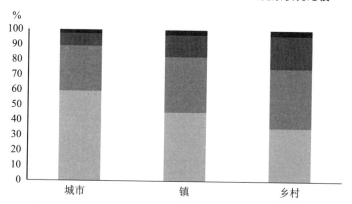

资料来源：《内蒙古自治区人口普查年鉴—2020》。

从表 3-13 看,城市老年人口各年龄组的健康比重均高于乡镇;60—80 岁城市老年人口的基本健康比重低于镇乡,但 80 岁以后年龄段的城市老年人口,处于基本健康状态的比重高于乡镇。城市各年龄组老年人口不健康但生活能自理的比重均低于乡镇,可见老年人口不健康但生活能自理比重的城乡差异较大。老年人口生活不能自理比重城乡差异较小,城市低中龄老人的生活不能自理比重均低于乡镇。整体来看,各年龄段中城市老年人口的健康状况均好于乡镇。乡镇处于不健康状况的老年人口占比约为城市的 2 倍,这部分老年人口的健康问题需要格外关注。

表 3-13 2020 年内蒙古城乡分年龄段的老年人口健康状况比较

单位：%

年龄（岁）	健 康			基本健康			不健康但生活能自理			生活不能自理		
	城市	镇	乡村	城市	镇	乡村	城市	镇	乡村	城市	镇	乡村
60—64	72.69	60.01	50.77	21.70	30.13	35.57	4.79	8.68	12.23	0.82	1.18	1.43
65—69	64.79	47.77	36.46	27.71	37.82	42.32	6.25	12.41	19.00	1.24	2.00	2.21
70—74	53.56	37.19	24.31	35.15	42.21	43.81	9.10	17.67	28.24	2.19	2.94	3.64
75—79	44.06	29.67	16.66	40.10	43.57	41.12	12.03	21.53	36.17	3.81	5.23	6.05
80—84	35.74	22.51	11.63	41.44	41.13	35.29	15.76	26.98	42.36	7.06	9.37	10.72
85—89	28.02	16.23	8.57	41.57	37.27	29.99	18.89	31.87	44.84	11.52	14.62	16.60
90—94	21.79	17.37	6.84	37.27	31.09	23.80	23.29	30.67	43.87	17.66	20.87	25.49
95—99	20.98	11.67	7.26	30.73	30.00	15.08	19.51	26.67	42.46	28.78	31.67	35.20
100+	11.11	9.09	0.00	33.33	36.36	17.39	11.11	9.09	34.78	44.44	45.45	47.83

资料来源：《内蒙古自治区人口普查年鉴—2020》。

2.城乡老年人口的健康状况的性别差异较大

由表 3-14 可以看出，城市老年人口处于健康状态的性别差异小于镇和乡村。乡村老年人口处于健康状态的性别差异最大，男性高于女性约 9 个百分点。相较 2010 年，男性城市老年人口处于健康状态的比重提高 9.30%，而镇、乡村男性老年人口处于健康状态的比重则分别下降 11.85 个和 2.70 个百分点。城市、镇男性、女性老年人口处于基本健康状态的比重均下降了 3—14 个百分点，但乡村男性、女性老年人口的这一比重分别上升了 1—2 个百分点。综合来看，城乡老年人口的健康状况的性别差异较大。

表 3-14 2020 年内蒙古城乡分性别的老年人口健康状况变化率

单位：%

城乡	健 康			基本健康			不健康但生活能自理			生活不能自理		
	小计	男	女	小计	男	女	小计	男	女	小计	男	女
城市	9.67	9.30	8.47	-8.36	-8.47	-8.31	-1.33	-0.84	-1.79	0.01	0.01	0.01
镇	2.94	-11.85	3.90	-3.38	-14.60	-3.45	0.30	-2.62	-0.46	0.14	-0.58	0.01
乡村	-1.80	-2.70	-0.53	1.86	2.10	1.50	0.68	1.07	0.11	-0.74	-0.46	-1.07

资料来源：《内蒙古自治区人口普查年鉴—2020》。

（四）各盟市的老年人口健康状况

1.中部地区老年人口的总体健康状况优于东、西部

由表 3-15 可以看出，中部地区老年人口处于"健康"状态的占比为50%，高于东部地区近 9 个百分点，其中包头、呼和浩特、乌海的老年人口处于"健康"状态的占比均超过 50%。中部地区老年人口处于"不健康但生活能自理"和"生活不能自理"状态的占比低于东、西部地区，其中兴安盟"不健康但生活能自理"和"生活不能自理"状态的占比最高，处于"健康"状态的占比最低，仅为 33.48%，低于全区平均水平约12 个百分点。

表 3-15 2020 年内蒙古分地区的老年人口健康状况

单位：%

地　　区		健　　康	基本健康	不健康但生活能自理	生活不能自　理
东部地区	呼伦贝尔市	41.59	39.59	15.53	3.36
	兴安盟	33.48	37.32	24.71	4.49
	通辽市	39.43	37.08	19.61	3.88
	赤峰市	43.78	35.93	17.05	3.25
	锡林郭勒盟	43.99	38.27	14.91	2.84
	总占比	41.22	37.27	18.01	3.50
中部地区	呼和浩特市	54.37	31.71	11.68	2.24
	包头市	55.63	32.55	9.18	2.64
	鄂尔多斯市	49.43	33.17	14.07	3.34
	乌兰察布市	39.17	38.39	19.60	2.84
	总占比	50.08	33.87	13.36	2.68
西部地区	巴彦淖尔市	44.72	34.45	17.21	3.62
	乌海市	53.19	34.20	9.73	2.88
	阿拉善盟	41.06	42.13	13.29	3.52
	总占比	46.12	35.01	15.40	3.46
内蒙古		45.42	35.62	15.80	3.15

资料来源：《内蒙古自治区人口普查年鉴—2020》。

2.各盟市的老年人口健康状况分布不均衡

按照四种健康状况的分类来看（见图 3-6），全区 12 个盟市的极差（最高值与最低值之差）分别为健康 22.15%（包头市与兴安盟）、基本

健康 10.42%（阿拉善盟与呼和浩特市）、不健康但生活能自理 15.53%
（兴安盟与包头市）、生活不能自理 2.25%（兴安盟与呼和浩特市）。
下面分别从健康比重、健康与不健康比重、生活是否自理比重将 12 个
盟市划为高健康地区、中健康地区和低健康地区，以便更清晰地认识盟
市间老年人口健康状况的差异性。

　　按健康比重高低分区，处于高健康地区（高于全区平均水平而且大
于 50%）的盟市有 3 个，分别为包头市、呼和浩特市和乌海市；中健康
地区（低于全区平均水平而且大于 40%）有 6 个盟市，即鄂尔多斯市、
巴彦淖尔市、锡林郭勒盟、赤峰市、呼伦贝尔市和阿拉善盟；低健康地
区（低于全区平均水平而且小于 40%）有 3 个盟市，即通辽市、乌兰察
布市和兴安盟。将健康状况简化为"健康"与"不健康"两类后，处于
高健康地区（健康比重≥85%，不健康比重＜15%）有 3 个，即包头市、
乌海市和呼和浩特市；中健康地区（85%＞健康比重≥80%，20%＞不健
康比重≥15%）有 4 个市，即阿拉善盟、鄂尔多斯市、锡林郭勒盟和呼
伦贝尔市；低健康地区（健康比重＜80%，不健康比重≥20%）有 5 个，
即赤峰市、巴彦淖尔市、乌兰察布市、通辽市和兴安盟。

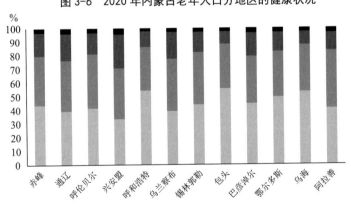

图 3-6　2020 年内蒙古老年人口分地区的健康状况

资料来源：《内蒙古自治区人口普查年鉴—2020》。

3.各盟市男性老年人口健康状况好于女性

　　由表 3-16 可见，各盟市中老年人口处于"健康"类型的占比均呈现

出男性占比高于女性的特点，其余三种类型的占比均呈现出女性占比高于男性的特点。东部地区男性和女性老年人口"不健康但生活能自理"占比均高于中部、西部地区。中部地区男性和女性老年人口"生活不能自理"占比均高于东部、西部地区。包头市男性和女性老年人口"健康"与"基本健康"之和占比均最高，其中女性老年人口"健康"与"基本健康"之和占比高达91%。兴安盟男性和女性老年人口"不健康但生活能自理"与"生活不能自理"之和占比均最高，其中女性老年人口"不健康但生活能自理"与"生活不能自理"之和占比高达30%。

表3-16　2020年内蒙古分地区、分性别的老年人口健康状况

单位：%

地　区		健　　康		基本健康		不健康但生活能自理		生活不能自理	
		男	女	男	女	男	女	男	女
东部地区	呼伦贝尔市	43.87	39.55	37.95	41.07	14.99	16.03	3.19	3.35
	兴安盟	35.78	31.48	36.43	38.10	23.42	25.83	4.37	4.59
	通辽市	42.34	36.91	35.34	38.58	18.51	20.55	3.81	3.95
	赤峰市	47.18	40.69	34.37	37.34	15.32	18.61	3.13	3.36
	锡林郭勒盟	48.11	40.35	35.72	40.51	13.58	16.08	2.59	3.05
	总占比	44.26	38.5	35.64	38.72	16.72	19.15	3.39	3.61
中部地区	呼和浩特市	57.17	52.45	30.03	33.36	10.68	12.66	2.12	2.36
	包头市	58.71	57.05	30.46	34.49	8.35	9.95	2.48	2.79
	鄂尔多斯市	53.63	42.47	30.68	35.80	12.75	15.47	2.94	3.75
	乌兰察布市	42.85	33.74	36.65	40.22	18.08	21.19	2.43	3.27
	总占比	53.28	47.18	31.97	35.76	12.31	14.41	2.44	2.93
西部地区	巴彦淖尔市	49.45	39.97	32.28	36.62	15.01	19.42	3.25	3.99
	乌海市	56.78	49.90	31.36	36.81	9.32	10.10	2.54	3.20
	阿拉善盟	46.14	36.24	39.55	44.57	11.22	15.25	3.09	3.94
	总占比	50.61	41.72	32.68	37.31	13.62	17.15	3.10	3.82

资料来源：《内蒙古自治区人口普查年鉴—2020》。

4.城市老年人口的健康状况优于乡镇老年人口

内蒙古各盟市的城镇化进程很不一致，各地区老年人口的健康状况也存在城乡差异。由表3-17可见，各盟市城市老年人口健康占比均高于乡镇。东部地区城市老年人口的占比均在50%以上，高于乡镇约10—30

个百分点。城市老年人口基本健康占比均低于乡镇，基本健康比重的城乡差异相对较小，其中赤峰市的城乡差距最大，为12.66%，巴彦淖尔市的城乡差距最小，为2.18%。各盟市城市老年人口不健康但生活能自理的比重普遍低于乡镇，其中兴安盟的城乡差距最大，为20.71%，鄂尔多斯市的城乡差距最小，为5.32%。生活不能自理的比重城市均低于乡镇，其差距普遍较小。

表3-17　2020年内蒙古分地区、分城乡的老年人口健康状况

单位：%

地　区		城　市				镇				乡　村			
		健康	基本健康	不健康但生活能自理	生活不能自理	健康	基本健康	不健康但生活能自理	生活不能自理	健康	基本健康	不健康但生活能自理	生活不能自理
东部地区	呼伦贝尔市	52.24	35.19	9.61	2.96	37.87	42.31	16.51	3.31	28.92	43.45	23.88	3.75
	兴安盟	53.26	30.45	12.66	3.62	42.08	35.85	17.89	4.19	20.68	40.95	33.37	5.00
	通辽市	56.37	32.59	8.77	2.27	45.73	35.26	15.18	3.82	31.36	39.29	24.96	4.39
	赤峰市	63.30	26.75	7.16	2.79	49.26	33.94	14.04	2.77	35.90	39.41	21.12	3.56
	锡林郭勒盟	55.02	33.11	9.79	2.08	41.75	39.20	15.61	3.44	36.53	41.89	18.76	2.82
	总占比	56.43	31.71	9.09	2.77	44.17	36.98	15.48	3.37	32.25	40.12	23.70	3.93
中部地区	呼和浩特市	65.28	26.57	6.34	1.82	48.47	35.72	13.41	2.40	39.09	38.52	19.53	2.86
	包头市	61.47	29.40	6.59	2.54	52.65	35.71	9.14	2.50	40.81	39.68	16.51	3.00
	鄂尔多斯市	58.56	27.92	10.65	2.87	48.63	33.70	14.01	3.66	45.20	35.53	15.97	3.30
	乌兰察布市	57.44	29.42	10.61	2.54	42.01	39.34	15.91	2.74	32.74	40.73	23.57	2.96
	总占比	62.26	28.18	7.27	2.29	47.44	36.14	13.50	2.92	37.93	39.06	20.01	3.00
西部地区	巴彦淖尔市	50.02	32.89	13.40	3.70	48.64	34.11	13.80	3.44	41.25	35.07	20.00	3.68
	乌海市	54.39	33.65	9.05	2.91	45.98	38.84	12.95	2.23	37.40	40.80	19.00	2.80
	阿拉善盟	—	—	—	—	38.83	43.67	13.79	3.72	50.00	35.94	11.30	2.75
	总占比	52.67	33.35	10.76	3.22	46.23	36.51	13.78	3.48	41.47	35.26	19.65	3.62

资料来源：《内蒙古自治区人口普查年鉴—2020》。

（五）分婚姻、居住状况、主要生活来源的老年人口健康状况

1.有配偶和离婚的老年人口健康水平高于独居老年人口

根据表3-18，有配偶和离婚的老年人口的健康比重均在50%以上，明显大于未婚和丧偶的老年人口，其中，未婚男性、离婚男性和丧偶男性老年人口的健康比重均低于女性，有配偶男性老年人口的健康比重则大于女性。老年人口的基本健康比重差距不大，丧偶的老年人口比重最大为39.66%，离婚的老年人口比重最小为32.18%。从不健康但生活能

自理和生活不能自理的老年人口比重来看，未婚和丧偶老年人口的比重显著高于有配偶和离婚的老年人口。

男女性别差异上看，除有配偶的男性老年人口健康比重高于女性老年人口外，女性老年人口的健康比重均高于男性老年人口；除未婚男性老年人口的基本健康比重、不健康但生活能自理比重明显高于女性相应比重外，其他各类婚姻状况的男女差异较小。已有研究显示，婚姻状态对老年人健康具有保护作用。婚姻质量较好的老年人，认知功能相对较好。无论是低、中龄老人还是高龄老人，除了婚姻状况因素外，社会经济因素、健康行为、社会支持也在一定程度上影响着老年人的健康水平。整体表现为老年人口的受教育程度越高、经济上越独立、日常锻炼越多、与家人沟通交流越频繁，其健康状况相对更好。

表3-18　2020年内蒙古分婚姻状况的老年人口健康状况

单位：%

类　别	健　康			基本健康			不健康但生活能自理			生活不能自理		
	总占比	男	女	总占比	男	女	总占比	男	女	总占比	男	女
未　婚	26.18	24.92	46.06	34.70	35.44	23.15	32.12	32.80	21.48	6.99	6.84	9.31
有配偶	50.58	52.43	48.42	34.59	33.02	36.43	12.70	12.26	13.20	2.13	2.29	1.96
离　婚	50.34	46.59	55.15	32.18	32.75	31.46	15.33	18.03	11.86	2.15	2.63	1.53
丧　偶	27.76	27.22	27.94	39.66	39.21	39.81	25.93	26.48	25.75	6.65	7.09	6.50

资料来源：《内蒙古自治区人口普查年鉴—2020》。

2.与配偶和子女同住的老年人口健康状况更好

根据表3-19，与配偶和子女同住的老年人口的健康比重高达52.84%，明显高于与子女同住和独居的老年人口健康比重，在养老机构居住的老年人口的健康比重最低，为8.58%；老年人口基本健康比重相差不大，其中，无保姆的独居老年人口基本健康比重最高，为40.86%；在养老机构居住的老年人口基本健康比重最低，为28.01%；在养老机构居住的不健康但生活能自理和生活不能自理的老年人口比重最高，分别为37.45%和25.95%。独居老年人身边没有家人照顾其生活起居，躯体有病不能及时诊治；而与子女共同居住的老人，子女可分担由于老年人自身健康状况所产生的部分照料需要；与配偶居住的老年人，可通过配偶的监督来促进其建立健康的生活方式。家人的关心和照顾是促进老年人身心健康的重要因素之一。男、女性别差异上看，除在养老机构居住的女性老年人口健康比重高于男性老年人口外，其他居住状况的男性老年人口健康比重均高于女性老年人口；其他三种健康类型女性老年人口的比重也呈现出大多高于男性老年人口的特点。

表3-19　2020年内蒙古分居住状况的老年人口健康状况

单位：%

类　别	健　康			基本健康			不健康，但生活能自理			生活不能自理		
	总占比	男	女	总占比	男	女	总占比	男	女	总占比	男	女
与配偶和子女同住	52.84	54.60	50.75	31.37	29.77	33.26	13.00	12.49	13.60	2.80	3.14	2.38
与配偶同住	49.90	51.81	47.69	35.43	33.82	37.31	12.73	12.32	13.20	1.94	2.05	1.81
与子女同住	31.89	32.91	31.52	36.53	35.86	36.77	23.79	23.43	23.92	7.79	7.80	7.79
独居（有保姆）	23.28	28.33	19.48	28.57	32.51	25.60	21.38	18.72	23.38	26.77	20.44	31.54
独居（无保姆）	33.12	36.10	31.34	40.86	38.95	42.00	23.64	22.84	24.11	2.39	2.11	2.55
养老机构	8.58	7.83	9.66	28.01	27.02	29.47	37.45	39.07	35.09	25.95	26.08	25.77
其他	45.42	47.65	42.78	32.91	31.09	35.08	16.34	16.37	16.31	5.33	4.90	5.84

资料来源：《内蒙古自治区人口普查年鉴—2020》。

3.以劳动收入为主要生活来源的老年人口健康状况更好

根据表3-20，以劳动收入、离退休金/养老金和失业保险金为主要生活来源的老年人口的健康比重均在50%以上。最低生活保障金为主要生活来源的老年人口处于"健康"状态的比重只有14%左右，而处于"不健康但生活能自理"与"生活不能自理"之和占比高达46.96%。

表3-20　2020年内蒙古分主要生活来源的老年人口健康状况

单位：%

类　别	健　康			基本健康			不健康，但生活能自理			生活不能自理		
	总占比	男	女	总占比	男	女	总占比	男	女	总占比	男	女
劳动收入	62.15	63.70	59.06	33.64	32.28	36.33	4.09	3.91	4.45	0.13	0.11	0.17
离退休金/养老金	56.59	57.99	55.22	32.45	31.00	33.87	8.64	8.51	8.77	2.32	2.51	2.13
最低生活保障金	14.58	15.35	13.92	38.46	37.59	39.20	40.23	40.33	40.15	6.73	6.73	6.74
失业保险金	52.21	50.00	53.95	36.76	36.67	36.84	9.56	11.67	7.89	1.47	1.67	1.32
财产性收入	36.27	38.52	33.73	43.15	41.29	45.24	18.84	18.34	19.40	1.74	1.85	1.63
家庭其他成员供养	29.97	26.03	31.67	39.64	38.20	40.26	24.75	28.86	22.99	5.63	6.91	5.08
其他	39.04	40.55	37.73	41.49	39.64	43.09	16.52	16.93	16.16	2.95	2.88	3.02

资料来源：《内蒙古自治区人口普查年鉴—2020》。

（六）老年人口的生活来源

内蒙古第七次全国人口普查长表数据显示，内蒙古 60 岁及以上老年人口的主要生活来源以离退休金或养老金为主，占比为 40.25%，其次为劳动收入和家庭其他成员供养，占比分别为 19.04% 和 18.57%。分城乡看，城市和镇的老年人口主要生活来源以离退休金或养老金为主，占比分别为 75.14% 和 47.75%，其次为家庭其他成员供养，分别占 11.91% 和 21.15%；乡村的老年人口主要生活来源以劳动收入为主，占比为 32.48%，其次为最低生活保障金，占比为 23.46%。这表明，现阶段中国老年人主要生活来源的构成相对比较稳定，但是收入来源渠道仍然较少。收入结构较为单一，社会保障比重较低。老年人口社会保障的水平必须得到提高，其对老年人收入的作用才能得到显现。

表 3-21　内蒙古"七普"分城乡 60 岁及以上老年人口主要生活来源（长表）

单位：%

城　乡	劳动收入	离退休金/养老金	最低生活保障金	家庭其他成员供养	其他
合计	**19.04**	**40.25**	**13.73**	**18.57**	**8.41**
城市	5.94	75.14	3.04	11.91	3.98
镇	11.74	47.75	10.09	21.15	9.27
乡村	32.48	10.78	23.46	22.09	11.20

资料来源：根据《内蒙古自治区人口普查年鉴—2020》长表有关数据计算。

（七）老年人口的婚姻状况

老年人口的婚姻关系是老年人口家庭的基础，是老年人口生命中的重要支柱，由于机体老化而出现的生理和心理的不平衡、衰老和疾病等现象，可以通过和谐的老年婚姻关系调整失衡，减少或减轻各种困扰。所以，老年人的婚姻状况会直接影响到老年人的生活和身体健康。婚姻对老年人的健康有着相当积极的促进作用。现有研究已表明，婚姻对健康和长寿有益，有配偶者的健康状况好于无偶者，且死亡风险也低于无偶者。

根据内蒙古 2020 年全国人口普查长表数据推算，全区 313.89 万 65 岁及以上老年人口中约有未婚人数 4.49 万人、有配偶人数 219.91 万人、离婚人数 2.91 万人、丧偶人数 86.58 万人。有配偶的 65 岁及以上老年人口占 65 岁及以上老年人口的 70.06%，丧偶的 65 岁及以上老年人口占 27.58%，未婚和离婚的 65 岁及以上老年人口所占比重很小，只有 2.36%。

表 3-22　2020 年 65 岁及以上人口婚姻状况

婚姻状况	65 岁及以上（万人）			65 岁及以上人口婚姻状况（%）		
	合计	男	女	合计	男	女
65 岁及以上人口	313.89	149.19	164.70	100.00	100.00	100.00
未　婚	4.49	4.21	0.26	1.43	2.82	0.16
有配偶	219.91	121.48	98.33	70.06	81.43	59.70
离　婚	2.91	1.68	1.23	0.93	1.13	0.75
丧　偶	86.58	21.82	64.88	27.58	14.63	39.39

资料来源：根据《内蒙古自治区人口普查年鉴—2020》长表数据推算。

表 3-23　内蒙古老年人口婚姻状况

婚姻状况	2000 年		2010 年		2020 年	
	人数（万人）	比重（%）	人数（万人）	比重（%）	人口（万人）	比重（%）
65 岁及以上人口	127.13	100.00	186.82	100.00	313.89	100.00
未　婚	2.68	2.11	3.02	1.62	4.49	1.43
有配偶	78.14	61.46	121.22	64.89	219.91	70.06
离　婚	0.71	0.56	0.98	0.52	2.91	0.93
丧　偶	45.60	35.87	61.59	32.97	86.58	27.58

资料来源：《内蒙古自治区 2000 年人口普查资料》《内蒙古自治区 2010 年人口普查资料》《内蒙古自治区人口普查年鉴—2020》。

对 2000 年、2010 年和 2020 年人口普查年份的 65 岁及以上老年人口婚姻状况进行比较看出，从 2000 年到 2010 年再到 2020 年，65 岁及以上老年人口中有配偶人口所占比重由 61.46%、64.89%上升到 70.06%；丧偶人口所占比重由 35.87%、32.97%下降到 27.58%。65 岁及以上老年人口中有配偶人数的比重逐年上升，未婚、离婚、丧偶人数的比重逐年下降。有配偶比重上升，一方面是人口寿命的延长，老年人口死亡率逐渐下降，另一方面是人们思想观念的改变，老年人口再婚率也逐渐提高。老年人的生活要得到充实，除了必须有经济保障、身体健康以外，还必须有一个美满的婚姻。老年人的婚姻美满，对提高老年人晚年生活质量有重要的意义。首先美满的婚姻有利于老年人情绪上得到满足。老年人的婚姻美满，除了生理满足以外，更重要的是老年夫妇之间情感融洽，亲密无间，相互关心和爱护，相互鼓励和帮助，共同分享欢乐与痛苦。这样的婚姻关系，即使是退出社会生活的主流，也可以在家庭中感受温馨，消除孤独感，增添自信心，从而使家庭生活更加幸福与愉快，达到延年益寿的目的。其次，有利于老年人的健康。据国外老年人问题专家的研究，单身老年人在结婚交友前，有36%的男女老人希望早日了此残生；而找到对象和结婚之后，这一比率几乎降到了零。不少老年人都自我感觉"返老还童"了，"皮肤光洁"了，"不再受病魔折磨"了，"生活得更有活力"了。可见老年人的美满婚姻确实是提高老年人生存意义的"灵丹妙药"。

四、老年人居住状况

老年人的家庭居住状况关系到老年人这个逐步扩大群体的幸福指数、满意程度以及老年人的健康。尤其在目前中国以家庭为主的养老模式下，对老年人的家庭状况的研究应该引起国家和社会的高度关注和重视。根据老年人口家庭户的居住情况可以大致分为四种类型：独居户、老年夫妇户、老少同住户、与成年亲属同住户。

（一）老年人居住安排总体状况

将没有与子女等亲属或非亲属共同生活的独居户和老年夫妇户统称为老年空巢户，只与未成年人口共同居住的有一个或两个60岁及以上人口的户称为老少同住户，其他居住安排构成户归为与成年亲属同住户。2020年，内蒙古老年人口居住安排构成比重排序为：与成年亲属同住户>老年夫妇户>独居户>老少同住户。由表3-24可知，与成年亲属同住户是内蒙古大部分老年人的居住安排，其比重高达40.54%；其次是老年夫妇户，占比为34.78%；独居户和老少同住户占比之和约为42%。2020年内蒙古老年空巢户的比重高达58.08%，相较于2010年增长约15.51个百分点。与2010年相比，内蒙古老年人与成年亲属同住户的比重大幅下降，老少同住户比重略微上升。

表 3-24 2010—2020 内蒙古老年人居住安排构成及变化率

单位：%

2020 年占比				较 2010 年的变化率			
老年空巢户		老少同住户	与成年亲属同住户	老年空巢户		老少同住户	与成年亲属同住户
独居户	老年夫妇户			独居户	老年夫妇户		
23.30	34.78	1.38	40.54	6.95	8.56	0.11	-15.61

资料来源：《内蒙古自治区 2010 年人口普查资料》《内蒙古自治区人口普查年鉴—2020》。

（二）老年人口居住安排构成状况

1.绝大多数盟市老年人口居住安排以空巢户为主

由表 3-25 可见，2020 年呼和浩特市、乌海市、赤峰市、通辽市、呼伦贝尔市、兴安盟、锡林郭勒盟和阿拉善盟的老年人居住安排构成与全区一致。然而，包头市、鄂尔多斯市、巴彦淖尔市的老年人居住安排构成呈现出老年夫妇户>与成年亲属同住户>独居户>老少同住户的格局，乌兰察布市呈现出老年夫妇户>独居户>与成年亲属同住户>老少同住户的格局。从各类型分布比重的极值看，独居户占比最高的乌兰察布市（33.18%）与比重最低的通辽市（14.85%），相差 18.33 个百分点；老年夫妇户占比最高的巴彦淖尔市（41.06%）与占比最低的兴安盟（27.13%），相差 13.93 个百分点；老少同住户占比最高的锡林郭勒盟（2.26%）与比重最低的乌兰察布市（0.79%），相差 1.47 个百分点；与成年亲属同住户占比最高的通辽市（56.29%）与占比最低的乌兰察布市（25.49%），相差 30.80 个百分点。乌兰察布市的老年空巢户最为严重，高达 73.72%，与老年空巢户最低的通辽市相差 31.84 个百分点。

与 2010 年相比，12 个盟市的老年人居住安排变化较大。独居户与老年夫妇户的比重上升都较快（超过 4%），与成年亲属同住户比重大幅下降（超过 8%），老少同住户比重基本不变。老年人居住安排变化最大的是巴彦淖尔市，老年夫妇户比重上升 11.62%，与成年亲属同住户比重下降 21.36%。独居户比重变化最大的是乌兰察布市，比重上升 10.27%。各个盟市的老年空巢化比重上升较快（超过 8.5%），说明各盟市老年家庭空巢化呈现加快趋势。

表 3-25　2020 年内蒙古各盟市老年人居住安排构成及变化率

单位：%

地　　区	2020 年构成比重				较 2010 年的变化率			
	老年空巢户		老少同住户	与成年亲属同住户	老年空巢户		老少同住户	与成年亲属同住户
	独居户	老年夫妇户			独居户	老年夫妇户		
呼和浩特市	24.99	36.65	1.16	37.20	5.67	5.22	-0.09	-10.80
包头市	27.18	38.00	0.95	33.87	7.30	5.04	-0.37	-11.97
乌海市	25.56	35.99	1.08	37.37	6.78	3.97	-0.43	-10.32
赤峰市	19.80	33.23	1.73	45.23	6.97	11.47	0.50	-18.95
通辽市	14.85	27.03	1.83	56.29	5.02	10.14	0.92	-16.08
鄂尔多斯市	25.93	39.77	1.05	33.25	4.06	4.69	-0.17	-8.57
呼伦贝尔市	22.24	30.95	1.55	45.27	7.21	6.85	0.10	-14.16
巴彦淖尔市	23.72	41.06	0.95	34.28	9.94	11.62	-0.20	-21.36
乌兰察布市	33.18	40.54	0.79	25.49	10.27	10.84	-0.27	-20.84
兴安盟	16.94	27.13	1.88	54.06	5.63	9.59	0.64	-15.85
锡林郭勒盟	23.96	33.74	2.26	40.04	5.93	7.92	-0.34	-13.51
阿拉善盟	25.42	31.57	1.60	41.41	8.40	7.50	-0.82	-15.08
内蒙古	23.30	34.78	1.38	40.54	6.95	8.56	0.11	-15.61

资料来源：《内蒙古自治区 2010 年人口普查资料》《内蒙古自治区人口普查年鉴—2020》。

2.中部和西部地区老年空巢户占比显著高于东部

内蒙古三大区域的老年人居住安排类型构成差异较大。由表 3-26 可知，东部地区老年人居住安排构成格局与全区格局相同，而中部和西部地区则呈现出老年夫妇户>与成年亲属同住户>独居户>老少同住户的格局。2020 年中部地区独居户比重最高，达到 27.89%，而老少同住户比重最低，为 0.99%。东部地区与成年亲属同住户比重最高，高达 48.38%，其独居户和老年夫妇户分别低于其他两个区域约 5—9 个百分点。西部地区的老年夫妇户比重最高。中部地区和西部地区的老年空巢户比重显著高于东部地区，分别高 16.59 个、13.63 个百分点。与 2010 年比较，内蒙古东、中、西部地区的老年空巢化趋势都在加剧。独居户和老年夫妇户比重大幅上升，西部地区的上升幅度高达 18.92%，最低的中部地区，其上升幅度也达到 13.65%，而与成年亲属同住户比重则大幅下降。

整体来看，内蒙古的老年空巢化问题在加深。

表 3-26 2020 年内蒙古东、中、西部地区老年人居住安排构成变化率

单位：%

区 域	2020 年构成占比				较 2010 年的变化率			
	老年空巢户		老少同住户	与成年亲属同住户	老年空巢户		老少同住户	与成年亲属同住户
	独居户	老年夫妇户			独居户	老年夫妇户		
东部地区	19.16	30.68	1.78	48.38	6.32	9.71	0.47	-16.50
中部地区	27.89	38.54	0.99	32.58	6.98	6.67	-0.22	-13.43
西部地区	24.23	39.24	1.03	35.50	9.17	9.73	-0.30	-18.60

资料来源：《内蒙古自治区 2010 年人口普查资料》《内蒙古自治区人口普查年鉴—2020》。

3.城乡老年人口空巢比重基本相当

由表 3-27 可知,城乡老年人口居住安排类型构成比重有一定差异。独居户比重呈现镇>乡村>城市，老年夫妇户比重呈现镇>城市>乡村，老少同住户比重呈现镇>城市>乡村，与成年亲属同住户比重呈现城市>乡村>镇。与 2010 年相比，与成年亲属同住户比重下降幅度按乡村、镇、城市递减；镇和乡村的独居户占比增幅快于城市。乡村老年夫妇户比重提高约 12.17 个百分点，城市老年夫妇户比重提高 3.19 个百分点。城市和镇的老少同住户比重均小幅下降，乡村的老少同住户比重则小幅上升。值得注意的是，城乡老年空巢户比重上升较快，均超过 8%。2020 年，城市、镇和乡村的老年空巢户占比重近 60%。随着内蒙古城镇化进程的推进，乡村老年空巢化率进一步提升，而乡村经济发展相对城市较为落后，且生活基础设施和医疗卫生服务水平不及城市。因此，乡村空巢老人的养老服务仍面临较大挑战。

表 3-27 2020 年内蒙古城乡老年人居住安排构成与变化率

单位：%

城乡	2020 年构成比重				较 2010 年的变化率			
	老年空巢户		老少同住户	与成年亲属同住户	老年空巢户		老少同住户	与成年亲属同住户
	独居户	老年夫妇户			独居户	老年夫妇户		
城市	22.90	34.96	1.36	40.78	5.21	3.19	-0.23	-8.22
镇	24.08	35.48	2.01	38.42	6.85	6.89	-0.20	-13.55
乡村	23.17	34.30	1.07	41.46	7.94	12.17	0.34	-20.45

资料来源：《内蒙古自治区 2010 年人口普查资料》《内蒙古自治区人口普查年鉴—2020》。

五、人口老龄化的发展趋势和社会经济影响

（一）老年人口的年龄构成

按照国际惯例，一般将 65 岁及以上人口定义为老年人口，但是老年人口中各种不同年龄的人口对家庭和社会的影响不同，自身的身体、健康、思维、家庭等状况也不同。老年人口的年龄结构，是老年人口质量的一个侧面，不同年龄的老年人口，其健康、体力与智能，对社会的需求作用影响力也是不同的。按照老龄程度可以将老年人口划分为三个部分，第一部分为 65—79 岁低龄老人组，第二部分为 80—99 岁高龄老人组，第三部分为 100 岁及以上超高龄老人组。内蒙古老年人口总的年龄结构与全国大体相同，老年人口以低龄老人为主，高龄老人所占比重较小，超高龄老人所占比重更小。随着人口寿命的延长，高龄老人占老年人的比重呈上升趋势，1990 年内蒙古高龄老年人口占 65 岁及以上人口的比重为 8.79%，2020 年这一比重上升至 17.37%。100 岁及以上的超高龄老人占老年人口的比重虽然很小，但人数增加较快，1990 年内蒙古百岁及以上老人只有 26 人，2000 年增加到 88 人，2010 年增加到 188人，到 2020 年增加到 2141 人。

表 3-28　2020 年内蒙古老年人口的年龄构成

年龄（岁）	老年人口（人）			各年龄组比重（%）		
	合计	男	女	合计	男	女
合计	3138918	1491901	1647017	100	100	100
65—79	2591701	1243101	1348600	82.57	83.32	81.88
80—99	545076	247919	297157	17.37	16.62	18.04
100+	2141	881	1260	0.07	0.06	0.08

资料来源：《内蒙古自治区人口普查年鉴—2020》。

表 3-29　内蒙古四次人口普查老年人口年龄结构

单位：%

年龄（岁）	1990 年	2000 年	2010 年	2020 年
65—79	91.21	90.86	87.08	82.57
80—99	8.79	9.13	12.91	17.37
100+		0.01	0.01	0.07

资料来源：内蒙古自治区 1990 年、2000 年、2010 年、2020 年人口普查资料或年鉴。

（二）老年人口的就业状况

老年人口的增多为社会和家庭带来很大的负担，但是这一趋势是不可避免的。同时，很多老人具有一定的就业能力和就业愿望，老年人口实现就业不仅可以增加收入，减轻社会负担，还可以增强老年人的自我认同感，促进社会和谐。

表 3-30　2020 年人口普查老年人口分行业就业人数（长表）

单位：人

行　　业	老年人口		
	合计	男	女
总　　计	**35710**	**24495**	**11215**
农、林、牧、渔业	27838	18420	9418
采矿业	116	102	14
制造业	834	631	203
电力、燃气及水生产和供应业	117	102	15
建筑业	745	671	74
批发和零售业	1345	956	389
交通运输、仓储和邮电业	409	355	54
信息传输、计算机服务和软件业	17	14	3
住宿和餐饮业	345	225	120
金融业	37	25	12
房地产业	564	485	79
租赁和商务服务业	246	196	50
科学研究和技术服务业	73	57	16
水利、环境和公共设施管理业	663	560	103
居民服务、修理和其他服务业	887	523	364
教　育	337	244	93
卫生和社会工作者	405	317	88
文化、体育和娱乐业	43	29	14
公共管理和社会组织	689	583	106

资料来源：《内蒙古自治区人口普查年鉴—2020》长表数据。

老年人口中，有 11.90% 的人继续工作，根据内蒙古第七次全国人口普查长表数据推算，内蒙古大约有 37.35 万老年人实现就业，主要从事农林牧渔业，占老年就业人数的 77.96%。其次是批发和零售业和居民服务、修理和其他服务业以及制造业,其他行业分布很少。老年就业人口主要分布在乡村和小城镇,乡村承包土地的农民在自己的土地上劳动,有很大的自主权,劳动的机会比较大,生活来源单一,生活保障较城市差,对于有劳动能力的人来说,劳动成为其必然选择。城市老年人就业人数较少,一方面城市就业岗位竞争激烈,老年人就业的机会相对较少;另一方面,城市老年人的生活相对有保障,劳动的积极性不如农村强烈。

(三)人口老龄化的发展趋势

为了量化分析内蒙古自治区人口老龄化趋势,还需要先对内蒙古自治区老年人口的变化趋势做分析和预测。基于内蒙古自治区前七次全国人口普查老年人口数据的小样本、非等距、有缺失的时序变化特征和优化背景值的分数阶非等距 GM(1,1)模型的精度高、适应性强的优势,以内蒙古自治区第三次到第七次全国人口普查的老年人口数据(内蒙古自治区第一次与第二次全国人口普查的老年人口数据缺失)作为建模数据序列,构建内蒙古自治区老年人口的优化背景值的分数阶非等距 GM(1,1)模型,模型的参数估计结果和具体表达式如下所述。

为了确定内蒙古自治区老年人口的优化背景值的分数阶非等距 GM(1,1)模型中累加生成的最佳阶数 r^*($0 \leq r^* \leq 1$)和背景值中的最佳权重 w^*($0 \leq w^* \leq 1$),以模型的平均绝对相对误差 $MAPE$ 最小为目标函数,通过粒子群优化算法对模型的系统参数 r, w($0 \leq r, w \leq 1$)进行优化,得到累加生成的最佳阶数 $r^*=0.004094$ 和背景值中的最佳权重 $w^*=0.425742$ 时,优化背景值的分数阶非等距 GM(1,1)模型的平均绝对相对误差最小,$MAPE=1.53\%$,满足精度检验要求,可以用来做模拟和预测。此时,模型的固有参数 a, b 的最小二乘估计值为 $\hat{a}=-0.0632, \hat{b}=-2.8578$,优化背景值的分数阶非等距 GM(1,1)模型的时间响应函数为

$$\hat{x}^{(0.004094)}(k_i) = 24.4208e^{0.0632(k_i - k_1)} + 45.1992, \quad i = 1, 2, \cdots, n$$

利用上述内蒙古自治区老年人口的优化背景值的分数阶非等距 GM(1,1)模型,对内蒙古自治区第三次到第七次全国人口普查的老年人口数进行模拟,对未来内蒙古自治区第八次全国人口普查的老年人口数进行预测,模拟和预测结果如表 3-31 所示。

表 3-31　基于人口普查的内蒙古自治区老年人口数的模拟和预测结果

人口普查 次　　数	年份	时间 间隔	序号	实际值 （万人）	模型值 （万人）	相对误差 （%）
第一次	1953	—	—	—	—	—
第二次	1964	11	—	—	—	—
第三次	1982	18	—	69.62	69.62	0.00
第四次	1990	8	38	85.99	85.41	0.67
第五次	2000	10	48	127.13	120.92	4.89
第六次	2010	10	58	186.82	187.85	0.55
第七次	2020	10	68	313.89	313.89	0.00
平均绝对相对误差（%）			1.53			
第八次	2030	10	78	—	551.13	—

数据来源：中国统计年鉴，内蒙古统计年鉴，内蒙古自治区前七次全国人口普查数据。

表 3-31 的模拟和预测结果表明，不论从最大相对误差 $APE=4.89\%$ 来看，还是从平均相对误差 $MAPE=1.53\%$ 来看，所构建的内蒙古自治区老年人口的优化背景值的分数阶非等距 GM（1，1）模型均表现出很好的预测性能，可以用此模型对内蒙古自治区第八次全国人口普查的老年人口数做进一步的预测。预测结果显示内蒙古自治区第八次全国人口普查的老年人口数将继续增长，大约为 551.13 万人，较内蒙古自治区第七次全国人口普查增加 237.24 万人。这表明在未来 10 年内蒙古自治区老年人口将呈现快速增长的趋势。同时也说明在未来 10 年内蒙古自治区的人口老龄化趋势更加明显，人口老龄化程度更加严重。

（四）人口老龄化的影响

不同年龄段的人口具有不同的行为习惯和意识形态，他们参与经济活动之后，对经济发展的影响也是不同的。劳动年龄人口收入高，是居民储蓄的主体；老年人口收入较低，主要消耗年轻时期的储蓄还需要劳动年龄人口的赡养；少儿人口没有收入，需要劳动年龄人口的抚育。一般来说，社会的老年和少儿人口比重较大，社会的抚养负担较重，效率较低，生产性能力较差，不利于储蓄和资本积累，不利于经济增长。通常情况下人口老龄化对社会保障和服务、劳动力结构供给、消费结构与需求、文化体育和教育事业、社会服务、经济发展等方面都将带来重大影响。任何一个老年型社会都有上述共同问题。但是，由于内蒙古与全国一样，人口发展的经历比较特殊，形成了特殊的年龄结构，也带来了特殊的问题。

除了要更加艰难地面对上述问题外，还要面对中国特有的未富先老和继续快速老化的困境。发达国家老龄化进程长达几十年至 100 多年，如法国用了 115 年，英国 80 年，美国 60 年，而中国只用了 20 年左右的时间。如果生育水平保持不变，那么再过 30 多年，到 2050 年时 35 岁以上的人口全部进入了老年人口的队伍，当年总人口比重最大的年龄组加入到了老年人口行列，而出生人口愈来愈少，老年人口比重迅速上升。初步预测，2045 年后中国 65 岁及以上人口比重将达到 30%左右，之后人口年龄加速老化。到时，每 3 个人中就有 1 名老年人口。人口年龄金字塔的形状犹如倒置的年轻型人口年龄金字塔。届时中国人口结构就会变得头重脚轻，老年人口达到 4 亿之多，人口年龄衰老，人口规模萎缩，养老使年轻人口不堪重负，劳动力资源短缺，有效需求不足，经济缺乏活力。

（五）如何应对老龄化

面对老龄化的快速发展，必须实施积极应对人口老龄化国家战略，减少人口老龄化对经济社会发展的影响。实施积极应对人口老龄化国家战略在十九届五中全会中被正式提出，2021 年《中共中央 国务院关于加强新时代老龄工作的意见》正式发布，上述文件是内蒙古自治区"十四五"开展老龄工作的指导性文件。

1.制定科学合理的生育政策。由于中国实行了几十年的计划生育政策，独生子女父母进入老年后，生活无法自理的空巢老人将会成倍增加，对他们在生活中的照料、精神慰藉等问题将更加突出，社会总体负担加重，建立社会养老服务体系，确保老年人口安度晚年是一个必须解决的大问题。面对生育率下降等出现的人口问题，国家积极调整人口政策，相继出台二孩、三孩政策等。内蒙古要积极落实国家人口政策，制定更大力度的措施，尽快恢复人口本身的可持续发展能力，使今后的人口年龄分布更加合理，实现人口均衡发展，以确保经济和社会持续稳定发展。

2.发展老年人产业。根据实证分析结果发现，老龄化对经济发展会出现负面影响。主要原因是老年人的消费能力弱，面向老年人的消费市场少导致的。发展老龄产业的根本目的不仅仅是为了经营者谋利或是拉动国民经济，更是为了提高老年人的生活质量。为此，政府和企业应从多个方面对老龄产业的发展予以关注。一是宏观经济政策应适当倾斜，制定老龄产业优惠政策，发展老龄产业需要政策的有力支持和多方面的帮助。二是研究、开发、生产适宜老年人物质和精神需求的产品和产业，研究和分析老年人的消费需求和消费潜力，激活老人经济，形成具有特色的老年产业服务体系，就会为经济发展实现新的突破。

3.积极发挥"人口红利"。内蒙古在未来 10 年的时间里仍然有人口红利。但在 2030 年之后，人口红利会逐渐消失。在这最后的人口红利期当中应当未雨绸缪，制定应对未来人口负债和劳动力减少的对策。一是延长退休年龄。随着生活水平的提高和医疗技术的发展，人口的平均寿命在提高，劳动能力也在提高。如果延长退休年龄，对于未来内蒙古人口老龄化和劳动年龄人口下降都有缓解的作用。而且对于一些从业时间长、有着丰富经验的老年工作者应该鼓励他们留在工作岗位上。这些老年从业人员的工作经验和工作责任感是一笔宝贵的财富。如大学教授、主任医师、高级技工等，他们对于推动行业的发展和技术的进步有着非常重要的作用。延长退休年龄既可以对劳动力减少、抚养负担加重起到缓冲作用，又是对劳动资源的一种保护。二是加大在校生实践教学培养力度，随着中国教育投资的不断加大，人们越来越重视教育的作用，在理论知识培养的基础上，加强劳动技能的培养，这样不仅挖掘了在校学生的劳动潜力，缓解了未来劳动资源减少的压力，也锻炼了大学生的动手能力，对未来就业加快了步伐，能够尽快进入工作岗位。

4.大力搞好医疗卫生建设，积极应对未来人口老龄化加重给医疗卫生事业带来的极大压力。因为老年和少儿免疫能力低，是疾病的高发群体。未来人口抚养负担加重，医疗负担是其中最大的负担之一。首先，政府应该加大力度搞好医疗卫生投资建设，在基础设施建设和投入上达到未来大量医疗需求的标准。其次，推动医疗保险事业发展。针对老年和儿童的医保制度应该更加人性，政府也应该给予更多的投资和帮助。最后，鼓励医疗卫生事业发展，提高从业人员技术水平。加大力度鼓励医疗技术创新和研发，尤其是内蒙古特色的蒙医和蒙药应受到更好的保护，创造一个良好的医疗环境。

第四章　生育水平和人口发展

生育是人口变动和发展的根本决定因素之一，实现适度生育水平是促进人口长期均衡发展的重要手段。纵观全球，人口发展均衡模式表现为高生育率、适度生育率和低生育率三种类型，中国已经直接跨越了适度生育率，从高生育率快速走入低生育率。内蒙古自治区与全国情况一样，甚至近 20 年生育率持续低于全国平均水平。长期的低生育水平尽管一定程度上缓解了人口过快增长带来的压力，短期内形成了一个有利于经济社会发展的人口结构。然而，随着时间的推移，低生育水平所带来的问题也逐渐显现：人口快速老龄化，劳动力老化，社会活力缺乏，独生子女家庭问题，经济因人口负债而陷入"结构性衰退"等。所以，认真贯彻国家提出的统筹解决人口问题的决定十分重要。统筹解决人口数量、素质、结构、分布；人口与经济、社会、资源、环境协调与可持续发展；应对人口老龄化、实现人口长期均衡发展等等。新时代内蒙古生育政策的未来目标应是：构建公平公正的公共生育政策体系，在人口增长得到有效控制之后，着力调控人口数量，努力改善人口结构，不断提高人口素质，合理布局人口分布，促进人口长期均衡发展。因此，研究新时期人民群众的生育水平和生育观念，对于准确把握内蒙古人口发展趋势、制定合理的人口和生育政策具有十分重要的意义。

一、常住人口发展概况

（一）常住人口基本情况

第七次全国人口普查资料（以下简称"七普"）显示，2020 年 11 月 1 日，内蒙古常住人口为 2404.92 万人，占全国常住人口的 1.70%，较第六次全国人口普查（以下简称"六普"）下降了 0.14 个百分点，常住人口居全国 25 位，比"六普"下降 2 位。通过对 2010 年和 2020 年内蒙古人口普查取得的常住人口的变动趋势分析，内蒙古人口基本进入负增长阶段（见表 4-1）。

表 4-1　内蒙古各地区人口变动情况

地　区	常住人口（万人）		2020 年比 2010 年		
	2010 年	2020 年	增加（万人）	增长（%）	年均增长（%）
全　国	133972.5	144349.7	10377.2	7.7	0.75
内蒙古	2470.6	2404.9	-65.7	-2.7	-0.27
呼和浩特市	286.7	344.6	57.9	20.2	1.86
包头市	265	270.9	5.9	2.2	0.22
乌海市	53.3	55.7	2.4	4.5	0.44
赤峰市	434.1	403.6	-30.5	-7	-0.73
通辽市	313.9	287.3	-26.6	-8.5	-0.88
鄂尔多斯市	194.1	215.4	21.3	11	1.05
呼伦贝尔市	254.9	224.3	-30.6	-12	-1.27
巴彦淖尔市	167	153.9	-13.1	-7.8	-0.81
乌兰察布市	214.4	170.6	-43.8	-20.4	-2.26
兴安盟	161.3	141.7	-19.6	-12.2	-1.29
锡林郭勒盟	102.8	110.7	7.9	7.7	0.74
阿拉善盟	23.1	26.2	3.1	13.4	1.27

资料来源：《内蒙古自治区 2010 年人口普查资料》《内蒙古自治区人口普查年鉴—2020》。

内蒙古自治区成立以来，人口发展经历从前 30 年的高速增长和之后的低速增长再到近 10 年来的人口负增长阶段。从新中国成立初期到 20 世纪 70 年代，内蒙古人口再生产由高出生、高死亡、高自然增长类型转变为高出生、低死亡、高自然增长的过渡型人口增长类型。70 年代以后，国家全面推行计划生育，并将计划生育确立为基本国策，政策的基调是控制人口过快增长、稳定低生育水平、提高人口素质。70 年代后，内蒙古人口过快增长的势头有所遏制，人口出生率、自然增长率、妇女总和生育率有明显的下降。90 年代后，随着内蒙古经济的不断发展，人们的文化和健康水平逐步提高，加之计划生育工作的不断深入，人口再生产方式不断向低出生、低死亡、低自然增长转变。特别是进入 2010 年以来，内蒙古人口增长率持续降低，已经由低速增长期转变为人口负增长期。2020 年"七普"数据与 2010 年"六普"数据比较，10 年间人口总量减少了 65.71 万人，下降 2.66%。平均每年减少 6.57 万人，年均增长率为-0.27%，低于全国 1.02 个百分点（见图 4-1）。

图 4-1　内蒙古历次人口普查常住人口及年均增长率

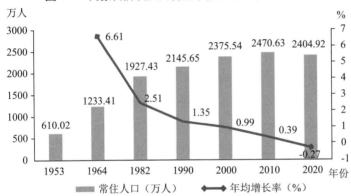

资料来源：《内蒙古自治区 2010 年人口普查资料》《内蒙古自治区人口普查年鉴—2020》。

（二）人口生育水平

生育是人口自然变动的基本因素，是保证人类自然更替、人口再生产的根本，是人口增长或减少的关键，生育水平在很大程度上决定了一个国家或地区未来的人口规模和结构。70 年代以来，中国长期坚持计划生育，人口生育水平持续下降，到 2010 年以后，中国人口生育水平已经严重走低，人口再生产类型持续徘徊在低出生、低死亡、低自然增长的模式下。为解决中国人口老龄化、劳动力供给减少、社会抚养成本提升等一系列出生人口减少带来的问题，党的十八届三中全会《决定》提出："坚持计划生育的基本国策，启动实施一方是独生子女的夫妇可生育两个孩子的政策，逐步调整完善生育政策，促进人口长期均衡发展。"2015 年第十二届全国人大常委会第十八次会议初次审议了《人口与计划生育法修正案（草案）》，2016 年 1 月 1 日正式实施"全面二孩"政策，标志着中国生育政策的重大调整完善，是应对人口老龄化、促进人口长期均衡发展的重要战略决策。第七次全国人口普查通过增设公民身份号码登记项目、全面运用信息化技术手段，获得了高质量基础数据，同时随着生育政策的调整，出生人口瞒报情况已经极少，为准确估计内蒙古生育水平、合理制定生育政策提供了可靠的数据基础。

二、育龄妇女的生育现状及变动特点

育龄妇女是处于生育年龄的妇女。统计上将 15—49 岁的女性确定为育龄妇女。"七普"数据显示，2020 年内蒙古育龄妇女为 558.2 万人，与"六普"相比，10 年间减少了 159.59 万人，减幅达到 22.23%。

（一）育龄妇女年龄结构老化

2020 年内蒙古育龄妇女中，除 30—34 岁年龄组和 45—49 岁年龄组小幅增加外，其余年龄组女性均明显减少。其中，15—19 岁年龄组减少 32.4 万人，减幅 40.2%；20—24 岁年龄组减少 49.8 万人，减幅 49.4%；25—29 岁年龄组减少 28.9 万人，减幅 29.4%；35—39 岁年龄组减少 28.5 万人，减幅 23.6%；40—44 岁年龄组减少 32.8 万人，减幅 27.7%。育龄妇女的年龄结构老化，特别是 20—29 岁生育旺盛期的育龄妇女人数下降较多，直接导致生育水平的下降（见图 4-2）。

图 4-2　内蒙古分年龄段育龄妇女人数十年间变化情况

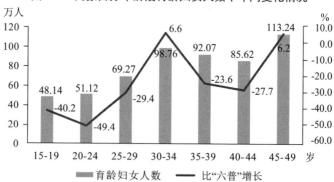

资料来源：《内蒙古自治区 2010 年人口普查资料》《内蒙古自治区人口普查年鉴—2020》。

（二）分盟市育龄妇女 1 升 11 降

分地区看，内蒙古育龄妇女分布区域差异较大。呼和浩特市、赤峰市和通辽市育龄妇女数量居各盟市前三位，分别为 90.69 万人、88.07 万人和 68.04 万人，阿拉善盟、乌海市和锡林郭勒盟育龄妇女居各盟市后三位，分别为 6.23 万人、13.17 万人和 25.72 万人，其余盟市育龄妇女人数集中在 30—50 万人之间。

与 2010 年相比，12 个盟市中仅有呼和浩特市增加了 2.57 万育龄妇女，其余盟市育龄妇女均有不同程度减少。其中，赤峰市总量减少最多，达到 35.65 万人，乌兰察布市、通辽市和呼伦贝尔市育龄妇女人数分别减少 24.85 万人、24.77 万人和 23.83 万人。从增速看，11 个育龄妇女减少的盟市中，减幅超过两位数的达到 9 个盟市，其中乌兰察布市育龄妇女减幅最大，较 2010 年减少了 42.6%，呼伦贝尔市和兴安盟减幅均超过30%，赤峰市、巴彦淖尔市和通辽市减幅均超过 25%，鄂尔多斯市和阿拉善盟分别减少 6.16% 和 7.98%，呼和浩特市作为育龄妇女唯一增长的盟市，仅增长了 2.92%（见表 4-2）。

表 4-2　内蒙古分盟市育龄妇女变化情况

地　　区	2010 年（万人）	2020 年（万人）	增加（万人）	增长（%）
内蒙古	**717.79**	**558.2**	**-159.58**	**-22.23**
呼和浩特市	88.12	90.69	2.57	2.92
包头市	77.78	64.06	-13.73	-17.65
乌海市	15.86	13.17	-2.69	-16.96
赤峰市	123.71	88.07	-35.65	-28.82
通辽市	92.82	68.04	-24.77	-26.69
鄂尔多斯市	53.45	50.16	-3.29	-6.16
呼伦贝尔市	75.05	51.21	-23.83	-31.75
巴彦淖尔市	47.61	34.19	-13.42	-28.19
乌兰察布市	58.27	33.42	-24.85	-42.65
兴安盟	48.06	33.24	-14.82	-30.84
锡林郭勒盟	30.28	25.72	-4.56	-15.06
阿拉善盟	6.77	6.23	-0.54	-7.98

资料来源：《内蒙古自治区 2010 年人口普查资料》《内蒙古自治区人口普查年鉴—2020》。

（三）乡村育龄妇女 10 年间减少半数以上

分城乡看，城市育龄妇女为 249.79 万人，镇的育龄妇女为 168.46 万人，乡村育龄妇女为 139.95 万人，与 2010 年相比，城市育龄妇女增加了 1.33 万人，镇的育龄妇女减少了 3.27 万人，乡村育龄妇女减少了 157.65 万人，乡村育龄妇女减少超过 50%，对内蒙古未来乡村地区人口生育水平将产生深远影响（见图 4-3）。

图 4-3　内蒙古分城乡育龄妇女及增速

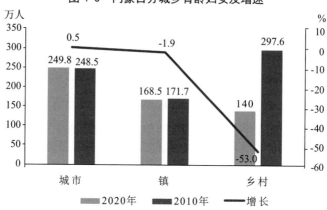

资料来源：《内蒙古自治区 2010 年人口普查资料》《内蒙古自治区人口普查年鉴—2020》。

（四）育龄妇女受教育程度不断提高

分受教育情况看，内蒙古育龄妇女受教育水平逐年提高。主要表现在三个方面：一是初中及以下为主的受教育格局发生重大转变。2010 年初中及以下育龄妇女所占比重高达 65.09%，2020 年则下降为 46.50%，育龄妇女以初中及以下受教育程度为主转变为高中及以上为主，这不仅是受教育程度发生了根本性转变，而且超出了普及九年义务教育的阶段，进入普及高中和高等教育的新阶段。二是育龄妇女受高等教育人口比例增长迅速。2010 年接受高等教育育龄妇女的比重仅为 15.16%。随着高等院校大幅度扩招，招生规模不断扩大，而在此过程中育龄妇女总量下降，育龄妇女中受高等教育的比重快速上升，2020 年育龄妇女接受大专以上教育的比重上升到 34.35%，比 2010 年提高了 19.19 个百分点。三是低年龄组育龄妇女接受高等教育比重显著提高。2010 年内蒙古 15—24 岁育龄妇女接受高等教育的比重为 22.51%，2020 年上升到 50.64%，比 2010 年提高了 28.13 个百分点，比全部育龄妇女接受高等教育占比高出 8.94 个百分点（见表 4-3）。

表 4-3 内蒙古分受教育程度育龄妇女及增长情况

单位：万人

年 份	未上过学（含学前教育）	小学	初中	高中	大学专科	大学本科	研究生（含博士研究生）
2010	11.17	123.12	332.94	141.76	67.08	39.57	2.15
2020	4.49	57.08	197.98	106.91	92.81	90.64	8.30
增长（%）	-59.80	-53.64	-40.54	-24.58	38.36	129.06	286.05

资料来源：《内蒙古自治区 2010 年人口普查资料》《内蒙古自治区人口普查年鉴—2020》。

（五）育龄妇女生育模式向"晚 稀 少"转变

生育模式表现为生育时间、生育的集中或分散程度。既可以从不同孩次的情况进行分析，也可以将所有生育行为作为一个整体进行粗略分析。为了描述育龄妇女的生育模式，将从平均生育年龄、峰值生育年龄和生育间隔等三个方面进行分析。

1.平均生育年龄接近 30 岁

从"七普"数据看，内蒙古 2020 年育龄妇女的平均生育年龄为 29.72 岁，比 2010 年的 28.51 岁推迟了 1.21 岁。生育年龄提高一方面是初婚初育年龄推迟，另一方面是多孩生育水平提高。分城乡看，2020 年内蒙古城镇育龄妇女平均生育年龄为 29.96 岁，乡村育龄妇女平均生育年龄为 28.91 岁。与 2010 年相比，城乡平均生育年龄分别提高了 0.80 岁和 1.17 岁。

2.峰值生育年龄推迟

从内蒙古育龄妇女的生育模式来看，"七普"育龄妇女的生育模式与"六普"差别很大。生育政策调整之前，"六普"表现出明显的"双峰"生育模式，两个生育高峰年龄分别是 23 岁和 28 岁，从生育集中程度来看，"六普"峰值生育年龄 23 岁所在年龄组（21—25 岁）生育率所占的比例为 33.18%；生育政策调整之后，内蒙古生育模式由"双峰"演变为"单峰"，"七普"峰值生育年龄推迟至 27 岁，从生育集中程度来看，"七普"峰值生育年龄 27 岁所在年龄组（25—29 岁）生育率所占的比例为 37.27%，由此可见"七普"生育模式的差别主要体现在峰值生育年龄的推迟和生育更加分散（见图4-4）。

图 4-4　内蒙古育龄妇女生育率

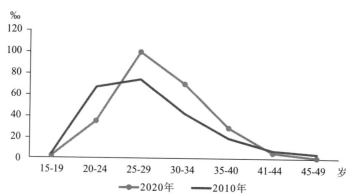

资料来源：《内蒙古自治区2010年人口普查资料》《内蒙古自治区人口普查年鉴—2020》。

3.生育间隔时间缩短

通过分孩次年龄别生育率可以判断平均生育年龄和生育间隔。2020年内蒙古一孩平均生育年龄达到28.00岁，比2010年的26.78岁推迟了1.22岁。2020年二孩平均生育年龄为31.87岁，比2010年的32.31岁提早了0.44岁，同时三孩及以上平均生育年龄为33.22岁，比2010年的36.41岁提早了3.19岁，体现出生育的"堆积"释放的进度效应和传递效应（见表4-4）。

从一孩和二孩的平均生育间隔看，内蒙古"六普"时一孩与二孩的平均生育间隔为5.53年，在生育政策调整的作用下，特别是2016年"全面二孩"生育政策实施，很大程度上缩短了一孩与二孩平均生育间隔，"七普"时内蒙古一孩与二孩的平均生育间隔缩短至3.87年，同时宽松的生育政策对二孩与三孩生育间隔也产生直接影响，生育间隔由2010年的4.10岁缩短至2020年的1.45岁。

表 4-4　平均生育年龄

单位：岁

年　　龄	2010 年	2020 年
总计	**28.51**	**29.72**
分城乡看		
城镇	29.16	29.96
乡村	27.74	28.91
分孩次看		
一孩	26.78	28.00
二孩	32.31	31.87
三孩及以上	36.41	33.22

资料来源：《内蒙古自治区 2010 年人口普查资料》《内蒙古自治区人口普查年鉴—2020》。

（六）对未来 10 年内蒙古育龄妇女的研判

依据当前内蒙古育龄妇女情况，结合相关年龄组的死亡和迁移流动情况，在此对 10 年后内蒙古育龄妇女进行如下判断：

一是育龄妇女规模进一步减少。"六普"5—39 岁女性人口为 605.51 万人，"七普"相应的 15—49 岁育龄妇女仅为 558.20 万人，减少 47.31 万人，年均减近 5 万人。考虑到"七普"登记中采用身份证比对技术，数据质量为历次普查最高，"六普"数据一定程度上存在重复统计或漏统的问题，剔除死亡因素，育龄妇女每年外流人口约在 3 万人左右，按照目前情况发展下去，预计 10 年后内蒙古育龄妇女将不超过 525 万人。

二是育龄妇女年龄结构进一步老化。"七普"40 岁以上高龄育龄妇女占比为 35%，预计 10 年后，这个比例将提高至 40%以上，育龄妇女整体年龄进一步老化，生育水平持续下降。

三是育龄妇女生育率将进一步下降。"七普"内蒙古育龄妇女生育率为 33.37‰，尽管比"六普"提高了 4.06 个千分点，但主要是由多孩生育率提高拉动，一孩生育率仍然下降了 2.68 个千分点。考虑到生育意愿在生育政策调整后已经基本释放，后期二孩生育比例将有所回落，因而整体生育水平预计将进一步下降。

三、出生人口基本情况

（一）出生人口数量减少

从单独两孩、全面两孩政策实施之后，内蒙古的出生人口在短期内有一定增长，出生人口在 2017 年达到最高，但是之后的出生人口逐年下降，2020 年内蒙古出生人口为 17.30 万人，比 2010 年减少了 3.12 万人。造成出生人口持续减少的原因一方面与育龄妇女总量减少直接相关，10 年来全区育龄妇女减少了近 160 万人，且女性初婚年龄逐渐推迟，由 2010 年的 24.33 岁推迟至 2020 年的 28.65 岁，晚婚晚育也直接造成当前生育水平较低。另一方面，社会发展加快了人们的生活节奏，特别是近 10 年伴随高房价、高物价、教育成本提高等压力以及竞争激烈的职场就业环境，很大程度上挤压了生育意愿，70 后、80 后受年龄和就业压力等原因制约，生育意愿基本已经释放，90 后、00 后的婚育观已经悄然改变，不婚、丁克等现象明显，生儿育女对于当代年轻人似乎已经不再是水到渠成的选择。

（二）出生人口性别比优化

出生人口性别比是反映生命之初性别平等状况的基本指标，指一定时期内出生男婴总数和女婴总数的比值，通常用每 100 名女婴所对应的男婴数来表示，国际上将出生人口性别比介于 102—107 之间作为正常区间。2020 年，内蒙古出生人口性别比达到 107.02，比 2010 年的 112.10 下降 5.08，出生人口性别比显著优化。

分城乡看，2020 年内蒙古城市出生人口性别比为 106.94，镇的出生人口性别比为 106.39，乡村出生人口性别比为 107.94，可以看出，城镇出生人口性别比优于乡村；分地区看，出生人口性别比最高的是乌兰察布市 109.28，出生人口性别比最低的是阿拉善盟 97.37，也是唯一出生人口性别比低于 100 的盟市，意味着每出生 100 名女婴的同时仅出生 97.37 名男婴。与 2010 年相比，7 个盟市的出生人口性别比下降，其中赤峰市下降幅度最大，由 2010 年的 131.49 下降至 2020 年的 108.66，呼和浩特市、通辽市、鄂尔多斯市、呼伦贝尔市、兴安盟和阿拉善盟均有不同程度下降；包头市、乌海市、巴彦淖尔市、乌兰察布市和锡林郭勒盟等 5 个盟市出生人口性别比均较 2010 年提升。其中，乌兰察布市提高最多，由 2010 年的 102.26 提高至 109.28，其余盟市均小幅变化（见表 4-5）。

表 4-5 内蒙古分盟市出生人口性别比变化情况

地 区	男（人）	女（人）	性别比（女=100）	比"六普"减少
内蒙古	89566	83689	107.02	5.08
呼和浩特市	13805	13127	105.16	6.56
包头市	9158	8555	107.05	-3.12
乌海市	2144	1991	107.68	-4.95
赤峰市	15956	14684	108.66	22.82
通辽市	9752	9054	107.71	4.49
鄂尔多斯市	10390	9688	107.25	2.71
呼伦贝尔市	6861	6402	107.17	0.68
巴彦淖尔市	5650	5215	108.34	-0.76
乌兰察布市	5062	4632	109.28	-7.02
兴安盟	4893	4738	103.27	4.28
锡林郭勒盟	4712	4388	107.38	-4.07
阿拉善盟	1183	1215	97.37	7.55

资料来源：《内蒙古自治区 2010 年人口普查资料》《内蒙古自治区人口普查年鉴—2020》。

四、生育率基本情况

（一）生育率及孩次生育率

"七普"数据显示，内蒙古 2020 年的出生率（CBR）是 7.2‰，这表示内蒙古每 1000 人中的新生婴儿只有 7.2 个，比 2010 年下降了 2.1 个千分点。但是，并不能简单地通过出生率判断内蒙古的人口生育水平下降的程度，因为出生率的分母是年平均总人口，而在总人口中，男性以及不在育龄期的女性都不参与生育，所以只看出生率并不能准确判断生育水平的高低。为了表示生育水平的高低，需要引入生育率（GFR）这个概念。

生育率（GFR）与出生率的计算公式分子相同，都是年出生人数，但分母不同，生育率的分母是年平均育龄女性人数，计算结果又叫一般生育率。排除了性别结构和部分年龄结构的影响，它在反映生育水平的时候，比出生率更为精确。"七普"数据资料直接计算结果显示，内蒙古 2020 年的生育率是 33.37‰，比 2010 年"六普"的 29.31‰提高了4.06 个千分点。其中一孩的生育率是 17.62‰，二孩生育率是 14.41‰，三孩及以上生育率为 1.33‰。一孩生育率比"六普"下降 2.86 个千分点，二孩和三孩生育率比"六普"分别提高 5.94 个和 0.69 个千分点。可以看出，10 年间内蒙古在生育政策调整的促进下，多孩生育率有明显攀升。

城乡生育率与"六普"时期也发生了明显变化，以往城市、镇、乡村生育率依次升高的情况发生逆转，特别是随着城镇化进程的加快，更多育龄妇女涌入城镇，促进城镇生育率提高。"七普"全区乡村的生育率仅为 27.50‰，比"六普"下降 4.09 个千分点；城市和镇的生育率均高于乡村，分别达到 33.69‰和 37.95‰，分别比"六普"提高 6.30 个和8.64 个千分点。从城乡孩次生育率看，各孩次生育率分布均不同。一孩生育率中城市、镇、乡村的生育率依次降低，分别为 19.67‰、19.47‰和 12.01‰，均低于"六普"，特别是乡村一孩生育率较"六普"下降了7.65 个千分点；二孩生育率中城市、乡村、镇依次升高，分别为 13.16‰、13.55‰和 16.98‰，城市和镇二孩生育率较"六普"分别提高 7.66 个和8.51 个千分点；三孩及以上生育率仍以城市、镇、乡村依次递增，分别为 0.86‰、1.50‰和 1.94‰，与"六普"相比分别提高了 0.61 个、0.91个和 0.95 个千分点。可以看出，城市和镇生育仍以一孩为主，乡村二孩及以上生育率更高（见表 4-6）。

表 4-6　内蒙古分孩次生育人口比重（孩次率）

单位：‰

城乡	2010 年			2020 年		
	一　孩 生育率	二　孩 生育率	三孩以上 生育率	一　孩 生育率	二　孩 生育率	三孩以上 生育率
全区	**20.48**	**8.47**	**0.64**	**17.62**	**14.41**	**1.33**
城市	21.64	5.50	0.25	19.67	13.16	0.86
镇	20.25	8.47	0.59	19.47	16.98	1.50
乡村	19.66	10.95	0.99	12.01	13.55	1.94

资料来源：《内蒙古自治区 2010 年人口普查资料》《内蒙古自治区人口普查年鉴—2020》。

孩次分布是指各年龄妇女所生育孩子中，各孩次人数所占的比重，孩次分布既反映当前的生育模式，也体现历史生育的累积效应。生育孩次分布的一般特点是由低龄低孩次向高龄高孩次缓慢过渡，这是由人口的生理特点所决定。育龄妇女进入生育期后，多数妇女是初育，而随着时间的推移，生育过一孩的妇女在经历足够的生育间隔后，二孩的生育比例才渐渐追上并超过一孩生育的比例。2020 年，内蒙古一孩分布占比为 52.82%，较 2010 年下降了 16.3 个百分点，二孩及三孩以上分布占比分别提高了 14.57 个和 1.83 个百分点。分年龄组看，2010 年和 2020 年的 30 岁以前各年龄组一孩占比均在七成以上，只是 2020 年 30 岁以前的孩子分布占比之差明显小于 2010 年；30 岁之后 2020 年各年龄组均以二孩为主，而 2010 年只是在 30—39 岁年龄组以二孩为主，40 岁以上育龄妇女受生育政策的作用，仍以一孩为主（见表 4-7）。

总体看，虽然生育多孩的比例上升了，但总体生育水平和出生人数均在减少，生育多孩的绝对人数并不一定会增加，相反也可能会减少。

表4-7 孩次分布比较

单位：%

年龄	2010年			2020年		
	一孩	二孩	三孩及以上	一孩	二孩	三孩及以上
总计	**69.21**	**28.62**	**2.16**	**52.82**	**43.19**	**3.99**
15—19岁	99.03	0.97	0	93.07	5.94	0.99
20—24岁	94.26	5.52	0.22	81.56	17.13	1.3
25—29岁	74.43	24.83	0.74	70.9	27.31	1.79
30—34岁	33.72	60.32	5.96	39.95	55.47	4.58
35—39岁	42.29	48.01	9.7	22.96	68.54	8.49
40—44岁	46.54	40.57	12.89	23.08	63.35	13.57
45—49岁	69.21	28.62	2.16	42.39	51.09	6.52

资料来源：《内蒙古自治区2010年人口普查资料》《内蒙古自治区人口普查年鉴—2020》。

（二）年龄别生育率

年龄别生育率是指每个年龄组育龄妇女平均每千人生育的子女数，年龄别可以是一岁一组，也可以是几岁一组，常用的是五岁一组。内蒙古"七普"的年龄别生育率与"六普"相比，呈现出"两头减中间增"的态势：

1. 15—19岁年龄组生育率很低且持续下降。"七普"时期内蒙古15—19岁生育率为2.13‰，与"六普"相比下降了1.94个千分点，比"五普"下降2.28个千分点，可以看出内蒙古早婚早育现象一直不突出，且随着生育宣传工作的逐步深入和学生升学率的逐年提高，早婚早育现象得到进一步的遏制。

2. 20—24岁生育旺盛期育龄妇女生育率大幅下降。"七普"20—24岁女性生育率为34.25‰，比"六普"下降了31.33个千分点，比"五普"下降了81.61个千分点，一方面"七普"该年龄段女性仅为"六普"的一半，另一方面内蒙古初婚年龄由2010年的25.23岁推迟至2020年的29.31岁，女性初婚年龄由24.33岁推至28.65岁，直接影响了生育旺盛期妇女生育年龄。

3. 25—34岁年龄组生育率明显增长。2020年，内蒙古25—29岁和

30—34 岁年龄组生育率分别为 98.26‰ 和 68.84‰，与"六普"相比，分别提高了 25.36 个和 27.31 个千分点；女性生育旺盛期由 10 年前的 20—29 岁推迟至 25—34 岁。

4. 35—39 岁生育率小幅增长。2020 年，内蒙古 35—39 岁育龄妇女生育率达到 28.27‰，与"六普"相比，提高了 9.64 个千分点，其中二孩及以上孩子占该年龄组生育数量的近 77%，比"六普"提高了近 20 个百分点，也是拉动生育率的主要因素。

5. 40—49 岁高龄生育组生育率下降。2020 年，两个高年龄组生育率分别为 5.17‰ 和 0.82‰，比 10 年前分别下降 2.1 个和 3.34 个千分点，反映出高龄育龄妇女生育子女特别是生育多孩的情况也在减少。"六普"时内蒙古生育峰值在 22—23 岁，"七普"的生育峰值推移至 27—28 岁。

以上分析结果表明"七普"内蒙古的育龄妇女生育过程变慢，早育现象明显减少，晚育情况加剧，各年龄组生育率曲线表现整体右移态势。总之，在生育观念的改变、社会竞争的日益激烈、就业风险的提高、孩子抚养成本提高等诸多社会和家庭因素的共同影响下，育龄妇女的生育年龄也在悄然改变，总体生育年龄推迟，从而导致"七普"时期生育水平的下降。

（三）总和生育率

总和生育率（TFR）是指假定某一年龄队列的妇女按照当前（通常为某一年）的生育模式和生育水平度过整个育龄期，并且在其间无一死亡（即都能活到育龄期结束），平均每名妇女期间生育的孩子数。一般而言，考虑到死亡率等因素，总和生育率一般达到 2.1 左右才能使得出生的人口弥补育龄妇女及其配偶的数量，即总和生育率 2.1 表示世代更替水平。

以下涉及的内蒙古和各盟市的总和生育率除特别说明外都是由人口普查资料直接计算的结果。数据显示，内蒙古"七普"总和生育率只有 1.19，仅为更替生育率的 56.7%，比全国平均水平低 0.11，其中，城市总和生育率为 1.11，镇总和生育率为 1.33，乡村总和生育率为 1.20，分别比全国平均水平低 0.01、0.07 和 0.34。尽管低于全国平均水平，但与 2010 年相比，内蒙古 2020 年的总和生育率仍然提高了 0.12，这主要得益于 2013 年之后生育政策调整，"双独二孩""单独二孩""全面二孩"等政策促进多孩生育水平明显提高。除此之外，也要充分考虑以往普查数据受调查手段和政策实施的影响，出生人口存在一定的漏登，但是"七普"在这些方面明显好于历次普查，因而获取的出生人口数据质量更高，应该能够反映实际的生育水平。

一般认为，在发展中国家，要达到生育更替水平需要的总和生育率在 2.3 左右。总和生育率在更替水平与 1.8 之间，称为低生育水平；总和生育率在 1.8—1.5，称为极低生育水平；总和生育率在 1.5 以下，称为超低生育水平。按照这样的标准，内蒙古的生育水平已达到超低水平，意味着每名育龄妇女平均生育孩子不足 1.2 名，生育率跌破超低水平，将会加快人口老龄化速度并引起其他社会问题。

为了进一步分析妇女总和生育率超低的原因，在此引入分城乡总和生育率这一指标。对比"七普"和"六普"的数据可以看出，城市总和生育率由"六普"的 0.96 提升至"七普"时的 1.11；镇的总和生育率由"六普"的 1.07 提升至"七普"时的 1.33；乡村总和生育率由"六普"时的 1.17 提升至"七普"时的 1.20，尽管各类地域总和生育率较 10 年前均有小幅提升，但仍然可以看出，内蒙古妇女总和生育率偏低主要受城市总和生育率低影响更大，乡村 10 年间总和生育率基本没有变化，也阻碍了整体生育率的发展，镇的总和生育率尽管有所提升，但幅度不大，且人群最少，对整体生育水平拉动较小（见表 4-8）。

表 4-8　内蒙古分城乡总和生育率情况

城　乡	2010 年	2020 年	增加
全区	**1.07**	**1.19**	**0.12**
城市	0.96	1.11	0.15
镇	1.07	1.33	0.26
乡村	1.17	1.20	0.03

资料来源：《内蒙古自治区 2010 年人口普查资料》《内蒙古自治区人口普查年鉴—2020》。

（四）内蒙古各地区总和生育率

从盟市总和生育率分布看，2020 年总和生育率高于内蒙古平均水平的有 6 个盟市，分别为乌海市 1.20、赤峰市 1.32、鄂尔多斯市 1.42、巴彦淖尔市 1.27、锡林郭勒盟 1.37 和阿拉善盟 1.49，其他 6 个盟市均低于内蒙古平均水平，可见内蒙古各盟市的总和生育率总体较低，即便是最高的阿拉善盟和鄂尔多斯市，也低于 1.5 "低生育率陷阱"的人口警戒线。同时总和生育率地区不平衡性明显存在，总和生育率最高的是阿拉善盟 1.49，最低的是包头市 1.04，最高和最低地区的总和生育率相差0.45。与 2010 年相比，盟市总和生育率 9 升 3 降，提高最多的是阿拉善盟，为 0.52，其次为乌兰察布市和锡林郭勒盟，分别为 0.45 和 0.41，下降最多的是鄂尔多斯市，下降了 0.28，包头市和通辽市略有下降（见图4-5）。

图 4-5 内蒙古分盟市总和生育率变化情况

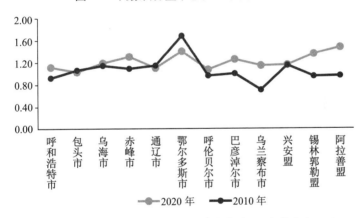

资料来源：《内蒙古自治区 2010 年人口普查资料》《内蒙古自治区人口普查年鉴—2020》。

分城乡看，多数盟市与内蒙古情况类似，镇的总和生育率最高，其次为乡村，城市的总和生育率最低。其中镇的总和生育率最高的是阿拉善盟，达到 1.55，最低的是乌海市，为 0.65；乡村总和生育率最高的是锡林郭勒盟 1.40，最低的是包头市 1.03；城市总和生育率最高的是鄂尔多斯市 1.37，最低的是呼伦贝尔市 0.96（阿拉善盟没有城市人口，见表4-9）。

表4-9　内蒙古分城乡分盟市总和生育率

单位：‰

地　区	总　和生育率	城市	镇	乡村
内蒙古	**1.19**	**1.11**	**1.33**	**1.20**
呼和浩特市	1.13	1.10	1.20	1.25
包头市	1.04	1.00	1.20	1.03
乌海市	1.20	1.22	0.65	1.10
赤峰市	1.32	1.27	1.44	1.28
通辽市	1.11	0.98	1.23	1.11
鄂尔多斯市	1.42	1.37	1.52	1.17
呼伦贝尔市	1.08	0.96	1.16	1.25
巴彦淖尔市	1.27	1.17	1.41	1.22
乌兰察布市	1.16	1.10	1.26	1.03
兴安盟	1.17	1.06	1.15	1.28
锡林郭勒盟	1.37	1.33	1.41	1.40
阿拉善盟	1.49	—	1.55	1.09

资料来源：《内蒙古自治区2010年人口普查资料》《内蒙古自治区人口普查年鉴—2020》。

五、影响妇女生育水平的因素分析

无论在发达国家还是发展中国家，在人口转变已经完成并进入持续的低生育行列之后，都会出现平均理想子女数低于更替水平，而实际生育数量更低于理想子女数的现象，内蒙古也不例外。影响人口生育的因素很多，随着社会进步、经济发展，人们的生育观念也发生了较大变化，育龄妇女生育水平不仅取决于社会经济发展程度、生育观念，还取决于育龄妇女本身的受教育程度、收入水平、职业构成以及生育政策调整情况等。

（一）经济因素

经济发展状况是决定生育的直接因素。在生产力水平低下、传统的农业劳动占很大比重的地方，劳动力的多寡往往成为家庭能否兴旺发达的重要标志，同时由于对劳动力素质要求不高，每年家庭用于对子女的培养费用低廉，因而人们多生孩子的愿望十分强烈。但是，当社会经济发展到一定阶段，人们的需求层次和内容不断拓展和深化，已不仅满足于吃饱穿暖的基本需求，而更加注重生活质量的不断提高和改善，因此，家庭的各项开支也相应增大。特别是在当前社会竞争激烈的环境下，父母更加注重子女的全面培养，子女抚养、教育成本也愈来愈高。按照内蒙古目前的教育支出粗略估计，抚养一个子女到大学毕业的教育费用支出至少需要几十万元甚至上百万元，这一现实决定了低收入者更有可能放弃生育二孩。除了子女教育费用之外，青年夫妇认为自己的生活质量和子女的成长环境也是与经济实力相关的。与教育费用不同的是，家庭生活费用和子女非教育费用具有较大的弹性，收入高的群体对消费和生活标准可能会有更高的期望，因此即使收入相对高了，仍然还要考虑经济问题。也就是说不同家庭收入在选择生育子女上对经济的考虑没有区别。任何家庭，不管经济条件和收入如何，如果更加注重生活质量和享受生活，那么就会放弃多胎生育，甚至会放弃一胎。更值得注意的是，对于 80 后、90 后的人群，与他们生存息息相关的工作、收入和住房已成为影响生育的主要因素，改变着他们的生育观。就业难、收入低、房价高等当前社会热点和难点问题不仅影响着青年自身发展，而且也影响着他们人口再生产功能的实现。

（二）生育政策

生育政策调整是统筹解决人口问题的重大决策。进入 21 世纪第二个十年以来，中国的生育政策进行了一系列密集的调整：2011 年，中国已经全面实施了"双独二孩"政策；在 2013 年底开始实施"单独二孩"政策；从 2016 年 1 月开始实施"全面二孩"政策；到了 2019 年底，在党的十九届五中全会确定的"十四五"发展规划和 2035 年中长期发展的意见中，提出要优化生育政策，增强生育政策的包容性，对于想要多孩的夫妇来说，政策允许生育多孩给他们提供了机会和可能。

生育水平持续下降和生育政策的密集调整构成当前时期中国生育领域的基本特点。当前的生育政策旨在促进和提高生育意愿，增加生育数量，宽松的生育政策对生育多孩有正向作用，最终将生育权交还给老百姓，一定程度上对生育水平有促进作用，二孩占出生人口的比例攀升至四成以上，但受生育意愿下降、育龄妇女减少等客观因素影响，生育政策对人口生育水平的影响已经越来越弱，后期即便全面放开生育也不会出现出生人口大幅增长的情况。

（三）工业化水平

从不同地区、不同收入人群的生育情况分析，经济状况固然是决定生育的重要因素，但在当前全球化、工业化、多元化发展进程中，影响生育的因素更为复杂和多元。从全球看，当前经济发展落后的地区反而是生育水平最高的地区，如非洲的总和生育率达到 3 以上，部分国家甚至超过 4，而美国、欧洲、日本等发达国家的生育率都低于 2.1 的人口更替水平，韩国作为发达国家，其总和生育率全球最低。在经济发展提升的同时，多数国家和地区生育水平仍在下降。究其原因，就是工业化对生育的抑制作用。一方面，在工业化社会，人作为劳动力的价值已经不再唯一重要，社会发展更多地依赖于科技进步和信息化水平提升，因而"多生不如优生"的理性选择必然产生。另一方面，工业化社会伴随消费选择的无限扩大，人们摆脱了日出而作、日落而息的古老生活方式，玩手机、逛商场、夜生活等现代人的消费方式占据了年轻人的空余时间，使其对家庭生活不再热衷和迫切需求。第三方面是工业化社会造成人们的幸福感下降，生育意愿降低。工业化社会较农业化社会的生活节奏更快，对人的各方面要求也更高，因而人们的生活压力更大，自身幸福感并没有随着经济条件的好转得到改善，反而焦虑、抑郁等情绪成为逐步蔓延的"现代病"，不断适应现代化快节奏的生活很大程度上挤压了人们生育子女的意愿。

（四）生育观念

当前人口出生率不高，生育观念的影响不容忽视，生育观念支配着人们的生育行为。在以"家族"为中心的中国传统社会中，生育有"传宗接代"的要求。传统社会体制又是家国一体，因此生育既担负着家庭责任、家族责任，也担负着社会责任，因而"多子多福"以及"重男轻女"的传统生育观念很长时期影响着国人的生育行为。随着经济社会的发展，现代生育观念中养儿防老的思想已经日益淡化，传宗接代的观念也在改变。年轻人普遍对自身生活质量更为看重，认为生一个就足够了，不想给自己过多的压力。不少人认为养育子女是一个重大的责任，如果没有条件给子女创造健康成长的环境，就不能多要孩子。

（五）婚姻情况

虽然在现代化社会的进程中，婚姻与生育的关系越来越发生脱离，但当前和今后一个时期在中国的文化传统和法律制度以及政策环境条件下，绝大多数生育还是发生在婚姻的前提条件下。因此，有配偶的可能性决定了生育的可能性。对比 2010 年和 2020 年人口普查数据可以看到，内蒙古育龄妇女年龄别有配偶比例发生了非常明显的下降。2010 年 20—24 岁有配偶的比例达到 35.56%，到 2020 年下降到 15.07%，下降了 20 个百分点以上；25—29 岁有配偶比例上升至 65.62%，但比 2010 年仍然低了 16.64 个百分点。与此同时，20—29 岁生育旺盛育龄妇女未婚比重由 2010 年的 37.66%上升至 48.25%，近半数生育旺盛期育龄妇女处于未婚状态，内蒙古女性平均初婚年龄也由 2010 年的 24.33 岁推迟到 2020 年的 28.65 岁，育龄妇女旺盛生育年龄有配偶比例大幅度下降，以及晚婚、不婚情况日趋显现，对于严格的婚内生育来说，必然显著影响生育水平的变化。

（六）育龄妇女年龄结构

生育水平除了受外在因素影响外，育龄妇女本身的结构分布也对生育水平有着直接影响。总体上看，内蒙古育龄妇女呈现总量减少、年龄结构老化的特点。2020 年，全区育龄妇女为 558.20 万人，10 年间减少了 159.58 万人，降幅达到 22.2%。同时育龄妇女年龄结构明显老化，主要体现在两个方面：一是育龄妇女平均年龄不断增加。2010 年育龄妇女的平均年龄为 33.09 岁，2020 年增加到 34.63 岁，2000—2010 年育龄妇女平均年龄增加 0.57 岁，2010—2020 年增加 1.54 岁，这反映了育龄妇女老化的加速过程；二是育龄妇女"低少高多"情况突出。全区 15—24 岁育龄妇女的总量从 2010 年的 181.42 万减少到 2020 年的 99.26 万人，低年龄组育龄妇女占全部育龄妇女的比例从 2010 年的 25.49%持续下降到 2020 年的 17.78%。与低年龄组育龄妇女的情况不同，45—49 岁高年龄组育龄妇女总量和比例都持续增加，从 2010 年的 106.59 万人增加到

2020 年的 113.24 万人，所占比例也从 14.97%上升到 20.29%，超过育龄妇女的 1/5，生育水平受到限制。

（七）受教育程度

受教育程度直接影响育龄妇女的生育行为，教育水平提高是近年来影响生育率变化的重要因素。一是妇女受教育程度越高，接受教育所需的时间便越长，其初婚年龄延迟进而影响其生育水平。根据 2020 年人口普查数据，初中及以下受教育程度的育龄妇女未婚比例只有 5.99%，大专及以上受教育程度育龄妇女未婚比例达到 36.33%；二是受教育程度较高的妇女容易接受新的生育观念和生活方式，对生儿育女热衷程度降低。从"七普"数据可以看出，内蒙古不同受教育程度育龄妇女平均产子女数差异非常明显：未上过学的 15—64 岁妇女平均活产子女为 2.05 个，小学及以下的为 1.82 个，初中为 1.41 个，高中为 0.95 个，大学大专为 0.80 个，大学本科为 0.65 个，硕士研究生及以上为 0.62 个。随着妇女受教育程度的不断提高，妇女平均活产子女数呈现持续下降的趋势（见图 4-6）。

图 4-6　15—64 岁妇女不同受教育程度活产生育子女数

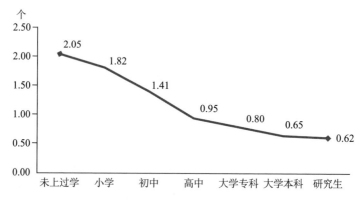

资料来源：《内蒙古自治区 2010 年人口普查资料》《内蒙古自治区人口普查年鉴—2020》。

（八）职业因素

低生育率的主要原因之一是女性无法兼顾职业发展和家庭生活。内蒙古与全国 15—64 岁妇女分职业平均活产子女数的平均水平相差不大，但从事不同职业的妇女由于受各自不同的生产方式的影响,生育水平也有着较大的差异。2020 年,内蒙古妇女中从事第一产业的生育水平最高,平均活产子女数也最高,为 1.71 个,专业技术人员活产子女数最少,只有 0.86 个,从事其他职业的妇女活产子女数普遍在 1 个左右,农业生产人员生育水平明显高于其他人员(见图 4-7)。

图 4-7 按职业分妇女平均活产子女数

资料来源:《内蒙古自治区 2010 年人口普查资料》《内蒙古自治区人口普查年鉴—2020》。

(九)其他因素

妇女的生育决策也可能受到周围人或家人的影响,尽管大部分妇女都认为自己有较大的决定权,但家庭因素还是对生育决策有影响,父母公婆如果对子女生育持支持态度,就会比较积极主动地分担妇女照料孩子的工作,从而使妇女更有可能生育多孩。同时,从妇女的角度来看,生育子女的成本还有个人要付出的时间和精力,尤其是有工作的妇女还要考虑生育和照料子女对自己工作的影响,可见,生育行为已经脱离其最初的繁衍本质,而越来越成为一项涵盖人口、资源、经济发展综合考量的社会行为。

六、应对低生育率问题的相关建议

低生育率的本质是促进生育率下降的因素和机制是否稳定或产生影响的持续性。经典的"低生育率陷阱"是奥地利人口学专家沃夫冈·卢茨(Wolfgang Lutz)等提出的,从低生育率和解释超低生育水平形成的人口学、社会学和经济学三个机制提供了重要的研究视角。为应对低生育挑战，中国自 2011 年以来不断推进生育政策宽松化改革。调整生育政策以来，内蒙古与全国情况一致，只是在短期内释放了一定的生育意愿，生育水平有所提高。但从目前的情况看，育龄妇女生育多孩的意愿并不强烈，出生人口仍然呈现逐年减少的趋势。可以说，低生育率的问题并未解决，低生育率或超低生育率陷阱问题将是内蒙古今后一个时期面临的突出问题，这就需要着重做好以下三方面的工作。

（一）营造适宜生育的社会环境

比较分析"七普"和"六普"生育调查数据，近 10 年来随着生育政策持续调整和生育限制放宽，内蒙古总体生育水平有所上升，这主要得益于二孩、三孩及以上的生育水平上升，而一孩生育水平却明显下降，城市、镇、乡村人口均表现出此特征。一孩生育在人口生育中具有主导性和基础性作用，这就需要对一孩生育率下降趋势进行认真反思，不仅要推进配套的公共服务体系建设，降低养育孩子的家庭成本，形成育儿友好型的社会环境，还需要摒弃长期以来将人口过快增长等同于人口是经济社会发展负担的错误认识，科学分析超低生育率的社会危害性，全面把握传统生育文化精髓，适应新生代的人生观、价值观、世界观和信息社会交往模式的变化，转变育龄人群生育观念，有效提高生育意愿，使生育水平尽快提升并稳定在合理区间。

（二）缓解育龄家庭的经济约束

现代社会下，生育由动物的本能转化为人类的理性行为，由经济驱动转化为情感驱动、经济约束。人口养育作为一个对社会具有正向意义的行为，政府使用财政补贴是合情合理的。当前部分发达国家已经有所意识，国家每年花在家庭和育儿方面的费用占到 GDP 的 3%—5% 左右，良好的福利政策对促进生育有着显而易见的效果。据专家测算，政府每提高相当于 1%GDP 的支出用于家庭补贴，就会使生育率提高大约 0.1 个孩子，按照这个比例分析，内蒙古要想达到 1.5 以上的总和生育率，脱离"低生育率陷阱"，需要每年至少花费 GDP 的 3%。

（三）着力解决重点难点问题

单纯的生育政策调整不足以改变目前生育水平和出生规模的下降趋势，需要全面、系统和前瞻性应对人口发展的新问题和新趋势。一是抓住重点和难点。造成目前持续低迷生育率的关键因素是生育、养育和教育成本太高，形成了"生不起""养不起"的问题，要从解决婚嫁陋习问题等婚育文化和降低生育、养育和教育成本等方面，切实解决"娶不起"和"不好娶"的问题，从全生命周期的视角防止超低生育率的负面影响。二是制定科学的考核指标。考核的重点在于规划落实的科学性和可行性，而不是将目标作为考核的唯一手段，考核指标不仅需要明确具体，也需要导向科学，通过准确研判人口变化的重大转变或转折促进高质量发展，防止规划目标、方向或考核指标严重脱离实际，避免造成公共资源的巨大浪费。

总之，正确认识和充分理解内蒙古低生育率形成的社会经济和文化机制，面对出生人口和生育水平有可能继续下降的严峻形势，通过深入研究"七普"数据，探索内蒙古人口发展的基本规律，既是对当前人口新形势、新趋势和新变化的科学研判，也是对重大现实问题的高度重视和有效应对，更是对未来人口长期、均衡发展的积极推动。

第五章　人口死亡状况

死亡是人口自然变动的重要因素之一，死亡不仅仅是一个生物现象，而且还与社会经济发展息息相关。死亡水平的高低一方面取决于医疗卫生条件和技术，另一方面也在很大程度上决定于经济社会发展程度及制度安排。特殊时期也会受到疫情、自然灾害、战争或其他因素的影响。2020 年第七次全国人口普查登记了 2019 年 11 月 1 日至 2020 年 10 月 31 日期间全国及各地死亡人口，提供了年龄性别及其他人口数据，对于了解和掌握人口死亡水平、人口健康状况，制定人口发展政策措施具有重要意义。本章主要内容是展现第七次全国人口普查死亡数据，并对分年龄、性别、地区的死亡人口相关指标进行简要对比分析。

一、人口死亡水平现状

（一）死亡水平的总体情况

2020 年第七次全国人口普查数据显示，2019 年 11 月 1 日至 2020 年 10 月 31 日，内蒙古死亡人口数为 14.38 万人，其中男性 8.74 万人，女性 5.64 万人（见表 5-1）。总人口死亡率为 5.98‰，男性为 7.11‰，女性为 4.79‰。总人口死亡率比第六次全国人口普查的 4.70‰高 1.28 个千分点，男性高 1.51 个千分点，女性高 1.06 个千分点。

表 5-1　内蒙古 2020 年、2010 年两次人口普查死亡人口和死亡率

年　份	死亡人口（万人）			死亡率（‰）		
	合计	男	女	合计	男	女
2020	14.38	8.74	5.64	5.98	7.11	4.79
2010	11.60	7.18	4.42	4.70	5.60	3.73
相　比	2.78	1.56	1.22	1.28	1.51	1.06

资料来源：《内蒙古自治区 2010 年人口普查资料》《内蒙古自治区人口普查年鉴—2020》。

　　国家统计局根据第六次和第七次全国人口普查资料数据，编制了全国和各省（自治区、直辖市）2010 年、2020 年人口生命表。数据显示2020 年内蒙古常住人口的平均预期寿命为 77.56 岁，男性 74.98 岁，女性 80.45 岁，女性比男性高 5.47 岁。2020 年内蒙古常住人口平均预期寿命比 2010 年的 74.44 岁增加了 3.12 岁，男性比 2010 年的 72.04 岁增加了 2.94 岁，女性比 2010 年的 77.27 岁增加了 3.18 岁。与全国相比，2020年内蒙古的平均预期寿命比全国的 77.93 岁低 0.37 岁，男性比全国的73.64 岁高 1.34 岁，女性比全国的 79.43 岁高 1.02 岁。

　　内蒙古统计年鉴公布的历年的死亡率显示，从 1955 年到 2020 年内蒙古死亡率总体呈不断下降趋势，50 多年间死亡率下降的幅度很大，由11.4‰下降到 7.3‰，长时间维持在 6‰左右的水平。

图 5-1　1955—2020 年内蒙古死亡率变化趋势

资料来源：《内蒙古统计年鉴—2022》，中国统计出版社。

　　可以看出内蒙古死亡率的变化表现为：先下降，后上升，然后又下降，最后长期趋于平稳（见图 5-1），近年来表现出缓慢上升的态势。死亡率的变化受经济社会、医疗卫生、人口年龄结构的影响，新中国成立后，社会秩序稳定，人民安居乐业，经济快速发展，医疗卫生和生活水平大幅度提高，死亡水平急速下降。20 世纪 60 年代初受到"三年自然灾害"等影响，内蒙古的经济发展遇到了很大困难，粮食短缺，人民生活水平下降，老弱病者死亡风险加大，死亡率居高。之后，内蒙古的经济逐渐恢复，生活水平提高，医疗事业进一步发展，死亡率下降。1972年之后，死亡率一直稳定在 5‰—6‰左右波动。2010 年之后，虽然死亡率比较稳定，但出现了逐步上升的态势，2020 年达到 7.3‰，这主要是人口年龄结构逐步老化，老年人口比重加大造成的，其具体情况将在后面内容进行比较详细的介绍。

（二）死亡水平的地区差异

根据普查数据推算，2020 年内蒙古死亡率为 7.30‰，各盟市人口死亡率（见表 5-2）差异很大，乌兰察布市最高为 10.38‰，其次是呼伦贝尔市、巴彦淖尔市、通辽市、兴安盟、赤峰市，这 6 个盟市的粗死亡率都高于内蒙古的总死亡率。死亡率最低的是呼和浩特市，其次是鄂尔多斯市、阿拉善盟、乌海市、锡林郭勒盟、包头市，这 6 个盟市的死亡率低于全区总体水平。

表 5-2　2020 年各盟市人口死亡率及平均预期寿命

地　　区	死亡率（‰）	平均预期寿命（岁）	地　　区	死亡率（‰）	平均预期寿命（岁）
呼和浩特市	5.20	79.75	呼伦贝尔市	9.44	76.56
包头市	6.49	79.65	巴彦淖尔市	8.21	77.22
乌海市	6.27	77.75	乌兰察布市	10.38	77.44
赤峰市	7.49	76.63	兴安盟	8.03	74.67
通辽市	8.09	75.29	锡林郭勒盟	6.37	76.98
鄂尔多斯市	5.32	77.88	阿拉善盟	6.26	77.10

资料来源：根据第七次全国人口普查数据推算。

粗死亡率只能反映当地区现有人口总体死亡风险的大小或死亡人口的比重，但不能反映出各地区实际的死亡水平和差异。由于不同年龄人口的死亡水平不同，各地年龄结构不完全一样，因此，即使死亡水平或模式相同，但粗死亡率也会不同，甚至死亡水平和粗死亡率会表现出相反的结果。在比较死亡水平时一般要对其标准化，或者用地区的平均预期寿命。由于没有各盟市分年龄的死亡率数据，因此无法对其标准化，只能以各盟市的平均预期寿命来进行比较。

根据第七次全国人口普查数据计算的分盟市平均预期寿命显示，内蒙古各盟市的平均预期寿命存在很大差异（见表 5-2）。各盟市平均预期寿命由高到低依次为呼和浩特市 79.75 岁，包头市 79.65 岁，鄂尔多斯市 77.88 岁，乌海市 77.75 岁，乌兰察布市 77.44 岁，巴彦淖尔市 77.22 岁，阿拉善盟 77.10 岁，锡林郭勒盟 76.98 岁，赤峰市 76.63 岁，呼伦贝尔市 76.56 岁，通辽市 75.29 岁，兴安盟 74.67 岁。呼和浩特市、包头市、鄂尔多斯市、乌海市比较高，而东部四盟市赤峰市、呼伦贝尔市、通辽市、兴安盟较低。

（三）死亡水平的城乡差异

第七次全国人口普查数据显示，内蒙古地区的死亡率城乡差别较大，乡村的死亡率最高达 9.36‰，镇次之为 4.72‰，城市最低为 4.07‰，城市和镇的死亡率较低且比较接近。

表 5-3 2020 年内蒙古分城市、镇、乡村的死亡率

单位：‰

类 型	合计	男	女
合计	**5.98**	**7.11**	**4.79**
城市	4.07	4.93	3.21
镇	4.72	5.71	3.71
乡村	9.36	10.75	7.79

资料来源：《内蒙古自治区人口普查年鉴—2020》，中国统计出版社。

城乡死亡率的差异，一方面是城乡自身发展水平存在差异的影响，另一方面是城乡人口年龄结构不同所造成。为消除城乡年龄结构对死亡率造成的影响，对城乡分年龄人口的死亡率或对分城乡标准化死亡率进行对比。

消除年龄结构对城乡死亡率数据的影响，从城乡分年龄的死亡率来作具体的比较，比较结果可从图 5-2 中直观感觉到。图中看出，在所有的年龄别上都表现出同样的特点，即城市的死亡率最低，乡村的死亡率最高，镇居中。而且，镇和城市的死亡率曲线相距较近，乡村和城市、镇的死亡率曲线相距比较远，表明城市和镇的死亡率在各年龄的差异比较小，乡村的死亡水平在各年龄段都高于城镇。

这一点从分城乡标准化死亡率也可以明显地看出。以 2020 年人口普查年龄结构为标准，对内蒙古城市、镇、乡村的死亡率进行标准化，标准化后的死亡率城市为 4.52‰、镇为 5.56‰、乡村为 7.59‰。标准化后的死亡率反映的现象基本与普查数据一致，只是乡村与城镇的死亡率差距有所缩小，其原因是消除了年龄结构的影响因素。这说明，城乡的死亡水平还是存在较大的差异，特别是城乡的医疗卫生水平、生活水平、

人们对健康和疾病的认识、防治意识都存在明显的距离。

图5-2 2010年内蒙古城市、镇、乡村分年龄的死亡率

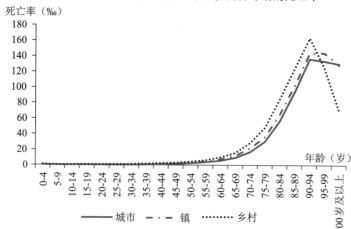

二、分性别和年龄的死亡水平

（一）分年龄人口的死亡水平

第七次全国人口普查分年龄死亡率数据显示（见表5-4），2020年死亡率在各年龄组的分布存在明显差异。表现为婴幼儿死亡率较高，到青少年死亡率降到最低，之后随着年龄的增长死亡率不断上升，到老年死亡率迅速上升。0—4岁人口的死亡率降到了0.49‰的较低水平，是典型的J形死亡模式。

但是从两次普查总死亡率变化来看，第七次全国人口普查内蒙古常住人口死亡率为5.98‰，2010年第六次全国人口普查的死亡率为4.70‰，总死亡率上升了1.28个千分点，上升幅度比较大，而且第六次全国人口普查的死亡率只有4.70‰，不管是与历次普查数据还是年度数据相比都是最低的，且低的幅度较大。这不排除第六次全国人口普查死亡人口漏报的因素，同时死亡率指标值除了受人口死亡水平的影响外，也会受到年龄和性别结构的影响，下面将进一步分析。

首先从两次普查分年龄死亡率数据进行对比。第七次全国人口普查和第六次全国人口普查分年龄死亡率汇总数据对比显示（见表 5-4），

2020 年所有年龄组人口死亡率皆小于 2010 年同年龄组人口死亡率，而且，随着年龄增大，死亡率的差异也逐渐扩大。这说明 2020 年内蒙古人口的死亡水平确实比 10 年前有所下降，2020 年总死亡率较 2010 年高也是由于 2020 年老年人口比重上升所致。

表 5-4　内蒙古第七次和第六次全国人口普查分年龄死亡率

单位：‰

年　龄	2020 年			2010 年		
	合计	男	女	合计	男	女
总　计	**5.98**	**7.11**	**4.79**	**4.70**	**5.60**	**3.73**
0—4 岁	0.49	0.52	0.46	1.11	1.25	0.95
5—9 岁	0.10	0.10	0.10	0.19	0.20	0.17
10—14 岁	0.16	0.19	0.14	0.20	0.24	0.14
15—19 岁	0.24	0.28	0.18	0.33	0.45	0.21
20—24 岁	0.32	0.41	0.22	0.49	0.69	0.27
25—29 岁	0.40	0.54	0.25	0.62	0.88	0.34
30—34 岁	0.54	0.73	0.33	0.75	1.06	0.40
35—39 岁	0.85	1.23	0.43	1.09	1.56	0.58
40—44 岁	1.43	2.06	0.75	1.68	2.37	0.91
45—49 岁	2.22	3.23	1.17	2.59	3.56	1.52
50—54 岁	3.49	4.99	1.89	4.14	5.54	2.63
55—59 岁	5.12	7.36	2.83	6.36	8.28	4.37
60—64 岁	8.33	11.39	5.27	10.67	13.54	7.75
65—69 岁	13.20	17.40	9.20	17.44	21.58	13.42
70—74 岁	23.51	29.47	18.02	31.53	37.20	25.76
75—79 岁	39.16	48.01	31.63	50.43	57.50	43.07
80—84 岁	69.78	80.63	60.66	84.74	92.39	76.74
85—89 岁	108.57	121.41	97.86	121.87	130.98	113.38
90—94 岁	148.75	155.49	142.86	174.95	185.29	166.56
95—99 岁	132.19	132.12	132.24	145.48	137.07	152.42
100 岁及以上	100.78	95.54	104.35	484.38	617.65	411.29

资料来源：《内蒙古自治区 2010 年人口普查资料》《内蒙古自治区人口普查年鉴—2020》。

其次，通过对 2020 年人口普查死亡率进行标准化，以消除年龄结构的影响，同时计算两次普查年份的平均死亡年龄来进一步分析比较。以第六次全国人口普查总人口的年龄结构作为标准年龄结构对内蒙古第七次全国人口普查的死亡率进行标准化，标准化后的 2020 年的死亡率为 3.71‰，比 2010 年第六次全国人口普查死亡率低 0.9 个千分点。用两次普查分年龄死亡人口数据计算出 2020 年和 2010 年死亡人口平均年龄分别为 70.84 岁和 65.99 岁，虽然这个数据不一定非常准确地反映真实水平，但可以在一定程度上反映出 2020 年内蒙古人口死亡水平较 10 年前还是有明显的下降。

（二）分性别人口的死亡水平

第七次全国人口普查资料直接计算的 2020 年内蒙古男性人口死亡率为 7.11‰，女性为 4.79‰，女性比男性低 2.32 个千分点。2010 年内蒙古男性人口死亡率为 5.60‰，女性为 3.73‰，女性比男性低 1.87 个千分点。由此看出，随着 2020 年内蒙古人口实际死亡水平的下降，女性人口与男性人口的死亡率差距进一步扩大，女性的生存优势更加明显。

表 5-5　2020 年内蒙古分年龄性别死亡率差异

单位：‰

年　龄	男	女	相　差
合计	**7.11**	**4.79**	**2.32**
0—4 岁	0.52	0.46	0.06
5—9 岁	0.10	0.10	0.00
10—14 岁	0.19	0.14	0.05
15—19 岁	0.28	0.18	0.10
20—24 岁	0.41	0.22	0.19
25—29 岁	0.54	0.25	0.29
30—34 岁	0.73	0.33	0.40
35—39 岁	1.23	0.43	0.80
40—44 岁	2.06	0.75	1.31
45—49 岁	3.23	1.17	2.06
50—54 岁	4.99	1.89	3.10
55—59 岁	7.36	2.83	4.53
60—64 岁	11.39	5.27	6.12
65—69 岁	17.40	9.20	8.20
70—74 岁	29.47	18.02	11.45
75—79 岁	48.01	31.63	16.38
80—84 岁	80.63	60.66	19.97
85 岁及以上	128.54	108.24	20.30

资料来源：《内蒙古自治区人口普查年鉴—2020》。

从年龄结构看，随着年龄的升高，男性和女性人口死亡率的差异也逐步增大，到 80 岁时，女性人口死亡率比男性低 20 个千分点。随着年龄增大女性的生存优势愈加明显。

图 5-3 2020 年内蒙古分性别各年龄死亡率差异

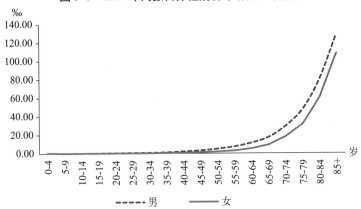

三、平均预期寿命

（一）内蒙古及各盟市人口的平均预期寿命

根据第七次全国人口普查数据测算，2020 年内蒙古人口平均预期寿命达 77.56 岁。分性别看：男性为 74.98 岁，女性为 80.45 岁，女性平均预期寿命比男性高 5.47 岁。

同 2010 年第六次全国人口普查（74.44 岁）比，2020 年内蒙古人口平均预期寿命 10 年增长了 3.12 岁。

同全国比，2020 年内蒙古人口平均预期寿命比全国（77.93 岁）低 0.37 岁；10 年间全国增长 3.10 岁，内蒙古增长幅度略高于全国平均水平。

人口平均预期寿命是衡量一个社会的经济发展水平及医疗卫生服务水平的指标，可以反映社会生活质量的高低。寿命长短主要受两方面制约，一是社会经济条件和医疗卫生水平；二是个人体质、遗传因素、生活条件、生活习惯等个人差异。随着自治区社会经济发展、人民生活水平提高、医疗卫生条件以及生态环境等改善，平均预期寿命将会不断提高。

（二）平均预期寿命的性别差异

一般情况下，同一人群中女性的平均预期寿命高于男性。2020 年内蒙古平均预期寿命男性为 74.98 岁，女性为 80.45 岁，女性比男性高 5.47 岁。2000 年和 2010 年内蒙古平均预期寿命女性比男性分别高 3.50 岁和 5.25 岁。内蒙古人口平均预期寿命不断提高的过程中，女性提高速度快于男性，并且两者之差也进一步扩大。这与全国乃至世界其他国家平均预期寿命的变化规律是一致的。

第六章　婚姻与家庭状况

一、人口婚姻状况变动的一般趋势

婚姻状况是指 15 岁及以上人口在婚姻关系方面的状况，通常分为未婚、有配偶、离婚和丧偶四类。

第七次全国人口普查数据显示，2020 年内蒙古 15 岁及以上常住人口 2067.15 万人，占内蒙古总人口的 85.96%，比 2010 年减少 55.84 万人，比重上升了 0.03 个百分点。其中男性 15 岁及以上人口 1051.96 万人，占全部男性人口的 85.7%，比 2010 年下降 0.15 个百分点；女性 15 岁及以上人口 1015.19 万人，占全部女性人口的 86.22%，比 2010 年上升 0.2 个百分点。2010—2020 年内蒙古婚姻年龄人口减少，但婚姻年龄人口比重小幅上升。

2020 年内蒙古 15 岁及以上人口 2067.15 万人。其中未婚人口 311.78 万人，占 15 岁及以上人口的 15.08%，比 2010 年降低 3.68 个百分点；有配偶人口 1575.35 万人，占 15 岁及以上人口的 76.21%，比 2010 年上升 1.24 个百分点；离婚人口 60.97 万人，占 15 岁及以上人口的 2.95%，比 2010 年上升 1.47 个百分点；丧偶人口 119.04 万人，占 15 岁及以上人口的 5.76%，比 2010 年上升 0.97 个百分点。与 2010 年相比，2020 年内蒙古除未婚人口比重降低外，有配偶人口比重、离婚人口比重和丧偶人口比重不同程度上升。见表 6-1。

2020 年，内蒙古超过 76% 的 15 岁及以上人口处于已婚状态，离婚人口、丧偶人口比重较低，未婚人口比重降低，婚姻状态稳定。

表 6-1 内蒙古 15 岁及以上人口婚姻状况构成

单位：%

婚姻状况	2010 年			2020 年		
	总计	男	女	总计	男	女
未 婚	18.76	21.60	15.78	15.08	17.65	12.43
有配偶	74.97	74.01	75.99	76.21	76.37	76.04
离 婚	1.48	1.62	1.33	2.95	3.18	2.71
丧 偶	4.79	2.77	6.91	5.76	2.79	8.83

资料来源：内蒙古自治区 2010 年、2020 年人口普查资料。

（一）未婚人口状况

未婚人口是指 15 岁及以上人口中从未结过婚的人。2020 年内蒙古未婚人口有 311.78 万人，比 2010 年减少 86.49 万人，减少 21.72%。其中男性未婚人口占男性 15 岁及以上人口的 17.65%，较 2010 年下降 3.95 个百分点；女性未婚人口占女性 15 岁及以上人口的 12.43%，下降 3.35 个百分点。2010—2020 年，内蒙古未婚人口减少，未婚人口占 15 岁及以上人口的比重呈下降趋势。

1.不同年龄、性别的未婚人口

2020 年内蒙古不同年龄、不同性别的未婚人口占 15 岁及以上人口的比重差异较大。2020 年内蒙古 15—19 岁年龄组未婚人口占该年龄组人口的 99.72%，比 2010 年上升 0.82 个百分点。其中男性未婚人口占该年龄组男性人口的 99.91%，比 2010 年上升 0.29 个百分点；女性未婚人口占该年龄组女性人口的 99.52%，比 2010 年上升 1.38 个百分点。15—19 岁年龄组在法定婚龄以下，未婚比重应为 100%，虽然 2010—2020 年该年龄组的未婚人口比重上升，但早婚现象依然存在，不过早婚现象有所减少，女性早婚现象同男性相比仍然严重。

2020 年，内蒙古 20—54 岁各年龄组未婚人口比重比 2010 年都有上升，其中 20—24 岁男性未婚人口比重比 2010 年上升了 12.36 个百分点，20—24 岁女性未婚人口比重比 2010 年上升了 20.33 个百分点；25—29 岁未婚人口比重上升幅度较大，上升了 18.28 个百分点，该年龄组男性未婚人口比重上升了 20.17 个百分点，女性未婚人口比重上升了 16.23 个百分点。20—24 岁女性未婚人口比重上升幅度大于男性，25—29 岁女性未婚人口比重上升幅度小于男性，年轻人婚姻观念发生变化，一定程度上存在晚婚现象。见表 6-2。

表 6-2　内蒙古未婚人口占同龄人口的比重

单位：%

年　龄	2010 年			2020 年		
	合计	男性	女性	合计	男性	女性
总　计	**18.76**	**21.60**	**15.78**	**15.08**	**17.65**	**12.43**
15—19 岁	98.90	99.62	98.14	99.72	99.91	99.52
20—24 岁	72.51	80.44	64.36	88.81	92.80	84.69
25—29 岁	23.75	30.39	16.73	42.03	50.56	32.96
30—34 岁	7.04	10.45	3.39	12.37	16.96	7.44
35—39 岁	3.71	6.11	1.17	4.96	7.16	2.54
40—44 岁	2.57	4.46	0.54	3.09	4.84	1.20
45—49 岁	1.88	3.35	0.31	2.48	4.14	0.73
50—54 岁	1.73	3.18	0.20	2.07	3.55	0.48
55—59 岁	1.74	3.28	0.17	1.64	2.93	0.32
60—65 岁	1.59	3.01	0.15	1.72	3.22	0.21
65 岁及以上	1.61	2.92	0.32	1.43	2.82	0.16

资料来源：内蒙古自治区 2010 年、2020 年人口普查资料。

由表 6-2 可以看出各年龄组中，男性未婚人口比重均高于女性，随着年龄的增长，男女未婚人口比重差距先扩大、后缩小。在 20 岁以下低年龄人群中，男性与女性未婚人口比重分别为 99.91%和 99.52%，相差很小；到 20—24 岁时，则分别达到 92.8%和 84.69%，差距扩大，相差 8.12 个百分点；到 25—29 岁时，这一比重分别为 50.56%和 32.96%，差距扩大到 17.6 个百分点；30—34 岁男性与女性未婚人口比重差距缩小，缩小为 9.52 个百分点；35 岁以后，男性与女性未婚人口比重差距缩小到 5 个百分点以内。30 岁以后，女性未婚人口比重下降速度明显快于男性，男女间未婚人口比重差距逐渐缩小。产生这种差别的原因是，择偶时总希望男方年龄比女方大，择偶差异造成男女间未婚人口比重差距逐渐缩小，还有一个原因是女性结婚年龄普遍要早于男性，也使得女性未婚人口比重下降速度快于男性。

2010—2020 年内蒙古未婚人口减少，且未婚人口比重下降，三分之一的未婚人口是未达法定婚龄的青年，说明已婚人口比重上升。

2.不同受教育程度的未婚人口

未婚人口的受教育程度构成和 15 岁及以上人口受教育程度构成略有不同。2020 年内蒙古高中受教育程度的未婚人口比重最高，为 28.48%，高于高中受教育程度的 15 岁及以上人口比重 11.17 个百分点；大学本科受教育程度的未婚人口比重次之，为 23.56%，高于大学本科受教育程度的 15 岁及以上人口比重 13.62 个百分点。高中以上受教育程度的未婚人口比重均高于同一受教育程度 15 岁及以上人口比重，初中及以下受教育程度的未婚人口则相反，均低于同一受教育程度 15 岁及以上人口比重，其中小学、初中受教育程度的未婚人口比重远低于同一受教育程度的 15 岁及以上人口比重。与 2010 年相比，2020 年内蒙古大学专科以上受教育程度的未婚人口比重不同程度上升。从表 6-3 中看出，2020 年大学专科受教育程度未婚人口比重为 22.47%，比 2010 年上升 7.94 个百分点；大学本科受教育程度的未婚人口比重为 23.56%，比 2010 年上升 13.2 个百分点；研究生受教育程度的未婚人口比重为 1.84%，比 2010 年上升 1.34 个百分点。而高中及以下受教育程度的未婚人口比重全面下降，高中受教育程度的未婚人口比重下降了 2.3 个百分点，初中受教育程度的未婚人口比重下降了 17.99 个百分点，小学受教育程度的未婚人口比重下降了 2.13 个百分点，未上过学和学前教育的未婚人口比重降低了 0.04 个百分点。上述分析表明，2010—2020 年内蒙古受教育程度高的未婚人口比重呈上升态势，受教育程度低的未婚人口比重呈下降态势。

表 6-3　内蒙古 15 岁及以上人口受教育程度构成

单位：%

受教育程度	2010 年			2020 年		
	合计	男	女	合计	男	女
未上过学和学前教育	6.08	3.44	8.85	3.82	1.86	5.85
小　学	22.18	19.87	24.60	19.92	17.41	22.52
初　中	42.1	45.62	38.40	36.20	39.22	33.08
高　中	17.2	18.28	16.06	17.31	18.48	16.10
大学专科	7.72	8.03	7.40	12.01	12.78	11.21
大学本科	4.49	4.53	4.44	9.94	9.57	10.32
研究生	0.24	0.23	0.25	0.80	0.69	0.92

资料来源：内蒙古自治区 2010 年、2020 年人口普查资料。

　　分性别未婚人口的受教育程度构成与未婚人口的受教育程度构成相似。2020 年，内蒙古初中及以下受教育程度的女性未婚人口比重低于男性未婚人口比重，高中及以上受教育程度的女性未婚人口比重高于男性未婚人口比重。与 2010 年相比，2020 年内蒙古高中及以下受教育程度的分性别未婚人口比重下降，大学专科及以上受教育程度的分性别未婚人口比重升高，表明未婚人口受教育程度逐步提高。值得注意的是，大学本科、研究生受教育程度的女性未婚人口比重上升幅度大于男性。如本科受教育程度的女性未婚人口比重上升 18.06 个百分点，男性未婚人口比重上升 9.94 个百分点；研究生受教育程度女性未婚人口比重上升 2.12 个百分点，男性未婚人口比重上升 0.8 个百分点。这说明随着受教育程度提高，接受过高层次教育的女性人口多于男性，女性社会地位和经济实力快速提升，受教育程度高的女性更注重婚姻的质量，对婚姻的依赖程度降低。见表 6-4。

表 6-4　内蒙古未婚人口受教育程度构成

单位：%

受教育程度	2010 年			2020 年		
	合计	男	女	合计	男	女
未上过学和学前教育	2.07	3.11	0.60	2.03	2.97	0.65
小　学	7.16	9.71	3.50	5.03	7.66	1.17
初　中	34.59	37.55	30.35	16.60	20.40	11.01
高　中	30.78	28.35	34.27	28.48	27.52	29.88
大学大专	14.53	12.42	17.55	22.47	21.85	23.38
大学本科	10.36	8.52	12.99	23.56	18.46	31.05
研究生	0.50	0.34	0.74	1.84	1.14	2.86

　　资料来源：内蒙古自治区 2010 年、2020 年人口普查资料。

　　3.不同职业的未婚人口

　　2020 年内蒙古未婚人口中，社会生产服务和生活服务人员比重最高，为 36.98%；专业技术人员比重次之，为 20.11%；排在第 3 位的是生产、运输设备操作人员及有关人员，比重为 16.28%；农林牧渔水利业生产人员占 13.03%；办事人员和有关人员占 11.86%；2020 年内蒙古国家机关、党群组织、企业、事业单位负责人比重较低，为 1.08%。

　　分性别看，2020 年内蒙古国家机关党群组织企业事业单位负责人、社会生产服务和生活服务人员、农林牧渔水利业生产人员、生产运输设备操作人员的男性未婚人口比重高于女性；专业技术人员、办事人员和有关人员、不便分类的其他从业人员的女性未婚人口比重高于男性。其中女性专业技术人员占女性未婚人口 36.52%，比重较男性专业技术人员高 24.46 个百分点。分析表明，接受过高层次教育的女性人口越来越多，从事专业技术工作的女性未婚人口比重大幅提升。

同 2010 年相比，2020 年内蒙古担任国家机关党群组织企业事业单位负责人、专业技术人员、办事人员和有关人员、社会生产服务和生活服务人员的未婚人口比重不同程度上升。其中，社会生产服务和生活服务人员的未婚人口比重上升幅度最大，上升了 16.68 个百分点；专业技术人员的未婚人口比重上升了 11.32 个百分点；办事人员和有关人员的未婚人口比重上升了 7.03 个百分点；担任国家机关、党群组织、企业事业单位负责人的未婚人口比重上升幅度最小，上升了 0.41 个百分点。

同 2010 年相比，2020 年内蒙古从事农林牧渔水利业生产人员、生产运输设备操作人员及有关人员的未婚人口比重不同程度下降。其中，从事农林牧渔水利业生产的未婚人口比重下降 30.21 个百分点；从事生产运输设备操作的未婚人口比重下降了 5.75 个百分点。表明越来越多的未婚人口从事社会服务业或专业技术工作，而从事农林牧渔水利业、生产运输的未婚人口逐渐减少。见表 6-5。

表 6-5　内蒙古不同职业未婚人口比重

单位：%

职业分类	2010 年			2020 年		
	合计	男性	女性	合计	男性	女性
合　　计	**100**	**100**	**100**	**100**	**100**	**100**
国家机关、党群组织、企业、事业单位负责人	0.67	0.65	0.71	1.08	1.14	0.97
专业技术人员	8.80	6.11	14.43	20.11	12.07	36.52
办事人员和有关人员	4.83	4.44	5.66	11.86	10.32	15.00
社会生产服务和生活服务人员	20.30	14.64	32.17	36.98	37.17	36.58
农、林、牧、渔、水利业生产人员	43.24	45.35	38.83	13.03	17.03	4.87
生产、运输设备操作人员及有关人员	22.03	28.68	8.11	16.28	21.67	5.30
不便分类的其他从业人员	0.12	0.13	0.08	0.65	0.60	0.76

资料来源：内蒙古自治区 2010 年、2020 年人口普查资料。

4.终身不婚人口

一般将 50 岁以上未婚人口视为终身不婚人口。2020 年，内蒙古终身不婚人口占同龄人口的 1.69%，比 2010 年的 1.67%上升 0.02 个百分点。终身不婚人口占未婚人口的比重从 2010 年的 2.69%上升到 2020 年的 4.9%，上升 2.21 个百分点。2020 年内蒙古终身不婚人口中，男性占 91.54%，女性占 8.46%，同 2010 年相比，2020 年内蒙古男性终身不婚人口比重下降 1.87 个百分点，女性终身不婚人口比重上升 1.87 个百分点。见表 6-6。

表 6-6 内蒙古终身不婚人口状况

单位：%

性 别	2010 年		2020 年	
	占同龄人口比重	占未婚人口比重	占同龄人口比重	占未婚人口比重
合 计	**1.67**	**2.69**	**1.69**	**4.90**
男 性	3.10	4.26	3.11	7.56
女 性	0.22	0.43	0.28	1.03

资料来源：内蒙古自治区 2010 年、2020 年人口普查资料。

2020 年内蒙古终身不婚人口中，未上过学或学前教育的占 22.59%，小学受教育程度的占 44.93%，初中受教育程度的占 23.7%，初中及以下受教育程度的终身不婚人口占全部终身不婚人口的 91.23%。同 2010 年相比，2020 年内蒙古除未上过学或学前教育的终身不婚人口比重下降外，其他受教育程度的终身不婚人口比重皆呈上升趋势，上升幅度最大的是初中终身不婚人口比重，上升了 8.28 个百分点；未上过学或学前教育的终身不婚人口比重下降了 15.28 个百分点。见表 6-7。

表 6-7 内蒙古终身不婚人口受教育程度构成

单位：%

受教育程度	2010 年	2020 年
合 计	**100**	**100**
未上过学或学前教育	37.87	22.59
小 学	42.47	44.93
初 中	15.42	23.70
高 中	3.22	5.90
大学大专	0.69	1.67
大学本科及以上	0.33	1.20

资料来源：内蒙古自治区 2010 年、2020 年人口普查资料。

上述分析表明，2020年内蒙古终身不婚人口占同龄人口的比重小幅上升，终身不婚人口多为男性，终身不婚人口受教育程度多为初中及以下。

2020年内蒙古未婚人口的主要特点是：未婚人口比重下降，男性未婚人口比重高于女性；受教育程度低的未婚人口比重高。

（二）有配偶人口状况

有配偶人口是指已结婚且配偶尚在的人口。2020年，内蒙古有配偶人口为1575.35万人，占全区15岁及以上人口的76.21%，比2010年上升1.24个百分点。其中男性有配偶人口803.4万人，占15岁及以上男性人口的76.37%，比2010年上升2.36个百分点；女性有配偶人口771.96万人，占15岁及以上女性人口的76.04%，比2010年上升0.05个百分点。

1.不同年龄、性别的有配偶人口

2020年内蒙古15岁及以上人口中，有配偶人口比重为76.21%，其中男性为76.37%，女性为76.04%。

同2010年相比，2020年内蒙古60岁以前各年龄组有配偶人口比重呈下降趋势，20—29岁有配偶人口比重下降尤为明显，表明人们结婚年龄推迟；60岁以后有配偶人口比重上升。从表6-8看出，35—59岁各年龄组中，有配偶人口占该年龄组人口比重均在90%以上。表明婚龄人口多数处于已婚状态，婚姻关系稳定。

分性别看，2020年内蒙古15—59岁男性有配偶人口比重随年龄增大呈上升趋势，20—29岁男性有配偶人口比重上升明显，男性有配偶人口比重在55—59岁最高，达91.48%，60岁以后男性有配偶人口比重缓慢回落。55岁以前男性有配偶人口比重一直低于女性，55岁以后男性有配偶人口比重高于女性。同样15—44岁女性有配偶人口比重随年龄增长呈上升趋势，20—29岁，女性有配偶人口比重上升趋势较为显著，表明很多女性选择30岁以前结婚，40—44岁女性有配偶人口比重最高，达93.15%，45岁以后女性有配偶人口比重慢慢回落，65岁以后女性有配偶比重迅速下降，为59.7%，近六成的女性有配偶。男女有配偶人口比重随年龄变化的差异，一方面是由于男女初婚年龄不同，女性结婚年龄相对偏小造成的；另一方面是老年男性死亡率高于女性，且丧偶或离异后的老年男性比老年女性更容易再婚，因此老年男性有配偶人口比重高于女性。见表6-8。

表6-8　内蒙古不同年龄段有配偶人口比重

单位：%

年　　龄	2010 年			2020 年		
	合计	男性	女性	合计	男性	女性
合　　计	**74.97**	**74.01**	**75.99**	**76.21**	**76.37**	**76.04**
15—19 岁	1.09	0.37	1.86	0.28	0.09	0.48
20—24 岁	27.25	19.35	35.37	11.01	7.08	15.07
25—29 岁	75.13	68.39	82.26	56.63	48.19	65.62
30—34 岁	90.8	87.26	94.6	84.28	79.56	89.33
35—39 岁	93.43	90.99	96.02	90.16	87.64	92.92
40—44 岁	93.81	92.15	95.61	91.24	89.48	93.15
45—49 岁	93.86	93.15	94.61	91.57	90.48	92.73
50—54 岁	92.84	92.75	92.94	91.21	90.87	91.57
55—59 岁	90.72	91.76	89.66	90.39	91.48	89.26
60—64 岁	85.57	89.64	81.47	87.59	90.23	84.96
65 岁及以上	64.85	76.29	53.52	70.06	81.42	59.70

资料来源：内蒙古自治区 2010 年、2020 年人口普查资料。

2.不同受教育程度的有配偶人口

2020 年内蒙古有配偶人口受教育程度构成呈现中间高两头低的态势。有配偶人口中，初中受教育程度的比重最高，达 40.73%，小学受教育程度的次之，为 21.01%，高中受教育程度的有配偶人口比重为 15.73%，大学专科受教育程度的有配偶人口比重为 10.76%，其他受教育程度的有配偶人口比重均低于 10%，研究生受教育程度的有配偶人口比重最低，仅为 0.67%。同 2010 年相比，2020 年内蒙古初中及以下受教育程度有配偶人口比重不同程度下降，初中受教育程度有配偶人口比重下降幅度最大，下降了 4.75 个百分点，未上过学或学前教育、小学受教育程度的有配偶人口比重分别下降了 2.26 个、3.81 个百分点。高中及以上受教育程度的有配偶人口比重不同程度上升，大学本科受教育程度的有配偶人口比重上升幅度最高，上升了 4.78 个百分点，高中、大学专科和研究生有配偶人口比重分别上升 1.22 个、4.33 个和 0.48 个百分点。

2020 年内蒙古有配偶人口受教育程度构成与 15 岁及以上人口受教育程度构成相似，表明有配偶人口比重与受教育程度关系不大。

2020 年内蒙古分性别的有配偶人口受教育程度构成与有配偶人口受教育程度构成相似，也呈现中间高两头低的态势。受教育程度为研究生、未上过学或学前教育的男性有配偶人口比重较低，分别为 0.62% 和 1.3%；与此类似，受教育程度为研究生、未上过学或学前教育的女性有配偶人口比重较低，分别为 0.72% 和 4.77%。初中、高中、大学专科受教育程度的男性有配偶人口比重均高于女性，小学及以下、大学本科及以上受教育程度的男性有配偶人口比重均低于女性。见表 6-9。

表 6-9　内蒙古有配偶人口受教育程度构成

单位：%

受教育程度	2010 年			2020 年		
	合计	男	女	合计	男	女
合计	**100**	**100**	**100**	**100**	**100**	**100**
未上过学或学前教育	5.26	2.78	7.79	3.00	1.30	4.77
小学	24.82	21.83	27.88	21.01	18.47	23.65
初中	45.48	48.70	42.19	40.73	43.46	37.90
高中	14.51	15.85	13.14	15.73	16.80	14.62
大学专科	6.43	7.06	5.79	10.76	11.27	10.22
大学本科	3.31	3.57	3.04	8.09	8.07	8.11
研究生	0.19	0.21	0.17	0.67	0.62	0.72

资料来源：内蒙古自治区 2010 年、2020 年人口普查资料。

3. 不同职业的有配偶人口

2020 年内蒙古有配偶人口中，社会生产服务和生活服务人员比重最高，为 31.74%；农林牧渔水利业生产人员比重次之，为 29.72%；15.93% 的有配偶人口从事生产运输设备操作；11.08% 的有配偶人口是专业技术人员；8.91% 的有配偶人口是办事员；担任国家机关党群组织企业事业单位负责人的有配偶人口比重最低，为 2.36%。

分性别看，2020 年内蒙古担任国家机关、党群组织、企业、事业单位负责人，办事人员和有关人员，生产、运输设备操作人员及有关人员的男性有配偶人口比重高于女性，其他行业则是女性高于男性。这表明，从事专业技术工作、社会生产服务和生活服务、农林牧渔水利业生产的女性有配偶人口比重高于男性。

同 2010 年相比，2020 年全区担任国家机关、党群组织、企业、事业单位负责人，专业技术人员，办事人员和有关人员，社会生产服务和生活服务人员的有配偶人口比重不同程度上升。其中，从事社会生产服务和生活服务的有配偶人口比重上升了 15.94 个百分点；担任办事员的有配偶人口比重上升了 4.06 个百分点；担任专业技术人员的有配偶人口比重上升了 3.23 个百分点；担任国家机关、党群组织、企业、事业单位负责人的有配偶人口比重上升了 0.59 个百分点。

同 2010 年相比，2020 年内蒙古从事农林牧渔水利业生产、生产运输设备操作的有配偶人口比重不同程度下降。其中，从事农林牧渔水利业生产的有配偶人口比重下降了 21.14 个百分点；从事生产运输设备操作的有配偶人口比重下降了 2.8 个百分点。

经济社会的发展，有配偶人口从事社会生产服务和生活服务、专业技术工作等职业的比重上升，而从事农业生产、生产运输设备操作等体力劳动的比重下降。见表 6-10。

表 6-10　内蒙古不同职业有配偶人口比重

单位：%

职业分类	2010 年			2020 年		
	合计	男性	女性	合计	男性	女性
合　　计	**100**	**100**	**100**	**100**	**100**	**100**
国家机关、党群组织、企业、事业单位负责人	1.77	2.39	0.93	2.36	2.93	1.45
专业技术人员	7.85	6.58	9.59	11.08	8.07	15.83
办事人员和有关人员	4.85	5.69	3.69	8.91	9.43	8.10
社会生产服务和生活服务人员	15.80	13.00	19.65	31.74	30.01	34.47
农、林、牧、渔、水利业生产人员	50.86	45.46	58.26	29.72	27.67	32.95
生产、运输设备操作人员及有关人员	18.73	26.70	7.78	15.93	21.59	6.97
不便分类的其他从业人员	0.15	0.18	0.10	0.27	0.29	0.23

资料来源：内蒙古自治区 2010 年、2020 年人口普查资料。

4.平均初婚年龄

2020 年，内蒙古常住人口的平均初婚年龄为 29.31 岁，比 2010 年推迟 3.78 岁。其中男性平均初婚年龄为 29.94 岁，女性 28.65 岁，分别比 2010 年推迟 3.66 岁和 3.94 岁。分性别的平均初婚年龄均高于法定结婚年龄（法定结婚年龄男 22 周岁，女 20 周岁）。

分城乡看，2020 年内蒙古城市人口平均初婚年龄为 29.03 岁，镇人口平均初婚年龄 28.78 岁，乡村人口平均初婚年龄最高，为 30.84 岁，乡村人口平均初婚年龄高出城市 1.81 岁，乡村人口平均初婚年龄高出镇 2.06 岁，乡村人口平均初婚年龄明显晚于城镇。见表 6-11。

表 6-11　内蒙古平均初婚年龄

单位：岁

城　乡	2010 年			2020 年		
	合计	男性	女性	合计	男性	女性
合计	**25.53**	**26.28**	**24.71**	**29.31**	**29.94**	**28.65**
城市	26.27	26.97	25.57	29.03	29.62	28.45
镇	25.24	25.99	24.44	28.78	29.40	28.14
乡村	24.72	25.64	23.51	30.84	31.46	30.09

资料来源：内蒙古自治区 2010 年、2020 年人口普查资料。

2020 年，内蒙古常住人口的平均初婚年龄，受人口受教育程度的影响较为显著，呈现出随着受教育程度提高而增加的趋势，未上过学的人口平均初婚年龄最低，博士研究生的平均初婚年龄最高，两者相差 6.52 岁。上述分析表明，人们往往先立业后成家，随着全区居民受教育程度提高，受教育时间拉长，参加工作年龄推迟，相应地推迟了结婚年龄，受教育程度越高，导致平均初婚年龄也越高。

（三）离婚人口状况

离婚人口是指结过婚但目前已与配偶解除了婚姻关系，且调查时仍未再婚的人口。2020 年内蒙古离婚人口为 60.97 万人，占 15 岁及以上人口的 2.95%，比 2010 年上升了 1.47 个百分点。其中，男性离婚人口 33.5 万人，占 15 岁及以上男性人口的 3.18%，比 2010 年上升了 1.56 个百分点；女性离婚人口 27.48 万人，占 15 岁及以上女性人口的 2.71%，比 2010 年上升了 1.38 个百分点。2010—2020 年内蒙古离婚人口比重呈上升趋势，男性离婚人口多于女性。

1.不同年龄、性别的离婚人口

2020 年，内蒙古离婚人口中男性占 54.93%，女性占 45.08%，男性离婚人口多于女性。同 2010 年相比，2020 年内蒙古男性离婚人口比重下降 1.13 个百分点，女性离婚人口比重上升 1.13 个百分点。离婚人口中女性比重上升表明，随着女性经济地位提高，婚姻观念也发生了改变，当婚姻发生问题时，选择离婚的女性越来越多。

2020 年内蒙古 15 岁及以上人口中，各年龄组离婚人口的比重随着年龄的增加而升高，45 岁以后离婚率随年龄增长逐渐回落。离婚率高于全区平均水平的年龄段为 30—59 岁，其中离婚率最高的是 40—44 岁年龄组，离婚率达 5.04%。分性别看，30 岁以后男性离婚率高于女性，说明 30 岁以后的男性较女性更容易离婚。

同 2010 年相比，2020 年内蒙古 25 岁及以上人口离婚率呈上升趋势，尤其是中年人口离婚率随着年龄的增加而上升，中年人离婚率上升幅度更大；60 岁及以上人口的离婚率也上升，但上升幅度不大。上述分析表明，随着社会发展，人们生活水平不断提高，思想观念发生巨大变化，对婚姻的认知变得更加开明和自信，人们更加注重追求生活品质，不再容忍低质量的婚姻生活；尤其是中年人承受着生活和工作双重压力，家庭生活中的各种矛盾容易激化，得不到缓解的矛盾最终导致离婚人口增多，中年人离婚率攀升，增加了婚姻的不稳定性。见表 6-12。

表 6-12　内蒙古 15 岁及以上人口离婚率

单位：%

年　龄	2010 年			2020 年		
	小计	男性	女性	小计	男性	女性
总　计	**1.48**	**1.62**	**1.33**	**2.95**	**3.18**	**2.71**
20—24 岁	0.21	0.19	0.24	0.17	0.11	0.23
25—29 岁	1.02	1.16	0.88	1.31	1.24	1.38
30—34 岁	1.92	2.16	1.67	3.23	3.42	3.03
35—39 岁	2.39	2.6	2.16	4.60	5.06	4.09
40—44 岁	2.66	2.84	2.47	5.04	5.40	4.65
45—49 岁	2.38	2.43	2.33	4.68	4.85	4.50
50—54 岁	1.81	2.02	1.60	4.20	4.46	3.92
55—59 岁	1.19	1.39	0.99	3.40	3.61	3.18
60—64 岁	0.86	1.03	0.69	2.29	2.52	2.06
65 岁及以上	0.52	0.63	0.42	0.93	1.12	0.75

资料来源：内蒙古自治区 2010 年、2020 年人口普查资料。

2.不同受教育程度的离婚人口

2020 年内蒙古离婚人口受教育程度呈现中间高两头低的态势。未上过学或学前教育、研究生受教育程度的离婚人口占全区离婚人口比重较低，分别为 1.42%、0.36%。16.22% 的离婚人口拥有小学受教育程度，46.65% 的离婚人口拥有初中受教育程度，19.68% 的离婚人口拥有高中受教育程度，9.92% 的离婚人口拥有大学专科受教育程度，5.75% 的离婚人口拥有大学本科受教育程度。表明受教育程度高低两端的人口离婚率较低或离婚后再婚率较高。

分性别看，2020 年内蒙古小学、初中受教育程度的男性离婚率高于女性，而未上过学或学前教育、高中及以上受教育程度的男性离婚率低于女性。上述分析表明，随着女性受教育程度的提高，经济地位进一步提高，对婚姻质量有了更高的要求，当婚姻发生问题时，选择离婚的女性自然越来越多，离婚后再婚也比较慎重。见表 6-13。

表 6-13　内蒙古离婚人口受教育程度构成

单位：%

受教育程度	2010 年			2020 年		
	小计	男	女	小计	男	女
合　计	**100**	**100**	**100**	**100**	**100**	**100**
未上过学或学前教育	2.88	2.67	3.16	1.42	1.41	1.43
小　学	17.88	21.8	12.87	16.22	19.43	12.32
初　中	48.64	52.71	43.45	46.65	50.86	41.54
高　中	20.42	16.18	25.83	19.68	16.85	23.11
大学专科	7.29	4.8	10.47	9.92	7.55	12.80
大学本科	2.78	1.76	4.08	5.75	3.70	8.25
研究生	0.11	0.08	0.14	0.36	0.20	0.54

资料来源：内蒙古自治区 2010 年、2020 年人口普查资料。

同 2010 年相比，2020 年内蒙古高中及以下受教育程度的离婚人口占全区离婚人口的比重呈下降趋势；大学专科及以上受教育程度的离婚人口占全区离婚人口的比重不同程度上升，大学专科受教育程度的离婚人口占全区离婚人口的比重上升了 2.63 个百分点，大学本科受教育程度的离婚人口占全区离婚人口的比重上升了 2.97 个百分点，研究生受教育程度的离婚人口占全区离婚人口的比重上升了 0.25 个百分点。上述分析表明，教育对人口的婚姻观念有显著的影响，受教育程度较高的人，经济条件相对较好，其社会地位相对较高，更注重婚姻质量，当婚姻发生问题时，选择离婚的人自然越来越多；相反受教育程度低的人，经济条件相对差一些，比较注重物质条件的改善，忽略精神生活质量。

3.不同职业的离婚人口

2020 年内蒙古离婚人口中，从事社会生产服务和生活服务人员比重最高，为 42.07%；20.38% 是农林牧渔水利业生产人员；18.17% 是生产运输设备操作人员及有关人员；8.78% 是专业技术人员；8.31% 是办事人员和有关人员；1.84% 是国家机关党群组织企业事业单位负责人。

分性别看，2020 年内蒙古担任国家机关党群组织企业事业单位负责人、专业技术人员、办事员、社会生产服务和生活服务人员的女性离婚人口比重皆高于男性；从事农林牧渔水利业生产，生产运输设备操作的男性离婚人口比重高于女性。见表 6-14。

表 6-14　内蒙古不同职业离婚人口的比重

单位：%

职业分类	2010 年			2020 年		
	合计	男性	女性	合计	男性	女性
合　　计	**100**	**100**	**100**	**100**	**100**	**100**
国家机关、党群组织、企业、事业单位负责人	1.49	1.14	2.07	1.84	1.61	2.20
专业技术人员	9.32	5.01	16.36	8.78	4.89	14.91
办事人员和有关人员	6.36	5.76	7.34	8.31	7.52	9.55
社会生产服务和生活服务人员	23.42	12.69	40.96	42.07	32.96	56.38
农、林、牧、渔、水利业生产人员	34.79	43.60	20.40	20.38	27.63	8.98
生产、运输设备操作人员及有关人员	24.34	31.49	12.67	18.17	24.90	7.59
不便分类的其他从业人员	0.27	0.31	0.20	0.45	0.49	0.39

资料来源：内蒙古自治区 2010 年、2020 年人口普查资料。

同 2010 年相比，2020 年担任国家机关党群组织企业事业单位负责人、办事员、社会生产服务和生活服务人员的离婚人口比重不同程度上升。其中，担任国家机关党群组织企业事业单位负责人的离婚人口比重上升了 0.35 个百分点；从事办事员职业的离婚人口比重上升了

1.95 个百分点；从事社会生产服务和生活服务的离婚人口比重上升了 18.65 个百分点。专业技术人员、农林牧渔水利业生产、生产运输设备操作的离婚人口比重不同程度下降。其中，专业技术人员的离婚人口比重降低了 0.54 个百分点；从事农林牧渔水利业生产的离婚人口比重降低了 14.41 个百分点；从事生产运输设备操作的离婚人口比重降低了 6.18 个百分点。

（四）丧偶人口状况

丧偶人口是指结过婚、目前配偶已去世，且调查时仍未再婚的人口。2020 年内蒙古丧偶人口为 119.04 万人，丧偶人口占 15 岁及以上人口的 5.76%，比 2010 年上升 0.97 个百分点。其中男性丧偶人口占 15 岁及以上男性人口的 2.79%，比 2010 年上升 0.02 个百分点；女性丧偶人口占 15 岁及以上女性人口的 8.83%，比 2010 年上升 1.92 个百分点。分性别看，女性丧偶人口比重高出男性 6.04 个百分点，2010—2020 年内蒙古丧偶人口比重上升的主要原因是女性丧偶人口增加。

1.不同年龄、性别的丧偶人口

2020 年内蒙古分年龄组丧偶人口比重随年龄增长而增大。其中 60 岁及以上丧偶人口占全区丧偶人口的 35.98%，相当于三分之一的丧偶人口年龄在 60 岁及以上；女性丧偶人口中，60 岁及以上女性占 52.15%，一半以上的女性丧偶人口年龄在 60 岁及以上；男性丧偶人口中，60 岁及以上男性人口占 18.66%，近五分之一的男性丧偶人口年龄在 60 岁及以上。

同 2010 年相比，2020 年内蒙古分年龄组的丧偶人口占同年龄组人口比重呈下降趋势，且随着年龄增大，丧偶人口比重下降幅度也相应增大，65 岁及以上年龄组丧偶人口比重下降幅度最大，达 5.44 个百分点，老年丧偶人口比重下降趋势明显。分性别看，各年龄组男性丧偶人口比重下降幅度均低于女性。男女丧偶人口比重存在差异的原因有二个，一是男性人口的平均预期寿命低于女性，相对于男性，女性人口更为长寿；二是男性丧偶后再婚率高于女性，女性丧偶后再婚率远低于男性。随着社会经济的发展，人们的生活水平进一步提高，医疗服务和社会保障日益完善，老年人身体更加健康，各年龄组丧偶人口比重下降，老年人口丧偶比重下降趋势明显。见表 6-15。

表 6-15 2010 年、2020 年内蒙古丧偶人口在同龄人口中的比重

单位：%

年　龄	2010 年			2020 年		
	合计	男	女	合计	男	女
总　计	**4.79**	**2.77**	**6.91**	**5.76**	**2.79**	**8.83**
20—24 岁	0.03	0.02	0.04	0.01	0.00	0.01
25—29 岁	0.09	0.06	0.13	0.03	0.01	0.04
30—34 岁	0.23	0.13	0.34	0.12	0.06	0.20
35—39 岁	0.47	0.3	0.65	0.28	0.14	0.44
40—44 岁	0.95	0.55	1.38	0.62	0.27	0.99
45—49 岁	1.88	1.06	2.75	1.27	0.54	2.04
50—54 岁	3.61	2.05	5.26	2.52	1.12	4.02
55—59 岁	6.35	3.57	9.18	4.58	1.97	7.24
60—64 岁	11.98	6.32	17.68	8.40	4.03	12.76
65 岁及以上	33.02	20.16	45.74	27.58	14.63	39.39

资料来源：内蒙古自治区 2010 年、2020 年人口普查资料。

2020 年内蒙古丧偶人口中，男性丧偶人口占 24.64%，女性丧偶人口占 75.36%，女性丧偶人口是男性的 3.06 倍。分性别看，各年龄组女性丧偶人口均是男性丧偶人口的 2.5 倍以上，随着年龄的增长男女丧偶人口的差距也逐渐拉大,60 岁及以上女性丧偶人口是男性 2.98 倍。83.2%的丧偶人口是 60 岁及以上人口，60 岁及以上丧偶人口中，男性占 25.11%，女性占 74.89%。表明女性老年丧偶人口多于男性。见表 6-16。

表 6-16 2010 年、2020 年内蒙古各年龄段丧偶人口比重

单位：%

年　龄	2010 年			2020 年		
	合计	男	女	合计	男	女
合　计	**100**	**29.59**	**70.41**	**100**	**24.64**	**75.36**
20—24 岁	0.05	0.02	0.03	0.01	0.01	0.01
25—29 岁	0.18	0.06	0.12	0.03	0.04	0.03
30—34 岁	0.43	0.12	0.31	0.22	0.21	0.22
35—39 岁	1.16	0.38	0.79	0.47	0.49	0.47
40—44 岁	2.35	0.71	1.64	0.94	0.87	0.96

　　　　　　　　　　　　　　　　　　　　　　　　　　单位：%

年　　龄	2010 年			2020 年		
	合计	男	女	合计	男	女
45—49 岁	4.19	1.22	2.97	2.48	2.20	2.57
50—54 岁	6.60	1.92	4.67	4.85	4.50	4.97
55—59 岁	9.79	2.78	7.01	7.80	6.91	8.09
60—64 岁	11.88	3.14	8.74	11.52	11.20	11.62
65 岁及以上	63.36	19.24	44.12	71.68	73.58	71.05

　　　资料来源：内蒙古自治区 2010 年、2020 年人口普查资料。

　　2.不同受教育程度的丧偶人口

　　2020 年，全区丧偶人口受教育程度呈现"两头低中间高"态势。丧偶人口中，未上过学和学前教育的丧偶人口比重为 20.61%；小学受教育程度的丧偶人口比重最高，达 46.35%；初中受教育程度的丧偶人口比重为 22.26%；高中受教育程度的丧偶人口比重为 7.66%；大学专科受教育程度的丧偶人口比重为 2.19%；大学本科受教育程度的丧偶人口比重为 0.9%；研究生受教育程度的丧偶人口比重最低，仅为 0.03%。未上过学和学前教育的丧偶人口中，65 岁及以上的占 89.44%；小学受教育程度的丧偶人口中，65 岁及以上的占 77.63%，可见未上过学、学前教育、小学受教育程度的丧偶人口以老年人居多，且 65 岁及以上的丧偶人口占 2020 年内蒙古丧偶人口的 71.68%。由于社会、历史原因，受教育程度低的人口享受的社会福利与保障相应较少，特别是受教育程度低的老年人口，生活质量相对较低，丧偶比重相应高一些。相反，受教育程度高的人口，以年轻人居多，其经济地位与享受的医疗保障水平相对高，所以因配偶死亡而成为丧偶人口的可能性也低。

　　同 2010 年相比，2020 年内蒙古除未上过学和学前教育的丧偶人口比重下降（下降 14.98 个百分点）外，其他受教育程度的丧偶人口比重不同程度上升。小学受教育程度丧偶人口比重上升了 5.37 个百分点；初中受教育程度丧偶人口比重上升幅度最高，上升了 5.74 个百分点；高中受教育程度丧偶人口比重上升了 2.63 个百分点；大学专科受教育程度丧偶人口比重上升了 0.76 个百分点；大学本科受教育程度丧偶人口比重上升了 0.46 个百分点；研究生受教育程度丧偶人口比重上升了 0.02

个百分点。见表 6-17。

表 6-17 2010 年、2020 年内蒙古丧偶人口受教育构成

单位：%

受教育程度	2010 年			2020 年		
	合计	男	女	合计	男	女
合　计	**100**	**100**	**100**	**100**	**100**	**100**
未上过学和学前教育	35.59	24.00	40.45	20.61	10.68	23.86
小　学	40.98	45.72	38.99	46.35	47.67	45.92
初　中	16.52	22.28	14.11	22.26	28.83	20.10
高　中	5.03	5.76	0.05	7.66	8.90	7.25
大学专科	1.43	1.61	1.35	2.19	2.71	2.03
大学本科	0.44	0.62	0.37	0.90	1.17	0.82
研究生	0.01	0.01	0.00	0.03	0.06	0.02

资料来源：内蒙古自治区 2010 年、2020 年人口普查资料。

3.不同职业的丧偶人口

2020 年内蒙古丧偶人口中，从事农林牧渔水利业生产的丧偶人口比重最高，达 58.32%；从事社会生产服务和生活服务的丧偶人口次之，占25.14%；从事生产、运输设备操作的丧偶人口占 7.14%；专业技术人员的丧偶人口占 4.51%；办事员的丧偶人口占 3.93%。从事农业生产的人口生活条件比较艰苦，身体素质相对较差，丧偶后再婚率较低。

分性别看，2020 年内蒙古担任国家机关党群组织企业事业单位负责人、办事员、农业生产、生产运输操作的男性丧偶人口比重高于女性；从事专业技术工作、社会生产服务和生活服务、不便分类的其他工作的女性丧偶人口比重高于男性。

同 2010 年相比，2020 年内蒙古除从事农业生产的丧偶人口比重下降外，其他职业的丧偶人口比重不同程度上升。其中，担任国家机关党群组织企业事业单位负责人的丧偶人口比重上升了 0.2 个百分点；担任专业技术人员的丧偶人口比重上升了 1.12 个百分点；担任办事员的丧偶人口比重上升了 1.54 个百分点；从事社会生产服务和生活服务的丧偶人口比重上升幅度最高，上升了 14.94 个百分点；从事生产运输操作的丧偶人口比重上升了 0.25 个百分点。因为从事农

业生产的人口减少，从事社会生产服务和生活服务的人口增多，所以从事农业生产的丧偶人口比重下降，从事社会生产服务和生活服务的丧偶人口比重上升。见表 6-18。

表 6-18 2010 年、2020 年内蒙古不同职业丧偶人口的比重

单位：%

职业分类	2010 年			2020 年		
	合计	男性	女性	合计	男性	女性
合　计	**100**	**100**	**100**	**100**	**100**	**100**
国家机关党群组织企业事业单位负责人	0.43	0.33	0.50	0.62	0.80	0.52
专业技术人员	3.39	2.06	4.41	4.51	2.70	5.61
办事人员和有关人员	2.39	2.99	1.93	3.93	5.07	3.23
社会生产服务和生活服务人员	10.20	5.88	13.49	25.14	17.30	29.91
农林牧渔水利业生产人员	76.57	78.63	75.01	58.32	62.72	55.65
生产、运输设备操作人员及有关人员	6.89	9.86	4.63	7.14	11.24	4.65
不便分类的其他从业人员	0.13	0.26	0.04	0.34	0.18	0.43

资料来源：内蒙古自治区 2010 年、2020 年人口普查资料。

二、婚姻状况的地域差异

（一）婚姻状况的城乡差异

由于城乡经济、社会发展水平不同，城乡居民婚姻状况也存在差异。

1.未婚人口的城乡差异

2020 年，内蒙古 47.49% 的未婚人口分布在城市，26.08% 的未婚人口分布在镇，26.43% 的未婚人口分布在乡村。城市未婚人口所占比重最高，乡村次之，镇最低。

分性别看，2020 年内蒙古男性未婚人口中，43.66% 分布在城市，25.49% 分布在镇，30.84% 分布在乡村，城市男性未婚人口所占比重最高，乡村次之，镇最低；女性未婚人口中，53.11% 分布在城市，26.94% 分布在镇，19.95% 分布在乡村，城市女性未婚人口所占比重最高，镇次之，乡村最低。城市和镇女性未婚人口比重分别高于男性 9.45 个、1.44 个百分点，乡村女性未婚人口比重低于男性 10.89 个百分点。可以看出女性未婚人口集中在城镇，乡村吸纳了近五分之一的女性未婚人口。男性未

婚人口集聚在城镇，不过乡村聚集了十分之三的男性未婚人口。

与 2010 年相比，2020 年内蒙古城市和镇未婚人口比重分别提高 10.48 个、4.01 个百分点，乡村未婚人口比重下降 14.49 个百分点。表明城镇未婚人口呈上升趋势，乡村未婚人口呈下降趋势。见表 6-19。

表 6-19　2010 年、2020 年内蒙古未婚人口的城乡构成

单位：%

城　乡	2010 年			2020 年		
	合计	男	女	合计	男	女
合计	**100**	**100**	**100**	**100**	**100**	**100**
城市	37.01	34.68	40.34	47.49	43.66	53.11
镇	22.07	21.37	23.07	26.08	25.49	26.94
乡村	40.92	43.95	36.59	26.43	30.84	19.95

资料来源：内蒙古自治区 2010 年、2020 年人口普查资料。

2020 年内蒙古未婚人口占 15 岁及以上人口的 15.08%。其中城市未婚人口占城市 15 岁及以上人口的 18.62%，镇未婚人口占镇 15 岁及以上人口的 14.35%，乡村未婚人口占乡村 15 岁及以上人口的 11.68%。城市未婚人口占城市 15 岁及以上人口比重最高，乡村未婚人口占乡村 15 岁及以上人口比重最低。

同 2010 年相比，2020 年内蒙古未婚人口占 15 岁及以上人口比重下降了 3.68 个百分点。其中城市未婚人口占城市 15 岁及以上人口的比重下降了 2.77 个百分点，镇未婚人口占镇 15 岁及以上人口的比重下降了 3.85 个百分点，乡村未婚人口占乡村 15 岁及以上人口的比重下降了 5.45 个百分点。由于年轻人口的减少，无论城乡未婚水平皆呈下降趋势。见表 6-20。

表 6-20　2010 年、2020 年内蒙古未婚人口占 15 岁及以上人口的比重

单位：%

城　乡	2010 年			2020 年		
	合计	男	女	合计	男	女
合计	**18.76**	**21.60**	**15.78**	**15.08**	**17.65**	**12.43**
城市	21.39	23.47	19.28	18.62	20.68	16.63
镇	18.20	20.52	15.83	14.35	16.62	12.06
乡村	17.13	20.83	13.12	11.68	15.27	7.62

资料来源：内蒙古自治区 2010 年、2020 年人口普查资料。

2.有配偶人口的城乡差异

2020 年，内蒙古有配偶人口占 15 岁及以上人口的比重为 76.21%，比 2010 年提高了 1.24 个百分点。其中，城市有配偶人口占城市 15 岁及以上人口的比重为 73.34%，比 2010 年提高了 0.59 个百分点；镇有配偶人口占镇 15 岁及以上人口的比重为 77.36%，比 2010 年提高了 1.55 个百分点；乡村有配偶人口占乡村 15 岁及以上人口的比重为 78.51%，比 2010 年提高了 2.34 个百分点。乡村有配偶人口占乡村 15 岁及以上人口的比重最高，城市有配偶人口占城市 15 岁及以上人口的比重最低。上述分析表明，2010—2020 年内蒙古有配偶人口占 15 岁及以上人口的比重呈上升趋势，由于上学和就业需要，城市未婚的年轻人相对较多，乡村已婚的成年人口相对较多，城镇有配偶人口占城镇 15 岁及以上人口的比重呈下降趋势，乡村有配偶人口占乡村 15 岁及以上人口的比重呈上升趋势。见表 6-21。

表 6-21 2010 年、2020 年内蒙古有配偶人口占 15 岁及以上人口的比重

单位：%

城　乡	2010 年			2020 年		
	合计	男	女	合计	男	女
合计	**74.97**	**74.01**	**75.99**	**76.21**	**76.37**	**76.04**
城市	72.75	72.88	72.61	73.34	74.27	72.44
镇	75.81	75.56	76.06	77.36	77.97	76.75
乡村	76.17	74.03	78.49	78.51	77.35	79.83

资料来源：内蒙古自治区 2010 年、2020 年人口普查资料。

分性别看，2020 年内蒙古镇男性有配偶人口比重最高，为 77.97%，乡村男性有配偶人口比重次之，为 77.35%，城市男性有配偶人口比重最低，为 74.27%；同样乡村女性有配偶人口比重最高，为 79.83%，镇女性有配偶人口比重次之，为 76.75%，城市女性有配偶人口比重最低，为72.44%。城镇男性有配偶人口比重均高于女性，乡村女性有配偶人口比重高于男性。原因有二，原因一是乡村性别比高于城镇，影响了乡村男性择偶，使得乡村男性有配偶人口比重低于女性；另一原因是城乡择偶差异造成的，例如城镇男性可以选择乡村女性为偶，而城镇女性鲜有选择乡村男性为偶，相对而言城镇女性更注重婚姻质量，择偶条件高，对

婚姻满怀希望，不愿意为了结婚而结婚，使得城镇女性有配偶人口比重低于男性。

3.离婚人口的城乡差异

2020 年，内蒙古离婚人口占 15 岁及以上人口的 2.95%。其中，城市离婚人口占城市 15 岁及以上人口的 3.33%；镇离婚人口占镇 15 岁及以上人口的 3.11%；乡村离婚人口占乡村 15 岁及以上人口的 2.39%。城市离婚人口占城市 15 岁及以上人口的比重最高，乡村离婚人口占乡村 15 岁及以上人口的比重最低。表明相对于城镇，乡村人口离婚率较低，婚姻比较稳定。

同 2010 年相比，2020 年内蒙古离婚人口比重上升了 1.47 个百分点。其中城市离婚人口比重上升了 1.34 个百分点；镇离婚人口比重上升了 1.44 个百分点；乡村离婚人口比重上升了 1.38 个百分点。2010—2020 年全区镇离婚人口比重上升幅度最高，城市离婚人口比重上升幅度最低。见表 6-22。

表 6-22　2010 年、2020 年内蒙古离婚人口占 15 岁及以上人口的比重

单位：%

城　乡	2010 年			2020 年		
	合计	男	女	小计	男	女
合计	**1.48**	**1.62**	**1.33**	**2.95**	**3.18**	**2.71**
城市	1.99	1.79	2.19	3.33	3.06	3.60
镇	1.67	1.75	1.59	3.11	3.13	3.08
乡村	1.01	1.44	0.55	2.39	3.35	1.31

资料来源：内蒙古自治区 2010 年、2020 年人口普查资料。

分性别看，2020 年全区城市女性离婚人口比重高于男性，镇、乡村女性离婚人口比重低于男性。2010—2020 年全区城镇女性离婚人口比重上升幅度高于男性，乡村女性离婚人口比重上升幅度低于男性。说明乡村人口婚姻观念较为传统，更重视婚姻家庭，婚姻比较稳定；离婚人口比重上升同时，城镇女性离婚人口比重上升幅度更大些。

表 6-23 显示，2020 年内蒙古离婚人口中，城市离婚人口比重最高，占 43.48%；镇次之，占 28.85%；乡村离婚人口比重最低，占 27.67%。分性别看，内蒙古 37.5% 的男性离婚人口生活在乡村，35.85% 的男性离

婚人口生活在城市，26.65%的男性离婚人口生活在镇；内蒙古52.76%的女性离婚人口生活在城市，31.54%的女性离婚人口生活在镇，15.71%的女性离婚人口生活在乡村。综上所述，女性离婚人口中一多半生活在城市，男性离婚人口中近四成生活在乡村。

同2010年相比，2020年内蒙古城市、乡村离婚人口比重下降，分别下降了0.2个、2.93个百分点；镇离婚人口比重上升，上升了3.13个百分点。分性别看，2010—2020年内蒙古城镇男性离婚人口比重上升，乡村男性离婚人口比重下降；城市、乡村女性离婚人口比重下降，镇女性离婚人口比重上升。

表6-23　2010年、2020年内蒙古离婚人口城乡构成

单位：%

城　乡	2010 年			2020 年		
	合计	男	女	小计	男	女
合计	**100**	**100**	**100**	**100**	**100**	**100**
城市	43.68	35.32	54.34	43.48	35.85	52.76
镇	25.72	24.32	27.49	28.85	26.65	31.54
乡村	30.60	40.37	18.16	27.67	37.50	15.71

资料来源：内蒙古自治区2010年、2020年人口普查资料。

4.丧偶人口的城乡差异

2020年内蒙古丧偶人口中，城市丧偶人口占31.43%，镇丧偶人口占24.65%，乡村丧偶人口占43.93%，乡村丧偶人口比重高于城镇。分性别看，男性丧偶人口中，城市丧偶人口占26.58%，镇丧偶人口占22.04%，乡村丧偶人口占51.38%。女性丧偶人口中，城市丧偶人口占33.01%，镇丧偶人口占25.5%，乡村丧偶人口占41.49%。表明与乡村相比，城镇生活质量、医疗条件较高，死亡率下降，人口预期寿命延长；另一方面城镇再婚水平高于乡村，使得城镇丧偶人口比重低于乡村。

与2010年相比，2020年全区城市丧偶人口比重上升5.18个百分点，镇丧偶人口比重上升4.14个百分点，乡村丧偶人口比重下降9.31个百分点。表明随着内蒙古经济社会的发展，城镇化水平进一步提高，到2020年全区城镇人口比重达67.48%，城镇人口增加，乡村人口减少；还有农村的生活水平、医疗条件也不断提高，与城镇的差距逐步缩小，

乡村丧偶人口比重下降，城镇丧偶人口比重上升。见表 6-24。

表 6-24 2010 年、2020 年内蒙古丧偶人口城乡构成

单位：%

城 乡	2010 年			2020 年		
	合计	男	女	合计	男	女
合计	**100**	**100**	**100**	**100**	**100**	**100**
城市	26.25	21.36	28.31	31.43	26.58	33.01
镇	20.51	17.68	21.70	24.65	22.04	25.50
乡村	53.24	60.96	50.00	43.93	51.38	41.49

资料来源：内蒙古自治区 2010 年、2020 年人口普查资料。

从表 6-25 中可以看出，2020 年内蒙古丧偶人口占 15 岁及以上人口的 5.76%。其中城市丧偶人口占城市 15 岁及以上人口的 4.7%，镇丧偶人口占镇 15 岁及以上人口的 5.18%，乡村丧偶人口占乡村 15 岁及以上人口的 7.41%。城市丧偶人口占城市 15 岁及以上人口的比重最低，乡村丧偶人口占乡村 15 岁及以上人口的比重最高。

同 2010 年相比，2020 年内蒙古丧偶人口占 15 岁及以上人口的比重上升了 0.97 个百分点。其中，城市丧偶人口占城市 15 岁及以上人口的比重上升了 0.83 个百分点，镇丧偶人口占镇 15 岁及以上人口的比重上升 0.86 个百分点，乡村丧偶人口占乡村 15 岁及以上人口的比重上升 1.72 个百分点。分性别看，无论城乡，女性丧偶人口占女性 15 岁及以上人口的比重都高于男性，是因为男性人口的平均预期寿命低于女性，女性相对于男性更为长寿，还有就是男性再婚率高于女性。

表 6-25 2010 年、2020 年内蒙古丧偶人口占 15 岁及以上人口的比重

单位：%

城 乡	2010 年			2020 年		
	合计	男	女	合计	男	女
合计	**4.79**	**2.77**	**6.91**	**5.76**	**2.79**	**8.83**
城市	3.87	1.85	5.92	4.70	1.99	7.34
镇	4.32	2.18	6.52	5.18	2.27	8.11
乡村	5.69	3.71	7.85	7.41	4.02	11.25

资料来源：内蒙古自治区 2010 年、2020 年人口普查资料。

（二）婚姻状况的地区差异

内蒙古各盟市社会经济发展速度不同，婚姻状况也存在一定差异。

1. 未婚人口的地区差异

2020 年，内蒙古未婚人口占 15 岁及以上人口的 15.08%。未婚人口占 15 岁及以上人口的比重，高于全区平均水平的盟市有呼和浩特市和包头市，其他盟市未婚人口占 15 岁及以上人口的比重均低于全区平均水平。呼和浩特市未婚人口占 15 岁及以上人口比重最高，达 20.9%；其次是包头市，未婚人口占 15 岁及以上人口的 17.39%；未婚人口占 15 岁及以上人口比重最低的盟市是巴彦淖尔市，为 11.06%。

同 2010 年相比，2020 年内蒙古 12 盟市未婚人口占 15 岁及以上人口的比重不同程度下降。下降幅度最小的是包头市，下降了 2.33 个百分点；下降幅度最大的是乌兰察布市，下降了 6.25 个百分点。由于 2010—2020 年，各盟市未婚人口减少，故未婚人口占 15 岁及以上人口的比重呈下降趋势。见表 6-26。

表 6-26 2010 年、2020 年内蒙古各盟市婚姻状况

单位：%

地 区	未婚人口占 15 岁及以上人口比重			有配偶人口占 15 岁及以上人口比重		
	2010 年	2020 年	比较	2010 年	2020 年	比较
内蒙古	**18.76**	**15.08**	**-3.68**	**74.97**	**76.21**	**1.24**
呼和浩特市	24.63	20.90	-3.73	70.27	72.51	2.24
包头市	19.72	17.39	-2.33	74.23	74.39	0.16
乌海市	17.77	14.93	-2.84	76.6	76.29	-0.31
赤峰市	17.06	13.43	-3.63	76.54	77.89	1.35
通辽市	18.66	14.60	-4.06	74.65	75.87	1.22
鄂尔多斯市	18.47	13.63	-4.84	77.47	80.19	2.72
呼伦贝尔市	16.58	14.03	-2.55	75.02	74.41	-0.61
巴彦淖尔市	16.18	11.06	-5.12	78.32	80.53	2.21
乌兰察布市	19.68	13.43	-6.25	73.75	76.79	3.04
兴安盟	16.91	13.14	-3.77	75.54	75.95	0.41
锡林郭勒盟	17.96	14.68	-3.28	75.36	76.04	0.68
阿拉善盟	17.16	14.63	-2.53	76.63	76.47	-0.16

资料来源：内蒙古自治区 2010 年、2020 年人口普查资料。

2.有配偶人口的地区差异

2020 年，内蒙古有配偶人口占 15 岁及以上人口的 76.21%。有配偶人口占 15 岁及以上人口的比重，高于全区平均水平的盟市有巴彦淖尔市、鄂尔多斯市、赤峰市、乌兰察布市、阿拉善盟和乌海市；其他盟市婚居水平皆低于全区平均水平。其中巴彦淖尔市有配偶人口占 15 岁及以上人口的比重最高，达 80.53%，其次是鄂尔多斯市，有配偶人口占 15 岁及以上人口的 80.19%；呼和浩特市有配偶人口占 15 岁及以上人口的比重最低，只有 72.51%。

同2010年相比，2020年内蒙古有配偶人口占15岁及以上人口的比重上升。12盟市中有9个盟市，有配偶人口占15岁及以上人口的比重上升，分别是乌兰察布市、鄂尔多斯市、呼和浩特市、巴彦淖尔市、赤峰市、通辽市、锡林郭勒盟、兴安盟和包头市，有配偶人口占15岁及以上人口的比重上升幅度最大的是乌兰察布市，上升了3.04个百分点；阿拉善盟、乌海市和呼伦贝尔市的有配偶人口占15岁及以上人口的比重下降，下降幅度最大的是呼伦贝尔市，下降了0.61个百分点。上述分析表明2010—2020年，乌兰察布市、鄂尔多斯市、呼和浩特市、巴彦淖尔市、赤峰市、通辽市、锡林郭勒盟、兴安盟和包头市的婚居水平提高；由于人口的迁移流动等原因，阿拉善盟、乌海市和呼伦贝尔市的有配偶人口比重下降。

3.离婚人口的地区差异

2020 年，内蒙古离婚人口占 15 岁及以上人口的 2.95%。离婚率高于全区平均水平的有呼伦贝尔市、阿拉善盟、兴安盟、乌海市、锡林郭勒盟、通辽市和包头市，其他盟市离婚率皆低于全区平均水平。其中离婚率最高的是呼伦贝尔市，为 4.64%，其次是阿拉善盟，离婚率为 3.94%；离婚率最低的是呼和浩特市，为 2.27%。

同 2010 年相比，2020 年内蒙古 12 盟市离婚率不同程度上升。离婚率上升幅度最大的是兴安盟，上升了 2.22 个百分点；其后依次是呼伦贝尔市、乌海市、阿拉善盟、通辽市、锡林郭勒盟、巴彦淖尔市、乌兰察布市、鄂尔多斯市、赤峰市和包头市，11 个盟市离婚率上升幅度都在 1 个百分点以上；离婚率上升幅度最小的是呼和浩特市，上升 0.96 个百分点。上述分析表明随着经济社会的发展，人们的婚姻观念发生很大变化，人们更注重婚姻质量，对离婚者更加包容，全区离婚率呈上升趋势，全区 12 盟市中 9 个盟市（除呼和浩特市、赤峰市和鄂尔多斯市外）的离婚率高于全国平均水平（2.38%），不过相对于 76% 的有配偶人口，各盟市离婚率仍然处于较低的水平，婚姻关系稳定。见表 6-26 续。

表 6-26 2010 年、2020 年内蒙古各盟市婚姻状况（续）

单位：%

地　区	离婚人口占 15 岁及以上人口比重			丧偶人口占 15 岁及以上人口比重		
	2010 年	2020 年	比较	2010 年	2020 年	比较
内蒙古	**1.48**	**2.95**	**1.47**	**4.79**	**5.76**	**0.97**
呼和浩特市	1.31	2.27	0.96	3.79	4.33	0.54
包头市	1.76	2.95	1.19	4.29	5.26	0.97
乌海市	1.96	3.81	1.85	3.67	4.98	1.31
赤峰市	1.10	2.36	1.26	5.29	6.32	1.03
通辽市	1.33	3.10	1.77	5.37	6.43	1.06
鄂尔多斯市	1.02	2.33	1.31	3.04	3.85	0.81
呼伦贝尔市	2.65	4.64	1.99	5.76	6.92	1.16
巴彦淖尔市	1.33	2.93	1.60	4.17	5.48	1.31
乌兰察布市	1.13	2.53	1.40	5.45	7.24	1.79
兴安盟	1.66	3.88	2.22	5.88	7.03	1.15
锡林郭勒盟	1.70	3.35	1.65	4.98	5.93	0.95
阿拉善盟	2.14	3.94	1.80	4.07	4.96	0.89

资料来源：内蒙古自治区 2010 年、2020 年人口普查资料。

4.丧偶人口的地区差异

2020 年内蒙古丧偶人口占 15 岁及以上人口的 5.76%。高于全区平均水平的盟市有乌兰察布市、兴安盟、呼伦贝尔市、通辽市、赤峰市和锡林郭勒盟等 6 盟市，其他盟市丧偶人口比重低于全区平均水平。其中乌兰察布市丧偶人口占 15 岁及以上人口的比重最高，达 7.24%，其次是兴安盟、呼伦贝尔市、通辽市、赤峰市和锡林郭勒盟，分别为 7.03%、6.92%、6.43%、6.32% 和 5.93%；鄂尔多斯市丧偶人口占 15 岁及以上人口的比重最低，只有 3.85%。

同 2010 年相比，2020 年内蒙古 12 盟市丧偶人口占 15 岁及以上人口比重不同程度上升，上升幅度最大的是乌兰察布市，上升了 1.79 个百分点，其次是巴彦淖尔市、乌海市、呼伦贝尔市、兴安盟、通辽市和赤峰市，这 7 个盟市丧偶人口占 15 岁及以上人口比重上升幅度都在 1 个百分点以上；丧偶人口占 15 岁及以上人口比重，上升幅度最小的是呼和浩特市，上升了 0.54 个百分点。上述分析表明 2010—2020 年全区 12 盟市丧偶人口比重呈上升趋势，老龄化程度高的盟市丧偶人口比重上升幅度大。

2010—2020 年，内蒙古未婚人口比重下降，三分之一的未婚人口是不到法定婚龄的青年，有配偶人口、离婚人口、丧偶人口比重上升。虽然离婚率、丧偶人口比重上升，相对于 76.21% 的有配偶人口，离婚率、丧偶人口比重仍处于低位，全区超过四分之三的婚龄人口处于婚居状态，内蒙古人口的婚姻状况正常，婚姻关系稳定。

三、家庭户规模的现状与地域差异

家庭是指以婚姻、血缘和收养关系为基础的一种社会生活组织形式。家庭是社会的细胞，承载着重要的社会功能，家庭的类型、规模和结构都与社会发展密切相关。

（一）家庭户规模现状及变动趋势

第七次全国人口普查数据显示，2020 年内蒙古有家庭户 948.4 万户，占全区总户数的 95.09%（集体户占 4.91%），比 2010 年增加了 127.85 万户，增长 15.58%。同期内蒙古家庭户人口减少 77.55 万人，家庭户快速分化，家庭户规模进一步缩小，从 2010 年的平均每户 2.81 人，减少到 2020 年的平均每户 2.35 人，创历史新低。

1. 家庭户规模构成

2020 年内蒙古平均每个家庭户有 2.35 人，比 2010 年的 2.81 人减少了 0.46 人，家庭户平均户规模缩小。一人户、二人户、三人户家庭占家庭户总数的 86.1%，三人及以下小型户家庭是家庭户的主要类型。其中以二人户及三人户家庭居多，占家庭户总数的 62.8%，六成以上家庭为二人户或三人户家庭；同期内蒙古一人户家庭已达 220.97 万户，占全区家庭户的 23.3%，是家庭户中比重第三高的类型，迫近三人户家庭比重。见表 6-27。

同 2010 年相比，2020 年一人户家庭占内蒙古家庭户的比重上升了 11.64 个百分点；二人户家庭比重上升 7.99 个百分点；三人及以上户家庭比重不同程度下降。2020 年内蒙古三人户家庭 238.96 万户，占全区家庭户的 25.2%（比 2010 年下降 11.11 个百分点），三人户家庭从 2010 年内蒙古家庭户比重最高的类型，降为 2020 年家庭户比重第二高的类型。2010—2020 年，内蒙古经济社会快速发展，居民的婚恋观发生改变，独居现象越来越普遍；同时人民生活水平的提高和居住环境的改善，人们更喜欢相对独立空间，传统大家庭观念日渐淡化，导致一人户、二人户家庭比重上升，三人及以上户家庭比重下降，全区家庭户规模进一步缩小。

表 6-27　2010 年、2020 年内蒙古家庭户规模的比重

单位：%

家庭户规模	2010 年	2020 年	增减
一人户	11.66	23.30	11.64
二人户	29.61	37.60	7.99
三人户	36.31	25.20	-11.11
四人户	14.11	10.03	-4.08
五人及以上户	8.31	3.87	-4.44

资料来源：内蒙古自治区 2010 年、2020 年人口普查资料。

2.一人户家庭户状况

2020 年内蒙古有一人户家庭 220.97 万户（2020 年内蒙古鄂尔多斯市常住人口 215.36 万人），比 2010 年增加了 125.31 万户，是 2010 年内蒙古一人户的 2.31 倍，一人户快速增长。一人户家庭中，男性占 53.49%，女性占 46.51%，男性多于女性。

分年龄看，2020 年内蒙古一人户家庭中比重最高的是 65 岁及以上人口，达 25.07%；其次是 50—54 岁年龄组，比重为 9.5%；一人户家庭中比重最低的是 15—19 岁年龄组，比重为 2.24%。需要关注的是，14 岁及以下人口的一人户比重为 3.11%，14 岁及以下人口是未成年人，独自居住存在风险隐患。

分性别看，2020 年内蒙古男性 15—34 岁年龄段一人户占男性一人

户的 28.25%，男性 35—59 岁年龄段一人户占男性一人户的 44.88%，男性 60 岁及以上一人户占男性一人户的 23.78%；女性 15—34 岁年龄段一人户占女性一人户的 20.04%，女性 35—59 岁年龄段一人户占女性一人户的 34.17%，女性 60 岁及以上一人户占女性一人户的 42.65%。上述分析表明中年男性和老年女性独自居住很普遍。见表 6-28。

表 6-28　2020 年内蒙古一人户性别年龄构成

单位：%

年　　龄	合计	男性	女性
总　计	**100**	**100**	**100**
14 岁及以下	3.11	3.09	3.13
15—19 岁	2.24	2.34	2.14
20—24 岁	5.61	6.03	5.12
25—29 岁	8.63	10.09	6.96
30—34 岁	7.95	9.80	5.82
35—39 岁	6.23	7.67	4.57
40—44 岁	6.37	7.45	5.14
45—49 岁	8.96	9.95	7.82
50—54 岁	9.50	10.47	8.38
55—59 岁	8.84	9.34	8.26
60—64 岁	7.49	7.20	7.81
65 岁及以上	25.07	16.58	34.84

资料来源：内蒙古自治区 2020 年人口普查资料。

3.老年人口的家庭户状况

2020 年，内蒙古有 60 岁及以上老年人口的家庭户 308.79 万户，占全区家庭户的 32.56%，比 2010 年的 196.02 万户，增加 112.76 万户，增长 57.53%，年均增长 4.65%。其中，60 岁及以上单身老人户 71.95 万户，占全区家庭户的 7.59%，比 2010 年增加 39.9 万户，占全区家庭户的比重上升了 3.68 个百分点；内蒙古只有一对老年夫妇的家庭户（空巢家庭）107.41 万户，占全区家庭户的 11.32%，比 2010 年增加 55.99 万户，占全区家庭户的比重上升了 5.05 个百分点。见表 6-29。

表 6-29 　2010 年、2020 年内蒙古有 60 岁及以上人口的家庭户情况

单位：户

年份	有 60 岁及以上人口的户	有一个 60 岁及以上人口的户			有二个 60 岁及以上人口的户		
	户数	小计	独自居住	占家庭户比重（%）	小计	只有一对 60 岁及以上夫妇居住	占家庭户比重（%）
2010	1960239	1126207	320460	3.91	823562	514133	6.27
2020	3087872	1601638	719459	7.59	1463300	1074057	11.32

资料来源：内蒙古自治区 2010 年、2020 年人口普查资料。

上述分析显示，2010—2020 年，内蒙古单身老人户和空巢家庭持续增加，有老年人口的家庭户快速增长，推动了家庭规模小型化，人口老龄化进程进一步加深，老年人口孤独化趋势加剧，养老负担加重，对家庭养老和社会养老提出新的挑战。

4.家庭户中的民族混合户

2020 年内蒙古有单一民族家庭户 837.37 万户，二个民族家庭户 109.35 万户，三个及以上民族家庭户 1.68 万户。同 2010 年相比，2020 年内蒙古单一民族家庭户增加 112.2 万户，增长 15.47%，占家庭户比重下降 0.09 个百分点；二个民族家庭户增加 15.16 万户，增长 16.1%，占家庭户比重上升 0.05 个百分点；三个及以上民族家庭户增加 0.48 万户，增长 39.92%，占家庭户比重上升 0.03 个百分点。表明 10 年来单一民族家庭户、民族混合户户数增加，但单一民族家庭户、民族混合户比重变化不大。见表 6-30。

表 6-30 　2010 年、2020 年内蒙古家庭户中民族混合户情况

年份	家庭户	单一民族户		二个民族户		三个及以上民族户	
	户数（户）	户数（户）	占家庭户比重（%）	户数（户）	占家庭户比重（%）	户数（户）	占家庭户比重（%）
2010	8205498	7251661	88.38	941832	11.48	12005	0.15
2020	9483957	8373697	88.29	1093463	11.53	16797	0.18

资料来源：内蒙古自治区 2010 年、2020 年人口普查资料。

2010—2020 年内蒙古家庭户户数增加，家庭户规模持续缩小，随着内蒙古老龄化进程进一步加深，有老年人口的家庭户大幅增加，一人户家庭快速增长，民族混合户户数增加，民族混合户比重略有上升。

（二）家庭户规模地域差异

1.家庭户规模的城乡差异

2020 年内蒙古家庭户中，城市家庭户占 37.81%，镇家庭户占 27.87%，乡村家庭户占 34.32%。

2020 年内蒙古城市家庭户规模分布比较集中，二人户家庭比重最高，达 35.13%；其次是三人户家庭，占 29.13%；一人户家庭占 22.6%；四人户家庭占 9.94%，五人及以上家庭户比重 3.2%。表明城市中规模小的家庭多于规模大的家庭。同 2010 年相比，2020 年内蒙古城市一人户、二人户家庭比重呈上升趋势，一人户家庭比重上升幅度最大，上升了 10.45 个百分点；二人户家庭比重上升了 5.3 个百分点。其他规模城市家庭户比重不同程度下降，降幅最大的是三人户家庭，比 2010 年下降了 13.99 个百分点；其次是五人及以上户家庭，下降了 1.15 个百分点；四人户家庭下降了 0.56 个百分点。见表 6-31。

表 6-31　2010 年、2020 年内蒙古分城乡家庭户规模的比重

单位：%

家庭户规模	2010 年			2020 年		
	城市	镇	乡村	城市	镇	乡村
一人户	12.15	11.69	11.26	22.60	22.93	24.37
二人户	29.83	30.23	29.10	35.13	36.21	41.44
三人户	43.12	39.11	29.54	29.13	26.29	19.97
四人户	10.50	12.83	17.59	9.94	11.23	9.14
五人及以上户	4.35	6.09	12.38	3.20	3.34	5.07

资料来源：内蒙古自治区 2010 年、2020 年人口普查资料。

2020 年内蒙古镇家庭户规模比重最大的也是二人户家庭，占 36.21%，其次是三人户家庭，占 26.29%，一人户家庭占 22.93%，四人户家庭占 11.23%，五人及以上户家庭占 3.34%。表明镇里规模小的家庭多于规模大的家庭。同 2010 年相比，镇里一人户、二人户家庭比重呈上升趋势，一人户家庭比重上升幅度最大，上升了 11.24 个百分点，二

人户家庭比重上升了 5.98 个百分点；其他规模家庭户比重不同程度下降，下降幅度最大的是三人户家庭，比 2010 年下降了 12.82 个百分点，其次是五人及以上户家庭，下降了 2.75 个百分点，四人户家庭下降了 1.6 个百分点。

2020 年内蒙古乡村家庭户规模以一人户和二人户为主，二人户家庭比重最高，为 41.44%，其次是一人户家庭，占 24.37%；三人户家庭占 19.97%，四人户家庭占 9.14%，五人及以上户家庭占 5.07%。表明 85.78% 的乡村家庭户是三人及以下的小型家庭。同 2010 年相比，2020 年内蒙古乡村一人户、二人户家庭比重呈上升趋势，一人户家庭比重上升幅度最大，上升了 13.11 个百分点，二人户家庭比重上升了 12.34 个百分点；其他规模家庭户比重不同程度下降，下降幅度最大的是三人户家庭，下降了 9.57 个百分点，其次是四人户家庭，下降了 8.45 个百分点，五人及以上户家庭下降了 7.31 个百分点。

分户规模看，2020 年内蒙古一人户家庭 220.97 万户。其中，城市一人户家庭比重最高，为 36.67%；乡村次之，为 35.9%；镇一人户家庭比重最低，为 27.43%。

2020 年内蒙古二人户家庭 356.55 万户。其中，乡村二人户家庭比重最高，为 37.83%；城市次之，为 35.33%；镇二人户家庭比重最低，为 26.84%。

2020 年内蒙古三人户家庭 238.96 万户。其中，城市三人户家庭比重最高，为 43.72%；镇次之，为 29.08%；乡村三人户家庭比重最低，为 27.2%。

2020 年内蒙古四人户家庭 95.08 万户。其中，城市四人户家庭比重最高，为 37.5%；镇和乡村四人户家庭比重相差不多，分别为 31.21% 和 31.29%。见表 6-32。

表 6-32　2020 年内蒙古分城乡家庭户比重

单位：%

家庭户规模	合计	城市	镇	乡村
一人户	100	36.67	27.43	35.90
二人户	100	35.33	26.84	37.83
三人户	100	43.72	29.08	27.20
四人户	100	37.50	31.21	31.29
五人及以上户	100	31.18	23.98	44.84

资料来源：内蒙古自治区 2020 年人口普查资料。

2020 年内蒙古五人及以上户家庭 36.83 万户。其中，乡村五人及以上户家庭比重最高，为 44.84%；城市次之，为 31.18%；镇五人及以上户家庭比重最低，为 23.98%。

以上分析可以看出，2020 年内蒙古城市家庭户中，一人户、三人户、四人户比重较高；乡村家庭户中，二人户、五人及以上户家庭比重较高。

需要特别关注的是：2020 年内蒙古 14 岁及以下人口的一人户 6.87 万户，占全区一人户的 3.11%。14 岁及以下人口的一人户中，城市占 27.21%，镇占 24.83%，乡村占 47.96%。近一半 14 岁及以下人口的一人户居住在乡村，这些孩子大多是父母外出务工的留守儿童。虽然 14 岁及以下人口的一人户占全部一人户比重并不高，但 14 岁及以下人口是未成年人口，父母不在身边，一个未成年人独自居住，存在诸多不确定因素，将产生诸如生活、教育、心理、道德行为、安全等问题，希望引起社会的广泛关注。

2.家庭户规模的地区差异

2020 年内蒙古家庭户平均户规模为 2.35 人。家庭户平均户规模高于全区平均水平的有 4 个盟市，分别是赤峰市、通辽市、兴安盟和鄂尔多斯市，其中通辽市家庭户平均户规模最大，为 2.61 人；其他 8 个盟市家庭户平均户规模均低于全区水平，其中乌兰察布市家庭户平均户规模最小，为 2.03 人。家庭户平均户规模最大的盟市与最小盟市相差 0.58 人。

同 2010 年相比，2020 年内蒙古 12 个盟市家庭户平均户规模皆呈下降趋势。下降幅度较大的盟市有乌兰察布市、通辽市和赤峰市，这 3 个盟市家庭户平均户规模下降幅度都超过了 0.5 人，其中乌兰察布市家庭户平均户规模下降幅度最大，从 2010 年的 2.63 人缩减到 2020 年的 2.03 人，家庭户平均户规模下降了 0.6 人。见表 6-33。

2020 年，内蒙古 14 岁及以下人口的一人户 6.87 万户。呼和浩特市、赤峰市 14 岁及以下人口的一人户较多，分别为 1.14 万户、1.06 万户；阿拉善盟 14 岁及以下人口的一人户最少，仅有 703 户。内蒙古 14 岁及以下人口的一人户占全区一人户的 3.11%。兴安盟、通辽市、乌兰察布市、赤峰市和呼和浩特市 14 岁及以下人口的一人户比重高于全区

平均水平，其他 7 个盟市 14 岁及以下人口一人户的比重低于全区平均
水平。其中，兴安盟 14 岁及以下人口一人户的比重最高，达 3.73%；乌
海市 14 岁及以下人口一人户的比重最低，为 1.8%。

分性别看，2020 年内蒙古男性 14 岁及以下人口一人户 3.65 万户。
男性 14 岁及以下人口的一人户比重最高的是兴安盟，为 3.81%；女性
14 岁及以下人口一人户比重最高的是乌兰察布市，为 3.71%。希望各盟
市关注当地留守儿童情况，解决好当地留守儿童问题。见表 6-34。

表 6-33 2010 年、2020 年内蒙古家庭户规模

单位：人/户

地　　区	2010 年	2020 年
内蒙古	**2.81**	**2.35**
呼和浩特市	2.70	2.30
包头市	2.64	2.27
乌海市	2.64	2.28
赤峰市	3.04	2.50
通辽市	3.20	2.61
鄂尔多斯市	2.58	2.39
呼伦贝尔市	2.72	2.28
巴彦淖尔市	2.73	2.24
乌兰察布市	2.63	2.03
兴安盟	2.97	2.50
锡林郭勒盟	2.70	2.28
阿拉善盟	2.55	2.23

资料来源：内蒙古自治区 2010 年、2020 年人口普查资料。

表 6-34 2020 年内蒙古 14 岁及以下人口的一人户

地　　区	一人户（户）			14 岁及以下一人户（户）			14 岁及以下一人户的比重（%）		
	合计	男	女	小计	男	女	小计	男	女
内蒙古	**2209731**	**1182025**	**1027706**	**68698**	**36500**	**32198**	**3.11**	**3.09**	**3.13**
呼和浩特市	333608	177215	156393	11417	5985	5432	3.42	3.38	3.47
包头市	264799	136499	128300	6969	3662	3307	2.63	2.68	2.58
乌海市	57487	33203	24284	1035	557	478	1.80	1.68	1.97
赤峰市	307420	156376	151044	10574	5847	4727	3.44	3.74	3.13
通辽市	183908	97454	86454	6615	3618	2997	3.60	3.71	3.47

续表

地 区	一人户（户）			14 岁及以下一人户（户）			14 岁及以下一人户的比重（%）		
	合计	男	女	小计	男	女	小计	男	女
鄂尔多斯市	197421	114213	83208	5788	2996	2792	2.93	2.62	3.36
呼伦贝尔市	224201	118266	105935	5678	3027	2651	2.53	2.56	2.50
巴彦淖尔市	147446	81208	66238	4017	2121	1896	2.72	2.61	2.86
乌兰察布市	248656	133041	115615	8782	4497	4285	3.53	3.38	3.71
兴安盟	102143	54047	48096	3811	2057	1754	3.73	3.81	3.65
锡林郭勒盟	112403	63053	49350	3309	1768	1541	2.94	2.80	3.12
阿拉善盟	30239	17450	12789	703	365	338	2.32	2.09	2.64

资料来源：内蒙古自治区 2020 年人口普查资料。

2020 年内蒙古有 60 岁及以上老年人口家庭 308.79 万户。赤峰市 60 岁及以上老年人口家庭最多，达 55.1 万户；呼和浩特市、包头市、通辽市和乌兰察布市 60 岁及以上老年人口家庭较多，这 4 个盟市的 60 岁及以上老年人口家庭都在 33 万户以上。

2020 年内蒙古有 60 岁及以上独居老年人口 71.95 万人。乌兰察布市 60 岁及以上独居老年人口最多，达 11.27 万人；赤峰市、呼和浩特市和包头市 60 岁及以上独居老年人口较多，这 3 个盟市的 60 岁及以上独居老年人口都在 9.5 万人以上。2020 年内蒙古 60 岁及以上独居老年户占有 60 岁及以上老年人口家庭户的 23.3%。乌兰察布市独居老年户占有 60 岁及以上老年人口家庭户的比重最高，达 33.18%，相当于乌兰察布市每 3 个有 60 岁及以上老年人口家庭户中，就有 1 户是独居老年户；通辽市独居老年户占有 60 岁及以上老年人口家庭户的比重最低，为14.85%。

同 2010 年相比，2020 年内蒙古独居老年户占有 60 岁及以上老年人口家庭户的比重上升了 6.95 个百分点。12 个盟市独居老年户占有 60 岁及以上老年人口家庭户的比重不同程度上升，上升幅度最大的是乌兰察布市，上升了 10.27 个百分点；上升幅度最小的是鄂尔多斯市，上升4.06 个百分点。

2020 年内蒙古只有一对 60 岁及以上夫妇居住的家庭（空巢老人户）

107.41 万户。赤峰市的空巢老人户最多，达 18.31 万户；呼和浩特市、乌兰察布市和包头市的空巢老人户较多，这 3 个盟市的空巢老人户都在 13.3 万户以上。2020 年内蒙古空巢老人户占有 60 岁及以上老年人口家庭户的 34.78%。巴彦淖尔市空巢老人户占有 60 岁及以上老年人口家庭户的比重最高，达 41.06%，意味着巴彦淖尔市每 5 个有 60 岁及以上老年人口家庭户中，其中 2 户是空巢老人户；通辽市空巢老人户占有 60 岁及以上老年人口家庭户的比重最低，为 27.03%。

同 2010 年相比，2020 年内蒙古空巢老人户占有 60 岁及以上老年人口家庭户的比重上升了 8.56 个百分点。12 个盟市空巢老人户占有 60 岁及以上老年人口家庭户的比重不同程度上升，上升幅度最大的是巴彦淖尔市，上升了 11.62 个百分点；上升幅度最小的是乌海市，上升 3.97 个百分点。见表 6-35。

表 6-35　2010 年、2020 年内蒙古各盟市老年人口户

单位：%

地　区	独居老年户占有 60 岁及以上老年人口家庭户比重			只有一对老夫妇户占有 60 岁及以上老年人口家庭户比重		
	2010 年	2020 年	比较	2010 年	2020 年	比较
内蒙古	**16.35**	**23.30**	**6.95**	**26.23**	**34.78**	**8.56**
呼和浩特市	19.32	24.99	5.67	31.43	36.65	5.22
包头市	19.89	27.18	7.30	32.95	38.00	5.04
乌海市	18.78	25.56	6.78	32.02	35.99	3.97
赤峰市	12.83	19.80	6.97	21.75	33.23	11.47
通辽市	9.83	14.85	5.02	16.89	27.03	10.14
鄂尔多斯市	21.87	25.93	4.06	35.08	39.77	4.69
呼伦贝尔市	15.02	22.24	7.21	24.10	30.95	6.85
巴彦淖尔市	13.79	23.72	9.94	29.44	41.06	11.62
乌兰察布市	22.91	33.18	10.27	29.70	40.54	10.84
兴安盟	11.31	16.94	5.63	17.54	27.13	9.59
锡林郭勒盟	18.03	23.96	5.93	25.82	33.74	7.92
阿拉善盟	17.02	25.42	8.40	24.07	31.57	7.50

资料来源：内蒙古自治区 2010 年、2020 年人口普查资料。

四、家庭结构的现状与区域差异

（一）家庭结构的现状及变动趋势

2020 年内蒙古家庭户 948.4 万户。一代户、二代户、三代及以上户占全区家庭户的比重分别为 56.33%、37.44%、6.23%，一代户一跃成为主要的家庭户类型，超过九成的家庭户不是一代户，就是二代户。

2020 年内蒙古一代户家庭 534.22 万户。一代户以两人户和一人户居多，分别占到一代户的 56.08% 和 41.36%，这意味着没有子女或没有未成年子女的家庭居多，也意味着空巢家庭或独居生活的人增多。

2020 年内蒙古二代户家庭 355.13 万户。二代户以三人户和四人户居多，分别占二代户的 63.28% 和 19.28%，三人户是二代户的主要家庭户类型。

2020 年内蒙古三代及以上户家庭 59.05 万户。三代及以上户以四人户和五人户居多，分别占三代及以上户的 39.25% 和 34.88%；三人户占8.73%，六人户占 14.36%，七人及以上户占 2.77%。

同 2010 年相比，2020 年内蒙古一代户比重上升了 18.97 个百分点；二代户、三代及以上户比重分别下降了 15.11 个、3.85 个百分点。值得关注的是：2020 年内蒙古两人二代户 56.99 万户，占全区家庭户的6.01%。同 2010 年相比，2020 年内蒙古两人二代户增加 18.53 万户，增长 48.19%，占全区家庭户的比重上升 1.32 个百分点。虽然两人二代户在全区家庭户中所占比重较低，10 年来快速增长，可能是因为单亲家庭增多或丧偶家庭增多。见表 6-36。

由于家庭户规模进一步缩小，内蒙古家庭代际关系趋于简单。

表 6-36　2010 年、2020 年内蒙古按代分类的家庭户比重

单位：%

年　份	一代户	二代户	三代及以上户
2010	37.36	52.55	10.08
2020	56.33	37.44	6.23

资料来源：内蒙古自治区 2010 年、2020 年人口普查资料。

（二）家庭结构的区域差异

1.家庭结构的城乡差异

2020 年内蒙古一代户家庭 534.22 万户，占全区家庭户的 56.33%。乡村一代户比重最高，为 63.53%；镇次之，为 53.31%；城市一代户比重最低，为 52.02%。

2020 年内蒙古二代户家庭 355.13 万户，占全区家庭户的 37.44%。城市二代户比重最高，为 42.35%；镇次之，为 41.29%；乡村二代户比重最低，为 28.93%。

2020 年内蒙古三代及以上户家庭 59.05 万户，占全区家庭户的 6.23%。乡村三代及以上户比重最高，为 7.54%；城市次之，为 5.64%；镇三代及以上户比重最低，为 5.41%。

同 2010 年相比，2020 年内蒙古一代户比重上升，上升 18.97 个百分点。其中乡村一代户比重上升幅度最高，上升了 26.74 个百分点；镇次之，上升了 15.76 个百分点；城市一代户比重上升 14.04 个百分点。而 2020 年内蒙古二代户比重下降，乡村二代户比重下降幅度最大，下降了 19.99 百分点；镇次之，下降了 13.45 个百分点；城市二代户比重下降了 13.39 个百分点。同样 2020 年内蒙古三代及以上户比重也呈下降趋势，乡村三代及以上户比重降幅最大，下降了 6.75 个百分点；镇次之，下降了 2.3 个百分点；城市三代及以上户比重下降了 0.64 个百分点。见表 6-37。

表 6-37　2010 年、2020 年内蒙古分城乡的家庭结构

单位：%

城　乡	2010 年			2020 年		
	一代户	二代户	三代及以上户	一代户	二代户	三代及以上户
合计	**37.36**	**52.55**	**10.08**	**56.33**	**37.44**	**6.23**
城市	37.98	55.74	6.28	52.02	42.35	5.64
镇	37.55	54.74	7.71	53.31	41.29	5.41
乡村	36.79	48.92	14.29	63.53	28.93	7.54

资料来源：内蒙古自治区 2010 年、2020 年人口普查资料。

分析显示，不论城乡，一代户都是 2020 年内蒙古家庭户主要类型。家庭少子化、空巢化，以及独居人口快速增长，促使家庭规模进一步缩小，结果是城乡一代户比重大幅攀升，二代户和三代及以上户比重下降，二代户家庭从主要的家庭结构类型转变为次要的家庭结构类型，多代人住在一起的家庭持续减少。

2.家庭结构的地区差异

2020 年，内蒙古 56.33%的家庭是一代户，37.44%的家庭是二代户，6.23%的家庭是三代及以上户。一代户家庭比重高于全区平均水平的有 7 个盟市，分别是乌兰察布市、巴彦淖尔市、呼伦贝尔市、阿拉善盟、锡林郭勒盟、包头市和乌海市，其中乌兰察布市一代户比重最高，达70.19%。呼和浩特市、鄂尔多斯市、赤峰市、兴安盟和通辽市一代户家庭比重低于全区平均水平，其中通辽市一代户比重最低，为 48.32%。一代户家庭比重最高的盟市与一代户家庭比重最低的盟市相差 21.87 个百分点，盟市间一代户家庭比重差异明显。

2020 年内蒙古二代户家庭比重高于全区平均水平的有 8 个盟市，分别是鄂尔多斯市、呼和浩特市、包头市、通辽市、乌海市、兴安盟、赤峰市和锡林郭勒盟，其中鄂尔多斯市二代户家庭比重最高，达 40.68%。阿拉善盟、呼伦贝尔市、巴彦淖尔市和乌兰察布市二代户家庭比重低于全区平均水平，其中乌兰察布市二代户家庭比重最低，为 28.06%。二代户家庭比重最高的盟市与最低的盟市相差 12.62 个百分点，盟市间二代户家庭比重差异明显。

2020 年内蒙古三代及以上户家庭比重高于全区平均水平的有 4 个盟市，分别是通辽市、兴安盟、赤峰市和呼伦贝尔市，其中通辽市三代及以上户家庭比重最高，为 12.3%。其他 8 个盟市三代及以上户家庭户比重均低于全区平均水平，乌兰察布市三代及以上户家庭户比重最低，仅为 1.75%。三代及以上户家庭比重最高的通辽市与三代及以上户家庭比重最低的乌兰察布市，相差 10.55 个百分点，盟市间三代及以上户家庭比重差异明显。见表 6-38。

表 6-38　2010 年、2020 年内蒙古各盟市家庭结构

单位：%

地　区	2010 年			2020 年		
	一代户	二代户	三代及以上户	一代户	二代户	三代及以上户
内蒙古	**37.36**	**52.55**	**10.08**	**56.33**	**37.44**	**6.23**
呼和浩特市	38.71	55.4	5.89	55.84	39.66	4.5
包头市	39.45	55.08	5.47	56.75	39.57	3.68
乌海市	39.75	54.64	5.61	56.36	39.15	4.49
赤峰市	32.48	50.98	16.54	52.95	37.65	9.4
通辽市	26.88	54.43	18.69	48.32	39.38	12.3
鄂尔多斯市	45.3	51.01	3.69	55.12	40.68	4.2
呼伦贝尔市	40.24	50.03	9.73	58.16	35.46	6.38
巴彦淖尔市	41.55	49.29	9.16	61.83	34.66	3.51
乌兰察布市	42.86	52.18	4.96	70.19	28.06	1.75
兴安盟	32.5	53.15	14.35	51.83	38.51	9.66
锡林郭勒盟	39.94	53.09	6.97	57.77	37.52	4.71
阿拉善盟	43.92	48.9	7.18	58.05	36.99	4.96

资料来源：内蒙古自治区 2010 年、2020 年人口普查资料。

同 2010 年相比，2020 年内蒙古各盟市一代户家庭比重不同程度上升。乌兰察布市一代户家庭比重上升幅度最大，上升了 27.33 个百分点；鄂尔多斯市一代户家庭比重上升幅度最小，上升了 9.82 个百分点。

同 2010 年相比，2020 年内蒙古各盟市二代户家庭比重不同程度下降。鄂尔多斯市二代户家庭比重下降幅度最小，下降了 10.33 个百分点；乌兰察布市二代户家庭比重下降幅度最大，下降了 24.12 个百分点。

同 2010 年相比，除鄂尔多斯市外，2020 年内蒙古 11 个盟市三代及以上户家庭比重不同程度下降。鄂尔多斯市三代及以上户家庭比重上升了 0.51 个百分点；赤峰市三代及以上户家庭比重下降幅度最大，下降了 7.14 个百分点。

盟市社会经济、文化存在差异，盟市家庭结构也存在差异。2010—

2020 年内蒙古独居人口快速增加，婚后不要孩子的丁克家庭增多，还有空巢家庭和单身老年人口的增多，家庭少子化，各种因素交织在一起，促使全区一代户家庭增加，二代户家庭减少，三代及以上户家庭持续减少，家庭模式发生转换，传统家庭结构发生改变，家庭代际关系日趋简单。

第七章 人口的受教育状况

人口的受教育程度，是一个国家或地区人口文化素质的基本反映，也是人口结构中的一个重要指标。一个国家或地区人口受教育状况，不仅标志着一个地区经济社会发展水平，也标志着一个地区社会进步和文明的程度。

一、人口的受教育状况

进入 21 世纪以来，内蒙古整体国民素质有了较大提升，推动国民素质提升的一个主要原因是全区各级、各类教育的巨大发展。2020 年相较于 2010 年，内蒙古常住人口受教育程度呈现"高增低降"的特点，大学专科及以上受教育程度人口比重普遍上升，高中文化程度人口、初中文化程度人口和小学文化程度人口比重呈现下降趋势；人均受教育年限有所提高，文盲人口大幅度减少，文盲率降低，人均受教育状况有所改善，人口文化素质明显提升。

（一）人口总体受教育状况

1.各种受教育程度人口构成

2020 年第七次全国人口普查，内蒙古 6 岁及以上常住人口为 2279.46 万人，其中具有小学及以上受教育程度人口为 2186.16 万人，占 6 岁及以上人口的 95.91%，比 2010 年第六次全国人口普查的 95.16%，提高了 0.75 个百分点；比同期全国平均水平的 96.09%低 0.18 个百分点。内蒙古 6 岁及以上人口总体受教育程度，也由 2010 年第六次全国人口普查时的高于全国平均水平下降到低于全国平均水平，反映出 10 年间内蒙古人口总体受教育程度虽然有了明显的提高，但提高的幅度低于全国平均增长幅度。

2010—2020 年，内蒙古 6 岁及以上人口中，各种受教育程度人口所占比重发生了显著变化，高层次受教育程度人口所占比重大幅度提高，低层次受教育程度人口所占比重逐渐降低。2020 年内蒙古具有研究生受教育程度人口为 15.18 万人，占 6 岁及以上常住人口的 0.67%；大学本科受教育程度人口为 194.35 万人，占 6 岁及以上常住人口的 8.53%；大学专科受教育程度人口为 239.90 万人，占 6 岁及以上常住人口的 10.52%；高中（含中专，下同）受教育程度人口为 356.27 万人，占 6 岁及以上常住人口的 15.63%；具有初中受教育程度人口为 814.33 万人，占 6 岁及以上常住人口的 35.72%；具有小学受教育程度人口为 566.13 万人，占 6 岁及以上常住人口的 24.85%；未上过学人口（含学前教育，下同）为 93.30 万人，占 6 岁及以上常住人口的 4.09%。

与全国平均水平相比，研究生所占比重比全国的 0.82%低 0.15 个百分点；大学本科比全国的 7.15%高 1.38 个百分点；大学专科比全国的 8.54%高 1.99 个百分点。内蒙古大学专科及以上受教育程度人口中，大学专科受教育程度人口比重较大，大学专科受教育程度人口占到了 53.38%。另外，研究生受教育程度人口占 6 岁及以上人口的比重远低于全国平均水平。

表 7-1　内蒙古 6 岁及以上受教育程度人口构成

单位：%

受教育程度	内蒙古			全　国		
	2020 年	2010 年	增减	2020 年	2010 年	增减
6 岁及以上人口	100.00	100.00	—	100.00	100.00	—
大学本科及以上	9.19	3.94	5.25	7.98	4.01	3.97
大学专科	10.52	6.86	3.66	8.54	5.52	3.02
高　中	15.63	16.01	-0.38	16.13	15.02	1.11
初　中	35.72	41.47	-5.75	37.03	41.70	-4.67
小　学	24.85	26.88	-2.03	26.41	28.75	-2.34
未上过学（含学前教育）	4.09	4.84	-0.75	3.91	5.00	-1.09
平均受教育年限（年）	9.74	8.99	0.75	9.50	8.80	0.70

资料来源：《内蒙古自治区人口普查年鉴—2020》《内蒙古自治区 2010 年人口普查资料》《中国人口普查年鉴—2020》《中国 2010 年人口普查资料》。

同 2010 年人口普查相比，大学专科及以上受教育程度人口所占比重提高最快。大学专科及以上受教育程度人口增加了 197.15 万人，比重提高了 8.91 个百分点；高中、初中和小学受教育程度人口分别减少了 17.76 万人、154.63 万人和 61.75 万人，比重分别降低了 0.38 个、5.75 个、2.03 个百分点；而未上过学人口则减少了 19.83 万人，比重下降了 0.75 个百分点。

2.每 10 万人拥有各种受教育程度人口状况

由于内蒙古人口整体文化素质的提升，每 10 万人口中拥有各种受教育程度人口的数量发生了很大变化。2020 年第七次全国人口普查，内蒙古每 10 万人口中拥有大学专科及以上受教育程度人口为 18688 人；高中、初中及小学分别为 14814 人、33861 人和 23627 人。与全国平均水平相比，每 10 万人口中拥有大学专科及以上受教育程度人口比全国的 15467 人多 3221 人；同 2010 年第六次全国人口普查相比，每 10 万人口中拥有大学专科及以上受教育程度人口增加了 8477 人；高中受教育程度人口减少了 325 人；初中受教育程度人口减少了 5358 人；小学受教育程度人口减少了 1787 人。主要原因是：一方面与内蒙古少年儿童人口减少有关，另一方面也与自治区大力发展职业教育、高等教育等各类教育培训，以及受教育程度偏低的老年人口持续减少等直接相关。

表 7-2　内蒙古每 10 万人拥有各种受教育人口

单位：人/10 万人

受教育程度	内蒙古			全　国		
	2020 年	2010 年	增减（人）	2020 年	2010 年	增减（人）
大专及以上	18688	10211	8477	15467	8882	6585
高中（含中专）	14814	15139	-325	15088	14004	1084
初　中	33861	39219	-5358	34507	38878	-4371
小　学	23627	25414	-1787	24767	26801	-2034

资料来源：《内蒙古自治区人口普查年鉴—2020》《内蒙古自治区 2010 年人口普查资料》《中国人口普查年鉴—2020》《中国 2010 年人口普查资料》。

3.人口平均受教育年限

人口平均受教育年限，是对人口受教育程度综合、高度的概括，能够更加直观地反映一个地区人口受教育程度的水平。2020 年第七次全国人口普查，内蒙古 15 岁及以上人口的平均受教育年限达到 10.08 年，比 2010 年第六次全国人口普查的 9.22 年提高了 0.86 年；比第七次全国人普查全国平均水平的 9.91 年提高了 0.17 年。2010—2020 年全国 15 岁及以上人口平均受教育年限提高了 0.83 年，内蒙古 15 岁及以上人口平均受教育年限的提高幅度略高于全国平均提高幅度。经过 10 年的发展，内蒙古 15 岁及以上人口的平均受教育程度，由 2010 年初中毕业水平提高到高中一年级水平，人口受教育程度有了明显提高。

（二）分性别人口的受教育程度

随着经济社会的发展，各级政府对教育事业重视程度的不断提高，对教育事业投入的大幅度增加，在进一步巩固普及九年制义务教育成果的同时，高中教育发展步伐加快，高等教育也随着入学率的提升进入大众化阶段，女性充分享有了平等受教育的权利，男性和女性受教育程度的差距逐步缩小，而且女性高层次受教育程度人口所占比重与男性基本接近。

1.分性别受教育程度人口构成的差异

2020 年第七次全国人口普查，内蒙古 6 岁及以上男性人口为 1162.63 万人，其中具有小学及以上受教育程度人口为 1133.94 万人，占 6 岁及以上男性人口的 97.53%；内蒙古 6 岁及以上女性人口为 1116.83 万人，其中具有小学及以上受教育程度人口为 1052.22 万人，占 6 岁及以上女性人口的 94.21%。同 2010 年人口普查相比，男性和女性人口的总体受教育程度均有了较大提高，而且女性人口总体受教育程度提高的幅度大于男性，使得男性和女性人口总体受教育程度的差距又有了进一步的缩小。内蒙古 6 岁及以上男性人口具有小学及以上受教育程度人口所占比重比 2010 年的 97.09 提高了 0.44 个百分点；6 岁及以上女性比 2010 年的 93.07% 提高了 1.14 个百分点。男性和女性受教育程度人口所占比重由 2010 年的相差 4.02 个百分点，缩小至 3.32 个百分点。

从各种受教育程度人口变化情况看，2020 年内蒙古男性具有研究生受教育程度的人口为 6.54 万人，占男性 6 岁及以上人口的 0.56%，女性具有研究生受教育程度的人口为 8.64 万人，占女性 6 岁及以上人口的 0.77%，女性具有研究生受教育程度人口的绝对数量和所占比重都高于男性；具有大学本科受教育程度的男性、女性人口分别为 95.02 万人、99.33 万人，占 6 岁及以上人口比重分别为 8.17%、8.89%，女性比男性高 0.72 个百分点；具有大学专科受教育程度的男性、女性人口分别为 128.84 万人、111.06 万人，占 6 岁及以上男性、女性人口比重分别为 11.08%、9.94%，男性比女性高 1.14 个百分点；具有高中受教育程度的男性、女性人口分别为 193.21 万人、163.07 万人，占 6 岁及以上人口比重分别为 16.62%、14.60%，男性高于女性 2.02 个百分点，高中受教育程度人口男性和女性之间的差距逐渐扩大；具有初中受教育程度的男性、女性人口分别为 445.39 万人、368.94 万人，占 6 岁及以上人口比重分别为 38.31%、33.03%，男性比女性高 5.28 个百分点，同时男性和女性均以初中受教育程度人口所占 6 岁及以上人口比重最高；具有小学受教育程度的男性、女性人口分别 264.94 万人、301.19 万人，占 6 岁及以上人口比重分别为 22.79%、26.97%，女性比男性高 4.18 个百分点；而未上过学的人口，男性只有 28.69 万人，女性为 64.61 万人，女性是男性的 2 倍以上，所占 6 岁及以上人口比重分别为 2.47%、5.79%，女性比男性也高出 3.32 个百分点。从以上数据也反映出，女性接受高层次教育程度人口的增长幅度要高于男性。

7-3　内蒙古分性别 6 岁及以上受教育程度人口构成

单位：%

受教育程度	2020 年人口普查			2010 年人口普查		
	男性	女性	差异	男性	女性	差异
6 岁及以上人口	100.00	100.00	—	100.00	100.00	—
研究生	0.56	0.77	0.21	0.18	0.20	0.02
大学本科	8.17	8.89	0.72	3.78	3.72	-0.06
大学专科	11.08	9.94	-1.14	7.11	6.59	-0.52
高中（含中专）	16.62	14.60	-2.02	16.89	15.05	-1.84
初　中	38.31	33.03	-5.28	44.46	38.25	-6.21
小　学	22.79	26.97	4.18	24.67	29.26	4.59
未上过学（含学前教育）	2.47	5.79	3.32	2.91	6.93	4.02

　　资料来源：《内蒙古自治区人口普查年鉴—2020》《内蒙古自治区 2010 年人口普查资料》。

　　同 2010 年第六次全国人口普查比较，内蒙古男性和女性各种受教育程度人口占其 6 岁及以上人口的比重发生了较大变化。男性具有研究生受教育程度人口占其 6 岁及以上人口比重提高了 0.38 个百分点，女性提高了 0.57 个百分点，男性和女性之间的差距由 2010 年的女性高于男性 0.02 个百分点扩大到 2020 年女性高于男性 0.21 个百分点；大学本科受教育程度人口占其 6 岁及以上人口比重男性提高了 4.39 个百分点，女性提高了 5.17 个百分点，男性和女性之间的差距由 2010 年的女性低于男性 0.06 个百分点转变为 2020 年的女性高于男性 0.72 个百分点；大学专科受教育程度人口比重男性和女性分别提高了 3.97 个、3.35 个百分点，男性和女性之间的差距由 2010 年的女性低于男性 0.52 个百分点提高到 2020 年的女性低于男性 1.14 个百分点；高中、初中、小学受教育程度人口所占比重也有一定程度的变化，除高中受教育程度以外，初中、小学男性和女性受教育程度的差异也同样在逐步缩小。

　　2.分性别每 10 万人拥有各种受教育程度人口

　　每 10 万人拥有各种受教育程度人口，反映了常住人口的受教育程度。2020 年第七次全国人口普查，内蒙古男性每 10 万人中拥有各种受教育程度人口分别为，研究生 533 人、大学本科 7741 人、大学专科 10496 人、高中 15740 人、初中 38263 人、小学 21671 人；女性每 10 万人中拥有各种受教育程度人口分别为，研究生 733 人、大学本科 8436 人、大学专科 9433 人、高中 13850 人、初中 31335 人、小学 25666 人。每 10 万人拥有的各种受教育人口，男性和女性均以初中受教育程度最高。

　　同 2010 年第六次全国人口普查相比，男性和女性每 10 万人拥有各种受教育程度人口发生了明显变化，男性与女性之间的差距进一步缩小。尤其是每 10 万人拥有高层次受教育程度人口成倍增加，变化尤为显著。2020 年男性每 10 万人拥有研究生受教育程度人口比 2010 年的 173 人，增加 360 人，而女性比 2010 年增加了 548 人，女性增加的人数大大高于男性。由于女性增加人数高于男性，男性与女性之间的差距，也由 2010 年的女性比男性多 12 人，增加到 2020 年的女性比男性多 200 人；男性和女性每 10 万人拥有大学本科受教育程度人口，分别比 2010

年的 3568 人、3519 人增加 4173 人和 4917 人，同样是女性增加人数高于男性，男性与女性之间的差距由 2010 年的男性比女性多 49 人，转变为 2020 年的女性比男性多 695 人；大学专科受教育程度人口也有大幅度增加，男性增加了 3777 人，女性增加了 3196 人，男性比女性增加的人数稍多，男性与女性之间的差距也在变大。每 10 万人拥有高中、初中和小学受教育程度人口，呈现减少趋势。2020 年每 10 万人拥有的高中、初中和小学受教育程度人口中男性比 2010 年分别减少了 226 人、3754 人和 1643 人。2020 年每 10 万人拥有的高中、初中和小学受教育程度人口中女性比 2010 年分别减少了 395 人、4857 人和 2019 人；高中和初中的男性和女性之间的差距扩大，分别由 2010 年的女性比男性多 1721 人和 5825 人，扩大为 2020 年的多 2160 人和 6928 人；小学受教育程度人口中男性和女性之间的差距缩小，由 2010 年的女性比男性多 4371 人减少到 2020 年的女性比男性多 3395 人。

表 7-4　内蒙古分性别每 10 万人拥有各种受教育程度人口

单位：人/10 万人

教育程度	2020 年人口普查			2010 年人口普查		
	男性	女性	差异（人）	男性	女性	差异（人）
研究生	533	733	200	173	185	12
大学本科	7741	8436	695	3568	3519	-49
大学专科	10496	9433	-1063	6719	6237	-482
高　　中	15740	13850	-2160	15966	14245	-1721
初　　中	38263	31335	-6928	42017	36192	-5825
小　　学	21671	25666	3995	23314	27685	4371

资料来源：《内蒙古自治区人口普查年鉴—2020》《内蒙古自治区 2010 年人口普查资料》。

3.分性别人口的平均受教育年限

2020 年第七次全国人口普查，内蒙古男性 15 岁及以上人口的平均受教育年限为 10.36 年，女性为 9.79 年，男性比女性高 0.57 年。与 2010 年相比，内蒙古男性 15 岁及以上人口的平均受教育年限提高了 0.82 年，女性提高了 0.91 年。10 年间，15 岁及以上女性人口平均受教育年限的提高幅度高于男性；男性和女性平均受教育年限的差距又缩小了 0.09 年。

（三）不同年龄人口的受教育程度

不同年龄人口，由于其在就学年龄时，所处历史时期不同，受当时经济和教育发展水平的影响和制约，不同年龄人口的受教育程度必然有着明显的差异，尽管其中一部分人在以后通过各种方式达到了一定的受教育程度，但是不同年龄人口受教育程度的差距依然可以反映出来。不同年龄人口受教育程度的差距，也反映了不同时期的教育水平。

1.各年龄组人口受教育程度状况

2020 年第七次全国人口普查数据显示，内蒙古各年龄组受教育程度人口占同年龄组人口的比重，在低年龄组以 6—9 岁年龄组受教育人口所占比重较低，主要是由于各种原因一部分应当进入小学就学的人口推迟或没有就学而造成的。除此以外，总体上表现为随着年龄的增加，各种受教育程度人口所占比重呈降低趋势，而年龄越高，各种受教育程度人口所占比重越低，不同年龄组之间各种受教育程度人口比重存在明显差异。10—44 岁 7 个年龄组的各种受教育程度人口所占比重均在 99%以上，最高的 25—26 岁年龄组达到了 99.67%。45—54 岁 2 个年龄组的各种受教育人口比重也均在 98%以上，人口的受教育程度也处于比较高的水平；55—64 岁 2 个年龄组的人口各种受教育程度人口比重很快降至 92%左右，而 65 岁及以上人口各种受教育程度人口所占比重以更快的速度下降，而且年龄越高，下降速度越快，各种受教育程度人口所占比重越低。

与 2010 年第六次全国人口普查静态比较，内蒙古多数人口中各种受教育程度人口所占比重都有了提升。2010 年，各种受教育程度人口所占比重超过 99%的有 10—34 岁 5 个年龄组；65 岁及以上年龄人口中各种受教育程度人口所占比重仅 70%多，人口的受教育程度处于相当低的水平，这种状况与该年龄人口所处就学时期经济社会和教育水平有直接的关系。

表 7-5　2020 年内蒙古 6 岁及以上分年龄人口的受教育程度

单位：%

年　龄（岁）	小学及以上受教育程度	小学	初中	高中	大学专科	大学本科	研究生
总计	**95.91**	**24.84**	**35.72**	**15.63**	**10.52**	**8.53**	**0.67**
6—9	86.04	84.72	1.32				
10—14	99.15	50.79	46.73	1.62	0.01		
15—19	99.55	2.06	18.33	55.28	11.96	11.91	0.01
20—24	99.66	2.06	14.43	14.38	32.71	34.09	1.99
25—29	99.67	3.40	24.59	17.50	27.72	24.08	2.37
30—34	99.60	6.57	34.06	17.19	21.94	18.17	1.67
35—39	99.44	9.59	45.73	15.52	13.93	13.20	1.47
40—44	99.13	14.15	49.42	16.94	10.00	7.87	0.75
45—49	98.57	19.28	48.82	16.71	8.02	5.34	0.40
50—54	98.12	25.37	46.44	15.25	6.70	4.11	0.25
55—59	95.25	26.07	43.79	17.47	4.53	3.21	0.18
60—64	92.80	35.00	33.28	18.27	4.53	1.66	0.07
65+	84.50	46.52	26.17	7.72	2.93	1.15	0.02

资料来源：《内蒙古自治区人口普查年鉴—2020》。

表 7-6　2010 年内蒙古 6 岁及以上分年龄人口的受教育程度

单位：%

年　龄（岁）	小学及以上受教育程度	小学	初中	高中	大学专科	大学本科	研究生
总计	**95.16**	**26.88**	**41.47**	**16.01**	**6.86**	**3.75**	**0.19**
6—9	94.71	93.49	1.22				
10—14	99.39	52.86	44.06	2.47			
15—19	99.61	5.62	39.40	45.77	5.45	3.37	0.01
20—24	99.50	8.24	40.41	20.25	18.52	11.79	0.29
25—29	99.36	10.57	52.01	15.56	12.38	8.16	0.68
30—34	99.11	14.20	54.19	16.31	8.84	5.15	0.41
35—39	98.69	18.00	53.25	16.24	7.33	3.63	0.24
40—44	98.32	22.28	50.64	15.60	6.48	3.15	0.17
45—49	97.54	22.53	47.50	18.25	6.38	2.73	0.15
50—54	94.13	31.91	36.70	19.21	4.72	1.53	0.06
55—59	90.44	43.05	33.10	9.71	3.45	1.10	0.03
60—64	87.85	48.06	29.02	7.09	2.85	0.82	0.02
65+	71.58	43.86	18.79	5.72	2.14	1.05	0.02

资料来源：《内蒙古自治区 2010 年人口普查资料》。

2.各年龄组人口各种受教育程度状况

2020 年第七次全国人口普查,大专及以上受教育程度人口占同年龄组人口比重,以 20—24 岁年龄组所占比重最高,达到 68.79%,即在这一年龄组有近 70%的人口具有大学专科及以上受教育程度;其次是 25—29 岁年龄组,为 54.17%;30—34 岁年龄组也超过了 40%。其中,具有研究生受教育程度人口占同龄人口比重最高的是 25—29 岁年龄组,占 2.37%;大学本科、大学专科比重最高的均为 20—24 岁年龄组。同 2010 年第六次全国人口普查相比,20—24 岁、25—29 岁、30—34 岁和 35—39 岁,是大学专科及以上受教育程度人口所占比重较高的 4 个年龄组,分别比 2010 年的 30.60%、21.22%、14.4%和 11.20%,提高了 37.59 个、32.95 个、27.39 个和 17.40 个百分点。其他年龄组大学专科及以上受教育程度人口所占比重,也都有不同程度的提高。这些变化,主要源于 2010 年以来,随着经济社会高速发展,高技术产业进入蓬勃发展阶段,内蒙古也更加重视高等教育事业的发展和高素质人才的培养,高等院校招生人数大幅度增加,高等教育规模不断扩大,大学招生人数逐年增加,加之各级各类成人高等教育的发展,使更多的人有了接受高等教育的条件和机会。

各年龄组中高中受教育程度人口占同年龄组人口比重最高的是 15—19 岁年龄组,达到 55.28%,比 2010 年的 45.77%,提高了 9.51 个百分点。15—19 岁年龄组高中受教育程度人口所占比重高的主要原因是,高中就学年龄人口基本上集中在这个年龄组中,在高中阶段学习的人口数量最多,同时也反映出高中教育的普及程度。25—64 岁 8 个年龄组的高中受教育程度人口所占比重保持在 15%—20%之间。初中受教育程度人口占同年龄组人口比重,以 40—44 岁年龄组最高,达 49.42%,10—14 岁、35—39 岁、45—49 岁和 50—54 岁这 4 个年龄组也都在 45%以上。与 2010 年相比,15—44 岁之间 6 个年龄组初中受教育程度人口比重都呈现降低趋势,降幅最大为 25—29 岁年龄组,达到 27.42%,15—19 岁、20—24 岁和 30—34 岁年龄组的降幅也超过 20%。其他各年龄组都有一定程度的提高。小学受教育程度人口占同年龄组人口的比重,最高的是处于小学就学年龄的 6—9 岁年龄组,为

84.72%；其次是 10—14 岁年龄组，为 50.79%。从各年龄组小学受教育程度人口所占比重看，呈现出两头高、中间低的态势。

（四）人口受教育程度的地区差异

2010—2020 年，内蒙古人口总体受教育程度有了显著的提高，但是由于各地区社会经济发展水平存在较大差异，同时也受不同地区人口的年龄结构、教育资源特别是高等教育资源配置以及人口迁移流动等诸多因素的影响，经济相对发达盟市人口的受教育程度要高于经济相对欠发达的盟市，人口的受教育程度尤其是受高等教育的人口在各盟市之间的差异仍然很大。

1. 各盟市各种受教育程度人口

从各盟市大学专科及以上受教育程度人口的绝对数量看，2020 年内蒙古大学专科及以上受教育程度人口为 449.42 万人，其中大学专科、大学本科、研究生受教育程度人口分为 239.89 万人、194.35 万人和 15.18 万人。15 岁及以上人口中大学专科及以上受教育程度人数较多的呼和浩特市、包头市、赤峰市和鄂尔多斯市，分别为 104.80 万人、63.18 万人、55.81 万人和 45.80 万人。呼和浩特市、包头市大学专科及以上受教育程度人口占全部大学专科及以上受教育程度人口的比重分别为 23.32% 和 14.06%，呼和浩特、包头两市所占比重合计达到了 37.38%，其他 10 个盟市占 62.62%。呼和浩特市、包头市大学专科及以上受教育程度人口所占比重之所以高，除呼和浩特市、包头市作为自治区首府城市和大城市，经济社会发展较快，具有较强的吸引和接纳高层次人才的优势外，一个非常重要的原因是两市拥有全区绝大多数的高等教育资源。根据《内蒙古统计年鉴—2021》，2020 年内蒙古共有普通高等院校 54 所，在校学生人数为 48.66 万人，其中分布在呼和浩特市、包头市的高等院校 30 所，在校学生人数为 33.60 万人。呼和浩特市、包头市高等院校在校学生人数占全部在校学生人数的 69.05%，由此极大地提高了两市大学专科及以上受教育人口的比重。

由于各地区常住人口规模、人口年龄结构等存在较大差异，仅以各地区各种受教育程度人口的绝对数量，不能够真实地反映各盟市人口的总体受教育程度。而每 10 万人拥有的各种受教育程度人口、人口平均受教育年限等，能够综合反映各盟市人口的总体受教育程度及各种受教育程度人口状况，并对各盟市人口的受教育程度进行比较。

表 7-7　2020 年内蒙古各地区 15 岁及以上各类受教育程度人口数

单位：万人

地　区	15 岁及以上人口	小学	初中	高中	大学专科	大学本科	研究生（人）
总　计	**2067.15**	**424.87**	**759.84**	**354.43**	**239.89**	**194.35**	**151789**
呼和浩特市	296.68	41.43	86.69	53.81	49.14	49.08	65831
包头市	235.41	35.37	82.68	47.40	32.61	28.45	21165
乌海市	48.19	6.72	17.80	9.98	7.54	4.35	2701
赤峰市	341.69	91.26	127.29	55.44	31.01	23.55	12490
通辽市	245.61	54.58	108.04	39.42	19.57	16.69	10431
鄂尔多斯市	176.44	35.44	55.40	29.86	24.58	19.92	13038
呼伦贝尔市	198.10	34.58	89.46	33.11	21.46	15.07	7091
巴彦淖尔市	134.40	25.24	52.75	24.19	14.16	9.01	4848
乌兰察布市	151.78	41.76	52.03	21.94	14.77	9.06	4797
兴安盟	121.16	33.79	47.58	18.03	9.94	7.67	3657
锡林郭勒盟	95.14	21.23	33.16	16.69	11.45	8.52	4124
阿拉善盟	22.55	3.45	6.95	4.56	3.66	2.97	1616

资料来源：《内蒙古自治区人口普查年鉴—2020》。

2. 各盟市每 10 万人拥有的各种受教育程度人口

2020 年内蒙古每 10 万常住人口中，具有小学及以上受教育程度人口为 90990 人，有 9 个盟市每 10 万常住人口中具有小学及以上受教育程度人口超过了 9 万人。最高的呼伦贝尔市达到 93617 人；其次为通辽市、包头市，分别为 92425 人和 92085 人；而每 10 万常住人口中具有小学及以上受教育程度人口低于 9 万人的盟市为鄂尔多斯市、巴彦淖尔市、乌兰察布市，分别为 87750 人、88801 人和 88914 人。每 10 万常住人口中具有小学及以上受教育程度人口最高的呼伦贝尔市与最低的鄂尔多斯市相差 5867 人，其差距还是比较明显的。同时，每 10 万常住人口中具有的各种受教育程度人口，在各盟市之间的差距更加明显，而且受教育程度层次越高，差距越大。从每 10 万常住人口中具有各种受教育程度人口看，每 10 万常住人口中具有小学受教育程度人口，有 6 个盟市高于自治区平均水平，以兴安盟最高为 30147 人，其次是乌兰察布市、赤峰市，分别为 29368 人和 29133 人，最低的乌海市只为 17623 人，与最高的兴安盟相差 12524 人。每 10 万常住人口中具有初中受教育程度人口，有 6 个盟市高于自治区平均水平，以呼伦贝尔市最高为 41899 人，其次是通辽市、巴彦淖尔市，分别为 40319 人和 36263 人，这 3 个盟市 40%左右的人口为初中受教育程度；每 10 万常住人口中具有高中受教育程度人口，最高的乌海市为 17933 人，其次包头市为 17553 人，最低的兴安盟为 12832 人。

表 7-8　2020 年内蒙古各地区每 10 万人拥有的各种受教育程度人口

单位：人/10 万人

地　区	小学	初中	高中	大学专科及 以 上
总　计	**23627**	**33861**	**14814**	**18688**
呼和浩特市	17690	27198	15675	30415
包头市	18729	32485	17553	23318
乌海市	17623	34056	17993	21862
赤峰市	29133	34208	13844	13827
通辽市	25291	40319	13832	12983
鄂尔多斯市	24530	28048	13905	21267
呼伦贝尔市	20275	41899	14839	16604
巴彦淖尔市	21412	36263	15754	15372
乌兰察布市	29368	32374	12925	14247
兴安盟	30147	36198	12832	12688
锡林郭勒盟	24901	32104	15157	18415
阿拉善盟	18277	28484	17458	25893

资料来源：《内蒙古自治区人口普查年鉴—2020》。

每 10 万常住人口中具有大学专科及以上受教育程度人口，有 5 个盟市在 2 万人以上，且都超过了自治区平均水平，最高的呼和浩特市更是达到了 30415 人，比自治区平均水平高出 60%以上。其他超过 2 万人的阿拉善盟、包头市、乌海市和鄂尔多斯市，分别达到 25893 人、23318 人、21862 人和 21267 人。每 10 万常住人口中具有大学专科及以上受教育程度人口最低的为兴安盟，只有 12688 人，与最高的呼和浩特市相差

17727 人。2010—2020 年，内蒙古各盟市每 10 万常住人口中具有大学专科及以上受教育程度人口发生了显著变化，提升幅度较大。10 年间，鄂尔多斯市较 2010 年的 11660 人增加了 9607 人，增加超 9000 人以上盟市还有呼和浩特市、阿拉善盟和包头市，分别增加了 9551 人、9273 人和 9260 人；乌海市增加了 8418 人，其他盟市增加人数在 6500 人到 8000 人之间，通辽市增加人数最少为 6523 人。

10 年来，内蒙古高等教育的普及程度有了大幅度提高，但盟市之间的差异却呈扩大趋势，最高与最低之间的差距由 2010 年的 14745 人扩大到 2020 年的 17727 人。各盟市每 10 万常住人口中具有大学专科及以上受教育程度人口的差异，对自治区人口整体受教育程度的提高有着直接的影响。

3．各盟市人口平均受教育年限

2010 年到 2020 年的 10 年间，内蒙古各盟市 15 岁及以上人口的平均受教育年限都有了不同程度的变化，人口平均受教育年限普遍提高。

表 7-9　内蒙古各地区 15 岁及以上人口平均受教育年限

单位：年

地　区	平均受教育年限		2020 年比 2010 年增减
	2020 年	2010 年	
内蒙古	**10.08**	**9.22**	**0.86**
呼和浩特市	11.30	10.33	0.97
包头市	10.77	9.82	0.95
乌海市	10.69	9.89	0.80
赤峰市	9.52	8.83	0.69
通辽市	9.65	9.00	0.65
鄂尔多斯市	10.22	9.21	1.01
呼伦贝尔市	10.13	9.43	0.70
巴彦淖尔市	9.63	8.90	0.73
乌兰察布市	9.03	8.31	0.72
兴安盟	9.37	8.62	0.75
锡林郭勒盟	10.01	9.24	0.77
阿拉善盟	10.94	10.05	0.89

资料来源：《内蒙古自治区人口普查年鉴—2020》《内蒙古自治区 2010 年人口普查资料》。

2020 年内蒙古 15 岁及以上人口平均受教育年限，高于自治区平均水平的有呼和浩特市等 6 个盟市，最高的仍然是呼和浩特市为 11.30 年，比自治区平均水平高出 1.22 年，人口平均受教育程度达到了相当于高中二年级水平。平均受教育年限最低的是乌兰察布市为 9.03 年，乌兰察布市人口平均受教育年限与最高的呼和浩特市相比，相差 2.27 年，比 2010 年的相差 2.02 年又有所扩大。2010—2020 年，15 岁及以上人口平均受教育年限提高幅度最大的是鄂尔多斯市，由 2010 年的 9.21 年提高到 2020 年的 10.22 年，提高了 1.01 年。由此也使鄂尔多斯市人口平均受教育年限由 2010 年位居自治区 12 个盟市的第 7 位，上升到了 2020 年的第 5 位。人口平均受教育年限提高幅度最小的是通辽市，仅提高了 0.65 年。

（五）人口受教育程度的城乡差异

由于城乡经济社会发展的不平衡，加之受教育资源分布的影响，长期以来城乡人口的受教育程度就存在着明显的差异。2010—2020 年，随着脱贫攻坚任务深入推进以及乡村振兴战略的实施，内蒙古农村牧区经济社会呈现快速发展，乡村人口的生活条件和水平有了大幅度提高，同时各级人民政府和有关部门也更加重视乡村教育事业的发展，不断加大对乡村教育的投入，以及国家农村义务教育"三免一补"政策的实施，乡村适龄人口有了更加良好的平等接受各级教育的条件和机会，从而使乡村人口的整体受教育程度有了比较明显的提高，城乡人口受教育程度的差距在逐步缩小。

1. 分城乡各种受教育程度人口

2020 年第七次全国人口普查，在内蒙古城乡各种受教育程度人口中，城镇大学专科及以上受教育程度人口为 400.52 万人，占全部大学专科及以上受教育程度人口的 89.12%；其中城市为 271.50 万人，镇为 129.02 万人，分别占大学专科及以上受教育程度人口的 60.41% 和 28.71%。乡村大学专科及以上受教育程度人口为 48.90 万人，占 10.88%。同 2010 年第六次全国人口普查相比，城镇大学专科及以上受教育程度人口增加了 183.63 万人，增长 84.67%，其中城市增加了 122.65 万人，增长 82.40%，镇增加了 60.98 万人，增长 89.62%，镇大学专科及以上受教育程度人口的增加高于城市；乡村大学专科及以上受教育程度人口增加了 13.52 万人，增长 38.21%，远远低于城市和镇的增长速度。内蒙古乡村大学专科及以上受教育程度人口的大幅度减少，源于诸多因素，除了乡村高素质人才流动到城镇外，也与近 10 年行政区域调整有关。随着内蒙古经济的快速发展，各地区城镇范围的不断扩大与建设许多"工业园区""高新技术园区""大学城""大学园区"等有直接关系。因为这些"园区"基本上坐落在乡村地域范围内，且居住、聚集了大量就业和就学的高层次受教育程度人口。在 2010 年第六次全国人口普查，按照《统计上划分城乡的规定》，在此地域范围内居住的人口都统计为乡村人口，因而这也是使得乡村大学专科及以上受教育程度人口大幅度增加的重要因素。后来，由于行政地域调整，这些"园区"单独划分区域并进行管理，脱离乡村地域范围，导致高层次受教育程度人口大幅较少。

表 7-10　内蒙古城乡 6 岁及以上人口的受教育程度

单位：万人

城　乡	6 岁及以上人口	小学	初中	高中	大学专科及以上
2020 年					
内蒙古	**2279.46**	**566.13**	**814.33**	**356.27**	**449.43**
城镇	1526.99	283.45	510.42	292.25	400.52
城市	891.36	141.01	278.77	181.36	271.50
镇	635.62	142.44	231.65	110.89	129.02
乡村	752.47	282.68	303.91	64.02	48.90
2010 年					
内蒙古	**2336.27**	**627.88**	**968.95**	**374.03**	**252.28**
城镇	1301.19	242.86	512.24	291.50	216.89
城市	762.17	123.69	288.22	182.73	148.85
镇	539.02	119.17	224.02	108.77	68.04
乡村	1035.08	385.02	456.72	82.53	35.38

资料来源：《内蒙古自治区人口普查年鉴—2020》《内蒙古自治区 2010 年人口普查资料》。

高中、初中、小学受教育程度人口数量的变化，均表现为城镇受教育程度人口稳定不变或增加，乡村则呈减少趋势。造成这种状况的重要原因，一是由于内蒙古城镇化水平的不断提高，城镇人口大量增加，而乡村人口大幅减少。2020 年内蒙古城镇 6 岁及以上人口较 2010 年增加了 225.80 万人，乡村减少了 282.61 万人；二是教育体制的改革，整合了乡村教育资源，加之乡村生活条件和水平的提高，更加注重对子女教育和培养，不少家庭为使子女接受更好的教育，将子女送入城镇中、小学就学；三是在大量由乡村迁移流动到城镇务工经商的人口中，大部分是已具有各种受教育程度的人口。

2020 年内蒙古城镇高中、初中、小学受教育程度人口分别为 292.25 万人、510.42 万人、283.45 万人。同 2010 年相比，高中、小学分别增加了 0.75 万人、40.59 万人，初中减少 1.82 万人。乡村高中、初中、小学受教育程度人口分别为 64.02 万人、303.91 万人、282.68 万人。同 2010 年相比，分别减少了 18.51 万人、152.81 万人和 102.34 万人，初中受教育程度人口减少幅度最大。

2. 城乡每 10 万人拥有的各种受教育程度人口

2020 年内蒙古城镇每 10 万人拥有的小学及以上受教育程度人口为 91610 人，比 2010 年的 92090 人减少 480 人；乡村每 10 万人拥有的小学及以上受教育程度人口为 89430 人，比 2010 年的 87351 人增加了 2079 人，尽管乡村每 10 万人拥有的小学及以上受教育程度人口仍低于城镇，但城乡之间的差异在缩小，由 2010 年的相差 4739 人，缩小为 2020 年的相差 2180 人，乡村人口的总体受教育程度在稳步提高。

2020 年每 10 万人拥有的大学专科及以上受教育程度人口，城镇为 24680 人，乡村为 6250 人，差距非常明显。但从增加幅度看，同 2010 年相比，城镇增加了 56.12%，而乡村增加了 94.10%，乡村增加幅度高于城镇；每 10 万人拥有的高中受教育程度人口，城镇为 18010 人，乡村为 8190 人，同 2010 年相比城镇减少了 3236 人，乡村增加了 678 人，城乡高中受教育程度的差距大幅缩小；每 10 万人拥有的初中受教育程度人口，城镇为 31450 人，乡村为 38850 人，乡村高于城镇；每 10 万人拥有的小学受教育程度人口，城镇减少了 231 人，乡村增加了 1094 人。

表 7-11 内蒙古城乡每 10 万人拥有的各种受教育程度人口

单位: 人/10 万人

城 乡	6 岁及以上人口	小学	初中	高中	大学专科及以上
2020 年					
内蒙古	**90900**	**23540**	**33860**	**14810**	**18690**
城镇	91610	17470	31450	18010	24680
城市	92380	14930	29510	19200	28740
镇	90550	21010	34160	16350	19030
乡村	89430	36140	38850	8190	6250
2010 年					
内蒙古	**89983**	**25414**	**39219**	**15139**	**10211**
城镇	92090	17701	37335	21246	15808
城市	92802	15439	35975	22808	18579
镇	91091	20876	39243	19054	11919
乡村	87351	35046	41573	7512	3220

资料来源:《内蒙古自治区人口普查年鉴—2020》《内蒙古自治区 2010 年人口普查资料》。

3.城乡人口平均受教育年限

2020 年,内蒙古 15 岁及以上城镇人口的平均受教育年限达到了 11.09 年,比自治区平均水平高 1.01 年,比 2010 年的 10.36 年提高了 0.73 年,城镇人口的总体受教育年限相当于高中二年级水平。在城镇中,城市人口的平均受教育年限为 11.56 年,分别比自治区、镇平均水平高 1.48 年和 1.15 年,比 2010 年的 10.72 年提高了 0.84 年;镇人口的平均受教育年限为 10.41 年,比自治区平均水平仅高 0.33 年。

2020 年,内蒙古 15 岁及以上乡村人口的平均受教育年限为 8.07 年,比 2010 年的 7.80 年提高了 0.27 年,乡村人口的总体受教育年限相当于初中二年级水平。乡村人口平均受教育年限与城市、镇的差异由 2010 年分别相差 2.92 年和 2.03 年,扩大至 2020 年的分别相差 3.49 年和 2.34 年,城乡人口平均受教育年限的差异呈扩大趋势。乡村人口平均受教育年限与自治区水平的差异也有所扩大,由 2010 年的相差 1.42 年,扩大到了 2020 年的相差 2.01 年。

表 7-12　内蒙古城乡 15 岁及以上人口平均受教育年限

单位：年

城　乡	平均受教育年限		2020 年比 2010 年增减
	2020 年	2010 年	
内蒙古	**10.08**	**9.22**	**0.86**
城镇	11.09	10.36	0.73
城市	11.56	10.72	0.84
镇	10.41	9.83	0.58
乡村	8.07	7.80	0.27

资料来源：《内蒙古自治区人口普查年鉴—2020》《内蒙古自治区 2010 年人口普查资料》。

二、文盲人口状况

（一）文盲人口总体状况

2010—2020 年，在内蒙古各种受教育程度人口普遍增加的同时，内蒙古文盲人口大幅减少，文盲率快速下降。2020 年第七次全国人口普查，内蒙古 15 岁及以上人口为 2067.15 万人，其中文盲人口为 79.22 万人，粗文盲率（文盲人口占常住人口的比重）为 3.29%，文盲率（文盲人口占 15 岁及以上人口的比重）为 3.83%。与全国平均水平比较，粗文盲率比全国平均水平的 2.67% 高 0.62 个百分点，文盲率比全国平均水平的 3.26% 高 0.57 个百分点。同 2010 年第六次全国人口普查相比，10 年间内蒙古文盲人口减少了 21.23 万人，粗文盲率和文盲率分别下降了 0.90 个和 0.78 个百分点。

与西部 12 个省、自治区、直辖市比较。2020 年在西部 12 个省、自治区、直辖市中，文盲率最低的是重庆市，文盲率仅为 1.93%，其次是广西壮族自治区为 3.10%，分别比全国平均水平低 1.33 个和 0.16 个百分点，而内蒙古文盲率比全国平均水平高 0.57 个百分点。

内蒙古文盲率在西部 12 个省、自治区、直辖市中由低到高排序，位居第 5 位，文盲率低于内蒙古的有重庆市、广西壮族自治区、陕西省和新疆维吾尔自治区，分别比内蒙古低 1.90 个、0.73 个、0.50 个和 0.40 个百分点。同 2010 年相比，内蒙古文盲率从西部 12 个省、自治区、直辖市由低到高排序的第 4 位，降低了 1 位。2010—2020 年，西部 12 个省、自治区、直辖市文盲率下降幅度最大的是西藏自治区，下降了 4.21 个百分点；其次是重庆市，下降了 3.15 个百分点；而下降幅度最小的是广西壮族自治区，下降了 0.36 个百分点。

表 7-13　西部 12 个地区 15 岁及以上文盲率

单位：%

地　　区	2020 年	2010 年	2020 年比 2010 年
全　　国	**3.26**	**4.88**	**-1.62**
内蒙古	3.83	4.73	-0.90
广　　西	3.10	3.46	-0.36
重　　庆	1.93	5.08	-3.15
四　　川	4.74	6.55	-1.81
贵　　州	8.77	11.4	-2.63
云　　南	5.77	7.60	-1.83
西　　藏	28.08	32.29	-4.21
陕　　西	3.33	4.39	-1.06
甘　　肃	8.32	10.62	-2.30
青　　海	10.01	12.94	-2.93
宁　　夏	5.07	7.82	-2.75
新　　疆	3.43	3.01	0.42

资料来源：《中国人口普查年鉴—2020》《中国 2010 年人口普查资料》。

（二）分性别、分年龄的文盲人口

1. 分性别文盲人口状况

长期以来，内蒙古女性人口的文盲率一直高于男性。随着经济社会及教育事业的发展，社会文明程度的不断进步和提高，女性人口同男性人口享有了平等接受教育的权利和机会，女性人口受教育程度得到了普遍提高，女性文盲人口数量大幅减少。到 2020 年，虽然内蒙古女性人口的文盲率仍然高于男性，但女性人口的文盲率有了显著降低，由 2010 年的男、女文盲率差距 4.24 缩小到 2020 年的男、女文盲率差距 3.61，缩小了 0.63 个百分点，男性和女性文盲率之间的差距呈逐渐缩小趋势。

2020 年内蒙古男性 15 岁及以上文盲人口为 21.62 万人，占全部文盲人口的 27.29%，文盲率为 2.06%；女性文盲人口为 57.60 万人，占全部文盲人口的 72.71%，文盲率为 5.67%，女性人口无论是文盲人口的绝对数量还是文盲率仍然都远远高于男性。2020 年内蒙古女性文盲人口比 2010 年内蒙古女性文盲人口 70.78 万人减少了 13.18 万人，减少 18.62%，男性文盲人口比 2010 年的 29.66 万人减少了 8.04 万人，减少 27.14%。虽然女性文盲人口的减少幅度低于男性，但是也应当看到，在文盲人口减少的绝对数量上，女性所减少的文盲人口占文盲人口减少总量的 62.08%。

2010 年内蒙古男性文盲率为 2.69%，女性文盲率为 6.93%，女性文盲率比男性高出 4.24 个百分点。到 2020 年男性文盲率下降到 2.06%，女性文盲率下降到 5.67%，分别比 2010 年降低了 0.63 个百分点和 1.26 百分点，女性文盲率的下降幅度大大高于男性。尽管女性文盲率仍高于男性，但女性与男性文盲率之间的差距有了明显的缩小，由 2010 年的相差 4.24 个百分点，缩小到 2020 年的相差 3.61 个百分点，差距缩小了 0.63 个百分点。2020 年内蒙古男性文盲率比全国平均水平的 1.62%高 0.44 个百分点，女性文盲率比全国平均水平的 4.95%高 0.72 个百分点。而在 2010 年时，内蒙古男性文盲率比全国平均水平的 2.52%高 0.17 个百分点，女性文盲率比全国平均水平的 7.29%低 0.36 个百分点。

2. 分年龄、分性别文盲人口状况

分年龄文盲人口状况，不仅反映了现实文盲人口在各年龄的分布，也可以反映出不同时期内蒙古教育发展水平及人口接受教育的程度。2010—2020 年，由于内蒙古文盲人口大量减少、文盲率显著降低，文盲人口和文盲率在各年龄组的分布也有了根本性的变化。总体来说，2020 年不仅各年龄人口的文盲率比 2010 年均有了不同程度的降低，而且男性和女性分年龄人口的文盲率也同时有了明显的下降。由于低年龄组人口的文盲率处于比较低的水平，其文盲率降低的绝对值虽然不太明显，但降低幅度也是比较大的。中、老年各年龄组人口文盲率则呈显著下降趋势，中、老年人口文盲率的大幅度降低，是内蒙古文盲率降低的主要原因。

从各年龄组人口文盲率的现状及变化情况看，2020 年内蒙古分年龄组人口的文盲率，表现为低年龄组文盲率较低，随着年龄的增加文盲率也逐步升高。15—39 岁各年龄组文盲率均不到 1%，最低的 15—19 岁人口文盲率，仅为 0.26%；40—54 岁各年龄组文盲率在 1%到 2.2%之间，也基本上处于比较低的水平；55—59 岁年龄组文盲率上升到 3.17%；60—64 岁年龄组文盲率大幅升到 7.35%水平，65 岁及以上年龄组文盲率超过了 15%，达到 15.02%，65 岁及以上各年龄人口中，文盲人口占到了近七分之一以上。

从分年龄组文盲率的变化看，文盲率在 10%以上的年龄组，由 2010 年的 60 岁及以上各年龄组缩减为 2020 年的 65 岁及以上年龄组；文盲率在 1%以下的年龄组则由 2010 年的 15—34 岁 4 个年龄组，扩大为 2020 年的 15—39 岁 5 个年龄组，各年龄组、特别是高年龄组人口文盲率有了极大改观。同 2010 年相比，各年龄组文盲率都有了不同程度的降低。降低幅度最小的为 15—19 岁年龄组，文盲率在原来比较低的基础上，仅降低了 0.02 个百分点；50 岁及以上各年龄组的文盲率下降幅度均超过了 3 个百分点，其中 60—64 岁年龄组、55—59 岁年龄组和 65 岁及以上年龄组文盲率下降幅度最大，文盲率分别由 2010 年的 11.45%、9.03%和 26.70%，降低到 2020 年的 7.35%、3.17%和 15.02%，下降了 4.10 个、5.86 个和 11.68 个百分点。

在各年龄组文盲率下降的同时，男性与女性各年龄组文盲率同步呈下降趋势，女性各年龄组文盲率降低的幅度不仅高于男性，更高于各年龄组文盲率的降低幅度。2020 年内蒙古男性与女性 15—39 岁各年龄组文盲率基本相同，差别不明显，均在 1%以下，而且女性 15—19 岁年龄组文盲率还略低于男性；35 岁及以上各年龄组男性与女性文盲率的差距开始显现，女性文盲率显著高于男性，年龄越大差距也越大，但同年龄组与 2010 年相比，文盲率差距在逐渐缩小。

从男性和女性文盲率在各年龄组的变化看，2020 年内蒙古男性文盲率高于 7%的只有 65 岁及以上年龄组，女性文盲率高于 10%的有 60—64 岁、65 岁及以上 2 个年龄组，而 2010 年时女性文盲率高于 10%的年龄组有 3 个，分别为 55—59 岁、60—64 岁、65 岁及以上 3 个年龄组。同 2010 年相比，男性文盲率降低幅度最大的年龄组为 65 岁及以上年龄组、60—64 岁和 55—59 岁年龄组，分别降低了 9.08 个、2.60 个和 2.53

个百分点；女性文盲率降低幅度最大的年龄组为 65 岁及以上年龄组、55—59 岁年龄组和 60—64 岁年龄组，分别降低了 14.93 个、9.34 个和 5.69 个百分点，女性文盲率降低幅度远大于男性文盲率降低幅度。由此反映出，女性各年龄组文盲率的降低，是内蒙古人口文盲率的大幅度降低的主要原因，也充分反映出 10 年来内蒙古女性人口受教育程度普遍得到了极大改善和提高。

表 7-14　内蒙古分年龄、性别人口文盲率

单位：%

年　　龄	2020 年			2010 年		
	合计	男	女	合计	男	女
合　　计	**3.83**	**2.06**	**5.67**	**4.73**	**2.69**	**6.93**
15—19 岁	0.26	0.29	0.22	0.28	0.30	0.27
20—24 岁	0.28	0.32	0.25	0.38	0.38	0.39
25—29 岁	0.29	0.31	0.27	0.53	0.48	0.58
30—34 岁	0.41	0.42	0.39	0.78	0.64	0.94
35—39 岁	0.65	0.63	0.67	1.17	0.85	1.53
40—44 岁	1.03	0.90	1.17	1.52	1.01	2.08
45—49 岁	1.66	1.24	2.09	2.27	1.13	3.53
50—54 岁	2.17	1.46	2.93	5.52	2.36	8.93
55—59 岁	3.17	1.54	4.84	9.03	4.07	14.18
60—64 岁	7.35	3.21	11.51	11.45	5.81	17.20
65 岁及以上	15.02	7.88	21.49	26.70	16.96	36.42

资料来源：《内蒙古自治区人口普查年鉴—2020》《内蒙古自治区 2010 年人口普查资料》。

（三）文盲人口的地区差异

历史上文盲人口的数量、常住人口的规模、人口的年龄构成、流动人口中文盲人口的状况及经济社会和教育发展水平，都将对现实的文盲人口和文盲率在各地区的分布产生重要影响，必然造成各盟市文盲人口的数量及文盲率存在一定的差异。

从各盟市文盲人口的绝对数量看，2020 年第七次全国人口普查，内蒙古文盲人口为 79.22 万人，文盲人口超过 10 万人的盟市有赤峰市和乌兰察布市，文盲人口分别为 11.36 万人和 11.51 万人，分别占全部文

盲人口的 14.34%和 14.53%；文盲人口超过 9 万人的盟市有呼和浩特市和鄂尔多斯市，文盲人口分别为 9.47 万人和 9.46 万人，分别占全部文盲人口的 11.95%和 11.94%；这 4 个盟市文盲人口的总量达到了 41.80 万人，占全部文盲人口的 52.76%。文盲人口数量最少的，也是常住人口规模最小的阿拉善盟，文盲人口只有 0.84 万人占 1.06%。将内蒙古 12 个盟市分为东部（包括：赤峰市、通辽市、呼伦贝尔市、兴安盟和锡林郭勒盟等 5 个盟市）、中部（包括：呼和浩特市、包头市、乌兰察布市、鄂尔多斯市等 4 个盟市）和西部（包括：乌海市、巴彦淖尔市、阿拉善盟等 3 个盟市）进行比较，内蒙古东部文盲人口为 32.32 万人，占全部文盲人口的 40.80%，中部文盲人口为 36.70 万人，占全部文盲人口的 46.33%，西部文盲人口为 10.20 万人，占全部文盲人口的 12.88%。

同 2010 年第六次全国人口普查相比，内蒙古各盟市文盲人口数量都有了一定程度的减少，但减少的幅度差异较大。文盲人口减少幅度最大的盟市是包头市，减少了 4.34 万人，减少幅度达 40.87%；其次是乌兰察布市，减少了 5.33 万人，减少幅度为 31.65%；第三是乌海市，减少了 0.61 万人，减少幅度为 30.20%。文盲人口减少幅度最小的盟市是兴安盟，仅减少了 0.06 万人，减少幅度为 1.14%；其次是通辽市，减少了 0.23 万人，减少幅度为 2.75%。东部地区文盲人口减少了 4.66 万人，占 21.92%；中部地区文盲人口减少了 13.36 万人，占 62.84%；西部地区减少了 3.24 万人，占 15.24%，中部地区文盲人口减少的数量最多。

2020 年内蒙古各盟市文盲率都有了明显的降低，文盲率都在 8%以下。各盟市文盲率高于自治区文盲率平均水平的盟市有 5 个，有 10 个盟市文盲率呈降低趋势，兴安盟和通辽市 2 个盟市的文盲率比 2010 年的文盲率出现小幅上升，但与自治区平均水平的差距呈缩小趋势。文盲率最高的仍然是乌兰察布市，为 7.58%，比自治区平均水平高出 3.75 个百分点；其次为巴彦淖尔市，文盲率为 5.92%，比自治区平均水平高 2.09 个百分点；文盲率最低的是呼伦贝尔市，为 1.88%，比自治区平均水平低 1.95 个百分点，各盟市之间文盲率最高与最低相差 5.70 个百分点。2020 年第七次全国人口普查，内蒙古东部地区文盲率为 3.23%，比自治区平均水平低 0.60 个百分点；中部地区文盲率为 4.27%，比自治区平均水平高 0.44 个百分点；西部地区文盲率为 4.97%，比自治区平均水平高 1.14 个百分点；西部地区比东部地区高 1.74 个百分点，形成了比较明显的反差。同 2010 年第六次全国人口普查相比，文盲率下降幅度较大的是包头市、呼和浩特市 2 个市，分别下降了 1.95 个、1.70 个百分点，其他文盲率下降的盟市下降幅度基本在 1.5 个百分点以内。由于内蒙古西部地区文盲率高于中部和东部地区，东部、中部、西部文盲率下降幅度差别较大，东部地区下降了 0.18 个百分点，中部地区下降了 1.77 个百分点，西部地区下降了 5.24 个百分点，东、西部地区文盲率的差距也由 2010 年的相差 6.80 个百分点，缩小为相差 1.74 个百分点。可以说西部地区文盲率较大幅度的降低，对内蒙古文盲率的降低起到了主要的作用，但西部地区文盲率高于东部地区的状况依然没有改变。

表 7-15　内蒙古各地区 15 岁及以上文盲人口、文盲率比较

地　区	文盲人口（万人）			文盲率（%）		
	2020	2010	增减	2020	2010	增减
内蒙古	**79.22**	**100.45**	**-21.23**	**3.83**	**4.73**	**-0.90**
呼和浩特市	9.47	12.06	-2.59	3.19	4.89	-1.70
包头市	6.28	10.62	-4.34	2.67	4.62	-1.95
乌海市	1.41	2.02	-0.61	2.92	4.41	-1.49
赤峰市	11.36	13.81	-2.45	3.33	3.76	-0.43
通辽市	8.12	8.35	-0.23	3.33	3.15	0.18
鄂尔多斯市	9.46	10.56	-1.10	5.36	6.33	-0.97
呼伦贝尔市	3.73	5.24	-1.51	1.88	2.34	-0.46
巴彦淖尔市	7.96	10.51	-2.55	5.92	7.23	-1.31
乌兰察布市	11.51	16.84	-5.33	7.58	9.07	-1.49
兴安盟	5.19	5.25	-0.06	4.28	3.80	0.48
锡林郭勒盟	3.87	4.28	-0.41	4.06	4.83	-0.77
阿拉善盟	0.84	0.92	-0.08	3.73	4.60	-0.87

资料来源：《内蒙古自治区人口普查年鉴—2020》《内蒙古自治区 2010 年人口普查资料》。

（四）文盲人口的城乡差异

2020 年第七次全国人口普查，内蒙古城镇文盲人口为 28.21 万人，占全部文盲人口的 35.61%；乡村文盲人口高达 51.01 万人，占全部文盲人口的 64.39%，乡村文盲人口仍然占绝对数量，可见内蒙古的文盲人口绝大部分生活乡村。在城镇文盲人口中，城市文盲人口为 11.99 万人，镇的文盲人口为 16.22 万人，分别占城镇文盲人口的 42.50% 和 57.50%，镇的文盲人口数量略多于城市。城镇、乡村分性别文盲人口均表现为女性多于男性，但其差距有所不同。城镇男性文盲人口为 6.94 万人，女性文盲人口为 21.26 万人，分别占城镇文盲人口的 24.62% 和 75.38%，女性文盲人口是男性的 3.06 倍；乡村男性文盲人口为 14.68 万人，女性文盲人口为 36.34 万人，分别占乡村文盲人口的 28.77% 和 71.23%，女性文盲人口是男性的 2.48 倍，低于城镇男性与女性之间的差距。由此也反映出，无论城镇还是乡村，女性文盲人口占了绝大多数。

从文盲率在城镇、乡村的分布看，2020 年内蒙古城镇人口的文盲率为 2.05%，比自治区平均水平的 3.83% 低 1.78 个百分点；乡村人口的文盲率为 7.37%，比自治区平均水平高出 3.54 个百分点，乡村人口文盲率比城镇高 5.32 个百分点。如果按照城市、镇、乡村进行比较，城市文盲率最低只有 1.48%，其次是镇为 2.86%，城市和镇的文盲率都低于自治区平均水平，分别比自治区平均水平低 2.35 个和 0.97 个百分点，而乡村文盲率为最高。内蒙古城镇、乡村男性与女性文盲率的差距仍然非常明显，城镇女性人口的文盲率为 3.08%，比男性的 1.01% 高 2.07 个百分点；城市女性人口的文盲率为 2.23%，比男性的 0.72% 高 1.51 个百分点；镇女性人口的文盲率为 4.32%，比男性的 1.43% 高 2.89 个百分点；乡村女性人口的文盲率为 11.16%，比男性的 4.01% 高 7.15 个百分点。城市男性与女性文盲率的差距最小，乡村最大。

同 2010 年相比，10 年间内蒙古城镇文盲人口减少了 3.16 万人，减少了 10.07%，占文盲人口减少总量的 14.88%。城市文盲人口减少了 3.05 万人，镇文盲人口减少了 0.11 万人，分别减少了 20.28% 和 0.67%；乡村文盲人口减少了 18.07 万人，减少了 26.16%，占文盲人口减少总量的 85.12%。因此，乡村文盲人口大量减少，是内蒙古文盲人口减少的最主要因素。

在城镇、乡村文盲人口减少的同时，城镇、乡村人口的文盲率也发生了根本性的变化。城镇人口的文盲率由 2010 年的 2.66%下降为 2020 年的 2.05%，降低了 0.61 个百分点；城市人口的文盲率比 2010 年的 2.16%下降了 0.68 个百分点；镇人口的文盲率比 2010 年的 3.38%下降了 0.52 个百分点；而乡村人口的文盲率比 2010 年的 7.31%上升了 0.06 个百分点。2020 年城镇男性人口文盲率比 2010 年的 1.35%下降了 0.34 百分点，女性人口文盲率比 2010 年的 4.04%下降了 0.96 个百分点；2020 年乡村男性人口文盲率比 2010 年的 4.32%下降了 0.31 个百分点，女性人口文盲率比 2010 年的 10.64%上升了 0.52 个百分点。同时，城镇男性与女性文盲率的差距也有了不同程度的缩小，城镇男性与女性人口文盲率由 2010 年的相差 2.69 个百分点，缩小为 2020 年的相差 2.07 个百分点；而乡村男性与女性文盲率的差距则有所扩大，2020 年乡村男性与女性人口文盲率的差距，由 2010 年的相差 6.32 个百分点，扩大为相差 7.15 个百分点。2020 年乡村女性文盲率比 2010 年升高的主要因素是，2020 年的 15 岁及以上常住人口大幅减少了 252.89 万人，占 26.76%，迁移流动是造成减少的主要原因。在迁移流动人员中绝大部分是素质较高人员，且男性居多。

表 7-16　内蒙古分城乡文盲人口状况

地　区	15 岁及以上人口（万人）	文盲人口（万人）	文盲人口占 15 岁及以上人口比重（%）
2020 年			
内蒙古	**2067.15**	**79.22**	**3.83**
城镇	1375.01	28.21	2.05
城市	808.84	11.99	1.48
镇	566.17	16.22	2.86
乡村	692.14	51.01	7.37
2010 年			
内蒙古	**2122.99**	**100.45**	**4.73**
城镇	1177.96	31.37	2.66
城市	695.22	15.04	2.16
镇	482.74	16.33	3.38
乡村	945.03	69.08	7.31

资料来源：《内蒙古自治区人口普查年鉴—2020》《内蒙古自治区 2010 年人口普查资料》。

2010—2020 年，内蒙古乡村人口平均受教育程度的提高，文盲人口和文盲率的大幅度减少和降低，缩小了乡村人口与城镇人口整体受教育程度的差距。尽管如此，乡村人口的平均受教育程度仍然低于城镇，而文盲率大大高于城镇，对于进一步提高农业劳动生产率，更好实施乡村振兴战略，推进农牧业产业化以及加快城乡一体化进程都会产生一定的影响。同时，也反映出城乡之间在教育投入和普及上还存在一定的差别，各级政府、各有关部门应当对教育资源进行合理布局，更加重视乡村教育事业的发展，加大对乡村教育的投入，不断提高乡村人口的受教育程度，努力减少新文盲人口的产生，降低乡村人口的文盲率，从而缩小城乡人口受教育程度的差异，这也是进一步提高内蒙古人口整体受教育程度的关键。

第八章 少数民族人口

内蒙古是一个多民族共居的地区。进入新时代，内蒙古经济社会高质量发展，社会结构快速转型，与此相应的是内蒙古少数民族人口进入新的发展进程，2020 年第七次全国人口普查数据显示，内蒙古居住着 56 个民族的常住人口，是民族种类齐全的自治区。

一、少数民族人口的发展状况

（一）少数民族人口总量变动状况

第七次全国人口普查数据显示，2020 年内蒙古有少数民族人口 511.36 万人，占总人口的 21.26%。同 2010 年相比，2020 年内蒙古少数民族人口增加了 5.8 万人，增长 1.15%，同期全区总人口减少。

表 8-1 2020 年内蒙古民族人口构成

民　族	人口数（人）	占总人口的比重（%）	民　族	人口数（人）	占总人口的比重（%）
总 人 口	**24049155**	**100**	土　　族	600	
汉　族	18935537	78.74	达斡尔族	73523	0.31
蒙 古 族	4247815	17.66	仫 佬 族	103	
回　族	214918	0.89	羌　族	197	
藏　族	4541	0.02	布 朗 族	19	
维吾尔族	941		撒 拉 族	211	
苗　族	9406	0.04	毛 南 族	92	
彝　族	4618	0.02	仡 佬 族	526	
壮　族	3124	0.01	锡 伯 族	3387	0.01
布 依 族	4006	0.02	阿 昌 族	11	
朝 鲜 族	18216	0.08	普 米 族	13	
满　族	469734	1.95	塔吉克族	2	

续表

民　族	人口数（人）	占总人口的比重（%）	民　族	人口数（人）	占总人口的比重（%）
侗　族	4351	0.02	怒　族	12	
瑶　族	608		乌孜别克族	7	
白　族	895		俄罗斯族	4633	0.02
土家族	6112	0.03	鄂温克族	27958	0.12
哈尼族	455		德昂族	12	
哈萨克族	165		保安族	38	
傣　族	255		裕固族	64	
黎　族	1384	0.01	京　族	22	
傈僳族	691		塔塔尔族	10	
佤　族	590		独龙族	3	
畲　族	365		鄂伦春族	4219	0.02
高山族	109		赫哲族	39	
拉祜族	529		门巴族	2	
水　族	826		珞巴族	1	
东乡族	1026		基诺族	11	
纳西族	76		未定族称人口	1840	0.01
景颇族	52		入　籍	96	
柯尔克孜族	159				

资料来源：内蒙古自治区 2020 年人口普查资料。

（二）万人以上的少数民族和鄂伦春族人口变动状况

2020 年内蒙古 55 个少数民族中，有的民族人口多，有的则少。万人以上的少数民族有蒙古族、回族、朝鲜族、满族、达斡尔族和鄂温克族，共 6 个少数民族，见表 8-1。其中蒙古族 424.78 万人，占总人口的 17.66%；回族 21.49 万人，占总人口的 0.89%；朝鲜族 1.82 万人口的 0.08%；满族 46.97 万人，占总人口的 1.95%；达斡尔族 7.35 万人，占总人口的 0.31%；鄂温克族 2.8 万人，占总人口的 0.12%。万人以上少数民族人口占内蒙古少数民族人口的 98.8%。虽然鄂伦春族人口 4219 人，占内蒙古总人口的比重只有 0.02%，但鄂伦春族、达斡尔族和鄂温克族是内蒙古特有的三个少数民族。

同 2010 年相比，2020 年内蒙古蒙古族人口增加 2.17 万人，增长

0.51%，占全区总人口的比重上升了 0.55 个百分点；回族人口减少 0.66 万人，减少 2.96%，占全区总人口的比重下降 0.01 个百分点；朝鲜族人口减少 248 人，减少 1.34%，占全区总人口的比重上升了 0.01 个百分点；满族人口增加 1.7 万人，增长 3.75%，占全区总人口的比重上升了 0.12 个百分点；达斡尔族人口减少 0.27 万人，减少 3.58%，占全区总人口的比重不变；鄂温克族人口增加 0.18 万人，增长 6.96%，占全区总人口的比重上升了 0.01 个百分点；鄂伦春族人口增加 587 人，增长 16.16%，占全区总人口的比重上升了 0.01 个百分点。见表 8-2。

由上述分析可以看出，2010—2020 年，内蒙古万人以上少数民族和鄂伦春族中，人口增加最多的是蒙古族，人口减少最多的是回族。

表 8-2　2010 年、2020 年内蒙古民族人口变化情况

民　族	2010 年人口数（人）	2020 年人口数（人）	增　减（人）	增长率（%）
总　人　口	**24706291**	**24049155**	**-657136**	**-2.66**
汉　族	19650665	18935537	-715128	-3.64
蒙　古　族	4226090	4247815	21725	0.51
回　族	221483	214918	-6565	-2.96
藏　族	3259	4541	1282	39.34
维吾尔族	658	941	283	43.01
苗　族	3349	9406	6057	180.86
彝　族	2854	4618	1764	61.81
壮　族	2319	3124	805	34.71
布　依　族	537	4006	3469	646.00
朝　鲜　族	18464	18216	-248	-1.34
满　族	452765	469734	16969	3.75
侗　族	438	4351	3913	893.38
瑶　族	318	608	290	91.19
白　族	443	895	452	102.03
土　家　族	3096	6112	3016	97.42
哈　尼　族	320	455	135	42.19
哈萨克族	377	165	-212	-56.23
傣　族	179	255	76	42.46
黎　族	981	1384	403	41.08
傈　傈　族	443	691	248	55.98
佤　族	519	590	71	13.68
畲　族	202	365	163	80.69

续表

民 族	2010 年人口数（人）	2020 年人口数（人）	增 减（人）	增长率（%）
高 山 族	120	109	-11	-9.17
拉 祜 族	347	529	182	52.45
水 族	122	826	704	577.05
东 乡 族	574	1026	452	78.75
纳 西 族	60	76	16	26.67
景 颇 族	39	52	13	33.33
柯尔克孜族	141	159	18	12.77
土 族	557	600	43	7.72
达斡尔族	76255	73523	-2732	-3.58
仫 佬 族	37	103	66	178.38
羌 族	144	197	53	36.81
布 朗 族	15	19	4	26.67
撒 拉 族	53	211	158	298.11
毛 南 族	14	92	78	557.14
仡 佬 族	249	526	277	111.24
锡 伯 族	3000	3387	387	12.90
阿 昌 族	16	11	-5	-31.25
普 米 族	5	13	8	160.00
塔吉克族	6	2	-4	-66.67
怒 族	18	12	-6	-33.33
乌孜别克族	6	7	1	16.67
俄罗斯族	4673	4633	-40	-0.86
鄂温克族	26139	27958	1819	6.96
德 昂 族	5	12	7	140.00
保 安 族	90	38	-52	-57.78
裕 固 族	38	64	26	68.42
京 族	25	22	-3	-12.00
塔塔尔族	6	10	4	66.67
独 龙 族	7	3	-4	-57.14
鄂伦春族	3632	4219	587	16.16
赫 哲 族	50	39	-11	-22.00
门 巴 族	7	2	-5	-71.43
珞 巴 族	0	1	1	
基 诺 族	11	11	0	0.00
未定族称人口	62	1840	1778	2867.74
入 籍	9	96	87	966.67

资料来源：内蒙古自治区 2010 年、2020 年人口普查资料。

二、少数民族人口的地区分布与构成

（一）少数民族人口的地区分布

2020 年，内蒙古 511.36 万少数民族人口，分布在 118.3 万平方公里的广袤土地上，55 个少数民族人口在各盟市的分布并不均衡，有的盟市居住的少数民族人口少一些，有的盟市居住的某一少数民族人口多一些。从表 8-3 可以看出，居住在通辽市的少数民族人口最多，达 143.48 万人，占内蒙古少数民族人口的 28.06%；其次是赤峰市，97.35 万少数民族人口分布在赤峰市，占内蒙古少数民族人口的 19.04%；66.36 万少数民族人口分布在兴安盟，占内蒙古少数民族人口的 12.98%；50.23 万少数民族人口分布在呼和浩特市，占内蒙古少数民族人口的 9.82%；44.64 万少数民族人口分布在呼伦贝尔市，占内蒙古少数民族人口的 8.73%。上述 5 盟市分布着内蒙古 78.62% 的少数民族人口。少数民族人口最少的盟市是乌海市，生活着 3.9 万少数民族人口，占内蒙古少数民族人口的 0.76%。

同 2010 年相比，2020 年内蒙古少数民族人口比重呈上升趋势的有呼和浩特市、包头市、乌海市、鄂尔多斯市、巴彦淖尔市、乌兰察布市、锡林郭勒盟和阿拉善盟，少数民族人口比重分别上升 2.54 个、0.62 个、0.04 个、0.69 个、0.19 个、0.08 个、0.55 个和 0.11 个百分点；而赤峰市、通辽市、呼伦贝尔市和兴安盟的少数民族人口比重不同程度下降，分别下降 0.45 个、2.54 个、0.19 个和 1.63 个百分点。

表 8-3　2010 年、2020 年内蒙古少数民族地区分布

地　　区	2010 年		2020 年	
	人口数（人）	比重（%）	人口数（人）	比重（%）
总　计	5055626	100	5113618	100
呼和浩特市	367968	7.28	502286	9.82
包头市	150856	2.98	183872	3.60
乌海市	36177	0.72	39014	0.76
赤峰市	985512	19.49	973545	19.04
通辽市	1546874	30.60	1434767	28.06

续表

地　　区	2010 年		2020 年	
	人口数（人）	比重（%）	人口数（人）	比重（%）
鄂尔多斯市	192104	3.80	229547	4.49
呼伦贝尔市	450872	8.92	446356	8.73
巴彦淖尔市	101418	2.01	112354	2.20
乌兰察布市	79976	1.58	84674	1.66
兴安盟	738855	14.61	663594	12.98
锡林郭勒盟	346146	6.85	378452	7.40
阿拉善盟	58868	1.16	65157	1.27

资料来源：内蒙古自治区 2010 年、2020 年人口普查资料。

1.蒙古族人口的地区分布

2020年内蒙古有蒙古族人口424.78万人，占全区少数民族人口的83.07%。从表8-4可以看出，通辽市分布着132.58万蒙古族人口，占全区蒙古族人口的31.21%；赤峰市分布着81.45万蒙古族人口，占全区蒙古族人口的19.17%；兴安盟分布着59.32万蒙古族人口，占全区蒙古族人口的13.97%；呼和浩特市分布着39.87万蒙古族人口，占全区蒙古族人口的9.39%。上述4个盟市分布了内蒙古73.74%的蒙古族人口。居住在乌海市的蒙古族人口最少，只有2.21万人，占全区蒙古族人口的0.52%。

同 2010 年相比，2020 年内蒙古蒙古族人口增加 2.17 万人。其中呼和浩特市、包头市、乌海市、鄂尔多斯市、呼伦贝尔市、巴彦淖尔市、乌兰察布市、锡林郭勒盟和阿拉善盟 9 盟市的蒙古族人口数量增加，呼和浩特市蒙古族人口数量增加最多，增加了 11.27 万人；赤峰市、通辽市和兴安盟 3 盟市的蒙古族人口数量减少，通辽市蒙古族人口数量减少最多，减少了 11.54 万人。

同 2010 年相比，2020 年内蒙古蒙古族人口占少数民族人口的比重下降了 0.52 个百分点。呼和浩特市、包头市、乌海市、呼伦贝尔市、巴彦淖尔市和阿拉善盟 6 盟市的蒙古族人口占少数民族人口的比重不同程度上升，上升幅度最大的是包头市，上升了 5.14 个百分点；赤峰市、通辽市、鄂尔多斯市、乌兰察布市、兴安盟和锡林郭勒盟 6 盟市的蒙古族人口占少数民族人口的比重不同程度下降，下降幅度最大的是鄂尔多斯市，下降了 1.37 个百分点。

表 8-4　2010 年、2020 年内蒙古蒙古族人口地区分布

地　　区	2010 年		2020 年	
	人口数（人）	比重（%）	人口数（人）	比重（%）
总　　计	4226090	100	4247815	100
呼和浩特市	285969	6.77	398688	9.39
包头市	85121	2.01	113204	2.66
乌海市	18952	0.45	22091	0.52
赤峰市	829824	19.64	814470	19.17
通辽市	1441275	34.10	1325826	31.21
鄂尔多斯市	176912	4.19	208259	4.90
呼伦贝尔市	230007	5.44	237454	5.59
巴彦淖尔市	75485	1.79	84702	1.99
乌兰察布市	62320	1.47	64926	1.53
兴安盟	665826	15.76	593223	13.97
锡林郭勒盟	309764	7.33	334868	7.88
阿拉善盟	44635	1.06	50104	1.18

资料来源：内蒙古自治区 2010 年、2020 年人口普查资料。

2.回族人口的地区分布

2020 年内蒙古有回族人口 21.49 万人，占少数民族人口的 4.2%。从表 8-5 可以看出，4.46 万回族人口分布在呼和浩特市，占全区回族人口的 20.76%；3.5 万回族人口分布在包头市，占全区回族人口的 16.27%；2.89 万回族人口分布在赤峰市，占全区回族人口的的 13.46%；2.56 万回族人口分布在呼伦贝尔市，占全区回族人口的 11.9%；1.91 万回族人口分布在巴彦淖尔市，占全区回族人口的 8.88%。上述 5 盟市分布着内蒙古 71.27% 的回族人口。分布在呼和浩特市的回族人口最多，分布在兴安盟的回族人口最少，只有 0.31 万回族人口分布在兴安盟，占全区回族人口的 1.46%。

同 2010 年相比，2020 年内蒙古回族人口减少 6565 人。其中呼和浩特市、鄂尔多斯市和兴安盟 3 盟市的回族人口数量增加，分别增加了

3217 人、1951 人和 196 人；其他 9 盟市回族人口数量减少，呼伦贝尔市回族人口数量减少最多，减少了 4184 人。

同 2010 年相比，2020 年内蒙古回族人口占全区少数民族人口比重下降 0.18 个百分点。通辽市、鄂尔多斯市和兴安盟 3 盟市回族人口占少数民族人口比重不同程度上升，上升幅度最大的是鄂尔多斯市，上升了 0.47 个百分点；其他 9 盟市的回族人口占少数民族人口比重不同程度下降，下降幅度最大的是乌海市，下降了 5.77 个百分点。

表 8-5　2010 年、2020 年内蒙古回族人口地区分布

地　　区	2010 年		2020 年	
	人口数（人）	比重（%）	人口数（人）	比重（%）
总　　计	**221483**	**100**	**214918**	**100**
呼和浩特市	41403	18.69	44620	20.76
包头市	36747	16.59	34969	16.27
乌海市	11732	5.30	10401	4.84
赤峰市	31234	14.10	28924	13.46
通辽市	12462	5.63	11783	5.48
鄂尔多斯市	4450	2.01	6401	2.98
呼伦贝尔市	29766	13.44	25582	11.90
巴彦淖尔市	19994	9.03	19085	8.88
乌兰察布市	7382	3.33	6889	3.21
兴安盟	2941	1.33	3137	1.46
锡林郭勒盟	10825	4.89	10768	5.01
阿拉善盟	12547	5.66	12359	5.75

资料来源：内蒙古自治区 2010 年、2020 年人口普查资料。

3.朝鲜族人口的地区分布

2020 年内蒙古有朝鲜族人口 18216 人，占全区少数民族人口的 0.36%。从表 8-6 可以看出，朝鲜族 5947 人分布在呼伦贝尔市，占全区朝鲜族人口的 32.65%；朝鲜族 4511 人分布在兴安盟，占全区朝鲜族人口的 24.76%；朝鲜族 2493 人分布在通辽市，占全区朝鲜族人口的 13.69%。全区 71.1%的朝鲜族人口分布在上述 3 盟市，其他盟市的朝鲜族人口相对较少。分布在呼伦贝尔市的朝鲜族人口最多，分布在阿拉善

盟的朝鲜族人口最少，只有31人。

同2010年相比，2020年内蒙古朝鲜族人口减少248人。其中，除呼伦贝尔市和兴安盟外，其他10个盟市的朝鲜族人口数量增加，呼和浩特市的朝鲜族人口数量增加最多，增加了331人；呼伦贝尔市和兴安盟的朝鲜族人口数量减少，分别减少了856人和802人，呼伦贝尔市朝鲜族人口数量减少最多。

同2010年相比，2020年内蒙古朝鲜族人口占全区少数民族人口的比重下降0.01个百分点。除呼和浩特市、呼伦贝尔市和兴安盟外，其他9个盟市的朝鲜族人口占少数民族人口的比重不同程度上升，上升幅度最大的是乌兰察布市，上升了0.11个百分点；呼和浩特市、呼伦贝尔市和兴安盟的朝鲜族人口占少数民族人口的比重不同程度下降，下降幅度最大的是呼伦贝尔市，下降了0.18个百分点。

表8-6　2010年、2020年内蒙古朝鲜族人口地区分布

地　　区	2010年		2020年	
	人口数（人）	比重（%）	人口数（人）	比重（%）
总　　计	**18464**	**100**	**18216**	**100**
呼和浩特市	1249	6.76	1580	8.67
包头市	699	3.79	950	5.22
乌海市	97	0.53	143	0.79
赤峰市	1290	6.99	1492	8.19
通辽市	2421	13.11	2493	13.69
鄂尔多斯市	177	0.96	314	1.72
呼伦贝尔市	6803	36.84	5947	32.65
巴彦淖尔市	139	0.75	254	1.39
乌兰察布市	129	0.70	231	1.27
兴安盟	5313	28.77	4511	24.76
锡林郭勒盟	133	0.72	270	1.48
阿拉善盟	14	0.08	31	0.17

资料来源：内蒙古自治区2010年、2020年人口普查资料。

4.满族人口的地区分布

2020年内蒙古有满族人口46.97万人，占全区少数民族人口的9.19%。

从表 8-7 可以看出，12.27 万满族人口分布在赤峰市，占全区满族人口的 26.12%；8.79 万满族人口分布在通辽市，占全区满族人口的 18.72%；7.53 万满族人口分布在呼伦贝尔市，占全区满族人口的 16.03%；5.81 万满族人口分布在兴安盟，占全区满族人口的 12.38%。全区 73.24% 的满族人口分布在上述 4 盟市，其他盟市的满族人口相对较少。分布在赤峰市的满族人口最多，分布在阿拉善盟的满族人口最少，仅 0.11 万人。

同 2010 年相比，2020 年内蒙古满族人口增加 1.7 万人。除通辽市、呼伦贝尔市和兴安盟外，其他 9 盟市的满族人口不同程度增加，呼和浩特市的满族人口增加最多，增加了 1.12 万人；通辽市、呼伦贝尔市和兴安盟的满族人口不同程度减少，呼伦贝尔市的满族人口减少最多，减少了 0.55 万人。

同 2010 年相比，2020 年内蒙古满族人口占全区少数民族人口的比重上升了 0.23 个百分点。除包头市、乌海市、呼伦贝尔市和乌兰察布市外，其他 8 个盟市满族人口占少数民族人口的比重不同程度上升，上升幅度最大的是鄂尔多斯市，上升了 0.95 个百分点；包头市、乌海市、呼伦贝尔市和乌兰察布市满族人口占少数民族人口的比重不同程度下降，下降幅度最大的是呼伦贝尔市，下降了 1.05 个百分点。

表 8-7 2010 年、2020 年内蒙古满族人口地区分布

地　　区	2010 年		2020 年	
	人口数（人）	比重（%）	人口数（人）	比重（%）
总　计	452765	100	469734	100
呼和浩特市	30637	6.77	41883	8.92
包头市	23165	5.12	26792	5.70
乌海市	4127	0.91	4291	0.91
赤峰市	120715	26.66	122676	26.12
通辽市	88316	19.51	87911	18.72
鄂尔多斯市	5774	1.28	9072	1.93
呼伦贝尔市	80794	17.84	75279	16.03
巴彦淖尔市	3381	0.75	4682	1.00
乌兰察布市	8670	1.91	8806	1.87
兴安盟	62352	13.77	58144	12.38
锡林郭勒盟	24002	5.30	29129	6.20
阿拉善盟	832	0.18	1069	0.23

资料来源：内蒙古自治区 2010 年、2020 年人口普查资料。

5.达斡尔族人口的地区分布

2020 年内蒙古有达斡尔族人口 7.35 万人,占全区少数民族人口的 1.44%。从表 8-8 可以看出,6.21 万达斡尔族人口分布在呼伦贝尔市,占全区达斡尔族人口的 84.48%,其他 11 个盟市的达斡尔族人口相对较少,阿拉善盟达斡尔族人口最少,只有 108 人,占全区达斡尔族人口的 0.15%。

同 2010 年相比,2020 年内蒙古达斡尔族人口减少 2732 人。除呼伦贝尔市外,其他 11 个盟市的达斡尔族人口不同程度增加,呼和浩特市达斡尔族人口增加最多,增加了 1069 人;呼伦贝尔市的达斡尔族人口减少,减少了 6862 人。

同 2010 年相比,2020 年内蒙古达斡尔族人口占全区少数民族人口的比重下降了 0.07 个百分点。除呼和浩特市和呼伦贝尔市外,其他 10 盟市的达斡尔族人口占少数民族人口的比重不同程度上升,上升幅度最大的是乌兰察布市,上升了 0.24 个百分点;呼和浩特市和呼伦贝尔市的达斡尔族人口占少数民族人口的比重不同程度下降,下降幅度最大的是呼伦贝尔市,下降了 1.38 个百分点。

表 8-8　2010 年、2020 年内蒙古达斡尔族人口地区分布

地　　区	2010 年		2020 年	
	人口数（人）	比重（%）	人口数（人）	比重（%）
总　　计	76255	100	73523	100
呼和浩特市	3045	3.99	4114	5.60
包头市	725	0.95	1260	1.71
乌海市	124	0.16	214	0.29
赤峰市	492	0.65	890	1.21
通辽市	548	0.72	1271	1.73
鄂尔多斯市	177	0.23	528	0.72
呼伦贝尔市	68974	90.45	62112	84.48
巴彦淖尔市	172	0.23	396	0.54
乌兰察布市	187	0.25	403	0.55
兴安盟	1057	1.39	1259	1.71
锡林郭勒盟	686	0.90	968	1.32
阿拉善盟	68	0.09	108	0.15

资料来源:内蒙古自治区 2010 年、2020 年人口普查资料。

6.鄂温克族人口的地区分布

2020 年内蒙古有鄂温克族人口 2.8 万人，占全区少数民族人口的
0.55%。从表 8-9 可以看出，2.54 万鄂温克族人口分布在呼伦贝尔市，
占全区鄂温克族人口的 90.72%；其他 11 个盟市的鄂温克族人口相对较
少，阿拉善盟的鄂温克族人口最少，只有 24 人，占全区鄂温克族人口
的 0.09%。

同 2010 年相比，2020 年内蒙古鄂温克族人口增加 1819 人。全
区 12 盟市的鄂温克族人口不同程度增加，呼伦贝尔市鄂温克族人口
增加最多，增加了 466 人；阿拉善盟的鄂温克族人口增加最少，仅增
加 7 人。

同 2010 年相比，2020 年内蒙古鄂温克族人口占全区少数民族人
口的比重上升了 0.03 个百分点。全区 12 个盟市的鄂温克族人口占少
数民族人口的比重不同程度上升，上升幅度最大的是呼伦贝尔市，上
升了 0.16 个百分点；上升幅度最小的是阿拉善盟，上升了 0.01 个百
分点。

表 8-9　2010 年、2020 年内蒙古鄂温克族人口地区分布

地　　区	2010 年		2020 年	
	人口数（人）	比重（%）	人口数（人）	比重（%）
总　计	**26139**	**100**	**27958**	**100**
呼和浩特市	518	1.98	907	3.24
包头市	139	0.53	321	1.15
乌海市	11	0.04	33	0.12
赤峰市	96	0.37	226	0.81
通辽市	120	0.46	309	1.11
鄂尔多斯市	56	0.21	180	0.64
呼伦贝尔市	24897	95.25	25363	90.72
巴彦淖尔市	28	0.11	93	0.33
乌兰察布市	23	0.09	89	0.32
兴安盟	179	0.68	255	0.91
锡林郭勒盟	55	0.21	158	0.57
阿拉善盟	17	0.07	24	0.09

资料来源：内蒙古自治区 2010 年、2020 年人口普查资料。

7.鄂伦春族人口的地区分布

2020 年内蒙古有鄂伦春族人口 4219 人，占全区少数民族人口的0.08%。从表 8-10 可以看出，鄂伦春族 3574 人分布在呼伦贝尔市，占全区鄂伦春族人口的 84.71%，其他盟市的鄂伦春族人口相对较少，阿拉善盟没有鄂伦春族人口。

同 2010 年相比，2020 年内蒙古鄂伦春族人口增加 587 人，增长16.16%。除兴安盟和阿拉善盟鄂伦春族人口减少外，其他 10 个盟市鄂伦春族人口不同程度增加，其中呼伦贝尔市鄂伦春族人口数量增加最多，增加了 427 人；兴安盟鄂伦春族人口减少最多，减少了 19 人。

同 2010 年相比，2020 年内蒙古鄂伦春族人口占全区少数民族人口的比重上升了 0.01 个百分点。包头市、乌海市、鄂尔多斯市、呼伦贝尔市和乌兰察布市 5 个盟市的鄂伦春族人口占少数民族人口比重不同程度上升，上升幅度最大的是呼伦贝尔市，上升了 0.1 个百分点；其他 7 盟市鄂伦春族人口占少数民族人口的比重没有变化。

表 8-10　2010 年、2020 年内蒙古鄂伦春族人口地区分布

地　　区	2010 年		2020 年	
	人口数（人）	比重（%）	人口数（人）	比重（%）
总　　计	**3632**	**100**	**4219**	**100**
呼和浩特市	112	3.08	169	4.01
包头市	40	1.10	62	1.47
乌海市	9	0.25	13	0.31
赤峰市	70	1.93	76	1.80
通辽市	46	1.27	102	2.42
鄂尔多斯市	5	0.14	28	0.66
呼伦贝尔市	3147	86.65	3574	84.71
巴彦淖尔市	7	0.19	13	0.31
乌兰察布市	6	0.17	11	0.26
兴安盟	173	4.76	154	3.65
锡林郭勒盟	16	0.44	17	0.40
阿拉善盟	1	0.03	0	0

资料来源：内蒙古自治区 2010 年、2020 年人口普查资料。

8.其他少数民族人口的地区分布

其他少数民族是指：除万人以上少数民族（蒙古族、回族、朝鲜族、满族、达斡尔族和鄂温克族）和鄂伦春族以外的少数民族。2020 年内蒙古有其他少数民族人口 5.72 万人，占全区少数民族人口的 1.12%。从表 8-11 可以看出，1.1 万其他少数民族人口分布在呼伦贝尔市，占全区其他少数民族人口的 19.3%；1.03 万其他少数民族人口分布在呼和浩特市，占全区其他少数民族人口的 18.04%；0.63 万其他少数民族人口分布在包头市，占全区其他少数民族人口 11.03%；0.48 万其他少数民族人口分布在赤峰市，占全区其他少数民族人口的 8.37%；0.51 万其他少数民族人口分布在通辽市，占全区其他少数民族人口的 8.86%；0.48 万其他少数民族人口分布在鄂尔多斯市，占全区其他少数民族人口的 8.33%。全区 73.93% 的其他少数民族人口分布在上述 6 盟市，其他盟市的其他少数民族人口相对较少。

同 2010 年相比，2020 年内蒙古其他少数民族人口增加了 2.64 万人，增长 85.84%。全区 12 个盟市的其他少数民族人口不同程度增加，呼和浩特市的其他少数民族人口增加最多，增加了 5290 人；鄂尔多斯市的其他少数民族人口增加最少，增加了 212 人。

同 2010 年相比，2020 年内蒙古其他少数民族人口占全区少数民族人口的比重上升了 0.51 个百分点。除鄂尔多斯市外，全区 11 个盟市的其他少数民族人口占少数民族人口的比重不同程度上升，上升幅度最大的是乌兰察布市，上升了 2.35 个百分点；鄂尔多斯市的其他少数民族人口占少数民族人口的比重下降，下降 0.29 个百分点。

表 8-11　2010 年、2020 年内蒙古其他少数民族人口地区分布

地　　区	2010 年		2020 年	
	人口数（人）	比重（%）	人口数（人）	比重（%）
总　计	**30798**	**100**	**57235**	**100**
呼和浩特市	5035	16.35	10325	18.04
包头市	4220	13.70	6314	11.03
乌海市	1125	3.65	1828	3.19
赤峰市	1791	5.82	4791	8.37

续表

地　　区	2010 年		2020 年	
	人口数（人）	比重（%）	人口数（人）	比重（%）
通辽市	1686	5.47	5072	8.86
鄂尔多斯市	4553	14.78	4765	8.33
呼伦贝尔市	6484	21.05	11045	19.30
巴彦淖尔市	2212	7.18	3129	5.47
乌兰察布市	1259	4.09	3319	5.80
兴安盟	1014	3.29	2911	5.09
锡林郭勒盟	665	2.16	2274	3.97
阿拉善盟	754	2.45	1462	2.55

资料来源：内蒙古自治区 2010 年、2020 年人口普查资料。

（二）少数民族人口的城乡分布

2020 年内蒙古少数民族人口 511.36 万。其中 155.06 万少数民族人口分布在城市，占全区少数民族人口的 30.32%；158.05 万少数民族人口分布在镇，占全区少数民族人口的 30.91%；198.26 万少数民族人口分布在乡村，占全区少数民族人口的 38.77%。见表 8-12。

同 2010 年相比，2020 年内蒙古居住在城市的少数民族人口比重上升了 6.56 个百分点，居住在镇的少数民族人口比重上升了 5.97 个百分点，而居住在乡村的少数民族人口比重下降了 12.53 个百分点。

1.蒙古族人口的城乡分布

2020 年内蒙古蒙古族人口 424.78 万人。其中 115.47 万蒙古族人口居住在城市，占全区蒙古族人口的 27.18%；133.44 万蒙古族人口居住在镇，占全区蒙古族人口的 31.41%；175.87 万蒙古族人口居住在乡村，占全区蒙古族人口的 41.4%。

与 2010 年相比，2020 年内蒙古居住在城市的蒙古族人口比重上升了 6.93 个百分点，居住在镇的蒙古族人口比重上升了 6.36 个百分点，居住在乡村的蒙古族人口比重下降了 13.3 个百分点。

2.回族人口的城乡分布

2020 年内蒙古回族人口 21.49 万人。其中 13.59 万回族人口居住在城市，占全区回族人口的 63.24%；4.88 万回族人口居住在镇，占全区回族人口的 22.73%。3.02 万回族人口居住在乡村，占全区回族人口的 14.04%。

与 2010 年相比，2020 年内蒙古居住在城市的回族人口比重上升了 2.41 个百分点，居住在镇的回族人口比重上升了 1.24 个百分点，居住在乡村的回族人口比重下降了 3.64 个百分点。

3.朝鲜族人口的城乡分布

2020 年内蒙古朝鲜族人口 1.82 万人。0.82 万朝鲜族人口居住在城市，占全区朝鲜族人口的 45.16%；0.46 万朝鲜族人口居住在镇，占全区朝鲜族人口的 25.09%；0.54 万朝鲜族人口居住在乡村，占全区朝鲜族人口的 29.74%。

与 2010 年相比，2020 年内蒙古居住在城市的朝鲜族人口比重下降了 1.12 个百分点，居住在镇的朝鲜族人口比重上升了 5.57 个百分点，居住在乡村的朝鲜族人口比重下降了 4.45 个百分点。

4.满族人口的城乡分布

2020 年内蒙古满族人口 46.97 万人。其中，20 万满族人口居住在城市，占全区满族人口的 42.58%；13.22 万满族人口居住在镇，占全区满族人口的 28.15%；13.55 万满族人口居住在乡村，占全区满族人口的 29.26%。

与 2010 年相比，2020 年内蒙古居住在城市的满族人口比重上升了 6.06 个百分点，居住在镇的满族人口比重上升了 5.38 个百分点，居住在乡村的满族人口比重下降了 11.45 个百分点。

5.达斡尔族人口的城乡分布

2020 年内蒙古达斡尔族人口 7.35 万人。其中，2.03 万达斡尔族人口居住在城市，占全区达斡尔族人口的 27.63%；3.11 万达斡尔族人口居住在镇，占全区达斡尔族人口的 42.27%；2.21 万达斡尔族人口居住在乡村，占全区达斡尔族人口的 30.1%。

与 2010 年相比，2020 年内蒙古居住在城市的达斡尔族人口比重上升了 3.54 个百分点，居住在镇的达斡尔族人口比重上升了 2.86 个百分点，居住在乡村的达斡尔族人口比重下降了 6.4 个百分点。

表 8-12　2010 年、2020 年内蒙古少数民族人口的城乡分布

单位：%

民　族	2010 年			2020 年		
	城市	镇	乡村	城市	镇	乡村
总人口	**32.43**	**23.11**	**44.47**	**39.28**	**28.20**	**32.52**
汉　族	34.66	22.64	42.71	41.70	27.46	30.84
少数民族	23.76	24.94	51.30	30.32	30.91	38.77
蒙古族	20.25	25.05	54.70	27.18	31.41	41.40
回　族	60.83	21.49	17.68	63.24	22.73	14.04
朝鲜族	46.28	19.52	34.19	45.16	25.09	29.74
满　族	36.52	22.77	40.71	42.58	28.15	29.26
达斡尔族	24.09	39.41	36.50	27.63	42.27	30.10
鄂温克族	14.52	37.24	48.24	17.96	44.76	37.28
鄂伦春族	18.14	44.16	37.69	19.18	60.04	20.79
其他少数民族	45.82	21.13	33.05	44.71	24.90	30.39

资料来源：内蒙古自治区 2010 年、2020 年人口普查资料。

6.鄂温克族人口的城乡分布

2020 年内蒙古鄂温克族人口 2.8 万人。其中 0.5 万鄂温克族人口居住在城市，占全区鄂温克族人口的 17.96%；1.25 万鄂温克族人口居住在镇，占全区鄂温克族人口的 44.76%；1.04 万鄂温克族人口居住在乡村，占全区鄂温克族人口的 37.28%。

与 2010 年相比，2020 年内蒙古居住在城市的鄂温克族人口比重上升了 3.44 个百分点，居住在镇的鄂温克族人口比重上升了 7.52 个百分点，居住在乡村的鄂温克族人口比重下降了 10.96 个百分点。

7.鄂伦春族人口的城乡分布

2020 年内蒙古有鄂伦春族人口 4219 人。其中 809 人居住在城市，占全区鄂伦春族人口的 19.18%；2533 人居住在镇，占全区鄂伦春族人口的 60.04%；877 人居住在乡村，占全区鄂伦春族人口的 20.79%。

与 2010 年相比，2020 年内蒙古居住在城市的鄂伦春族人口比重上升了 1.04 个百分点，居住在镇的鄂伦春族人口比重上升了 15.88 个百分点，居住在乡村的鄂伦春族人口比重下降了 16.9 个百分点。

8.其他少数民族人口的城乡分布

2020 年内蒙古有其他少数民族人口 5.72 万人。其中 2.56 万人居住在城市，占全区其他少数民族人口的 44.71%；1.43 万人居住在镇，占全区其他少数民族人口的 24.9%；1.74 万人居住在乡村，占全区其他少数民族人口的 30.39%。

与 2010 年相比，2020 年内蒙古居住在城市的其他少数民族人口比重下降了 1.11 个百分点，居住在镇的其他少数民族人口比重上升了 3.77 个百分点，居住在乡村的其他少数民族人口比重下降了 2.66 个百分点。

（三）少数民族人口的性别构成

2020 年内蒙古少数民族人口性别比（以女性为 100，男性对女性的比例）为 99.27，男性略少于女性，男女均衡。与 2010 年相比，2020 年内蒙古少数民族人口性别比降低 1.04。内蒙古少数民族人口性别结构进一步优化。

2020 年内蒙古少数民族中，蒙古族人口性别比为 98.71，男性少于女性，比 2010 年下降 0.83；回族人口性别比为 102.29，男性多于女性，比 2010 年下降 2.42；朝鲜族人口性别比为 95.01，男性少于女性，比 2010 年下降 0.42；满族人口性别比为 104.64，男性多于女性，比 2010 年下降 1.39；达斡尔族人口性别比为 95.05，男性少于女性，比 2010 年下降 2.65；鄂温克族人口性别比为 94.04，男性少于女性，比 2010 年上升 1.29；鄂伦春族人口性别比为 88.6，男性少于女性，比 2010 年上升 0.71。见表 8-13。

表 8-13　2010 年、2020 年内蒙古民族人口性别比

民　　族	2010 年			2020 年		
	男（%）	女（%）	性别比（女=100）	男（%）	女（%）	性别比（女=100）
总人口	**51.94**	**48.06**	**108.05**	**51.04**	**48.96**	**104.26**
汉　族	52.45	47.55	110.30	51.37	48.63	105.65
少数民族	50.08	49.92	100.31	49.82	50.18	99.27
蒙古族	49.89	50.11	99.54	49.68	50.32	98.71
回　族	51.15	48.85	104.71	50.57	49.43	102.29
朝鲜族	48.83	51.17	95.43	48.72	51.28	95.01

续表

民　族	2010 年			2020 年		
	男 （%）	女 （%）	性别比 （女=100）	男 （%）	女 （%）	性别比 （女=100）
满　族	51.46	48.54	106.03	51.13	48.87	104.64
达斡尔族	49.42	50.58	97.70	48.73	51.27	95.05
鄂温克族	48.12	51.88	92.75	48.47	51.53	94.04
鄂伦春族	46.78	53.22	87.89	46.98	53.02	88.60

资料来源：内蒙古自治区 2010 年、2020 年人口普查资料。

（四）少数民族人口的年龄构成

2020 年内蒙古少数民族人口中，0—14 岁人口比重为 20.09%，高于总人口和汉族人口中 0—14 岁人口比重；15—64 岁人口比重为 71.83%，低于总人口和汉族人口中 15—64 岁人口比重；65 岁及以上人口比重为 8.08%，低于总人口和汉族人口中 65 岁及以上人口比重。表明少数民族人口年龄构成已是老年型，但少数民族人口年龄构成比全区总人口和汉族人口年轻。见表 8-14。

与 2010 年相比，2020 年内蒙古 0—14 岁少数民族人口比重上升，上升了 0.82 个百分点；15—64 岁少数民族人口比重下降，下降了 4.2 个百分点；65 岁及以上少数民族人口比重上升，上升了 3.39 个百分点。表明少数民族人口年龄构成已从成年型转变成老年型。

1.蒙古族人口的年龄构成

2020 年内蒙古蒙古族人口中，0—14 岁人口比重为 20.3%，分别比总人口和汉族人口高 6.25 个和 7.88 个百分点；15—64 岁人口比重为 71.85%，分别比总人口和汉族人口低 1.05 个和 1.34 个百分点；65 岁及以上的老年人口比重为 7.85%，分别比总人口和汉族人口低 5.2 个和 6.54 个百分点。虽然蒙古族人口已步入老年型，但蒙古族人口年龄构成比总人口和汉族人口年轻。

与 2010 年相比，2020 年内蒙古 0—14 岁蒙古族人口比重上升了 0.52 个百分点；15—64 岁蒙古族人口比重下降了 3.83 个百分点；65 岁及以上蒙古族人口比重上升了 3.32 个百分点。上述分析表明 2010—2020 年内蒙古蒙古族少儿人口比重上升，劳动年龄人口比重下降，老年人口比重上升，表明蒙古族人口年龄构成已从成年型转变成老年型。

2.回族人口的年龄构成

2020 年内蒙古回族人口中，0—14 岁人口比重为 14.93%，分别比总人口和汉族人口高 0.89 个和 2.52 个百分点；15—64 岁人口比重为 71.6%，分别比总人口和汉族人口低 1.3 个和 1.59 个百分点；65 岁及以上的回族人口比重为 13.47%，比总人口高 0.41 个百分点，比汉族人口低 0.93 个百分点。回族是内蒙古万人以上少数民族中，老龄化程度较高的民族。

与 2010 年相比，2020 年内蒙古 0—14 岁回族人口比重上升了 0.61 个百分点；15—64 岁回族人口比重下降了 5.97 个百分点；65 岁及以上回族人口比重上升了 5.36 个百分点。上述分析表明 2010—2020 年内蒙古回族少年儿童比重回升，劳动年龄人口比重大幅回落，老年人口比重大幅上升，回族人口老龄化进程加深。

3.朝鲜族人口的年龄构成

2020 年内蒙古朝鲜族人口中，0—14 岁人口比重为 14.88%，分别比总人口和汉族人口高 0.83 个和 2.46 个百分点；15—64 岁人口比重为 70.6%，分别比总人口和汉族人口低 2.3 个和 2.59 个百分点；65 岁及以上人口比重为 14.52%，分别比总人口和汉族人口高 1.47 个和 0.13 个百分点。朝鲜族是内蒙古万人以上少数民族中，少儿人口比重最低，劳动年龄人口比重最低，老年人口比重最高的少数民族，朝鲜族人口老龄化程度较高，朝鲜族人口老龄化程度高于总人口和汉族人口。

与 2010 年相比，2020 年内蒙古 0—14 岁朝鲜族人口比重上升了 2.53 个百分点；15—64 岁朝鲜族人口比重下降了 7.51 个百分点；65 岁及以上朝鲜族人口比重上升了 4.98 个百分点。上述分析表明 2010—2020 年内蒙古朝鲜族少儿人口比重回升，劳动年龄人口比重大幅降低，老龄人口比重大幅上升，朝鲜族人口已步入深度老龄化。

4.满族人口的年龄构成

2020 年内蒙古满族人口中，0—14 岁人口比重为 20.74%，分别比总人口和汉族人口高 6.69 个和 8.32 个百分点；15—64 岁人口比重为 71.32%，分别比总人口和汉族人口低 1.58 个和 1.87 个百分点；65 岁及以上人口比重为 7.94%，分别比总人口和汉族人口低 5.11 个和 6.45 个百分点。虽然满族人口已步入老龄化，但老龄化程度不深。

与 2010 年相比，2020 年内蒙古 0—14 岁满族人口比重上升了 3.22 个百分点；15—64 岁满族人口比重下降了 6.57 个百分点；65 岁及以上满族人口比重上升了 3.35 个百分点。上述分析表明 2010—2020 年内蒙古满族少儿人口比重回升，劳动年龄人口比重大幅回落，老年人口比重上升，满族人口年龄构成已从成年型转变成老年型。

表 8-14　2010 年、2020 年内蒙古民族人口年龄构成

单位：%

民　　族	2010 年			2020 年		
	0—14岁	15—64岁	65岁及以上	0—14岁	15—64岁	65岁及以上
总人口	**14.07**	**78.37**	**7.56**	**14.04**	**72.90**	**13.05**
汉族	12.73	78.97	8.30	12.41	73.19	14.39
少数民族	19.27	76.03	4.69	20.09	71.83	8.08
蒙古族	19.78	75.68	4.53	20.30	71.85	7.85
回族	14.32	77.57	8.11	14.93	71.60	13.47
朝鲜族	12.35	78.11	9.54	14.88	70.60	14.52
满族	17.52	77.89	4.59	20.74	71.32	7.94
达斡尔族	17.88	77.56	4.55	19.64	72.33	8.03
鄂温克族	20.99	76.16	2.85	22.41	72.62	4.98
鄂伦春族	24.04	73.73	2.23	27.26	69.64	3.11

资料来源：内蒙古自治区 2010 年、2020 年人口普查资料。

5.达斡尔族人口的年龄构成

2020 年内蒙古达斡尔族人口中，0—14 岁人口比重为 19.64%，分别比总人口和汉族人口高 5.6 个和 7.23 个百分点；15—64 岁人口比重为 72.33%，分别比总人口和汉族人口低 0.57 个和 0.86 个百分点；65 岁及以上人口比重为 8.03%，分别比总人口和汉族人口低 5.03 个和 6.37 个百分点。达斡尔族人口刚刚步入老龄化，老龄化程度不深。

与 2010 年相比，2020 年内蒙古 0—14 岁达斡尔族人口比重上升了 1.76 个百分点；15—64 岁达斡尔族人口比重下降了 5.23 个百分点；65 岁及以上达斡尔族人口比重上升了 3.48 个百分点。上述分析表明 2010—2020 年内蒙古达斡尔族少儿人口比重回升，劳动年龄人口比重大幅回落，

老龄人口比重上升，达斡尔族人口年龄构成已从成年型转变成老年型。

6.鄂温克族人口的年龄构成

2020 年内蒙古鄂温克族人口中，0—14 岁人口比重为 22.41%，分别比总人口和汉族人口高 8.36 个和 10 个百分点；15—64 岁人口比重为 72.62%，分别比总人口和汉族人口低 0.29 个和 0.58 个百分点；65 岁及以上的人口比重为 4.98%，分别比总人口和汉族人口低 8.08 个和 9.42 个百分点。鄂温克族人口年龄结构较总人口和汉族人口年轻，是内蒙古万人以上少数民族中，0—14 岁人口比重最高，老年人口比重最低的少数民族。

与 2010 年相比，2020 年内蒙古 0—14 岁鄂温克族人口比重上升了 1.42 个百分点；15—64 岁鄂温克族人口比重下降了 3.54 个百分点；65 岁及以上鄂温克族人口比重上升了 2.13 个百分点。表明 2010—2020 年内蒙古鄂温克族 0—14 岁人口比重上升，劳动年龄人口比重回落，老年人口比重上升，但鄂温克族人口年龄构成仍是成年型。

7.鄂伦春族人口的年龄构成

2020 年内蒙古鄂伦春族人口中，0—14 岁人口比重为 27.26%，分别比总人口和汉族人口高 13.21 个和 14.84 个百分点；15—64 岁人口比重为 69.64%，分别比总人口和汉族人口低 3.27 个和 3.56 个百分点；65 岁及以上人口比重为 3.11%，分别比总人口和汉族人口低 9.95 个和 11.29 个百分点。鄂伦春族人口年龄构成为年轻型。

与 2010 年相比，2020 年内蒙古 0—14 岁鄂伦春族人口比重上升了 3.22 个百分点；15—64 岁鄂伦春族人口比重下降 4.09 个百分点；65 岁及以上鄂伦春族人口比重上升了 0.88 个百分点。表明 2010—2020 年内蒙古鄂伦春族 0—14 岁人口比重上升，劳动年龄人口比重回落，老年人口比重小幅上升，鄂伦春族人口年龄构成从年轻型逐步向成年型转变。

（五）少数民族人口的婚姻状况

据第七次全国人口普查长表数据推算，2020 年内蒙古 15 岁及以上少数民族人口中，未婚人口占 19.77%，分别高于总人口和汉族人口 4.69 个和 5.85 个百分点；有配偶人口占 71.58%，分别低于总人口和汉族人口 4.63 个和 5.78 个百分点；离婚人口占 3.3%，分别高于总人口和汉族人口 0.35 个和 0.43 个百分点；丧偶人口占 5.36%，分别低于总人口和汉族人口 0.4 个和 0.5 个百分点。少数民族人口与总人口婚姻状况趋同，具有普遍结婚和婚姻稳定的特征，分项部分存在差异。见表 8-15。

1.蒙古族人口的婚姻状况

据第七次全国人口普查长表数据推算，2020 年内蒙古 15 岁及以上蒙古族人口中，未婚人口占 20.25%，分别高于总人口和汉族人口 5.17 个和 6.33 个百分点；有配偶人口占 71.12%，分别低于总人口和汉族人口 5.09 个和 6.24 个百分点；离婚人口占 3.15%，分别高于总人口和汉族人口 0.2 个和 0.29 个百分点；丧偶人口占 5.47%，分别低于总人口和汉族人口 0.29 个和 0.39 个百分点。蒙古族人口的婚姻状况稳定。

2.回族人口的婚姻状况

据第七次全国人口普查长表数据推算，2020 年内蒙古 15 岁及以上回族人口中，未婚人口占 15.86%，分别高于总人口和汉族人口 0.77 个和 1.93 个百分点；有配偶人口占 74.43%，分别低于总人口和汉族人口 1.78 个和 2.93 个百分点；离婚人口占 4.18%，分别高于总人口和汉族人口 1.23 个和 1.32 个百分点；丧偶人口占 5.54%，分别低于总人口和汉族人口 0.22 个和 0.32 个百分点。回族人口婚姻状况较稳定。

表 8-15　2020 年内蒙古 15 岁及以上少数民族人口婚姻构成

单位：%

民　族	未　婚			有配偶			离　婚			丧　偶		
	小计	男	女	小计	男	女	小计	男	女	小计	男	女
总人口	**15.08**	**17.65**	**12.43**	**76.21**	**76.37**	**76.04**	**2.95**	**3.18**	**2.71**	**5.76**	**2.79**	**8.83**
汉　族	13.92	16.33	11.38	77.36	77.67	77.02	2.86	3.11	2.61	5.86	2.89	8.99
少数民族	19.77	23.24	16.44	71.58	70.87	72.26	3.30	3.52	3.08	5.36	2.38	8.21
蒙古族	20.25	23.82	16.86	71.12	70.35	71.85	3.15	3.41	2.91	5.47	2.41	8.39
回　族	15.86	18.38	13.29	74.43	74.97	73.87	4.18	4.22	4.15	5.54	2.43	8.69
朝鲜族	16.89	19.62	14.45	71.29	73.02	69.75	5.51	5.66	5.38	6.31	1.70	10.42
满　族	16.52	18.74	14.21	75.88	75.45	76.32	3.49	3.62	3.35	4.11	2.18	6.12
达斡尔族	21.18	27.41	15.49	65.75	64.03	67.32	6.25	5.79	6.66	6.82	2.77	10.53
鄂温克族	25.23	32.54	18.57	62.68	60.20	64.95	5.12	5.17	5.07	6.97	2.09	11.41
鄂伦春族	22.26	26.53	18.18	66.45	64.63	68.18	7.64	8.84	6.49	3.65	0	7.14

资料来源：内蒙古自治区 2020 年人口普查资料。

3.朝鲜族人口的婚姻状况

据第七次全国人口普查长表数据推算，2020 年内蒙古 15 岁及以上朝鲜族人口中，未婚人口占 16.89%，分别高于总人口和汉族人口 1.81 个和 2.97 个百分点；有配偶人口占 71.29%，分别低于总人口和汉族人口 4.92 个和 6.07 个百分点；离婚人口占 5.51%，分别高于总人口和汉族人口 2.56 个和 2.65 个百分点；丧偶人口占 6.31%，分别高于总人口和汉族人口 0.55 个和 0.45 个百分点。朝鲜族的离婚人口比重和丧偶人口比重是万人以上少数民族人口中较高的，但相对于朝鲜族 71.29%的有配偶人口，朝鲜族人口婚姻状况较稳定。

4.满族人口的婚姻状况

据第七次全国人口普查长表数据推算，2020 年内蒙古 15 岁及以上满族人口中，未婚人口占 16.52%，分别高于总人口和汉族人口 1.44 个和 2.6 个百分点；有配偶人口占 75.88%，分别低于总人口和汉族人口 0.33 个和 1.48 个百分点；离婚人口占 3.49%，分别高于总人口和汉族人口 0.54 个和 0.62 个百分点；丧偶人口占 4.11%，分别低于总人口和汉族人口 1.65 个和 1.75 个百分点。满族未婚人口比重较低；满族有配偶人口比重是内蒙古万人以上少数民族中最高；满族离婚人口比重较低；满族丧偶人口比重是内蒙古万人以上少数民族中最低的。满族人口婚姻状况稳定。

5.达斡尔族人口的婚姻状况

据第七次全国人口普查长表数据推算，2020 年内蒙古 15 岁及以上达斡尔族人口中，未婚人口占 21.18%，分别高于总人口和汉族人口 6.1 个和 7.26 个百分点；有配偶人口占 65.75%，分别低于总人口和汉族人口 10.46 个和 11.61 个百分点；离婚人口占 6.25%，分别高于总人口和汉族人口 3.3 个和 3.38 个百分点；丧偶人口占 6.82%，分别高于总人口和汉族人口 1.06 个和 0.96 个百分点。由于达斡尔族人口年龄构成较为年轻，所以未婚人口比重较高，有配偶人口比重低，达斡尔族有配偶人口比重是内蒙古万人以上少数民族中较低的；达斡尔族离婚人口比重是内蒙古万人以上少数民族中最高的；达斡尔族丧偶人口比重较高。达斡尔族人口的婚姻状况较稳定。

6.鄂温克族人口的婚姻状况

据第七次全国人口普查长表数据推算，2020年内蒙古15岁及以上鄂温克族人口中，未婚人口占25.23%，分别高于总人口和汉族人口10.14个和11.3个百分点；有配偶人口占62.68%，分别低于总人口和汉族人口13.53个和14.67个百分点；离婚人口占5.12%，分别高于总人口和汉族人口2.17个和2.26个百分点；丧偶人口占6.97%，分别高于总人口和汉族人口1.21个和1.11个百分点。由于鄂温克族人口年龄构成较为年轻，所以未婚人口比重高，有配偶人口比重低，鄂温克族未婚人口比重是内蒙古万人以上少数民族中最高的，有配偶人口比重是内蒙古万人以上少数民族中最低的；鄂温克族丧偶人口比重是内蒙古万人以上少数民族中最高的。鄂温克族人口的婚姻状况较稳定。

7.鄂伦春族人口的婚姻状况

据第七次全国人口普查长表数据推算，2020年内蒙古15岁及以上鄂伦春族人口中，未婚人口占22.26%，分别高于总人口和汉族人口7.18个和8.34个百分点；有配偶人口占66.45%，分别低于总人口和汉族人口9.76个和10.91个百分点；离婚人口占7.64%，分别高于总人口和汉族人口4.69个和4.78个百分点；丧偶人口占3.65%，分别低于总人口和汉族人口2.1个和2.2个百分点。由于鄂伦春族人口年龄构成较为年轻，所以未婚人口比重高，鄂伦春族未婚人口比重不仅高于总人口、汉族人口，还高于内蒙古少数民族人口平均水平；鄂伦春族有配偶人口比重较低；由于鄂伦春族人口数量不多，离婚人口比重高，不仅高于总人口、汉族人口，还高于万人以上少数民族人口；鄂伦春族丧偶人口比重低，不仅低于总人口、汉族人口，还低于万人以上少数民族人口。鄂伦春族人口的婚姻状况较稳定。

（六）少数民族人口的家庭状况

内蒙古各民族在历史发展过程中形成了"大杂居、小聚居、交错杂居"的分布特点，为民族通婚和民族混合家庭户的形成提供了条件。

2020年内蒙古有民族混合家庭户111.03万户，占全区家庭户的11.71%。其中二个民族家庭户109.35万户，占全部家庭户的11.53%；三个及以上民族家庭户1.68万户，占全部家庭户的0.18%。内蒙古民族通婚普遍，是中国通婚程度较高的地区之一。

不同地区民族融合程度存在差异。2020 年，民族混合户比重最高的是通辽市，达 25.17%。民族混合户比重较高的盟市还有兴安盟（19.74%）、赤峰市（17.56%）、呼伦贝尔（13.19%）、锡林郭勒盟（11.36%）、呼和浩特市（9.9%）和阿拉善盟（9.58%）。民族混合家庭户数量较多的盟市有呼和浩特市、包头市、赤峰市、通辽市、呼伦贝尔市、兴安盟和锡林郭勒盟，这 7 个盟市少数民族人口数量较多，民族通婚普遍，集中了全区 89.73% 的民族混合户。民族杂居是内蒙古民族混合户形成的基础条件。见表 8-16。

表 8-16　2020 年内蒙古民族混合户比重

单位：%

地　　区	单一民族户	二个民族户	三个及以上民族户
内蒙古	**88.29**	**11.53**	**0.18**
呼和浩特市	90.10	9.81	0.09
包头市	95.14	4.82	0.04
乌海市	95.17	4.80	0.03
赤峰市	82.44	17.30	0.26
通辽市	74.82	24.70	0.47
鄂尔多斯市	94.96	4.99	0.05
呼伦贝尔市	86.80	12.94	0.25
巴彦淖尔市	96.05	3.89	0.06
乌兰察布市	96.58	3.37	0.05
兴安盟	80.26	19.37	0.37
锡林郭勒盟	88.64	11.24	0.12
阿拉善盟	90.42	9.50	0.08

资料来源：内蒙古自治区 2020 年人口普查资料。

同 2010 年相比，2020 年内蒙古民族混合家庭户增加 15.64 万户，增长 16.4%，占全区家庭户的比重上升了 0.08 个百分点。其中，二个民族家庭户增加 15.16 万户，增长 16.1%，占家庭户比重上升 0.05 个百分点；三个及以上民族家庭户增加 0.48 万户，增长 39.92%，占家庭户比重上升了 0.03 个百分点。表明 2010—2020 年，内蒙古民族混合户户数增加，民族混合户占全区家庭户的比重变化不大。见表 8-17。

表8-17 2010年、2020年内蒙古民族混合户情况

年份	家庭户	单一民族户		二个民族户		三个及以上民族户	
	户数（户）	户数（户）	占家庭户比重（%）	户数（户）	占家庭户比重（%）	户数（户）	占家庭户比重（%）
2010	8205498	7251661	88.38	941832	11.48	12005	0.15
2020	9483957	8373697	88.29	1093463	11.53	16797	0.18

资料来源：内蒙古自治区2010年、2020年人口普查资料。

（七）少数民族人口的受教育状况

1.少数民族人口受教育程度

人口受教育程度是人口的重要社会特征，是反映人口质量的重要内容。一个民族受教育状况越好，民族人口素质和文明程度也越高。人口受教育程度不仅影响着社会经济的发展，也决定着人口的发展。

第七次全国人口普查资料显示，2020年内蒙古少数民族人口受教育状况明显好于总人口和汉族人口。比较民族人口受教育状况可以发现，除初中和高中受教育程度的总人口和汉族人口比重高于少数民族人口外，其他受教育程度的总人口和汉族人口比重皆低于少数民族人口。其中，未上过学与学前教育、小学受教育程度的少数民族人口比重分别为7.06%、24.82%，分别比汉族人口高0.4个、0.77个百分点；初中、高中受教育程度的少数民族人口比重为31.57%、14.74%，分别比汉族人口低3.97个、0.57个百分点；大学专科、大学本科和研究生受教育程度的少数民族人口比重为10.26%、10.6%和0.94%，分别比汉族人口高0.05个、2.94个和0.37个百分点。见表8-18。

分民族看，不同民族受教育程度人口比重差距明显。2020年内蒙古万人以上少数民族和鄂伦春族人口中，未上过学与学前教育的鄂伦春族人口比重最高，达8.3%；未上过学与学前教育的朝鲜族人口比重最低，为5.01%。小学受教育程度的蒙古族人口比重最高，达25.76%；小学受教育程度的鄂伦春族人口比重最低，为16.6%。初中受教育程度的回族人口比重最高，达34.57%；初中受教育程度的鄂伦春族人口比重最低，为23.46%。高中受教育程度的朝鲜族人口比重最高，为20.44%；高中受教育程度的蒙古族人口比重最低，为14.28%。大学专科受教育程度的

鄂伦春族人口比重最高，为 19.56%；大学专科受教育程度的蒙古族人口比重最低，为 9.96%。大学本科受教育程度的鄂伦春族人口比重最高，为 15.94%；大学本科受教育程度的回族人口比重最低，为 8.89%。研究生受教育程度的鄂伦春族人口比重最高，为 1.29%；研究生受教育程度的回族人口比重最低，为 0.65%。

表 8-18　2020 年内蒙古民族人口受教育状况

单位：%

民　族	未上过学与学前教育	小学	初中	高中	大学专科	大学本科	研究生
总人口	**6.74**	**24.22**	**34.70**	**15.18**	**10.22**	**8.28**	**0.65**
汉族	6.66	24.05	35.54	15.30	10.21	7.66	0.57
少数民族	7.06	24.82	31.57	14.74	10.26	10.60	0.94
蒙古族	7.17	25.76	31.14	14.28	9.96	10.72	0.97
回族	6.32	19.13	34.57	19.20	11.24	8.89	0.65
朝鲜族	5.01	16.67	34.35	20.44	11.69	10.94	0.90
满族	6.47	20.43	33.83	16.24	11.93	10.23	0.87
达斡尔族	5.65	18.08	33.91	16.81	13.31	11.25	0.99
鄂温克族	6.43	20.67	30.99	16.53	13.47	11.13	0.78
鄂伦春族	8.30	16.60	23.46	14.85	19.56	15.94	1.29

资料来源：内蒙古自治区 2020 年人口普查资料。

与 2010 年相比，2020 年内蒙古少数民族各类受教育程度人口占 6 岁及以上人口的比重上升 0.98 个百分点。不同民族各类受教育程度人口占 6 岁及以上人口的比重上升幅度也不相同，内蒙古万人以上少数民族和鄂伦春族人口中，回族各类受教育程度人口占 6 岁及以上人口的比重上升幅度最大，上升了 1.55 个百分点；朝鲜族各类受教育程度人口占 6 岁及以上人口的比重上升幅度最小，上升了 0.16 个百分点。2010—2020 年内蒙古少数民族人口受教育程度明显提高。见表 8-19。

表 8-19　2010 年、2020 年内蒙古民族受教育程度人口占 6 岁及以上人口比重

单位：%

民　族	2010 年	2020 年	比较
总人口	**95.16**	**96.55**	**1.39**
汉族	94.74	96.22	1.48
少数民族	96.82	97.80	0.98

单位：%

民　族	2010 年	2020 年	比较
蒙古族	96.69	97.70	1.01
回　族	95.75	97.30	1.55
朝鲜族	98.72	98.88	0.16
满　族	98.15	98.83	0.68
达斡尔族	98.80	99.26	0.46
鄂温克族	98.68	99.22	0.54
鄂伦春族	98.65	99.08	0.43
其他少数民族	95.38	95.70	0.32

资料来源：内蒙古自治区 2010 年、2020 年人口普查资料。

2.少数民族人口的平均受教育年限

平均受教育年限是一个反映人口受教育水平和状况的指标，是将各种受教育程度折算成受教育年限计算平均数得出的，具体的折算标准是：小学=6 年，初中=9 年，高中=12 年，大专及以上=16 年。2020 年内蒙古少数民族人口中，6 岁及以上人口的平均受教育年限为 10.01 年。与 2010 年第六次全国人口普查相比，2020 年内蒙古 6 岁及以上少数民族人口的平均受教育年限提高了 0.73 年。见表 8-20。

2020 年内蒙古万人以上少数民族和鄂伦春族人口中，除蒙古族外，其他 6 个少数民族的 6 岁及以上人口的平均受教育年限都在 10 年以上。鄂伦春族 6 岁及以上人口的平均受教育年限达到 11.49 年，达斡尔族、朝鲜族、鄂温克族、满族和回族 6 岁及以上人口的平均受教育年限分别为 10.68 年、10.66 年、10.59 年、10.38 年和 10.2 年；蒙古族 6 岁及以上人口的平均受教育年限为 9.94 年。

与 2010 年相比，2020 年内蒙古万人以上少数民族和鄂伦春族 6 岁及以上人口平均受教育年限不同程度提高。其中蒙古族 6 岁及以上人口平均受教育年限提高了 0.76 年；鄂伦春族 6 岁及以上人口平均受教育年限提高了 0.74 年；鄂温克族 6 岁及以上人口平均受教育年限提高了 0.68 年；回族 6 岁及以上人口平均受教育年限提高了 0.64 年；达斡尔族 6 岁及以上人口平均受教育年限提高了 0.62 年；满族 6 岁及以上人口平均受教育年限提高 0.57 年；朝鲜族 6 岁及以上人口平均受教育年限提高 0.4 年。2010—2020 年内蒙古蒙古族 6 岁及以上人口平均受教育年限提高最多，朝鲜族 6 岁及以上人口平均受教育年限提高最少。表明2010—2020 年内蒙古少数民族人口整体受教育水平不断提高。

表 8-20　2010 年、2020 年内蒙古 6 岁及以上民族人口平均受教育年限

单位：年

民　族	2010 年	2020 年	比较
总人口	**8.99**	**10.08**	**1.09**
汉　族	8.92	10.75	1.83
少数民族	9.28	10.01	0.73
蒙古族	9.18	9.94	0.76
回　族	9.56	10.20	0.64
朝鲜族	10.26	10.66	0.40
满　族	9.81	10.38	0.57
达斡尔族	10.06	10.68	0.62
鄂温克族	9.91	10.59	0.68
鄂伦春族	10.75	11.49	0.74
其他少数民族	9.33	9.56	0.23

资料来源：内蒙古自治区 2010 年、2020 年人口普查资料。

（八）少数民族人口的劳动就业状况

劳动就业是民生之本，对社会生产和发展、对个人和家庭有着重要意义。

1.少数民族劳动年龄人口

劳动年龄人口是指 15—64 岁的人口。劳动年龄人口，尤其是其中的就业人口是一个国家或地区经济建设的主要力量。第七次全国人口普查资料显示，2020 年内蒙古有少数民族劳动年龄人口 367.3 万人，占少数民族人口的 71.83%。同 2010 年相比，2020 年内蒙古少数民族劳动年龄人口减少 17.14 万人，减少 4.46%，减少速度慢于内蒙古劳动年龄人口和汉族劳动年龄人口。

2020 年内蒙古蒙古族劳动年龄人口为 305.21 万人，占蒙古族人口的 71.85%。同 2010 年相比，2020 年内蒙古蒙古族劳动年龄人口减少14.67 万人，减少 4.59%，减少速度慢于内蒙古劳动年龄人口和汉族劳动年龄人口。见表 8-21。

2020年内蒙古回族劳动年龄人口为15.39万人，占回族人口的71.6%。同2010年相比，2020年内蒙古回族劳动年龄人口减少1.8万人，

减少10.46%，减少速度快于内蒙古劳动年龄人口，慢于汉族劳动年龄人口。

2020 年内蒙古朝鲜族劳动年龄人口为 12861 人，占朝鲜族人口的 70.6%。同 2010 年相比，2020 年内蒙古朝鲜族劳动年龄人口减少 1567 人，减少 10.86%，减少速度快于内蒙古劳动年龄人口和汉族劳动年龄人口。

2020 年内蒙古满族劳动年龄人口为 33.5 万人，占满族人口的 71.32%。同 2010 年相比，2020 年内蒙古满族劳动年龄人口减少 1.77 万人，减少 5.01%，减少速度慢于内蒙古劳动年龄人口和汉族劳动年龄人口。

2020 年内蒙古达斡尔族劳动年龄人口为 5.32 万人，占达斡尔族人口的 72.33%。同 2010 年相比，2020 年内蒙古达斡尔族劳动年龄人口减少 5974 人，减少 10.1%，减少速度快于内蒙古劳动年龄人口，慢于汉族劳动年龄人口。

2020 年内蒙古鄂温克族劳动年龄人口为 2.03 万人，占鄂温克族人口的 72.62%。同 2010 年相比，2020 年内蒙古鄂温克族劳动年龄人口增加 395 人，增长 1.98%，同期内蒙古劳动年龄人口和汉族劳动年龄人口减少。

2020 年内蒙古鄂伦春族劳动年龄人口为 2938 人，占鄂伦春族人口的 69.64%。同 2010 年相比，2020 年内蒙古鄂伦春族劳动年龄人口增加 260 人，增长 9.71%，同期内蒙古劳动年龄人口和汉族劳动年龄人口减少。

表8-21　2010 年、2020 年内蒙古民族劳动年龄人口

民　族	2020 年人口（人）	2020 年劳动年龄人口（人）	2020 年劳动年龄人口比重（%）	2010 年劳动年龄人口比重（%）	增长速度（%）
总　计	**24049155**	**17532564**	**72.90**	**78.37**	**-9.46**
汉　族	18935537	13859613	73.19	78.97	-10.70
少数民族	5113618	3672951	71.83	76.03	-4.46
蒙古族	4247815	3052054	71.85	75.68	-4.59
回　族	214918	153885	71.60	77.57	-10.46
朝鲜族	18216	12861	70.60	78.11	-10.86
满　族	469734	335021	71.32	77.89	-5.01
达斡尔族	73523	53182	72.33	77.56	-10.10
鄂温克族	27958	20302	72.62	76.16	1.98
鄂伦春族	4219	2938	69.64	73.73	9.71

资料来源：内蒙古自治区 2010 年、2020 年人口普查资料。

2.少数民族就业人口的行业构成

第七次全国人口普查长表资料显示,2020 年内蒙古国民经济各行业中,42.59%的蒙古族就业人口从事农林牧渔业,高于总人口和汉族人口从事农林牧渔业的就业人口比重;蒙古族是人口万人以上少数民族中,从事农林牧渔业的就业人口比重较高的民族。蒙古族从事第二产业(采矿业、制造业、电力燃气及水的生产和供应业、建筑业)的就业人口比重较低,只有 11.29%;蒙古族从事第三产业的就业人口比重为 46.12%,是内蒙古人口万人以上少数民族中,从事第三产业就业人口比重最低的民族。见表 8-22。

表 8-22　2020 年内蒙古民族人口行业分布

单位：%

行　　业	总人口	汉族	蒙古族	回族	朝鲜族	满族	达斡尔族	鄂温克族	鄂伦春族
合　计	100	100	100	100	100	100	100	100	100
农林牧渔业	28.14	25.20	42.59	10.72	11.99	24.27	26.63	42.65	10.96
第二产业	21.17	23.45	11.29	21.51	19.73	20.26	10.36	4.57	13.01
第三产业	50.69	51.35	46.12	67.77	68.28	55.47	63.02	52.78	76.03

资料来源：内蒙古自治区 2020 年人口普查资料。

2020 年,内蒙古回族就业人口中,10.72%从事农林牧渔业,是内蒙古人口万人以上少数民族中,从事农林牧渔业就业人口比重最低的民族;21.51%从事第二产业,其中从事制造业的回族就业人口比重达 11.49%,是内蒙古人口万人以上少数民族中,从事制造业就业人口比重最高的民族;67.77%的回族就业人口从事第三产业,其中从事批发和零售业的回族就业人口比重达 15.57%,是内蒙古人口万人以上少数民族中,从事批发和零售业就业人口比重最高的民族。见表 8-23。

2020 年,内蒙古朝鲜族就业人口中,11.99%从事农林牧渔业;19.73%从事第二产业,其中从事电力、燃气及水生产和供应业的朝鲜族就业人口比重为 3.68%,是内蒙古人口万人以上少数民族中,从事电力、燃气及水生产和供应业就业人口比重最高的民族;68.28%从事第三产业,是内蒙古人口万人以上少数民族中,从事第三产业就业人口比重最高的民族。

2020 年，内蒙古满族就业人口中，24.27%从事农林牧渔业；20.26%从事第二产业，其中 7.76%从事建筑业，是内蒙古人口万人以上少数民族中，从事建筑业就业人口比重最高的民族；55.47%从事第三产业。

2020 年，内蒙古达斡尔族就业人口中，26.63%从事农林牧渔业；10.36%从事第二产业；63.02%从事第三产业，其中从事教育工作的达斡尔族就业人口比重达 9.28%，是内蒙古人口万人以上少数民族中，从事教育工作就业人口比重最高的民族。

2020 年，内蒙古鄂温克族就业人口中，42.65%从事农林牧渔业，是内蒙古人口万人以上少数民族中，从事农林牧渔业就业人口比重最高的民族；4.57%从事第二产业，是内蒙古人口万人以上少数民族中，从事第二产业就业人口比重最低的民族；52.78%从事第三产业。

2020 年，内蒙古鄂伦春族就业人口中，10.96%从事农林牧渔业；13.01%从事第二产业；76.03%从事第三产业，从事第三产业的鄂伦春族就业人口比重不仅高于总人口、汉族人口，也高于内蒙古人口万人以上少数民族人口。其中 44.52%的鄂伦春族就业人口从事公共管理、社会保障和社会组织，该行业的鄂伦春族就业人口比重不仅高于总人口、汉族人口，也高于内蒙古人口万人以上少数民族。

上述分析可以看出，2020 年内蒙古少数民族就业人口行业构成差异明显。

表 8-23 2020 年内蒙古民族就业人口行业分布

单位：%

行　业	总人口	汉族	蒙古族	回族	朝鲜族
合　计	**100**	**100**	**100**	**100**	**100**
农、林、牧、渔业	28.14	25.20	42.59	10.72	11.99
采矿业	3.18	3.69	1.09	2.42	1.16
制造业	8.03	8.83	4.45	11.49	7.93
电力、燃气及水的生产和供应业	2.36	2.51	1.61	3.07	3.68
建筑业	7.60	8.42	4.14	4.54	6.96
批发和零售业	11.56	12.33	7.95	15.57	13.15
交通运输、仓储和邮政业	6.41	6.94	4.06	7.99	5.61
住宿和餐饮业	4.69	4.83	3.77	12.06	7.54
信息传输、软件和信息技术服务业	1.11	1.12	0.98	1.79	2.32
金融业	1.92	1.90	1.86	2.37	2.90

续表

单位：%

行　业	总人口	汉　族	蒙古族	回　族	朝鲜族
房地产业	1.69	1.83	1.08	2.26	1.16
租赁和商务服务业	1.95	2.06	1.41	2.61	3.09
科学研究和技术服务业	1.06	1.11	0.82	1.39	1.55
水利、环境和公共设施管理业	0.96	1.04	0.63	1.15	0.77
居民服务、修理和其他服务业	4.05	4.27	3.07	3.78	2.71
教　育	5.00	4.62	6.54	5.10	7.93
卫生和社会工作	2.56	2.41	3.09	2.84	6.38
文化、体育和娱乐业	0.72	0.65	0.99	1.34	1.16
公共管理、社会保障和社会组织	7.00	6.24	9.85	7.50	11.99
国际组织	0	0	0	0	0

表 8-23（续）　2020 年内蒙古民族就业人口行业分布

单位：%

行　业	满　族	达斡尔族	鄂温克族	鄂伦春族
合　计	**100**	**100**	**100**	**100**
农、林、牧、渔业	24.27	26.63	42.65	10.96
采矿业	2.26	1.44	0.72	0.00
制造业	7.34	3.00	0.99	3.42
电力、燃气及水的生产和供应业	2.90	2.66	1.16	2.74
建筑业	7.76	3.25	1.70	6.85
批发和零售业	12.21	7.29	4.75	2.74
交通运输、仓储和邮政业	6.60	4.84	2.69	3.42
住宿和餐饮业	4.17	4.25	3.49	1.37
信息传输、软件和信息技术服务业	1.53	1.41	0.72	0.68
金融业	2.53	2.88	2.51	1.37
房地产业	1.73	1.70	1.08	0.00
租赁和商务服务业	2.13	2.03	0.81	1.37
科学研究和技术服务业	1.19	1.04	0.72	2.05
水利、环境和公共设施管理业	0.82	0.85	0.72	2.05
居民服务、修理和其他服务业	4.02	4.07	2.42	1.37
教　育	5.71	9.28	6.90	8.90
卫生和社会工作	3.27	3.48	3.49	3.42
文化、体育和娱乐业	0.77	1.59	1.43	2.74
公共管理、社会保障和社会组织	8.81	18.31	21.06	44.52
国际组织	0	0	0	0

资料来源：内蒙古自治区 2020 年人口普查资料。

3.少数民族就业人口的职业构成

蒙古族 分职业看，2020 年内蒙古蒙古族就业人口中，42.49%是农林牧渔业生产及辅助人员，是蒙古族就业人口中比重最高的职业；23.27%是社会生产服务和生活服务人员，排在蒙古族就业人口比重的第 2 位；13.27%是专业技术人员，排在蒙古族就业人口比重的第 3 位；10.38%是办事人员和有关人员；8.36%是生产制造及有关人员；1.9%担任党的机关、国家机关、群众团体和社会组织、企事业单位负责人。

同 2010 年相比，2020 年内蒙古除从事农林牧渔业、生产制造的蒙古族就业人口比重下降外，其他职业蒙古族就业人口比重不同程度上升，上升幅度最大的是社会生产服务和生活服务人员，上升了 12.72 个百分点；蒙古族就业人口比重下降幅度最大的是农林牧渔业生产及辅助人员，下降了 23.08 个百分点。表明 2010—2020 年，从事社会生产服务和生活服务、专业技术人员、办事人员和有关人员等职业的蒙古族就业人口增多，从事农林牧渔业、生产制造的蒙古族就业人口减少。

回族 2020 年内蒙古回族就业人口中，46.04%是社会生产服务和生活服务人员，是回族就业人口中比重最高的职业；17.07%是生产制造及有关人员，排在回族就业人口比重的第 2 位；12.66%是专业技术人员，排在回族就业人口比重的第 3 位；11.4%是办事人员和有关人员；10.18%是农林牧渔业生产及辅助人员；2.37%担任党的机关、国家机关、群众团体和社会组织、企事业单位负责人。

同 2010 年相比，2020 年内蒙古除从事农林牧渔业、生产制造的回族就业人口比重下降外，其他职业回族就业人口比重不同程度上升，上升幅度最大的是社会生产服务和生活服务人员，上升了 12.31 个百分点；回族就业人口比重下降幅度最大的是农林牧渔业生产及辅助人员，下降了 9.44 个百分点。表明 2010—2020 年，内蒙古从事社会生产服务和生活服务、专业技术人员、办事人员和有关人员等职业的回族就业人口增多，从事农林牧渔业、生产制造的回族就业人口减少。

朝鲜族 2020 年内蒙古朝鲜族就业人口中，32.11%是社会生产服务和生活服务人员，是朝鲜族就业人口中比重最高的职业；20.7%是专业技术人员，排在朝鲜族就业人口比重的第 2 位；17.6%是办事人员和有关人员，排在朝鲜族就业人口比重的第3位；14.31%是生产制造及有关人员；11.8%是农林牧渔业生产及辅助人员；3.29%担任党的机关、国家机关、群众团体和社会组织、企事业单位负责人。

同2010年相比，2020年内蒙古除从事农林牧渔业、生产制造的朝鲜族就业人口比重下降外，其他职业朝鲜族就业人口比重不同程度上升，上升幅度最大的是办事人员和有关人员，上升了8.76个百分点；朝鲜族就业人口比重下降幅度最大的是农林牧渔业生产及辅助人员，下降了18.91个百分点。表明2010—2020年，内蒙古担任办事人员和有关人员、从事社会生产服务和生活服务、专业技术人员等职业的朝鲜族就业人口增多，从事农林牧渔业、生产制造的朝鲜族就业人口减少。

满族　2020年内蒙古满族就业人口中，32.89%是社会生产服务和生活服务人员，是满族就业人口中比重最高的职业；24%从事农林牧渔业生产，排在满族就业人口比重的第2位；14.53%是生产制造及有关人员，排在满族就业人口比重的第3位；14.19%是专业技术人员；11.52%是办事人员和有关人员；2.56%担任党的机关、国家机关、群众团体和社会组织、企事业单位负责人。

同2010年相比，2020年内蒙古除从事农林牧渔业、生产制造的满族就业人口比重下降外，其他职业满族就业人口比重不同程度上升，上升幅度最大的是社会生产服务和生活服务人员，上升了15.52个百分点；满族就业人口比重下降幅度最大的是农林牧渔业生产及辅助人员，下降了23.93个百分点。表明2010—2020年，内蒙古从事社会生产服务和生活服务、专业技术人员、办事人员和有关人员等职业的满族就业人口增多，从事农林牧渔业、生产制造的满族就业人口减少。

达斡尔族　2020年内蒙古达斡尔族就业人口中，27.37%是社会生产服务和生活服务人员，是达斡尔族就业人口从事最多的职业；25.78%从事农林牧渔业生产，排在达斡尔族就业人口比重的第2位；19.01%是办事人员和有关人员，排在达斡尔族就业人口从事职业的第3位；17.68%是专业技术人员；7.29%是生产制造及有关人员；2.44%担任党的机关、国家机关、群众团体和社会组织、企事业单位负责人。

同2010年相比，2020年内蒙古除从事农林牧渔业、生产制造、担任党的机关、国家机关、群众团体和社会组织、企事业单位负责人的达斡尔族就业人口比重下降外，其他职业达斡尔族就业人口比重不同程度上升，上升幅度最大的是社会生产服务和生活服务人员，上升了14.02个百分点；达斡尔族就业人口比重下降幅度最大的是农林牧渔业生产及辅助人员，下降了20.39个百分点。表明2010—2020年，内蒙古从事社会生产服务和生活服务、专业技术人员、办事人员和有关人员等职业的达斡尔族就业人口相对增多，从事农林牧渔业、生产制造、担任党的机关、国家机关、群众团体和社会组织、企事业单位负责人的达斡尔族就业人口相对减少。

鄂温克族　2020年内蒙古鄂温克族就业人口中，41.49%从事农林牧渔业生产，是鄂温克族就业人口从事最多的职业；19.44%是办事人员和有关人员，排在鄂温克族就业人口从事职业的第2位；17.92%是社会生产服务和生活服务人员，排在鄂温克族就业人口从事职业的第3位；14.25%是专业技术人员；4.21%是生产制造及有关人员；2.69%担任党的机关、国家机关、群众团体和社会组织、企事业单位负责人。

同2010年相比，2020年内蒙古除从事农林牧渔业、生产制造的鄂温克族就业人口比重下降外，其他职业鄂温克族就业人口比重不同程度上升，上升幅度最大的是办事人员和有关人员，上升了9.76个百分点；鄂温克族就业人口比重下降幅度最大的是农林牧渔业生产及辅助人员，下降了20.85个百分点。表明2010—2020年，内蒙古从事办事人员和有关人员、社会生产服务和生活服务、专业技术人员等职业的鄂温克族就业人口相对增多，从事农林牧渔业、生产制造的鄂温克族就业人口相对减少。

鄂伦春族　2020年内蒙古鄂伦春族就业人口中，41.1%是办事人员和有关人员，是鄂伦春族就业人口从事最多的职业；19.86%是专业技术人员，排在鄂伦春族就业人口从事职业的第2位；15.07%是社会生产服务和生活服务人员，排在鄂伦春族就业人口从事职业的第3位；11.64%从事农林牧渔业生产；7.53%从事生产制造；4.79%担任党的机关、国家机关、群众团体和社会组织、企事业单位负责人。

同2010年相比，2020年内蒙古除从事农林牧渔业、生产制造、担任党的机关、国家机关、群众团体和社会组织、企事业单位负责人的鄂伦春就业人口比重下降外，其他职业鄂伦春族就业人口比重不同程度上升，上升幅度最大的是办事人员和有关人员，上升了 8.36 个百分点；鄂伦春族就业人口比重下降幅度最大的是农林牧渔业生产及辅助人员，下降了 9.6 个百分点。表明 2010—2020 年，内蒙古从事办事人员和有关人员、社会生产服务和生活服务、专业技术人员等职业的鄂伦春族就业人口相对增多，从事农林牧渔业、生产制造的鄂伦春族就业人口相对减少。

从表 8-24 可以看出，2020 年内蒙古鄂伦春族从事脑力劳动（国家机关、党群组织、企业事业单位负责人、专业技术人员、办事人员和有关人员）的就业人口比重较高，这 3 项职业从业人员比重之和达 65.75%，六成多的鄂伦春族就业人口从事脑力劳动；且鄂伦春族担任党的机关、国家机关、群众团体和社会组织、企事业单位负责人就业人口比重是内蒙古万人以上少数民族和鄂伦春族中最高的，达 4.79%。朝鲜族和达斡尔族从事脑力劳动的就业人口比重也比较高，分别为 41.59%和 39.13%。蒙古族从事体力劳动（社会生产服务和生活服务、农林牧渔业生产及辅助人员、生产制造及有关人员）的就业人口比重较高，达 74.13%，七成多的蒙古族就业人口从事体力劳动，其中从事农林牧渔业生产及辅助人员比重最高，达 42.49%。回族从事社会生产服务和生活服务就业人口比重较高，达 46.04%。

表 8-24　2010 年、2020 年内蒙古民族人口职业分布

单位：%

职　业	蒙古族		回　族		朝鲜族		满　族	
	2010 年	2020 年	2010 年	2020 年	2010 年	2020 年	2010 年	2020 年
合　　计	**100**	**100**	**100**	**100**	**100**	**100**	**100**	**100**
党的机关、国家机关、群众团体和社会组织、企事业单位负责人	1.49	1.90	2.21	2.37	2.89	3.29	1.83	2.56
专业技术人员	8.61	13.27	10.61	12.66	17.04	20.70	10.08	14.19
办事人员和有关人员	5.00	10.38	8.21	11.40	8.84	17.60	6.20	11.52
社会生产服务和生活服务人员	10.55	23.27	33.73	46.04	23.63	32.11	17.37	32.89
农、林、牧、渔业生产及辅助人员	65.57	42.49	19.62	10.18	30.71	11.80	47.93	24.00
生产制造及有关人员	8.66	8.36	25.40	17.07	16.72	14.31	16.46	14.53
不便分类的其他从业人员	0.11	0.32	0.22	0.29	0.16	0.19	0.12	0.32

表 8-24（续）　　2010 年、2020 年内蒙古民族人口职业分布

单位：%

职　　业	达斡尔族		鄂温克族		鄂伦春族	
	2010 年	2020 年	2010 年	2020 年	2010 年	2020 年
合　　计	**100**	**100**	**100**	**100**	**100**	**100**
党的机关、国家机关、群众团体和社会组织、企事业单位负责人	2.80	2.44	2.01	2.69	6.19	4.79
专业技术人员	14.75	17.68	9.76	14.25	19.47	19.86
办事人员和有关人员	11.01	19.01	9.68	19.44	32.74	41.10
社会生产服务和生活服务人员	13.35	27.37	8.81	17.92	11.50	15.07
农、林、牧、渔业生产及辅助人员	46.17	25.78	62.34	41.49	21.24	11.64
生产制造及有关人员	11.89	7.29	7.41	4.21	8.85	7.53
不便分类的其他从业人员	0.03	0.44				

资料来源：内蒙古自治区 2010 年、2020 年人口普查资料。

4.少数民族就业人口的性别构成

分性别看，2020 年内蒙古少数民族就业人口中，男性占 56.73%，女性占 43.27%，性别比为 131.11。与 2010 年相比，2020 年内蒙古少数民族男性就业人口比重上升，少数民族就业人口性别比上升 9.43。

2020 年内蒙古蒙古族就业人口中，男性占 56.12%，女性占 43.88%，性别比为 127.92。与 2010 年相比，2020 年内蒙古蒙古族男性就业人口比重上升，蒙古族就业人口性别比上升 9.24。

2020 年内蒙古回族就业人口中，男性占 61.5%，女性占 38.5%，性别比为 159.73，是内蒙古人口万人以上少数民族中最高的，回族女性就业人口相对较少。与 2010 年相比，2020 年内蒙古回族女性就业人口比重下降，回族就业人口性别比上升 5.66。

2020 年内蒙古朝鲜族就业人口中，男性占 54.35%，女性占 45.65%，性别比为 119.07，是内蒙古人口万人以上少数民族中最低的。与 2010 年相比，2020 年内蒙古朝鲜族女性就业人口比重上升，朝鲜族就业人口性别比下降 9.61。

2020 年内蒙古满族就业人口中，男性占 60.13%，女性占 39.87%，性别比为 150.83。与 2010 年相比，2020 年内蒙古满族女性就业人口比重下降，满族就业人口性别比上升 13.92。

2020 年内蒙古达斡尔族就业人口中，男性占 58.43%，女性占 41.57%，性别比为 140.57。与 2010 年相比，2020 年内蒙古达斡尔族男性就业人口比重上升，达斡尔族就业人口性别比上升 7.74。

2020 年内蒙古鄂温克族就业人口中，男性占 55.2%，女性占 44.8%，性别比为 123.2。与 2010 年相比，2020 年内蒙古鄂温克族男性就业人口比重上升，鄂温克族就业人口性别比上升 5.15。

2020 年内蒙古鄂伦春族就业人口中，男性占 55.48%，女性占 44.52%，性别比为 124.62。与 2010 年相比，2020 年内蒙古鄂伦春族男性就业人口比重大幅上升，鄂伦春族就业人口性别比上升 15.37。

从表 8-25 可以看出，2020 年内蒙古人口万人以上少数民族和鄂伦春族就业人口性别比皆低于全区就业人口和汉族就业人口。

表 8-25　2010 年、2020 年内蒙古民族就业人口性别构成

民　族	2010 年			2020 年		
	男（%）	女（%）	性别比（女=100）	男（%）	女（%）	性别比（女=100）
总　　计	58.96	41.04	143.66	61.58	38.42	160.31
汉　族	59.95	40.05	149.69	62.88	37.12	169.41
少数民族	54.89	45.11	121.68	56.73	43.27	131.11
蒙古族	54.27	45.73	118.67	56.12	43.88	127.92
回　族	60.64	39.36	154.07	61.50	38.50	159.73
朝鲜族	56.27	43.73	128.68	54.35	45.65	119.07
满　族	57.79	42.21	136.91	60.13	39.87	150.83
达斡尔族	57.05	42.95	132.83	58.43	41.57	140.57
鄂温克族	54.14	45.86	118.05	55.20	44.80	123.20
鄂伦春族	52.21	47.79	109.25	55.48	44.52	124.62

资料来源：内蒙古自治区 2010 年、2020 年人口普查资料。

分性别看，2020 年内蒙古人口万人以上少数民族担任党的机关、国家机关、群众团体和社会组织、企事业单位负责人的性别差异较大，男性比重在 58% 以上，女性比重小于 42%，男性占数量优势；鄂伦春族担任党的机关、国家机关、群众团体和社会组织、企事业单位负责人的女

性数量多于男性。人口万人以上少数民族和鄂伦春族女性专业技术人员数量多于男性。除鄂温克族外，人口万人以上少数民族和鄂伦春族男性社会生产服务和生活服务人员数量多于女性。人口万人以上少数民族和鄂伦春族从事农牧业生产的男性数量多于女性。人口万人以上少数民族和鄂伦春族从事生产制造的男性数量多于女性。见表8-26。

从上述分析可以看出，2020年内蒙古蒙古族、回族、朝鲜族、满族、达斡尔族除女性专业技术人员数量多于男性外，其他职业都是男性多于女性。鄂温克族女性专业技术人员、社会生产服务和生活服务人员数量多于男性，其他职业男性多于女性。担任国家机关、党群组织、企业事业单位负责人、专业技术人员的鄂伦春族女性人口数量多于男性，其他职业男性多于女性。

表8-26 2020年内蒙古分性别的民族就业人口职业构成

单位：%

职　　业	性别	总人口	汉族	蒙古族	回族	朝鲜族	满族	达斡尔族	鄂温克族	鄂伦春族
总　　计	男	61.58	62.88	56.12	61.50	54.35	60.13	58.43	55.20	55.48
	女	38.42	37.12	43.88	38.50	45.65	39.87	41.57	44.80	44.52
党的机关、国家机关、群众团体和社会组织、企事业单位负责人	男	75.09	76.22	70.99	65.74	58.82	68.22	75.76	70.00	42.86
	女	24.91	23.78	29.01	34.26	41.18	31.78	24.24	30.00	57.14
专业技术人员	男	43.39	44.72	39.00	39.64	33.64	41.27	36.19	28.30	20.69
	女	56.61	55.28	61.00	60.36	66.36	58.73	63.81	71.70	79.31
办事人员和有关人员	男	63.45	64.58	59.64	64.84	59.34	60.19	61.48	61.29	65.00
	女	36.55	35.42	40.36	35.16	40.66	39.81	38.52	38.71	35.00
社会生产服务和生活服务人员	男	58.38	59.12	53.75	58.44	51.20	58.20	54.32	48.50	63.64
	女	41.62	40.88	46.25	41.56	48.80	41.80	45.68	51.50	36.36
农、林、牧、渔业及辅助人员	男	58.83	59.56	56.73	65.16	60.66	59.68	68.44	61.34	58.82
	女	41.17	40.44	43.27	34.84	39.34	40.32	31.56	38.66	41.18
生产制造及有关人员	男	83.65	84.25	78.92	80.76	78.38	82.21	77.66	76.60	81.82
	女	16.35	15.75	21.08	19.24	21.62	17.79	22.34	23.40	18.18
不便分类的其他从业人员	男	64.91	65.94	60.44	73.08	100	59.38	75.00		
	女	35.09	34.06	39.56	26.92		40.63			

资料来源：内蒙古自治区2020年人口普查资料。

（九）少数民族人口的婚育状况

2019年11月1日—2020年10月31日，内蒙古出生人口约为

172951 人，少数民族出生人口为 55354 人。同 2010 年相比，2020 年内蒙古少数民族出生人口减少；万人以上少数民族和鄂伦春族人口中，除鄂伦春族出生人口增加外，其他少数民族出生人口不同程度减少。

2020 年内蒙古人口的粗出生率约为 7.19‰，汉族人口的粗出生率约为 6.21‰，少数民族人口粗出生率约为 10.82‰。其中，万人以上少数民族和鄂伦春族人口中，鄂伦春族人口粗出生率最高，为 18.01‰，回族人口粗出生率最低，为 7.25‰。万人以上少数民族和鄂伦春族人口的粗出生率皆高于全区总人口和汉族人口粗出生率。详见表 8-27。

同 2010 年相比，2020 年内蒙古万人以上少数民族和鄂伦春族人口中，除鄂伦春族人口粗出生率上升外，其他少数民族人口粗出生率皆呈下降趋势。2010—2020 年内蒙古鄂伦春族人口粗出生率上升了 3.34 个千分点；蒙古族人口粗出生率下降幅度最大，下降了 1.91 个千分点。

表 8-27　2010 年、2020 年内蒙古分民族出生人口和出生率

民　族	2010 年		2020 年	
	出生人口（人）	出生率（‰）	出生人口（人）	出生率（‰）
总　计	**204151**	**8.28**	**172951**	**7.19**
汉　族	140648	7.17	117597	6.21
少数民族	63503	12.62	55354	10.82
蒙古族	53871	12.80	46273	10.89
回　族	2017	9.13	1558	7.25
朝鲜族	159	8.63	135	7.41
满　族	5626	12.49	5396	11.49
达斡尔族	962	12.66	801	10.89
鄂温克族	388	14.92	364	13.02
鄂伦春族	53	14.67	76	18.01
其他少数民族	427	13.93	751	13.12

资料来源：内蒙古自治区 2010 年、2020 年人口普查资料。

2020 年内蒙古少数民族出生人口的一孩率最高，为 54.04‰；二孩率次之，为 41.42‰；三孩及以上率最低，为 4.53‰。同 2010 年相比，2020 年内蒙古少数民族出生人口的一孩率下降，下降了 15.69 个千分点；二孩率、三孩及以上率上升，分别上升了 13.43 个、2.26 个千分点。

这说明落实《中共中央 国务院关于优化生育政策促进人口长期均衡发展的决定》效果显现，受疫情、育龄妇女减少等因素影响，虽然2020年内蒙古少数民族出生人口数量少于2010年，但2020年内蒙古少数民族出生人口孩次比重趋于均衡。

2020年内蒙古万人以上少数民族和鄂伦春族出生人口孩次差异明显。一孩率最高的是朝鲜族，为68.75‰；一孩率最低的是回族，为48.32‰。二孩率最高的是回族，为44.3‰；二孩率最低的是鄂温克族，为29.03‰。三孩及以上率最高的是达斡尔族，为7.5‰；朝鲜族和鄂伦春族出生人口三孩及以上率皆为零。随着优化生育政策落实，各项配套措施颁布实施，将会进一步释放内蒙古各族人口生育潜能，为内蒙古人口长期均衡发展提供支撑。见表8-28。

表8-28 2010年、2020年内蒙古民族孩次构成

单位：‰

民 族	第一孩		第二孩		三孩及以上	
	2010年	2020年	2010年	2020年	2010年	2020年
总 计	**69.24**	**52.82**	**28.69**	**43.18**	**2.07**	**3.99**
汉 族	69.10	52.43	28.90	43.75	2.01	3.82
少数民族	69.73	54.04	27.99	41.42	2.27	4.53
蒙古族	68.45	54.20	29.14	41.53	2.41	4.28
回 族	82.49	48.32	15.25	44.30	2.26	7.38
朝鲜族	77.78	68.75	22.22	31.25		
满 族	76.25	53.50	22.75	41.82	1.00	4.67
达斡尔族	63.49	52.50	34.92	40.00	1.59	7.50
鄂温克族	71.43	67.74	21.43	29.03	7.14	3.23
鄂伦春族	100.00	60.00		40.00		

资料来源：内蒙古自治区2010年、2020年人口普查资料。

三、少数民族政策、少数民族人口和社会经济发展

内蒙古是一个多民族地区，各民族长期和睦相处。内蒙古也是新中国第一个实行民族区域自治的少数民族自治区。自治区成立以来，党和

政府高度重视民族工作，牢牢把握各民族共同团结奋斗、共同繁荣发展的主题，认真贯彻党的民族政策和民族区域自治法，坚持从本地实际情况出发，总结历史经验，借鉴其他少数民族自治区的有益做法，实施民族平等、民族团结、民族区域自治和各民族共同繁荣为基本内容的民族政策，开创了中国民族区域自治制度成功典范，也为其他民族自治区域提供了宝贵经验。

内蒙古自治区成立以来，内蒙古始终坚持各民族一律平等。各民族不论人口多少，历史长短，居住地域大小，发展水平高低，语言文字、宗教信仰和风俗习惯是否相同，各民族政治地位一律平等；各民族不仅在政治、法律上平等，在经济、文化、社会生活等所有领域平等；各民族公民在法律面前一律平等，享有相同的权利，承担相同的义务，各民族平等权利依法得到保障。平等地享有管理国家事务的权利，平等地享有宗教信仰自由，享有使用和发展本民族语言文字的权利，享有保持或改革本民族风俗习惯的自由。党和政府高度重视民族团结，视民族团结为内蒙古人民的生命线，是实现各民族共同繁荣发展的根本保证。内蒙古各族群众牢固树立休戚与共、荣辱与共、生死与共、命运与共的共同体理念，格外珍惜汉族离不开少数民族、少数民族离不开汉族、各少数民族之间也相互离不开的局面。内蒙古各族群众像石榴籽一样紧紧抱在一起，在社会生活中交流交往交融，尊重差异、包容多样，在中华民族大家庭中手足相亲、守望相助。

随着经济社会持续发展，内蒙古少数民族人口迁移流动更加频繁，城镇化水平显著提高。为了保障少数民族群众合法权益，内蒙古贯彻实施《城市民族工作条例》《民族乡行政工作条例》等法律法规，切实加强服务与管理，重点帮助少数民族人口发展生产、改善生活，满足少数民族人口在节庆、饮食、丧葬等方面的特殊需要。

贯彻实施民族区域自治制度。民族区域自治是中国的一项基本政治制度，也是中国解决民族问题的基本政策。内蒙古自治区成立以来，党和政府积极贯彻实施民族区域自治制度，不断健全民族政策和法律法规体系，稳慎有序完成地方性法规的立改废任务，织就一张维护民族团结的法治之网。内蒙古着力提升民族事务治理体系和治理能力现代化水平，坚决防范民族领域各类风险隐患。2021年5月1日，《内蒙古自治区促进民族团结进步条例》正式施行；2022年1月1日，《内蒙古自治区教育条例》《内蒙古自治区实施〈中华人民共和国国家通用语言文字法〉办法》施行。持续加强法治宣传教育，开展"民族政策宣传月""民族法治宣传周"等活动，引导各族群众树立法治意识，完善人民调解、行政调解和司法调解"三调联动"工作机制，努力将涉民族因素的矛盾纠纷化解在基层。在人口较少的达斡尔族、鄂温克族、鄂伦春族少数民族聚居区建立3个少数民族自治旗，恢复和建立了19个民族乡，把国家的集中、统一与各民族的自主、平等结合起来，把国家的法律政策与民族自治地方的具体实际、特殊情况结合起来，把国家的富强民主文明和谐与各民族的团结进步繁荣发展结合起来，内蒙古各民族和睦相处、和衷共济、和谐发展，各得其所、各尽其能、各展所长。党和政府一以贯之地坚持民族区域自治，与时俱进地完善民族区域自治，近10年来内蒙古各民族群众交往交流交融的广度和深度前所未有。

坚持生态优先、绿色发展。内蒙古自治区成立以来，党和政府始终把民族地区的基础设施建设摆在十分突出的位置，不断开发内蒙古优势资源，发展现代工业，作为支持内蒙古自治区加快发展的重大举措，建设大型煤电基地等一大批重点工程，使内蒙古形成了若干重要的资源开发和深加工产业基地，初步走出了一条立足资源优势、具有自身特色的工业化道路。党的十八大以来，内蒙古深入践行"绿水青山就是金山银山"的理念，以生态优先、绿色发展为导向，坚定不移推进经济转型，全力以赴调结构、转功能、提质量，不断深化供给侧结构性改革，推动经济发展合理增长，发展质量稳步提升。坚持稳中求进工作总基调，完整、准确、全面贯彻新发展理念，积极服务和融入新发展格局，全面深化改革开放，坚持创新驱动发展，统筹经济社会发展和安全，坚持不懈铸牢中华民族共同体意识，保持了经济发展、民族团结、社会稳定、边疆安宁的良好局面，内蒙古各族人民生活步入历史上最好的时期。

在祖国北疆4200多公里的边境线上，内蒙古20个边境旗市（区）沿边分布。党的十八大以来，内蒙古大力推进固边兴边富民行动，中央、自治区下达少数民族发展资金共计56.8636亿元，实施了一批基础设施建设、社会事业等项目，边境地区经济社会得到长足发展，各族群众团结奋进，乐业兴边。

精准扶贫，着力保障和改善民生。内蒙古自治区成立以来，党和政府采取一系列政策措施解决少数民族群众的贫困问题。党的十八大以来，自治区党委政府把脱贫攻坚作为第一民生工程，锚定全面建成小康社会目标，聚力攻克深度贫困堡垒，决战决胜脱贫攻坚。到2020年底，内蒙古157万贫困人口全部脱贫，57个贫困旗县全部摘帽，3681个贫困嘎查村全部出列，绝对贫困和区域性整体贫困问题得到历史性解决，全面建成小康社会，一个民族都不能少，各族群众获得感、幸福感、安全感不断增强。

加强医疗服务体系建设。健全和稳定内蒙古县、乡、村三级卫生计生服务网络。加强薄弱学科和重点临床专科建设，医疗服务能力和水平逐步提升。加大医疗卫生人才综合培养力度，实施全科医生转岗和专科医师特设岗位计划，建立医疗卫生人才绿色通道，多种途径培养少数民族医疗卫生人才，不断壮大少数民族医疗卫生专业队伍。城镇医疗卫生水平持续提升，农村牧区的医疗条件明显改善，缓解了少数民族群众看病难问题，各族群众的健康水平显著提高。

传承、保护民族文化。少数民族文化是中华文化的重要组成部分，是中华民族的共有精神财富。内蒙古自治区成立以来，特别是改革开放以来，全区少数民族文化事业取得了历史性成就。全区少数民族文化工作不断完善，少数民族语言文字得到保护和发展，少数民族优秀传统文化得到传承和弘扬，少数民族文学艺术日益繁荣，搭建民族特色浓郁的节庆民俗、展览展演、文化旅游等平台，创新推进民族文化发展，各族群众对中华文化更加热爱、更加自豪、更加自信。

高度重视内蒙古自治区教育事业发展。按照《中华人民共和国宪法》《中华人民共和国民族区域自治法》和《中华人民共和国义务教育法》中，关于支持和帮助少数民族发展教育的规定，在各级教育行政部门设立专门的民族教育行政管理机构，负责贯彻执行国家民族教育方针政策，研究处理民族教育问题；设置民族教育专项补助经费，满足各族群众日益增长的教育需求。特别是改革开放以来，以民汉双语兼通为目标，建立健全从学前到中小学各阶段教育有效衔接、教学模式与学生学习能力相适应、师资队伍与教学资源满足需要的双语教学体系，科学稳妥推行双语教育。充分尊重和保障各少数民族使用本民族语言的自由，创造一切条件方便他们学习使用本民族的语言。全面推行使用国家统编教材，大力推广普及国家通用语言文字，提升少数民族学生掌握和使用国家通用语言文字的能力和水平，促进各民族广泛交往、全面交流、深度交融。

2010—2020 年，内蒙古少数民族人口数量增加，由于生育水平下降，少数民族人口增长速度趋缓，进入了稳定发展阶段。少数民族人口分布依旧呈现东部多西部少的格局，少数民族人口主要分布在通辽市、赤峰市、呼伦贝尔市和兴安盟，呼和浩特市成为全区少数民族人口第 4 多的盟市，但少数民族人口分布格局没有发生根本性变化。随着以人为中心的新型城镇化持续推进，城乡融合协同发展，内蒙古城镇化进程进一步加快，少数民族城镇人口比重大幅上升，少数民族农牧业转移人口市民化，取得了明显成效。少数民族人口性别比均衡，虽然少数民族人口年龄结构较全区总人口和汉族人口年轻，但 2020 年内蒙古少数民族人口年龄结构已是老年型。少数民族人口受教育程度普遍高于全区总人口和汉族人口，受教育水平不断提高。少数民族人口婚姻状况呈现未婚人口比重低、已婚人口比重高和离婚、丧偶人口比重低的特点，反映出内蒙古少数民族与汉族一样具有普遍结婚和婚姻稳定的特征。内蒙古民族通婚普遍，是中国通婚程度较高的地区之一。虽然内蒙古少数民族劳动年龄人口逐年缓慢减少，但少数民族劳动年龄人口仍然充沛。随着内蒙古经济社会持续发展，产业结构不断升级，少数民族劳动者的技能水平逐步提升，就业结构进一步优化；就业人口性别比上升，但从事脑力劳动的女性人口多于男性，女性的政治地位、家庭地位、经济地位、社会地位显著提高。

第九章　人口迁移与流动

一、人口的地区分布

人口地区分布，亦称"人口分布"。是指人口在一定时间内的空间存在形式、分布状况，包括各类地区人口的分布，以及某些特定人口（如城镇人口、乡村人口）的构成情况等。人口分布是受自然、社会、经济和政治等多种因素作用的结果。随着生产力的发展，人类征服自然能力的增强，人口分布越来越取决于各地区的社会经济发展程度。分析和研究人口分布状况，对于解决各种人口问题，推动区域经济有效发展，实现人口与经济社会的协调发展具有重要意义。

内蒙古地域辽阔，人口平均密度较小，人口区域分布极不平衡，表现为地区人口分布东多西少，各民族的人口分布相对较为集中，随着全区城镇化的快速推进，城镇人口已超过全区常住人口的三分之二。

（一）各盟市人口规模差异较大

2020 年内蒙古自治区共辖 9 个地级市、3 个盟，共有 23 个市辖区、11 个县级市、17 个县、49 个旗，3 个自治旗。

内蒙古各级行政区域人口规模相差悬殊，据第七次全国人口普查数据显示，内蒙古人口数最多的赤峰市总人口为 403.60 万人，而人口数最少的阿拉善盟只有 26.24 万人，其他各盟市的人口分布也极不平衡（各盟市常住人口见表 9-1）。

表 9-1 内蒙古各盟市常住人口

地　　区	常住人口（人）	占总人口比重（%）	
		2020 年	2010 年
内蒙古	**24049155**	**100.00**	**100.00**
呼和浩特市	3446100	14.33	11.60
包头市	2709378	11.27	10.73
呼伦贝尔市	2242875	9.33	10.32
兴安盟	1416929	5.89	6.53
通辽市	2873168	11.95	12.71
赤峰市	4035967	16.78	17.57
锡林郭勒盟	1107075	4.60	4.16
乌兰察布市	1706328	7.10	8.68
鄂尔多斯市	2153638	8.96	7.85
巴彦淖尔市	1538715	6.40	6.76
乌海市	556621	2.31	2.16
阿拉善盟	262361	1.09	0.94

　　资料来源：《内蒙古自治区人口普查年鉴—2020》《内蒙古自治区 2010 年人口普查资料》。

　　内蒙古 12 个盟市总人口为 2404.92 万人，而东部 5 盟市（呼伦贝尔市、兴安盟、通辽市、赤峰市、锡林郭勒盟）人口之和就达到 1167.60 万人，占全区总人口的 48.55%。由此可见，全内蒙古近一半人口集中于东部地区。12 个盟市中，常住人口超过 300 万人的盟市有 2 个，在 200 万人至 300 万人之间的盟市有 4 个，在 100 万人至 200 万人之间的盟市有 4 个，少于 100 万人的有 2 个。

　　（二）人口的城乡发展情况

　　城镇化是现代化的必由之路，推进城镇化是解决农业、农村、农民问题的重要途径，是推动城乡、区域协调发展的有力支撑，是扩大内需和促进产业升级的重要抓手。进入 21 世纪，内蒙古城乡人口结构呈现城镇人口持续增加，乡村人口明显减少的特征。数据表明，2010 年以来内蒙古新型城镇化进程稳步推进，城镇化建设取得了历史性成就。内蒙古城镇化水平在西部 12 个省区市中仅低于重庆，居第二位。

2020 年第七次全国人口普查资料显示，内蒙古常住人口中城镇人口为 1622.75 万人，乡村人口为 782.17 万人，常住人口城镇化率为 67.48%。城镇常住人口比重由 2010 年的 55.53%上升到 67.48%，提高 11.95 个百分点，年均提高 1.2 个百分点。

从各盟市常住人口城乡分布看，盟市常住人口城镇化率不均衡，分为三个梯队。第一梯队为城镇化率超过 90%，乌海市（95.37%）；第二梯队为城镇化率 70%—90%，包头市（86.16%）、阿拉善盟（82.02%）、呼和浩特市（79.14%）、鄂尔多斯市（77.45%）、锡林郭勒盟（73.88%）、呼伦贝尔市（73.87%）；第三梯队城镇化率 50%—60%，巴彦淖尔市（59.98%）、乌兰察布市（59.70%）、兴安盟（53.23%）、赤峰市（53.11%）、通辽市（50.03%）。

从整体来看，呈现东部低，中西部高，东部五盟市常住人口城镇化率为 58.32%，中西部七盟市达 76.11%；城镇常住人口集中于呼包鄂地区，城镇化率高达 80.99%，该区域城镇常住人口占全区城镇常住人口的 41.47%，而第三梯队常住人口占全区常住人口的 48.11%，城镇常住人口仅占全区的 38.68%；同第六次全国人口普查相比城镇化率大幅度提高，其中增幅超过 10 个百分点的有 6 个盟市，最高的为乌兰察布市，提升 17.4 个百分点。

（三）人口密度及地区差异

内蒙古地域辽阔，各盟市、旗县（市、区）人口分布不平衡，有明显的地区差异。截至 2020 年 11 月 1 日全区常住人口为 2404.92 万人，土地面积为 118.3 万平方公里，全区人口密度为每平方公里 20人，"六普"时内蒙古的人口密度为每平方公里 21 人，10 年间减少了 1 人。全国 2020 年的人口密度为 147 人/平方公里，除西藏、青海、新疆人口密度低于内蒙古外，全国其余各省、自治区、直辖市的人口密度都大大地高于内蒙古。

内蒙古各盟市的人口密度也相差较大，人口密度最大的乌海市每平方公里 327 人，其次有呼和浩特市每平方公里 200 人，包头市每平方公里 98 人；密度最小的阿拉善盟每平方公里不到 1 人（见表 9-2）。

表9-2 各盟市常住人口密度

地 区	2020年常住人口（万人）	区划面积（万平方公里）	人口密度（人/平方公里）
内蒙古	2404.92	118.30	20
呼和浩特市	344.61	1.72	200
包头市	270.94	2.77	98
呼伦贝尔市	224.29	25.30	9
兴安盟	141.69	5.98	24
通辽市	287.32	5.95	48
赤峰市	403.60	9.00	45
锡林郭勒盟	110.71	20.26	5
乌兰察布市	170.63	5.50	31
鄂尔多斯市	215.36	8.68	25
巴彦淖尔市	153.87	6.44	24
乌海市	55.66	0.17	327
阿拉善盟	26.24	27.02	1

资料来源：《内蒙古自治区人口普查年鉴—2020》《内蒙古统计年鉴—2021》。

　　人口在地理分布上的差异，主要受经济条件、资源环境、政治因素等影响，其中也有历史原因，又叠加了现代经济因素。比如东部地区土地丰腴，草场、森林资源丰富，降水丰沛，地理和资源环境较西部有很大优势，适合经济的发展和人口的聚集，所以人口密度就大。而西部地区，除河套平原外，大多数地区属内陆干旱少雨地带，沙漠化程度高。呼和浩特市是自治区的首府城市，经济发达工作生活条件优越，吸引了大量人口，因此人口密度高；乌海市人口大部分集中在个别地区，整体人口密度也很高；赤峰市和通辽市人口密度高是历史原因造成的少数民族集聚的结果。阿拉善盟地形复杂，自然条件相对较差，面积广大，耕地比例偏低，农牧业生产和其他经济活动深受其影响，导致人口在此地区分布较为稀少，特别是阿拉善盟不仅人口总量少，人口密度更小。受经济社会发展水平的影响，城市的人口密度显然大于镇的人口密度，镇的人口密度又大于乡村。

（四）人口的地区分布变化

2020 年第七次全国人口普查数据显示，内蒙古自治区常住人口为 2404.92 万人，与 2010 年第六次全国人口普查相比，减少 65.72 万人，10 年间人口减少 2.66%，是仅有的 6 个常住人口负增长的省份之一。

分城市来看，相比 10 年前，全区 12 个盟市中有 6 个盟市的常住人口实现了正增长，也有 6 个盟市的常住人口呈负增长，且个别盟市人口减幅非常大。其中，内蒙古东部五盟市中，赤峰市、通辽市、呼伦贝尔市和兴安盟人口全部出现下降；人口减少的原因主要是：老龄化程度加深、低生育率、产业吸引力不如往昔等。

而内蒙古常住人口降幅最大的城市是中部地区的乌兰察布市，10 年间人口从 214.36 万下降到 170.63 万，降幅达五分之一！这里与内蒙古经济重心的呼、包、鄂距离很近，且距北京直线距离仅 300 公里，外出大城市就业的人数较多。

从近三次普查来看，内蒙古常住人口的地区分布，一直呈现为东部地区常住人口总量多于西部地区的人口分布特征，但从 2000 年"五普"到 2010 年"六普"的 10 年间，其人口地区分布发生了比较明显的变化。2000 年"五普"东部地区，赤峰市、通辽市、呼伦贝尔市、兴安盟和锡林郭勒盟 5 个盟市的常住人口总量占全区常住人口的 54.51%，中西部地区 7 个盟市的常住人口总量只占 45.49%。2010 年"六普"，东部地区 5 个盟市的常住人口总量占全区常住人口的比重下降为 51.29%，下降了 3.22 个百分点；而中西部地区 7 个盟市的常住人口总量所占比重上升到 48.71%，上升了 3.22 个百分点。而到了 2020 年"七普"，东部地区 5 个盟市的常住人口总量占全区常住人口的比重下降为 48.55%，下降了 2.74 个百分点；而中西部地区 7 个盟市的常住人口总量所占比重上升到 51.45%，上升了 2.74 个百分点。值得注意的是近 20 年内蒙古人口东、中西部分布的变化，主要是由于内蒙古的产业布局造成的。同时，也与近年来地区间社会经济发展不平衡及人口的迁移流动有着直接关系。

表 9-3　2010—2020 年内蒙古各地区人口增长情况

地　区	2010 年常住人口（万人）	2020 年常住人口（万人）	增长率（%）	年均增长率（%）
内蒙古	2470.65	2404.92	-2.66	-0.27
呼和浩特市	286.67	344.61	20.21	1.86
包头市	265.04	270.94	2.23	0.22
呼伦贝尔市	254.93	224.29	-12.02	-1.27
兴安盟	161.32	141.69	-12.17	-1.29
通辽市	313.92	287.32	-8.47	-0.88
赤峰市	434.12	403.60	-7.03	-0.73
锡林郭勒盟	102.80	110.71	7.69	0.74
乌兰察布市	214.36	170.63	-20.4	-2.26
鄂尔多斯市	194.07	215.36	10.97	1.05
巴彦淖尔市	167.00	153.87	-7.86	-0.82
乌海市	53.29	55.66	4.45	0.44
阿拉善盟	23.13	26.24	13.41	1.27

资料来源：《内蒙古自治区人口普查年鉴—2020》《内蒙古自治区 2010 年人口普查资料》。

从 2010 年到 2020 年的 10 年间，内蒙古全区常住人口由 2470.65 万人下降为 2404.92 万人，10 年间减少 2.66%，年平均增长率为-0.27%。从人口减少的 6 个盟市来看，呼伦贝尔市、兴安盟、乌兰察布市的人口降幅相对较大，其中，乌兰察布市降幅最为明显。从东中西部人口的变化情况看，东部 5 盟市人口减少了 99.48 万人，中西部 7 盟市人口增加了 33.75 万人。由于迁移流动人口的影响，各盟市人口增减变化差异较大，导致人口分布格局的变化（各盟市人口变化见表 9-3）。

二、人口迁移、流动的现状及原因

什么是迁移人口和流动人口？相关部门和学术界都没有明确统一的定义。鉴于所掌握资料的局限，本文将不明确区别流动人口和迁移人口，并将流动人口和迁移人口定义为常住人口中人户分离的人口，也就是常住人口中住本地但户口登记地在外乡镇街道的人口。

（一）迁移流动人口总量

内蒙古第七次全国人口普查的流动人口数据显示，全区常住2404.92 万人口中，人户分离人口[1] 为 1146.30 万人，其中，市辖区内人户分离人口为 239.45 万人；流动人口[2] 为 906.84 万人。流动人口中，跨自治区流入人口为 168.64 万人，自治区内流动人口为 738.20 万人。与 2010 年相比，人户分离人口增长 59.85%，市辖区内人户分离人口增长 129.76%，流动人口增长 47.97%。全区经济社会持续发展，为人口的迁移流动创造了条件，人口流动趋势更加明显，流动人口规模进一步扩大。

2010 年、2020 年内蒙古流动人口总量与全国、西部的比较见表 9-4。

表 9-4　内蒙古流动人口总量

地　区	2010 年		2020 年		2010—2020 年增长率（%）
	人数（万人）	排序	人数（万人）	排序	
全　国	22103.11		37581.68		5.45
中国西部	5011.04		9195.22		6.26
内蒙古	612.87	14	906.84	20	4.00

资料来源：《中国2010年人口普查资料》《中国人口普查年鉴—2020》《内蒙古自治区2010年人口普查资料》《内蒙古自治区人口普查年鉴—2020》。

从2020年全区流动人口数量来看，在我国各省份中排名居于中游位置，为第20位，与 2010年排名相比，下降了6位。2020年内蒙古流动人口总量在我国西部省份中排名第6位，流动人口数量少于四川、云南、贵州、广西、陕西。2010年到 2020年，内蒙古流动人口的年均增长率为4.0%，低于全国水平，比全国西部省份平均水平低2.26个百分点。

---

[1] 人户分离人口是指居住地与户口登记地所在的乡镇街道不一致且离开户口登记地半年以上的人口。

[2] 流动人口指居住地与户口登记地所在的乡镇街道不一致且离开户口登记地半年及以上的人户分离（扣除市辖区内人户分离）的人口。

（二）人口迁移流动的原因

从下表可知（表 9-5），内蒙古流动人员迁移原因，工作就业是流动人口迁移的最主要原因，在十种迁移的原因中占比 30.88%，其次为拆迁（搬家）、随同离开（投亲靠友）。省内流动人员与所有流动人员迁移原因趋于一致。从各盟市角度对流动人口迁移原因进行分析，流动人口迁移的主要原因是工作就业（大于 30.88%）的为呼和浩特市、锡林郭勒盟、鄂尔多斯市、乌海市、阿拉善盟；流动人口迁移的主要原因是拆迁或搬家（大于 23.2%）的为包头市、呼伦贝尔市、兴安盟、通辽市、赤峰市、乌兰察布市以及乌海市。

表 9-5　内蒙古各盟市流动人口迁移原因分析

单位：%

地　区	工作就业	学习培训	随同离开/投亲靠友	拆迁/搬家	寄挂户口	婚姻嫁娶	照料孙子女	为子女就学	养老/康养	其他
内蒙古	**30.88**	**9.05**	**13.65**	**23.20**	**1.40**	**5.12**	**1.68**	**3.53**	**1.98**	**9.51**
呼和浩特市	34.17	14.67	12.40	16.16	1.13	4.19	2.22	3.39	1.95	9.71
包头市	30.46	9.33	15.72	25.99	1.16	4.95	1.37	2.96	1.53	6.53
呼伦贝尔市	19.75	6.33	10.56	36.22	2.87	5.16	1.50	3.25	2.21	12.14
兴安盟	23.12	9.04	8.85	29.66	2.26	6.51	1.74	3.66	2.53	12.63
通辽市	24.08	9.04	10.48	30.97	2.15	6.71	1.42	2.16	1.64	11.36
赤峰市	23.44	7.73	15.47	29.48	1.17	4.99	1.74	4.68	1.95	9.35
锡林郭勒盟	37.03	7.18	14.02	15.49	1.51	5.34	2.07	3.88	2.80	10.67
乌兰察布市	22.65	8.28	12.67	26.95	1.23	5.67	1.06	5.20	2.61	13.69
鄂尔多斯市	47.30	7.36	16.54	11.29	0.85	3.44	1.77	2.98	1.67	6.81
巴彦淖尔市	29.33	7.03	12.42	23.08	1.38	8.17	1.25	5.26	2.47	9.62
乌海市	37.11	3.85	17.22	23.58	1.29	5.82	1.35	1.01	1.07	7.70
阿拉善盟	46.47	3.64	15.37	14.98	0.98	4.49	1.96	1.73	2.47	7.90

资料来源：《内蒙古自治区人口普查年鉴—2020》。

表 9-6 内蒙古不同年龄段的流动人口迁移原因占比

单位：%

年 龄	工作就业	学习培训	随同离开/投亲靠友	拆迁/搬家	寄挂户口	婚姻嫁娶	照料孙子女	为子女就学	养老/康养	其他
0—4 岁	0.00	0.66	19.28	2.55	6.08	0.00	0.00	0.00	0.00	12.55
5—9 岁	0.00	10.78	19.20	3.11	5.35	0.00	0.00	0.00	0.00	8.91
10—14 岁	0.02	14.89	15.37	3.03	4.78	0.00	0.00	0.00	0.00	6.45
15—19 岁	0.73	42.60	6.60	1.94	3.33	0.18	0.00	0.10	0.00	3.67
20—24 岁	5.80	23.75	4.70	2.99	5.81	3.29	0.01	0.31	0.01	4.23
25—29 岁	12.37	3.67	4.59	6.12	7.37	17.52	0.02	3.51	0.02	5.74
30—34 岁	17.03	2.00	4.08	9.45	8.15	26.82	0.25	15.54	0.03	7.08
35—39 岁	13.91	0.83	3.08	8.90	7.42	17.19	0.31	24.89	0.04	6.49
40—44 岁	11.31	0.35	2.66	8.35	7.44	10.59	0.43	23.16	0.07	6.25
45—49 岁	13.33	0.22	3.46	11.19	9.34	8.99	2.27	17.53	0.22	8.21
50—54 岁	11.10	0.11	3.55	10.98	8.62	5.94	11.28	7.62	4.61	7.99
55—59 岁	7.21	0.06	3.35	9.68	7.15	3.85	24.49	3.35	9.37	6.80
60—64 岁	3.76	0.03	2.97	7.30	5.11	2.42	28.23	1.95	15.28	5.17
65 岁及以上	3.42	0.05	7.11	14.42	14.04	3.22	32.71	2.04	70.35	10.47

资料来源：《内蒙古自治区人口普查年鉴—2020》。

上表可以看到（表 9-6），迁移原因中，工作就业集中在年龄 20—54 岁之间，学习培训集中在 10—24 岁，拆迁/搬家更多是在 45—54 岁、65 岁及以上的人群中。通过年龄与迁移原因的交叉分析可知，年龄在 25—59 岁之间的人口向呼和浩特市、锡林郭勒盟、鄂尔多斯市、乌海市以及阿拉善盟 5 个盟市流动；同时，工作就业的迁移原因是其他迁移原因的前提或保障。

（三）迁移流动人口地区分布

内蒙古各盟市的流动人口规模差异巨大（见表 9-7）。

表9-7　内蒙古各地区流动人口总量

地　区	2010 年			2020 年			2010—2020 年年均增长率	
	人数（万人）	占比（%）	排序	人数（万人）	占比（%）	排序	增长（%）	排序
内蒙古	**612.87**	**100.0**	—	**906.84**		—	**4.00**	—
呼和浩特市	112.91	18.42	1	165.18	18.22	1	3.88	8
包头市	85.07	13.88	3	102.64	11.32	4	1.90	10
呼伦贝尔市	48.04	7.84	6	76.58	8.44	5	4.77	6
兴安盟	22.64	3.69	10	44.39	4.90	10	6.96	2
通辽市	31.45	5.13	9	66.61	7.35	6	7.79	1
赤峰市	60.76	9.91	4	110.14	12.15	3	6.13	3
锡林郭勒盟	34.12	5.57	8	57.33	6.32	8	5.33	5
乌兰察布市	36.64	5.98	7	65.67	7.24	7	6.01	4
鄂尔多斯市	102.26	16.69	2	130.82	14.43	2	2.49	9
巴彦淖尔市	51.94	8.47	5	51.51	5.68	9	-0.08	12
乌海市	16.87	2.75	11	19.92	2.20	11	1.68	11
阿拉善盟	10.18	1.66	12	16.06	1.77	12	4.66	7

资料来源：《内蒙古自治区 2010 年人口普查资料》《内蒙古自治区人口普查年鉴—2020》。

2020 年，呼和浩特市、鄂尔多斯市、赤峰市的流动人口规模居于前三位，与 2010 年相比，呼和浩特市、鄂尔多斯市的流动人口规模排位没有变化，赤峰市的流动人口规模排位由第四位升至第三位，包头市由原来的第三位降至第四位。呼和浩特市、包头市、赤峰市、鄂尔多斯市相对来说常住人口较多，四个地区 2020 年流动人口已达到 508.78 万人，占内蒙古流动人口总量的 56.1%，超过半数，比 2010 年下降了 2.8 个百分点。2010 年到 2020 年的 10 年间，从流动人口变化总量来看，全区 7 个地区的流动人口增长率高于全区水平，5 个地区流动人口增长率低于全区水平。而随着人口发展，2010 年到 2020 年 10 年间，呼包鄂三市的流动人口规模不断扩大，但流动人口增长率均呈现低于全区水平的态势。相比较，东部地区的人口流动逐渐加快，通辽市的流动人口增长率高居第一，兴安盟的流动人口增长率位居第二，赤峰市位居第三。呼和浩特市的流动人口规模在 2010 年排在第一位，2010 年到 2020 年流动人口增长率排第八位。鄂尔多斯市的流动人口规模在 2010 年排在第二位，但 2010 年到 2020 年流动人口增长率排名第九位，其 2020 年流动人口规模仍趋于稳定。巴彦淖尔市的流动人口规模在 2010 年排在第五位，但 2010 年到 2020 年流动人口增长率排在最后，其 2020 年流动人口规模相比 2010 年呈现缩减态势。包头市的流动人口规模在 2010 年排在第六位，但 2010 年到 2020 年流动人口增长率排第十位。10 年间，从各地的流动人口规模来看变化相对不明显，但从流动人口增长率来看变化相对较大。

（四）迁移流动人口的城乡分布

流动人口主要的流入地是城镇而非乡村，2020 年，城镇人口中有 47.15% 为流动人口，乡村流动人口占比仅为 18.13%。流动人口倾向于流入经济活跃的地区，在一定程度上，城乡流动人口比率的差值就可以表征城乡经济活跃程度的差距。根据这一指标，内蒙古的城乡差距在 2010—2020 年期间延续扩大态势。内蒙古流动人口占总人口比重的城乡差距在 2010 年略高于全国水平，在 2020 年延续略高的水平，全国城乡差距为 28.04%，内蒙古城乡差距为 29.02%。

全区各盟市城镇人口的比重和城乡构成也存在很大差异。表 9-8 列出了内蒙古各盟市城乡流动人口占常住人口的比例。

表 9-8 内蒙古城乡流动人口占常住人口的百分比

单位：%

地 区	2010 年流动人口占常住人口的比率		2010 年城乡流动人口比率差值		2020 年流动人口占常住人口的比率		2020 年城乡流动人口比率差值	
	城镇	乡村	数值	排序	城镇	乡村	数值	排序
内蒙古	**35.38**	**11.61**	**23.77**		**47.15**	**18.13**	**29.02**	
巴彦淖尔市	45.02	18.05	26.97	3	41.97	20.73	41.24	1
兴安盟	25.87	5.44	20.43	6	49.32	10.85	38.47	2
锡林郭勒盟	44.48	15.42	29.06	1	61.18	25.23	35.95	3
赤峰市	28.61	3.78	24.83	5	42.33	10.25	32.08	4
通辽市	19.29	3.73	15.56	8	38.97	7.37	31.60	5
鄂尔多斯市	60.78	34.25	26.53	4	66.97	39.34	27.63	6
乌兰察布市	33.86	4.82	29.04	2	49.38	22.36	27.02	7

续表

单位：%

地　区	2010 年流动人口占常住人口的比率		2010 年城乡流动人口比率差值		2020 年流动人口占常住人口的比率		2020 年城乡流动人口比率差值	
	城镇	乡村	数值	排序	城镇	乡村	数值	排序
呼伦贝尔市	22.95	10.28	12.67	9	39.42	19.22	20.20	8
呼和浩特市	43.33	32.83	10.50	10	51.44	34.62	16.82	9
阿拉善盟	44.55	42.39	2.16	11	63.54	50.59	12.95	10
包头市	35.44	19.15	16.29	7	39.64	26.96	12.68	11
乌海市	31.33	36.89	-5.56	12	34.84	55.03	-20.19	12

资料来源：《内蒙古自治区 2010 年人口普查资料》《内蒙古自治区人口普查年鉴—2020》。

2020 年，12 个盟市中，鄂尔多斯市城镇人口中有 66.97% 为流动人口，其次是阿拉善盟城镇人口中有 63.54% 为流动人口，锡林郭勒盟城镇人口中有 61.18% 为流动人口。乌海市乡村人口中的流动人口为 55.03%，其次阿拉善盟乡村人口中的流动人口为 50.59%。整体看人口流动性最强的阿拉善盟城镇人口和乡村人口中流动人口占比均过半。城乡差距相对较小。巴彦淖尔市、兴安盟、锡林郭勒盟、赤峰市、通辽市的城乡流动人口明显大于全区城乡流动人口比率的差距，因此，在一定程度上反映了东部盟市城镇化水平。2020 年，城镇化率最高的乌海市，常住人口城镇化率达 95.37%，城乡流动人口比率差值为-20.19%；兴安盟、赤峰市、通辽市常住人口城镇化率分别为 53.23%、53.11%、50.03%，而 3 个盟市的城乡流动人口比率差值分别为 38.47%、32.08%、31.6%；可以看出，地区的常住人口城镇化率与城乡流动人口比率差值成负相关。

（五）迁移流动人口的来源地分布

内蒙古流动人口以自治区内流动为主，见表 9-9。

表 9-9　内蒙古流动人口的来源地分布

单位：%

地　区	2010 年流动人口分布			2020 年流动人口分布		
	省内	跨省	跨省排序	省内	跨省	跨省排序
全　国	**61.15**	**38.85**		**66.76**	**33.24**	
内蒙古	76.44	23.56	14	81.40	18.60	17

资料来源：《中国 2010 年人口普查资料》《中国人口普查年鉴—2020》《内蒙古自治区 2010 年人口普查资料》《内蒙古自治区人口普查年鉴—2020》。

2020 年，跨省流动占全部流动人口的 18.6%，这一比率在全国各省份中排名 17，低于全国水平。2010—2020 年，内蒙古流动人口中跨省流动所占比例有所下降，与同期全国跨省流动比重趋势一致。

表 9-10　内蒙古各地区流动人口的来源地分布

单位：%

地　区	2010 年流动人口分布			2020 年流动人口分布		
	省内	跨省	跨省排序	省内	跨省	跨省排序
内蒙古	**76.44**	**23.56**		**81.40**	**18.60**	
乌海市	52.84	47.16	2	50.82	49.18	1
阿拉善盟	42.73	57.27	1	56.46	43.54	2
包头市	75.68	24.32	5	70.39	29.61	3
兴安盟	84.28	15.72	8	76.77	23.23	4
通辽市	85.31	14.69	10	79.29	20.71	5
呼和浩特市	84.95	15.05	9	84.32	15.68	6
鄂尔多斯市	59.91	40.09	3	85.05	14.95	7
乌兰察布市	91.38	8.62	12	85.87	14.13	8
赤峰市	89.68	10.32	11	86.51	13.49	9
巴彦淖尔市	76.52	23.48	6	87.70	12.30	10
锡林郭勒盟	81.90	18.10	7	89.44	10.56	11
呼伦贝尔市	66.73	33.27	4	90.63	9.37	12

资料来源：《内蒙古自治区 2010 年人口普查资料》《内蒙古自治区人口普查年鉴—2020》。

表 9-10 列出了内蒙古各盟市流动人口的来源地分布。就跨省流动占全部流动人口的比率而论，2020 年，跨省流动占全部流动人口的比率较高的 5 个盟市是乌海市、阿拉善盟、包头市、兴安盟、通辽市，由于区位和交通的原因，这些地方与邻省的经济联系要明显大于其他盟市。7 盟市 2020 年跨省流动人口占比较 2010 年高，5 盟市 2020 年跨省流动人口占比较 2010 年低。决定跨省流动人口占比的因素包括地区区位、生态环境、人口结构、交通条件和经济发展水平等，综合因素导致地区的跨省流动人口不断变化。

表 9-11　内蒙古区外流入人口

流出地	2010 年			2020 年		
	流入人口（万人）	占比（%）	占本省常住人口（‰）	流入人口（万人）	占比（%）	占本省常住人口（‰）
合　计	**144.42**	**100.0**	**1.08**	**168.64**	**100.0**	**1.19**
宁　夏	4.32	3.0	6.86	4.07	2.4	5.65
甘　肃	14.19	9.8	5.55	15.45	9.2	6.18
山　西	15.67	10.9	4.39	20.31	12.0	5.82
黑龙江	14.30	9.9	3.73	15.06	8.9	4.73
陕　西	14.20	9.8	3.80	16.70	9.9	4.22
河　北	18.39	12.7	2.56	22.15	13.1	2.97
吉　林	6.39	4.4	2.33	9.07	5.4	3.77
辽　宁	7.34	5.1	1.68	11.22	6.7	2.63
邻　省	94.80	65.6	3.31	114.03	67.6	4.08
其他省份	49.62	34.4	0.47	54.61	32.4	0.48

资料来源：《中国 2010 年人口普查资料》《中国人口普查年鉴—2020》。

内蒙古区外流入人口以八个邻省为主，2010 年、2020 年流入内蒙古倾向（定义为流入内蒙古人口占本省户籍人口的比率）最高的八个省就是这八个邻省。邻省流入人口占省外流入人口的比率增长2.0%，邻省的优势区域稳定，山西省与东北三省流入内蒙古的人口增长相对较快。

（六）迁移流动人口的性别比

内蒙古流动人口的性别比明显高于非流动人口，见表 9-12。

表 9-12　2020 年内蒙古各地区流动人口的性别比

单位：女=100

地　区	流动人口	非流动人口	差值	流动人口性别比排序
内蒙古	**107.05**	**102.61**	**4.44**	
乌海市	132.90	98.52	34.38	1
阿拉善盟	123.81	99.17	24.64	2
鄂尔多斯市	124.95	102.67	22.28	3
包头市	110.19	98.62	11.57	4

续表

单位：女=100

地　区	流动人口	非流动人口	差值	流动人口性别比排序
呼和浩特市	104.84	99.46	5.38	5
巴彦淖尔市	107.61	102.75	4.86	6
锡林郭勒盟	106.94	106.35	0.59	7
赤峰市	101.34	103.89	-2.55	8
呼伦贝尔市	100.07	103.13	-3.06	9
乌兰察布市	100.98	105.92	-4.94	10
通辽市	96.47	103.43	-6.96	11
兴安盟	96.74	105.26	-8.52	12

资料来源：《内蒙古自治区人口普查年鉴—2020》。

各盟市非流动人口的性别比差距不大，而流动人口的性别比差异明显。在各盟市中，乌海市、阿拉善盟、鄂尔多斯市、包头市有较高的流动人口性别比，而赤峰市、呼伦贝尔市、乌兰察布市、通辽市、兴安盟的流动人口性别比反低于非流动人口。其原因可能是，前者采矿业等工业占经济比重较大，后者的产业结构更轻型化，多以旅游业、商贸业为主。

（七）迁移流动人口的年龄分布

2020年，内蒙古流动人口与非流动人口的年龄分布有显著差异，见图9-1、图9-2。

人口年龄金字塔[3]可以分为年轻型、成年型、老年型三种类型。年轻型呈现出底部宽，越往上越窄的特点，预示流动人口的发展是增长型；成年型呈现底部和中部基本相近，中部略大，顶部收缩的特点，预示着流动人口的发展是稳定型；年老型呈现出顶部宽底部窄的特点，预示着流动人口的发展是衰退型，出现人口老龄化现象。当前内蒙古自治区流动人口年龄金字塔属于成年稳定性，男女人口年龄性别比例较为均衡。

---

[3] 流动人口金字塔是用类似古埃及金字塔的形象描绘人口年龄和性别分布状况的图形。能表明人口现状及其发展类型。

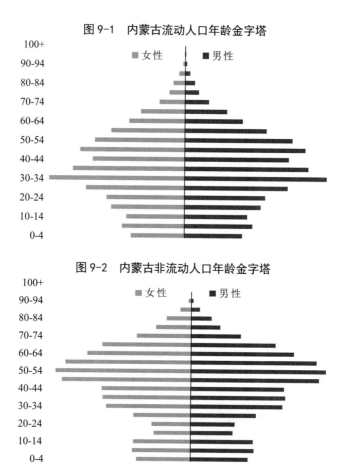

图 9-1　内蒙古流动人口年龄金字塔

图 9-2　内蒙古非流动人口年龄金字塔

由年龄金字塔可见，在流动人口中，25—39 岁的人占比很高，而非流动人口的年龄峰值出现在 45—59 岁。与非流动人口相比，流动人口中不同年龄人数相差更大。这意味着，在总人口中，不同年龄段有着不同的流动人口比重。

对于流动人口占常住人口比率，内蒙古与全国有着非常相似的年龄结构。在 15—29 岁年龄段（恰为劳动年龄 15—59 岁的前半段），流动人口占比分别高于总流动人口占比 15.34 个和 16.92 个百分点。这一峰形呈左偏，峰值出现在 20 岁。这意味着，年轻劳动者的流动倾向最大。

（八）迁移流动人口受教育程度

内蒙古流动人口的受教育程度分为未上过学、学前教育、小学、初中、高中、大学专科、大学本科、硕士研究生、博士研究生。表 9-13、

表 9-14 列出了 2020 年内蒙古流动人口的受教育程度。

表 9-13　内蒙古流动人口、非流动人口受教育程度分布

单位：%

受教育程度	流动人口占比	非流动人口占比
未上过学	2.60	4.97
学前教育	3.19	2.64
小　学	19.47	28.54
初　中	33.79	35.53
高　中	17.73	12.87
大学专科	12.43	8.22
大学本科	10.04	6.68
硕士研究生	0.71	0.49
博士研究生	0.05	0.05

表 9-14　内蒙古省内、跨省流动人口受教育程度分布

单位：%

受教育程度	省内流动人口占比	跨省流入人口占比
未上过学	2.60	2.61
学前教育	3.30	2.54
小　学	19.16	21.20
初　中	32.44	41.56
高　中	18.13	15.42
大学专科	13.04	8.92
大学本科	10.57	6.98
硕士研究生	0.71	0.71
博士研究生	0.05	0.05

从整体看，流动人口受小学教育或未上过学者占比较低，受初中及以上教育者占比较高。省内流动人口的受教育程度中，高中及以上的人数占比为 42.5%；而跨省流入人口的受教育程度中，高中及以上的人数占比为 32.09%。总体上，内蒙古流动人口的受教育程度高于非流动人口。在流动人口中，省内流动人口比省外流入人口受教育程度高。

图9-3 流动人口受教育程度占比

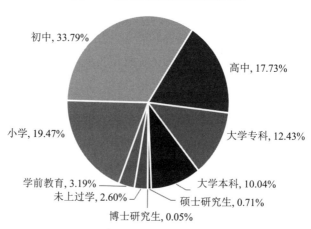

三、人口迁移流动对内蒙古经济发展的影响

（一）新时代经济社会发展必然导致迁移流动人口增多

流动人口是全国在转变经济体制和建设社会主义现代化过程中，伴随城市化出现的一种人口现象。他们对于城市的建设和发展具有至关重要的作用，为城市建设和发展提供了新的活力和动力。

中国是一个名副其实的流动大国，伴随中国特色社会主义进入新时代和我国社会主要矛盾的转化，流动人口对城市美好生活的需要日益广泛，城市将是人民群众寄托对美好生活向往的重要载体，是未来中国人口的主要承载地。推进新型城镇化已经成为中国当今时代发展的重大主题。习近平总书记指出，持续进行的新型城镇化，将为数以亿计的中国人从农村走向城市、走向更高水平的生活创造新空间。城镇化的实质在于现代化，现代化的本质是人的现代化。中国式现代化是人口规模巨大的现代化，是全体人民共同富裕的现代化。要坚持"以人为本"，实现城市与小城镇的协调可持续发展，关键在于破解城乡二元结构，缩小城乡差距，推进基本公共服务实现均等化，推进人口在城乡间双向流动和自由迁徙，促进社会性流动。因此，从现在起到中国基本实现社会主义现代化时，人口流动迁移仍将是中国经济社会发展中的重要人口现象，规模亿计的流动人口将成为常态。人口整体的流动性，表现在流动形势、流动类型、参与流动的人群结构等方面都将越来越多元化。中国人口的迁移转变会促使城乡社会整体上步入高流动的新时代。

（二）人口迁移流动对经济发展的影响

人口与经济之间关系是区域可持续发展的轴心问题。因此，掌握人口信息，研究人口与经济的关系是制定区域长远发展规划、改善人类生存环境的重要基础，也是政府进行科学决策的依据。根据库兹涅茨（Kuznets，1964）的理论分析，经济的发展与人口再分布是相互关联的：一方面，区域经济发展水平的差异成为影响人口迁移最重要的因素；另一方面，人口迁移流动引起的人口再分布影响着迁入区和迁出区的经济发展。

1.区域经济发展不均衡对人口迁移的影响

区域经济发展对人口迁移的影响作用主要包括经济水平因素和经济结构因素。经济发展水平越高，人口迁移越活跃，人口迁移水平也越高；每个人迁移的经济动机总是想从经济条件差的地区向经济条件好的地区迁移，因此人口迁移与区域间经济发展水平的差距密切相关。另一方面，人口迁移的经济动机除了追求高收入外，也寻求更理想的就业机会。就业机会除了与经济增长速度有关外，主要取决于迁入地的就业结构，而就业结构和经济结构又是紧密相关的，因此区域经济结构的相对差异也是影响人口迁移的一个重要因素。

2.区域经济结构差异制约人口迁移流动

区域经济发展及产业结构的差异，以及由此引起的劳动力供需的地区差异影响着人们向有较多就业机会及预期收入较高的地区迁移。即迁出区与迁入区劳动者实际收入差别和找到工作的机会大小，城乡间预期收入差异。人口在进行迁移行为决策时，根据预期收入最大化原则，他们更趋向于经济结构较合理的区域，即向就业机会更大、收入更高的地区迁移。比如中国东部地区，因为日趋合理的产业结构和坚实的产业基础，特别是发达的第三产业，能够提供更多的就业，从而吸引了巨大的迁移人口；再就是区位优势显著，享受优惠政策，大力吸引外资，有利于发展外向型经济，完善产业结构，产生更多就业机会，吸引大量劳动力，从而为地区间人口迁移创造了有利条件。

3.人口迁移对区域经济均衡发展的影响

区域经济差异是促动人口迁移的主要因素，而人口迁移亦对经济社会的发展及区域差异变动产生了深刻的影响，即人口迁移对区域经济发展不均衡有减缓作用。

（1）人口迁移对迁出地的影响

人口的迁移流动对迁出地的消极影响：由于迁出人口的受教育程度明显高于迁出地的平均水平，人口迁出显然降低了迁出区经济发展的潜力，但这种影响并不明显，至少在短时期内不太明显；此外，迁出地的劳动力外溢，可能造成当地产业发展缓慢。

人口迁移的积极影响是：可以减轻人口压力，提高就业水平。此外，人口迁移对缩小地区差异有着积极的作用。表现在以下几个方面：一是人口的流出意味着迁出区人口的减少，将有利于提高人均收入水平；二是迁出人口在外打工或创业，将一部分收入汇回家乡，客观上也缓解了地区间的发展不平衡；三是一部分迁移人口和流动人口的回乡创业，既对迁出区的经济发展具有带动作用，还对迁出区的思想观念改变有引导作用，从而有利于从经济和观念两方面缩小地区间的差距。总的看来，人口迁移对迁出区的影响还是利大于弊。

（2）人口迁移对迁入地的影响

迁移流动人口的大量涌入，产生了人口的集聚效应，对属于发达地区的迁入区而言，有利于经济的快速增长、有利于优化产业结构、有利于社会化大生产的发展，有利于生产效率和资源利用效率的提高。其主要表现在：一是大大丰富了迁入地的劳动力资源。大量人口向较发达地区迁移，为这些地区注入了丰富的劳动力；具有较高教育水平的人口更集中，从而提高了该地区的劳动力素质。二是经济总量不断扩大，人民生活水平显著提高。图 9-4 横轴表示 2010—2020 年各省人口变动，数值越大，该省人口流入越多，各省呈现出人口流入越多，人均 GDP 增长率越大的趋势。可以看出，人口规模与结构的变化与经济的变化趋势相一致，人口数量与经济的发展有着密切的联系。三是产业结构与人口迁移流动互相作用。如发达的第三产业为以务工经商为目的的迁移流动人口提供了更多的就业机会。另一方面，大量的人口流入也会促使整个社会对产业结构进一步优化，使城市的劳动力资源得到高效的配置。

图 9-4　人均 GDP 增长率与常住人口变动

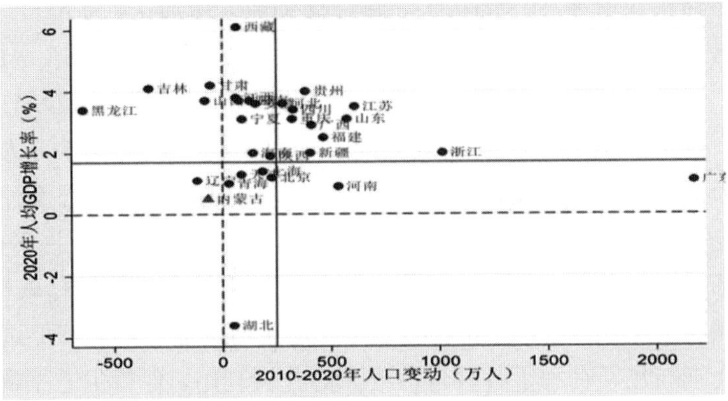

数据来源：根据《内蒙古自治区 2010 年第六次全国人口普查主要数据公报》《第七次全国人口普查公报（第三号）》整理计算。

注：图中实线代表全国均值，虚线为 0 值。

4.实现人口迁移与区域经济均衡的良性发展

合理的人口迁移流动对不同地区经济发展有着共同的促进作用，经济增长速度都呈正增长，即使迁入地与迁出地经济达到正向均衡，共同繁荣与富强；不合理的人口迁移流动则对不同地区经济发展有着阻碍作用，经济增长速度都呈负增长，即使迁入地与迁出地经济达到负向均衡。如迁出地迁移流动人口数量太多，致使劳动力短缺，从而使田地荒芜，资源得不到开发，基础设施难以修建，经济发展更加落后；而迁入地由于过多人口的流入，导致就业困难、交通堵塞、住房困难等一系列的社会环境问题产生，这些都会严重阻碍迁入地社会经济的发展。

（三）内蒙古人口迁移流动与社会经济的发展

1.人口流动加快，促进区域经济均衡发展

经济的集聚，意味着资源的集聚，劳动力作为经济社会发展重要资源之一，与其他资源一样，人口也只有充分流动，才能促进均衡的产生。遵循人口区域结构变化趋势，能更好地发挥各地区优势，实现资源利用的最大化，从而实现差异化发展的均衡。

从 2010 年第六次全国人口普查到 2020 年第七次全国人口普查，内蒙古人口增长的盟市有 6 个，分别是呼和浩特市（增加 57.9 万人）、鄂尔多斯市（增加 21.3 万人）、锡林郭勒盟（增加 7.9 万人）、包头市（增加 5.9 万人）、阿拉善盟（增加 3.1 万人）和乌海市（增加 2.4 万人），人口减少的盟市有 6 个，分别是乌兰察布市（减少 43.7 万人）、呼伦贝尔市（减少 30.6 万人）、赤峰市（减少 30.5 万人）、通辽市（减少 26.6 万人）、兴安盟（减少 19.6 万人）和巴彦淖尔市（减少 13.1 万人），从整体来看，自治区中部地区（除乌兰察布市）和西部地区（除巴彦淖尔市）人口增加，东部地区（除锡林郭勒盟）人口减少（见图 9-5）。人口的分布合理、密度适宜，能够促进生产力的合理布局，有利于各种自然资源的开发利用，保持生态平衡，促进社会生产的发展。

图 9-5　内蒙古各盟市 2010—2020 年人口变化

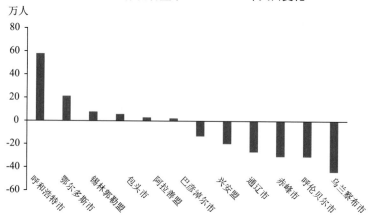

数据来源：根据《内蒙古自治区 2010 年第六次全国人口普查主要数据公报》《内蒙古自治区第七次全国人口普查公报（第二号）》整理计算。

2.随着人口流动，城镇化的步伐逐步加快

城镇化是社会化大生产发展到特定水平时一定要经历的阶段。由于科技水平的提升，使得农业生产力效率逐渐上升，出现农村劳动力供给大于需求的现象，再加上城市与农村劳动人员收入相差较大并且所享受到的社会福利不同，此外，城市对每个人来说无论是就业还是今后自身发展都提供了很多机遇，这些都将促使农村人口向城市流动。城镇化的发展表现为不断增多的城镇数量和逐渐扩大的城市人口规模。从内蒙古城镇人口的变动过程看，城镇常住人口数和相应城镇化率都保持逐年递增趋势（如图9-6）。

图 9-6 2010—2020 年内蒙古城镇常住人口和城镇化率变动趋势

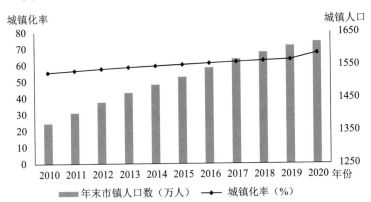

城镇化是现代化的必由之路，新型城镇化是经济发展的重点，城镇化发展与地区经济密切相关，近年来，内蒙古深入推进以人为核心的新型城镇化，全区经济稳步增长的同时，城市综合实力显著提高，城市公共服务能力不断完善，城市居民生活水平明显改善。

从内蒙古人口城镇化与经济发展关系看，内蒙古既有城镇化滞后于经济发展水平的盟市，也有城镇化超前于经济发展水平的盟市，且各盟市之间的滞后或超前程度有较大差异，其中超半数盟市处于相对协调状态；随时间推移处于严重超前型、协调型及严重滞后型地区均减少，协调关系趋向于转移至轻微型。如图9-7，从影响因素看，经济增长、产业结构高级化、财政支持、公共服务和土地资源禀赋对内蒙古城镇化发展均有正向影响。从时空格局演变看，内蒙古城镇化和经济发展的重心均从偏西位置向东部方向转移，表明内蒙古城镇化和经济发展的地区差距均有缩小趋势。

图9-7　2020年内蒙古各盟市城镇化水平

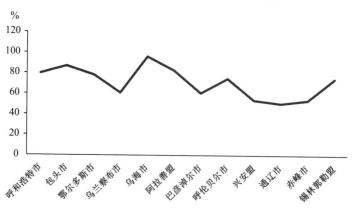

3.人口迁移流动有利于产业结构调整

2010—2020年期间，流动人口为内蒙古社会经济发展发挥着巨大作用，随着人口流动加快，就业结构即社会劳动力分配结构也逐渐趋于合理，图9-8展示了2011年到2020年内蒙古地区第一、二、三产业就业人数结构变化图。可以明显看出，内蒙古从事第三产业的人数占比逐年上升，从事第一产业、第二产业的人数占比逐年下降，2011年从事第一、二、三产业的人数比为48.9：31.4：19.7，而在2020年这一比例为35.7：17.0：47.3。内蒙古就业结构逐步趋向合理，而合理的就业结构有效推动了地区经济的发展。

图9-8　2011—2020年内蒙古各产业就业人数结构变化图

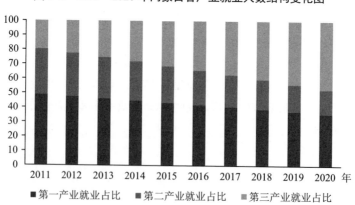

4.内蒙古人口净流出对经济社会发展的影响

一个地区的流动人口规模可以映射当地的教育状况、福利设置、经济发展等情况，同时也反映了当地对人口的吸引力。2020 年内蒙古人口自然增长率高于全国，但内蒙古常住人口数下降，存在人口净流出现象，成为全国排名第五的人口流出省份，内蒙古外流人口主要流向集中在东北和华北地区，吸引全区外出人口前五位的省份与 10 年前没有变化，分别是辽宁（30.55 万人）、北京（29.5 万人）、河北（20.1 万人）、山东（14.66 万人）、天津（11.16 万人）。同时，全区分性别人口流向具有一致性，不论是男性还是女性，外出人口流向前三个省份均为辽宁、北京和河北。

如何吸引或者留住内蒙古劳动年龄人口？想要解决好这个问题，对于地区的就业机会、生活成本、宜居程度、医疗与教育资源等，都将提出更高的要求。内蒙古需打好"引进来""防流失"组合拳，实现人才供需平衡。随着人才跨区域流动加快，人才发展既要重视高层次、"双一流"人才的引进，也要防止区内各大高校培养的人才流失。内蒙古 20 个城市中，大中小城市比为 1∶1.3∶4.3。城市规模偏小，影响人口集聚效应，尤其是低于 10 万人以下的小城市，大多吸引力较差，成为人口流出区。加快新型城镇化建设，以首府为城市中心构建城市集群，辐射和带动城市经济圈实现高质量发展，增强区域副中心城市的人才虹吸能力。

第十章 新型城镇化与城乡融合发展

城镇化是人口向城镇集中、农村地域转变为城镇地域的过程，是工业化和现代化的必由之路和重要标志，是挖掘内需潜力、增添发展动能的重要支撑，是优化国土空间开发保护格局、推动区域协调发展的有力抓手，是促进城乡融合发展、实现共同富裕的根本路径。促进城乡融合发展，建立健全城乡融合发展体制机制和政策体系，是党的十九大作出的重大决策部署，是重塑新型城乡关系，走城乡融合发展之路的重要保障。近年来，内蒙古城镇化水平和质量不断提高。"七普"数据显示，2020年，内蒙古城镇化率达到67.48%，比全国高3.59个百分点，与2010年相比，年均提高1.2个百分点；户籍人口城镇化率达到44.55%，和全国基本持平；全区城镇燃气普及率、人均道路面积、建成区绿化覆盖率、生活垃圾处理率均高于全国平均水平，城乡基本公共服务均等化加快形成，城乡融合发展、一体化基础设施建设取得显著成效。

一、城镇化的历史进程

1947年内蒙古自治区成立时，全区共有3个县级市，城镇人口68.4万人，城镇化率仅12%。"一五"期间，为了促进少数民族地区发展，国家对内蒙古进行大规模经济建设，有计划地注入现代生产体系。以启动包钢建设为代表项目，从天津、辽宁、山东等地迁入工厂、工人，并落户包头和呼和浩特等地，同时吸纳大量当地农牧民聚集到城市，使全区城镇人口实现第一次飞跃。1959年内蒙古城镇化率达到30.8%。1961年，国家经济发展进入调整期，内蒙古作为重点调整区域，大量压缩基建项目，并动员城市职工和家属返乡务农，1964年全区城镇化率下降到19.9%。之后一段时期，由于内蒙古城市工业受阻，全区城镇化水平基本徘徊在 21%—22%之间。

改革开放从根本上建立了推进城镇化进程的新机制。十一届三中全会后，内蒙古在农区实行家庭联产承包责任制，在牧区实行草畜双承包责任制，使农村和牧区的劳动生产率得到提高，剩余劳动力解放出来。同时改革开放的激励政策使内蒙古经济实力逐渐增强，二、三产业的增长吸引了大量的农村牧区剩余劳动力进入城镇。经济快速发展、产业不断升级、劳动力不断转移，以及户籍制度改革实现了人力资本要素从农村牧区向城镇的流动，使小城镇如雨后春笋般蓬勃发展，根据《内蒙古年鉴—2021》数据，内蒙古城镇化率从 1978 年的 21.80%提高到 1990 年的 36.12%。

90 年代后，世界经济进入衰退期，内蒙古产业结构失衡的矛盾显现，第三产业发展趋于缓慢。同时小城镇粗放发展的弊端也逐渐显露，城镇人口的增速开始放缓，根据《内蒙古年鉴—2021》数据，1991 年，内蒙古城镇化率为 36.97%，到 1997 年仅提高 1.97 个百分点。进入 21 世纪，内蒙古城镇化步入加速发展阶段，城镇化率由 1998 年的 39.94% 提高到 2012 年的 58.42%，城市建城区面积快速扩张，2012 年城市建城区面积比 2002 年增加 70.4%。随着国家对土地市场和分税财政体制改革不断深化，以及亚洲金融危机对内蒙古重要支柱产业的影响，城镇化建设成为推动经济社会快速发展的主要动力。同时城镇住房制度改革使住宅业成为自治区经济新的增长点，城市房地产市场繁荣为城镇化建设、城乡一体化发展创造了有利条件。

党的十八大明确提出了"新型城镇化"概念，中央经济工作会议进一步把"加快城镇化建设速度"列为 2013 年经济工作六大任务之一。2014 年，随着经济社会发展进入新常态，内蒙古自治区开始转变城镇化发展方式，以城镇化高质量发展为重点，以加快户籍制度改革为抓手，促进有能力在城镇稳定就业和生活的常住人口有序实现市民化；以提升城市承载力和现代化水平为抓手，使城市基础设施与不断增加的城市人口相适宜，并且更加注重城市的智能化、精细化管理；以增强城市社会保障能力提升城市软实力为抓手，加大对社会保障的支持力度，逐步提高基本社会保障支出占财政支出的比重，加强非公企业职工、个体工商户、灵活就业人员和农牧民工的养老保险扩面工作，完善保障房建设体系，鼓励企业、社会组织参与保障性住房的建设，增加保障性住房的供给主体。

"十三五"时期，内蒙古自治区坚决贯彻党中央、国务院关于推进新型城镇化工作的决策部署，坚定走"以人为本、四化同步、优化布局、生态文明、文化传承"的中国特色新型城镇化道路，根据《内蒙古年鉴—2021》数据，2020 年，内蒙古自治区常住人口城镇化率比 2015 年提高5.39 个百分点。

为推动新型城镇化发展，内蒙古自治区政府先后出台《关于进一步推进户籍制度改革的实施意见》《关于进一步调整户口迁移政策加快户籍制度改革的实施意见》《关于全面放开城镇落户限制深化户籍制度改革的实施意见》等政策性文件，从区域放开、人群放开到全面放开渐次深化，在全国较早放开了中小城市和建制镇、城镇非户籍常住重点人口和首府等大城市落户限制，目前进城农牧民可在任何城镇实现零门槛落户。"十三五"期间，累计实现近 30 万农牧民落户城镇。

为增强城市群人口承载能力，内蒙古自治区政府印发了《〈呼包鄂榆城市群发展规划〉内蒙古实施方案》，明确了推进城市群发展的总体要求、工作目标、主要任务和保障措施，从优化城市群空间布局、引导产业协同发展、加快基础设施互联互通、推进生态环境共建共保、构建开放合作新格局、创新协同发展体制机制等六个方面细化出 18 大项具体任务，分解到自治区有关部门和呼包鄂三市，并通过年度市长联席会议分年度予以落实。目前，呼包鄂三市已实现户口通迁、人力资源信息共享、电子政务平台互办互认，以及产业和技术研发协同发展等。根据第七次全国人口普查数据，2020 年呼包鄂三市常住人口830.91 万人，在全区人口比 2010 年减少 65.72 万人的情况下，呼包鄂人口增加 85.15 万人。

内蒙古拥有 4260 公里边境线，有 12 个公路口岸，形成了沿边口岸城镇。"十三五"期间，自治区着力推进潜力型城镇以产聚人、支点型城镇以城聚产，充分发挥满洲里、二连浩特交通、贸易、产业等优势，推动产业链升级和产业多元化发展，形成了木材与矿石加工、物流、边贸、旅游等产业。推动形成枢纽口岸引领带动、重点口岸突出优势、特色口岸错位发展的新格局，培育"口岸+园区+口岸集疏通道"发展体系。甘其毛都、策克等重点口岸采取多样化发展策略，积极探索贸易与产业结构多样化，推动加工业与制造业等产业落地，将特色功能做大做强。

二、城乡融合推进情况

2019 年 5 月 5 日，中共中央、国务院发布了《关于建立健全城乡融合发展体制机制和政策体系的意见》，这是贯彻落实党的十九大精神的重大决策部署，根本目的是重塑新型城乡关系，走城乡融合发展之路，促进乡村振兴和农业农村现代化。这意味着，当前在全国推动城乡融合发展，既有现实而深刻的时代背景，又有重要而深远的意义。

从农业转移人口看，一部分农村劳动力在城镇和农村流动，是全国现阶段乃至相当长历史时期都会存在的现象。现在有 2 亿多农民工和其他人员在城镇常住，应该尽量把他们稳定下来。如果长期处于不稳定状态，不仅潜在消费需求难以释放、城乡双重占地问题很难解决，还会带来大量社会矛盾风险。对已经在城镇就业但就业不稳定、难以适应城镇要求或不愿落户的人口，要逐步提高基本公共服务水平，使他们在经济周期扩张、城镇对简单劳动需求扩大时可以在城市就业，而在经济周期收缩、城镇对劳动力需求减少时可以有序回流农村。从农牧民看，不管城镇化发展到什么程度，农村牧区人口还会是一个相当大的规模，即使城镇化率达到 70%，也还有 4 亿左右的人口生活在农村牧区。把乡村建设好，让亿万农牧民有更多获得感，是党的既定方针。

从城乡关系层面看，解决发展不平衡不充分问题，要求更加重视农村牧区发展。不少人认为，只要城镇化搞好了，大量农牧民进城了，"三农"问题也就迎刃而解了。这种思想是错误的，一定要深刻认识到，城镇化是城乡协调发展的过程，不能以农业萎缩、牧区凋零为代价，城镇和农村牧区是互促共进、共生共存的。目前，全国很多城市确实很华丽很繁荣，但不少乡村与欧洲、日本、美国等相比差距还很大。如果一边是越来越现代化的城市，一边却是越来越萧条的农村牧区，那不能算是实现了中华民族伟大复兴。

全国现代化同西方发达国家有很大不同，西方发达国家是一个"串联式"的发展过程，工业化、城镇化、农业现代化、信息化顺序发展，发展到目前水平用了 200 多年时间；要后来居上，把"失去的二百年"找回来，决定了这必然是一个"并联式"的过程，"四化"是叠加发展的。在工业化城镇化进程中，全国乡村的地位是值得深入思考的大问题。农业还是"四化同步"的短腿，没有农业现代化，没有农村繁荣富强，没有农民安居乐业，国家现代化就是不完整、不全面、不牢固的。到 2035 年基本实现社会主义现代化，大头重头在"三农"，必须向农村全面发展聚焦发力，推动农业农村农民与国家同步基本实现现代化。到 21 世纪中叶把我国建成富强民主文明和谐美丽的社会主义现代化强国，基础在"三农"，必须让亿万农民在共同富裕的道路上赶上来，让美丽乡村成为现代化强国的标志、美丽中国的底色。

当前我国城乡发展不协调的矛盾依然比较突出，但差距也是潜力。从农村看，农村住房条件普遍改善，很多地方盖起了漂亮的小楼，但污水垃圾遍地，道路泥泞不堪，公共设施投资严重不足。从城市看，高楼林立，大广场、宽马路气势恢宏，但设施老旧落后，城市管理不足，地下设施老化，棚户区、城中村大量存在，都需要更新改造。总之，这些潜在的需求如果能激发出来并拉动供给，就会成为新的增长点，形成推动发展的强大动力。

要建立健全有利于城乡要素合理配置的体制机制，需要坚决破除妨碍城乡要素自由流动和平等交换的体制机制壁垒，促进各类要素更多向乡村流动，在乡村形成人才、土地、资金、产业、信息汇聚的良性循环，为乡村振兴注入新动能。包括健全农业转移人口市民化机制，建立城市人才入乡激励机制，改革完善农村承包地制度，稳慎改革农村宅基地制度，建立集体经营性建设用地入市制度，健全财政投入保障机制，完善乡村金融服务体系，建立工商资本入乡促进机制，建立科技成果入乡转化机制等。

内蒙古自治区根据《中共中央 国务院关于建立健全城乡融合发展体制机制和政策体系的意见》（中发〔2019〕12 号），结合全区实际，制定出台《自治区建立健全城乡融合发展体制机制和政策体系的实施意见》。提出到 2022 年，城乡融合发展体制机制要初步建立，2035 年，体制机制要更加完善。

三、城镇化水平及地区差异

（一）城镇就业人员年平均工资现状

根据全国和内蒙古统计年鉴数据，2010—2020 年，全国和内蒙古城镇就业人员平均工资的变动趋势如图 10-1 所示。从变动过程看，全国和内蒙古城镇就业人员平均工资在逐年递增，且内蒙古城镇就业人员平均工资的增长速度慢于全国均值。从变动量看，全国城镇就业人员平均工资 2020 年为 97379 元/人，相比 2010 年的 36539 元/人，年均增长率为 16.65%；内蒙古城镇就业人员平均工资在 2020 年为 85310 元/人，相比 2010 年的 35211 元/人，年均增长率为 14.23%。从差距变动看，2010—2012 年内蒙古和全国城镇就业人员平均工资的差距递减，2012 年后差距逐年扩大，2020 年差距扩大到 12069 元/人。

图 10-1 全国和内蒙古城镇就业人员年平均工资变动趋势

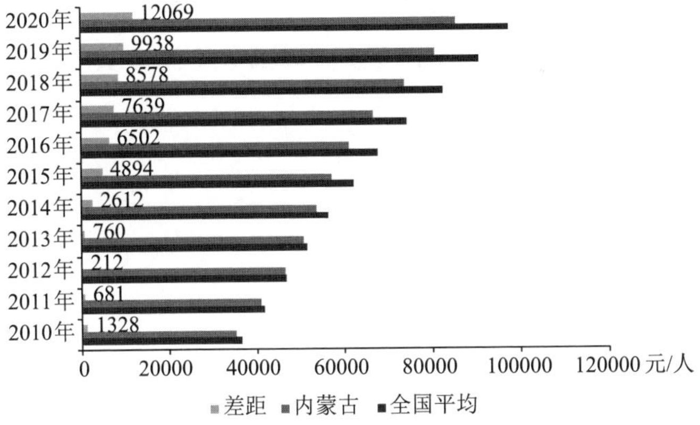

资料来源：《中国统计年鉴—2021》《内蒙古统计年鉴—2021》

全国省区市（除台湾、香港、澳门）城镇就业人员在 2010 年和 2020 年的平均工资排序如图 10-2 和 10-3 所示。2010 年内蒙古的排名位于我国省区市的中上游，距全国城镇就业人员平均工资的差距仅仅 1328 元，但 2020 年差距明显扩大，内蒙古城镇就业人员平均工资排序位于我国省区市的中下游，与全国城镇就业人员平均工资的差距达到了 12069 元，说明内蒙古城镇就业人员的年平均工资相对增长速度较慢。

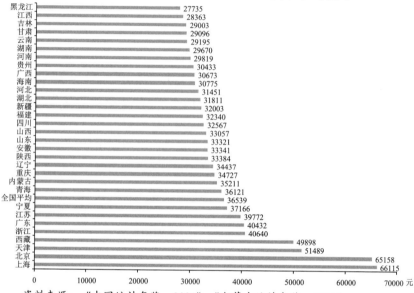

图 10-2　2010 年全国省区市城镇就业人员平均工资排序

资料来源：《中国统计年鉴—2021》《内蒙古统计年鉴—2021》。

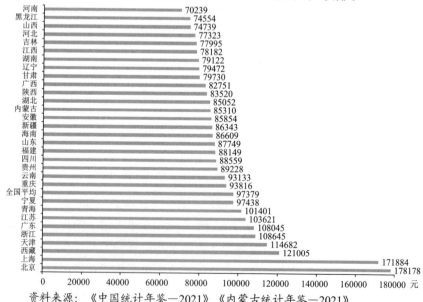

图 10-3　2020 年全国省区市城镇就业人员平均工资排序

资料来源：《中国统计年鉴—2021》《内蒙古统计年鉴—2021》。

（二）城镇用水普及率提升明显

根据城市年报数据，全国省区市（除台湾、香港、澳门）2010 年和 2020 年的城市用水普及率分别如图 10-4 和 10-5 所示。在 2010 年，内蒙古由于自身地理位置和资源禀赋导致城市用水普及率为 87.97%，位居全国最后一名，远低于全国平均普及率 96.68%；随着南水北调工程的持续推进以及城镇基础设施的进一步建设，2020 年内蒙古城市用水普及率达到了 99.5%，排名跻身于全国省区市中位，高出全国平均普及率 0.51 个百分点，即将实现全面普及。

图 10-4　2010 年全国省区市城市用水普及率排序

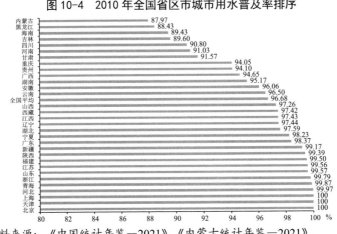

资料来源：《中国统计年鉴—2021》《内蒙古统计年鉴—2021》。

图 10-5　2020 年全国省区市城市用水普及率排序

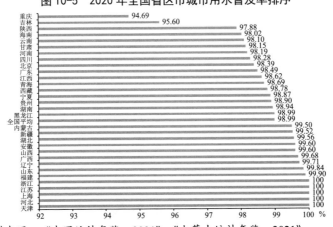

资料来源：《中国统计年鉴—2021》《内蒙古统计年鉴—2021》。

（三）城镇燃气普及率不断提升

根据城市年报数据，全国省区市（除台湾、香港、澳门）2010 年和 2020 年的城市燃气普及率分别如图 10-6 和 10-7 所示。内蒙古城市燃气普及率相对较低，在 2010 年仅高于云南、甘肃、河南和贵州，比全国燃气普及率低 12.78 个百分点；经过 10 年发展，2020 年全国各省区市的城市燃气普及率都得到了很好的提升，全国平均普及率达到了 97.87%，内蒙古城市燃气普及率也达到了 97.26%，接近全国均值。

图 10-6　2010 年全国省区市城市燃气普及率排序

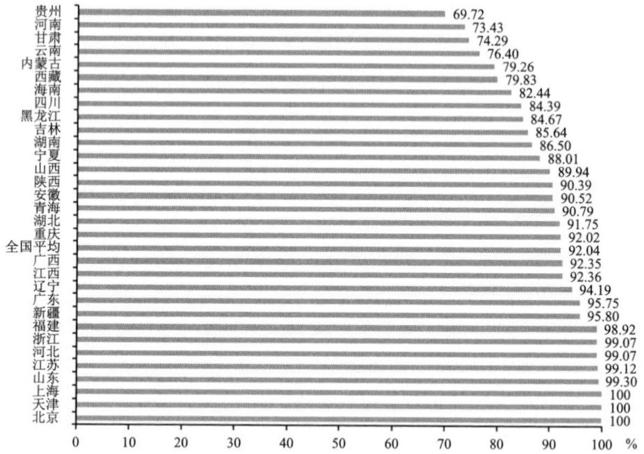

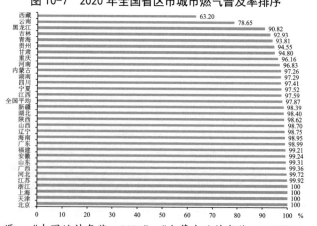

资料来源：《中国统计年鉴—2021》《内蒙古统计年鉴—2021》。

图 10-7　2020 年全国省区市城市燃气普及率排序

资料来源：《中国统计年鉴—2021》《内蒙古统计年鉴—2021》。

（四）城镇每万人拥有公交车辆台数增加

根据城市年报数据，全国省区市（除台湾、香港、澳门）2010 年和2020 年的城市每万人拥有公交车辆数分别如图 10-8 和 10-9 所示。在2010 年，内蒙古每万人拥有公交车辆数为 6.89 标台，比全国每万人拥有公交车辆数少 2.82 标台，在全国省区市排名中仅高于山西省；2020 年内蒙古每万人拥有公交车辆数为 11.51 标台，在全国省区市的排名也有所提升，相比全国每万人拥有公交车辆数少 1.37 标台。

图 10-8　2010 年全国省区市城市每万人拥有公交车辆排序

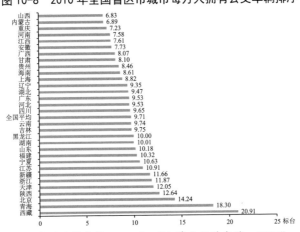

资料来源：《中国统计年鉴—2021》《内蒙古统计年鉴—2021》。

图 10-9　2020 年全国省区市城市每万人拥有公交车辆排序

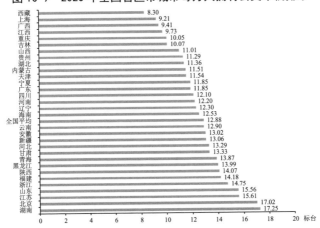

资料来源：《中国统计年鉴—2021》《内蒙古统计年鉴—2021》。

（五）城镇人均拥有道路面积不断增加

根据城市年报数据，全国省区市（除台湾、香港、澳门）2010年和2020年的城市人均拥有道路面积分别如图10-10和10-11所示。内蒙古人均拥有道路面积在全国省区市的排名处于较高水平且高于全国均值，2010年比全国人均拥有道路面积多1.68平方米，全国省区市排名第八，到2020年排名上升为第六，增长较快，比全国人均拥有道路面积多5.89平方米。

图10-10　2010年全国省区市城市人均拥有道路面积排序

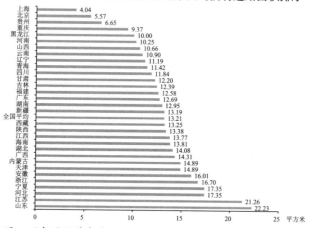

资料来源：《中国统计年鉴—2021》《内蒙古统计年鉴—2021》。

图10-11　2020年全国省区市城市人均拥有道路面积排序

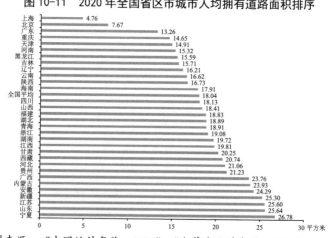

资料来源：《中国统计年鉴—2021》《内蒙古统计年鉴—2021》。

（六）城镇人均公园绿地面积全国排名第二

根据城市年报数据，全国省区市（除台湾、香港、澳门）2010 年和 2020 年的城市人均公园绿地面积排序如图 10-12 和 10-13 所示。内蒙古城市人均公园绿地面积相对全国省区市处于较高水平，2010 年排序第八，比全国均值高 1.18 平方米；到 2020 年，全国省区市城市人均公园绿地面积在 10 年间都有提升，内蒙古的增速更快，排序仅次于宁夏，上升到省区市第二的高度，比全国均值高 4.42 平方米。

图 10-12　2010 年全国省区市城市人均公园绿地面积排序

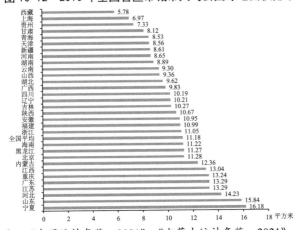

资料来源：《中国统计年鉴—2021》《内蒙古统计年鉴—2021》。

图 10-13　2020 年全国省区市城市人均公园绿地面积排序

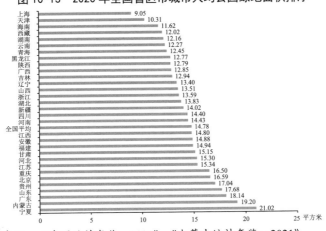

资料来源：《中国统计年鉴—2021》《内蒙古统计年鉴—2021》。

（七）城镇每万人拥有公厕全国排名第一

根据城市年报数据，全国省区市（除台湾、香港、澳门）城市在 2010 年和 2020 年每万人拥有公厕数排序如图 10-14 和 10-15 所示。在 2010 年，内蒙古城市每万人拥有公厕数为 4.73 座，相比全国每万人拥有公厕数多 1.71 座，在全国省区市中排名仅次于黑龙江；2020 年，内蒙古每万人拥有公厕数在全国省区市排序中位列第一，城市每万人拥有公厕数为 7.85 座，相比全国每万人拥有公厕数多 4.78 座。

图 10-14 2010 年全国省区市城市每万人拥有公厕排序

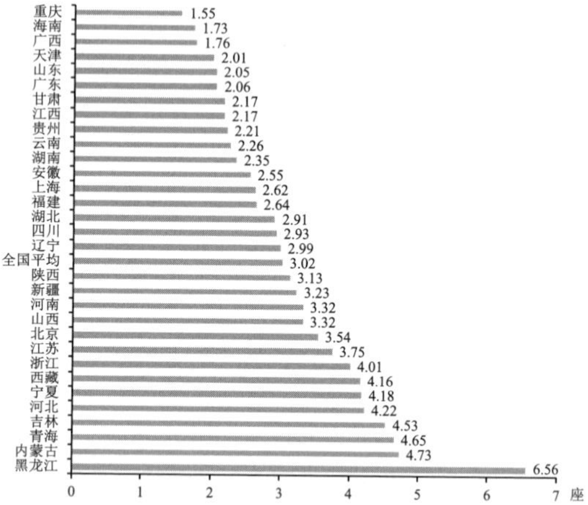

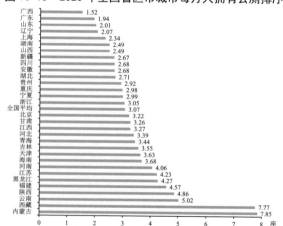

资料来源：《中国统计年鉴—2021》《内蒙古统计年鉴—2021》。

图 10-15 2020 年全国省区市城市每万人拥有公厕排序

资料来源：《中国统计年鉴—2021》《内蒙古统计年鉴—2021》。

四、城镇人口和住房情况

（一）城镇人口现状

1.全区城镇人口

根据"七普"数据，2020年，全区常住人口中，居住在城镇的人口为1622.75万人，占全区人口的67.48%；居住在乡村的人口为782.17万人，占全区人口的32.52%。与1953年相比，城镇人口增加20.03倍，城镇人口比重上升54.2个百分点。见表10-1：

表10-1　全区历次人口普查城乡人口

指　　标	1953年	1964年	1982年	1990年	2000年	2010年	2020年
城镇人口（万人）	81	305.10	556.14	779.69	1013.88	1372.02	1622.75
乡村人口（万人）	529	928.31	1371.29	1365.96	1361.66	1098.61	782.17
城镇人口占比（%）	13.28	24.74	28.85	36.34	42.67	55.54	67.48

资料来源：《内蒙古自治区第七次全国人口普查公报汇编》。

2.各盟市城镇人口

根据"七普"数据，2020年，全区城镇化率最高的是乌海市、包头市和阿拉善盟，分别为95.37%、86.16%、82.02%；最低的是通辽市、赤峰市和兴安盟，分别为50.03%、53.11%、53.23%。与1990年相比，城镇化率提升幅度最大的是鄂尔多斯市、乌兰察布市和呼和浩特市，分别提升53.27个、43.07个、39.25个百分点；提升幅度最小的是乌海市、包头市和呼伦贝尔市，分别提升2.95个、13.38个、20.08个百分点。见表10-2：

表10-2　内蒙古12盟市城镇化率

单位：%

地　　区	1964年			1982年			1990年		
	城镇	乡村	城镇化率	城镇	乡村	城镇化率	城镇	乡村	城镇化率
呼和浩特市	35.37	76.49	31.62	59.73	104.79	36.31	76.28	114.88	39.90
包头市				112.23	53.10	67.88	135.00	50.50	72.78
呼伦贝尔市				129.93	99.44	56.65	137.26	117.91	53.79
兴安盟	13.60	72.38	15.82	32.16	104.38	23.55	44.07	108.34	28.92
通辽市				36.61	207.05	15.03	55.22	220.13	20.05
赤峰市	26.40	228.60	10.35	47.40	320.20	12.89	62.00	348.60	15.10

续表 单位：%

地 区	1964 年			1982 年			1990 年		
	城镇	乡村	城镇化率	城镇	乡村	城镇化率	城镇	乡村	城镇化率
锡林郭勒盟							32.92	55.89	37.07
乌兰察布市	18.18	170.81	9.62	34.44	220.47	13.51	43.17	216.41	16.63
鄂尔多斯市	6.81	64.38	9.57	10.78	96.86	10.01	28.99	90.90	24.18
巴彦淖尔市	13.43	82.47	14.00	21.36	114.08	15.77	34.11	122.15	21.83
乌海市				23.25	1.71	93.15	29.03	2.38	92.42
阿拉善盟	2.30	4.90	31.94	5.60	9.00	38.36	9.10	7.50	54.82

地 区	2000 年			2010 年			2020 年		
	城镇	乡村	城镇化率	城镇	乡村	城镇化率	城镇	乡村	城镇化率
呼和浩特市	124.5	119.29	51.07	179.07	107.59	62.47	272.75	71.86	79.15
包头市	157.88	71.86	68.72	210.68	54.36	79.49	233.44	37.5	86.16
呼伦贝尔市	175.03	93.69	65.13	172.27	82.65	67.58	165.69	58.6	73.87
兴安盟	54.8	107.09	33.85	67.84	93.49	42.05	75.42	66.27	53.23
通辽市	87.72	220.63	28.45	126.78	187.14	40.39	143.75	143.57	50.03
赤峰市	121.3	330.5	26.85	178.7	255.4	41.17	214.3	189.2	53.11
锡林郭勒盟	44.97	52.54	46.12	62.85	39.96	61.13	81.79	28.92	73.88
乌兰察布市	66.04	166.59	28.39	90.59	123.77	42.26	101.86	68.77	59.70
鄂尔多斯市	60.69	78.85	43.49	134.93	59.14	69.53	166.8	48.56	77.45
巴彦淖尔市	63.24	105.03	37.58	80.83	86.16	48.40	92.30	61.58	59.98
乌海市	39.77	2.98	93.03	50.27	3.02	94.33	53.09	2.57	95.37
阿拉善盟	13.4	6.3	68.02	17.2	5.9	74.46	21.52	4.72	82.02

资料来源：《内蒙古自治区第七次全国人口普查公报汇编》。

（二）住房情况

从图 10-16 可以看出，与 2010 年第六次全国人口普查相比，2020 年第七次全国人口普查，区级和各盟市人均住房面积均有所增加，其中增加最多的是呼和浩特市、鄂尔多斯市、锡林郭勒盟，分别增加 67.75%、62.88%、58.11%。除鄂尔多斯市、阿拉善盟、锡林郭勒盟、通辽市、赤峰市外，乡村住房面积均有所减少，其中减少最多的是乌海市、乌兰察布市、呼和浩特市，分别减少 22.59%、22.28%、16.16%。

图 10-16 相比第六次全国人口普查与第七次全国人口普查人均住房面积增减情况

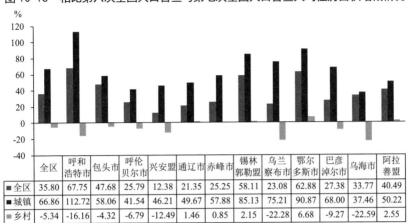

	全区	呼和浩特市	包头市	呼伦贝尔市	兴安盟	通辽市	赤峰市	锡林郭勒盟	乌兰察布市	鄂尔多斯市	巴彦淖尔市	乌海市	阿拉善盟
全区	35.80	67.75	47.68	25.79	12.38	21.35	25.25	58.11	23.08	62.88	27.38	33.77	40.49
城镇	66.86	112.72	58.06	41.54	46.21	49.67	57.88	85.13	75.21	90.87	68.00	37.46	50.22
乡村	-5.34	-16.16	-4.32	-6.79	-12.49	1.46	0.85	2.15	-22.28	6.68	-9.27	-22.59	2.55

五、内蒙古新型城镇化推进情况

内蒙古坚决贯彻党中央、国务院关于推进新型城镇化工作的决策部署，按照以促进人的城镇化为核心、提高质量为导向的新型城镇化思路，推进新型城镇化健康发展。城镇化指标总体完成情况较好，城镇化总体水平高于全国，超额完成规划任务。农牧民工随迁子女义务教育阶段公办学校就学比例、基本养老保险覆盖率、城镇常住人口基本医疗保险覆盖率、棚户区改造等基本公共服务指标基本完成；人均市政道路面积、城镇公共供水普及率、城市生活垃圾无害化处理率、城市家庭宽带接入能力、城市社区综合服务设施覆盖率五项指标均完成目标任务；人均建设用地、城市建成区绿地率、地级及以上城市空气质量优良天数比率三项指标，较好完成目标任务。

2015—2020 年先后出台了《内蒙古自治区人民政府关于进一步推进户籍制度改革的实施意见》《关于进一步调整户口迁移政策加快户籍制度改革的实施意见》《关于全面放开城镇落户限制深化户籍制度改革的实施意见》，这三个文件从区域放开、人群放开到全面放开渐次深化，逐步拆除了阻碍农牧民落户城镇的政策壁垒。同时，2016 年实行了城乡统一登记户口制度，取消了城乡居民"农业"和"非农业"户籍身份差别，统一登记为居民户口，为消除城乡壁垒、推进城乡一体化创造了有利条件。

为深入贯彻落实《国务院办公厅关于印发推动 1 亿非户籍人口在城市落户方案的通知》，内蒙古自治区制定了相关配套政策，在保障落户城镇农牧民权益方面，加快开展农村牧区土地（草场、林地）承包经营权、宅基地确权登记颁证工作，切实保障落户城镇农牧民土地承包经营权、宅基地使用权和集体收益分配权。在落实人地挂钩政策方面，制定了差异性进城落户人口用地政策，在吸纳人口较多的旗县（市、区）安排了建设用地。在落实人钱挂钩政策方面，对于吸纳农牧业转移人口落户数量较多的盟市优先安排保障性安居工程配套基础设施建设，包括棚改安置房和公租房小区内道路、给排水等基础设施，保障房小区的教育、医疗卫生等公共服务设施，以及与保障房直接相关的城市基础设施建设等。2016 年出台了《关于全面做好居住证制度实施工作的意见》，明确了各级政府和相关职能部门的工作职责，公布了为常住人口提供的 6 项服务、7 项便利清单，为常住人口享受公共服务提供了制度保障。

建设并打造了一批返乡创业园，促进农牧民返乡创业就业。通过鼓励发展劳动密集型产业、家庭服务业，扶持中小微企业，支持和引导非公经济发展，增加就业岗位，组织开展"京蒙劳务对接"和"周边省区劳务对接"等方式，吸纳农村牧区劳动力转移就业。通过稳步实施《内蒙古自治区城镇体系规划（2017－2035 年）》《呼包鄂榆城市群发展规划》《呼包鄂协同发展规划纲要（2016－2020 年）》，形成了呼包鄂乌城市群、锡赤通城镇带、呼伦贝尔－兴安盟城镇片区、乌海周边城镇片区等中心。随着呼包鄂乌城市群城镇常住人口较快增长，高（快）速铁路、高速公路等基础设施互联互通能力不断增强，京津风沙源治理、天然林保护、退耕还林还草等工程得到协同推进，教育、医疗、就业、社保、行政审批等一体化建设取得重大进展。锡赤通城镇带、呼兴城镇片区稳步增长，实现了农牧业人口有序向城镇流动。9 个地级市、11 个县级市和 457 个建制镇，以城市群为主体的大中小城市和小城镇协调发展的城镇格局初步形成。

为促进城乡融合发展，内蒙古自治区党委和政府出台了《关于建立健全城乡融合发展体制机制和政策体系的实施意见》，各地城镇市政基础设施建设力度持续加大，重点实施了城镇道路、轨道交通、供水、污水处理、雨水利用、燃气、供热、地下综合管廊等市政建设项目，城市综合承载力和公共服务水平进一步提升。促进了"人地钱技"等要素在城乡间平等交换、双向流动。各地着眼于以城带乡、以工促农、城乡协调发展，积极探索深化城乡配套改革，着力建设美丽宜居乡村，农村基础设施条件大为改善。农村牧区居民生活水平和质量不断提高，汽车、计算机、移动电话等在农村普及速度明显加快。

在构建新发展格局的大背景下，推进新型城镇化建设，既有利于提升要素配置效率，激发发展新动能，形成强大国内市场，也有利于促进城乡融合发展，推动区域协调发展。在科学的思想路线和战略决策指引下，各地遵循客观规律，持续促进了新型城镇化健康发展。按照党的十九大精神要求，未来要以城市群为主体，建构大中小城市及小城镇协调发展的城镇化格局，促进产业基础和产业链水平高级化，培育发展高水平产业集群，提高要素承载能力；中小城市更要发展特色产业，增强对居民的吸引力，加快农村转移人口市民化。同时要更加注重城镇化进程中的社会人文和谐、建设绿色生态友好型城市。新型城镇化建设，还要注重人文软环境，推动公共服务全覆盖，努力缩小收入及财富差距，强化社区促进社会融合的功能；处理好城市发展与自然生态的关系，促进生产、生活、生态"三生"和谐发展，更加注重大中小城市之间、东中西部城市之间的协调发展。

六、内蒙古城镇化和城乡融合主要特点

（一）纵向比较，城镇化和城乡融合水平稳步提高

根据"七普"数据，2020年，全区常住人口为2404.92万人，与2010年相比，城镇人口增加250.73万人，乡村牧区人口减少316.44万人，城镇人口比重上升11.95个百分点。内蒙古城镇化水平持续增长，但速度呈放缓趋势。见图10-17：

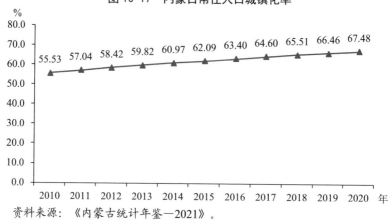

图 10-17 内蒙古常住人口城镇化率

资料来源：《内蒙古统计年鉴—2021》。

（二）横向比较，城镇化率名列前茅

从全国排名来看，2020 年，城镇化率前三位的是上海（89.3%）、北京（87.55%）、天津（84.7%）；后三位的是甘肃（52.23%）、云南（50.05%）、西藏（35.73%）。内蒙古常住人口城镇化率比全国平均水平高 3.59 个百分点，居全国第十位。在五个自治区中，排名第一。见表10-3：

表 10-3　2020 年全国城镇化率排名

省区市	常住人口城镇化（%）	位次
北　京	87.55	2
天　津	84.7	3
河　北	60.07	21
山　西	62.53	17
内蒙古	67.48	10
辽　宁	72.14	7
吉　林	62.64	16
黑龙江	65.61	11
上　海	89.3	1
江　苏	73.44	5
浙　江	72.17	6
安　徽	58.33	23
福　建	68.75	9
江　西	60.44	18

续表

省区市	常住人口城镇化（%）	位次
山　东	63.05	13
河　南	55.43	26
湖　北	62.89	14
湖　南	58.76	22
广　东	74.15	4
广　西	54.2	27
海　南	60.27	19
重　庆	69.46	8
四　川	56.73	24
贵　州	53.15	28
云　南	50.05	30
西　藏	35.73	31
陕　西	62.66	15
甘　肃	52.23	29
青　海	60.08	20
宁　夏	64.96	12
新　疆	56.53	25

资料来源：《中国统计年鉴—2021》。

（三）盟市比较，区内发展差异明显

内蒙古位于祖国北部边疆，由东北向西南斜伸，呈狭长形，东西长约 2400 公里，南北最大跨度 1700 多公里。东西跨度大、人口分散，使得全区 12 个盟市城镇化和城乡融合差异明显，发展水平高低不一。根据"七普"数据，2020 年，内蒙古城镇化率最高的乌海市与城镇化率最低的通辽市相差 45.34 个百分点。东部城市城镇化发展明显落后于西部城市。见表 10-4：

表 10-4　2020 年内蒙古 12 盟市城镇化率排名

盟　市	常住人口城镇化（%）	位次
呼和浩特市	79.15	4
包头市	86.16	2
呼伦贝尔市	73.87	7
兴安盟	53.23	10
通辽市	50.03	12

续表

盟　市	常住人口城镇化（%）	位次
赤峰市	53.11	11
锡林郭勒盟	73.88	6
乌兰察布市	59.70	9
鄂尔多斯市	77.45	5
巴彦淖尔市	59.98	8
乌海市	95.37	1
阿拉善盟	82.02	3

　　资料来源：《内蒙古自治区第七次全国人口普查公报汇编》。

（四）能力比较，城镇承载力不断提升

2020 年，全区年城市供水总量 7.31 亿立方米，比 2010 年增加 16.5%；排水管道长度 11157.52 公里，比 2010 年增加 31%；年末实有公共汽（电）车营运车辆数 7720 辆，比 2010 年增加 33.8%；人均公园绿地面积 19.85 平方米，比 2010 年增加 60.5%；每万人有公厕 8.13 座，比 2010 年增加 82.7%；天然气供气总量 20.28 亿立方米，是 2010 年的 2.9 倍。城市空间布局不断优化，城市间公路、铁路、航空更加便利，城市承载力不断增强，新型城镇化向深度推进。2020 年，全年就业人员总计 1242 万人，比 2010 年增加 4.8%；城镇登记失业率为 3.8%，低于全国 0.4 个百分点，全区就业形势保持总体稳定，好于预期。

（五）结构比较，产业分工更加优化

城镇伴随着工业化和商业化而兴起，同时城镇化的发展、农村牧区富余劳动力的转移也促进了工业与服务业的发展。2020 年全区第一产业生产总值 2025.12 亿元；第二产业生产总值 6868.03 亿元；第三产业生产总值 8466.66 亿元，分别比 2010 年增长 84.47%、100.82%和 129.96%。三次产业结构由 2010 年的 13.4∶41.7∶44.9，优化为 2020 年的 11.7∶39.6∶48.8。2020 年全区一二三产业就业人员分别为 443 万人、211 万人、588 万人，占全社会就业人员的比重分别为 35.7%、17%和 47.3%，与 2010 年相比，一产就业占比下降 14.7 个百分点，二产就业下降 15.8 个百分点，三产就业上升 30.3 个百分点。

七、内蒙古城镇化和城乡融合发展面临的问题

（一）城镇化推进中存在的主要问题

1.总人口下降和老年人口比重增加，城镇化质量有待提高。根据"七普"数据，2020 年，内蒙古常住人口比 2010 年减少 65.72 人，减少 2.66%，年平均增长率为-0.27%；60 岁及以上人口为 475.72 万人，占全区总人口 19.78%，比 2010 年上升 8.3 个百分点。大量进城务工农业户籍人口在城乡之间频繁流动，没有享受或者没有完整享受城市居民应有的教育、医疗卫生、社会保险、最低生活保障、社会救助、住房保障等公共服务。城市管理运行效率不高，公共服务供给能力不足，城乡结合部等外来人口聚集区人居环境较差，成为制约城镇化质量提升的重要因素，城镇化发展是粗放的发展。

2.城市规模偏小，聚集能力相对较弱。2020 年，全区平均每个乡镇（苏木）常住人口 1.07 万人，其中牧区苏木平均仅 3000 人左右。全区 103 个旗（县、市、区），常住人口少于 5 万的旗县 14 个，少于 10 万的旗县 33 个。一些旗县特别是人口较少旗县，人口仍是持续减少趋势。很多旗县城、乡镇（苏木）经济功能差，城镇化质量不高。乌海市和阿拉善盟两个市级政府所在地城市人口、经济规模都很小，甚至达不到发达省份的县市规模。人口聚集程度低，特色产业配套齐备程度差，制约了内蒙古基本公共服务质量水平的提高和二、三产业发展，特别是人口较少旗县教育、医疗等公共服务水平过低。生活必需品品种、数量比较有限，能够占领全国市场的轻工产品匮乏，物流满车进、空车出，不能摊薄物流成本，造成居民生活成本高、企业生产经营成本高。

3.城镇化增速放缓，城市可持续发展能力有待提高。根据"七普"数据，2000 年，全区城镇化率 42.67%，2010 年比 2000 年提高 12.87 个百分点，2020 年全区城镇化率比 2010 年提高 11.95 个百分点，提高幅度减少 0.92 个百分点，反映全区城镇化步伐由加速推进转向逐步放缓。由于资金短缺、土地紧缺，导致产业支撑乏力，税收来源不稳定，出现财政收支缺口越来越大，债务负担越来越重。2020 年，全区城镇常住居民人均收入为 4.1 万元，人均生活消费支出 2.4 万元，比全国低 2400 元

和 3000 元。加上营商环境排名靠后，以及主要依靠要素投入和投资拉动的经济增长模式尚未扭转，"类东北现象"逐步显现，直接影响着城市的可持续发展。

4.城乡融合水平低，就业人口城镇化率与人口城镇化率不统一。根据《内蒙古统计年鉴—2021》数据，2020 年，内蒙古城乡居民人均可支配收入之比为 2.5：1，低于全国 0.06 个百分点。根据"七普"数据，2020 年，常住与户籍人口城镇化率差距较大，二者相差 23.93 百分点，高于全国 5.44 个百分点。内蒙古有意愿落户的转移人口不多。2016—2020 年，共有 76.9 万人落户城镇，仍有大量尚未落户和办理居住证人口。农牧民担心落户失去土地后，城镇就业岗位少、收入不稳定、生活养老成本高等是主要原因。内蒙古是典型的嵌入型经济。央企和区外大型民企在内蒙古的产业主要是煤炭、电力、大型原材料等资源、资本密集型产业，产业链短，甚至自建运输系统，吸纳就业不多。内蒙古自主发育起来的工业链条也很短，全区制造业占工业的比例比全国低近 30 个百分点，主要是分工简单的冶金、化工等原材料产业，精深加工业很少。多数地区表现为没有工业化和经济发展基础的城镇化，没有形成支撑经济持续发展的优势产业和知名品牌，产业结构单一，劳动密集型产业萎缩，新兴产业差距大，使得就业岗位少、居民收入低和能耗"双控"压力大。

5.工业化带动城市化压力较大。一是边境、牧业、林业旗县，地处偏远，生态和气候条件差，产业基础薄弱，教育、医疗、文化等基本公共服务水平滞后，留人较难。二是呼伦贝尔市、通辽市、巴彦淖尔市等农畜产品主产区集中集约程度持续提高，需转移农牧业劳动力；乌兰察布市、赤峰市、兴安盟、呼伦贝尔市等地区是内蒙古农牧民主要迁出地。三是呼伦贝尔市、锡林郭勒盟等重点生态保护区、生态脆弱区，仍面临着牧区、半农半牧区、林区人口多，过耕过牧，生态环境压力大等问题。

6.城市精细化管理水平不高。一是规划建设总体水平不高。一些城市"摊大饼"式扩张；一些城市先建园区，后改城区，城市服务、休闲运动等功能布局不合理，生活、工作距离远。大学、总部、金融、产业等布局无序、分散，个别城市甚至出现重化工围城等现象。一些道路设计建设被迫服从已建成建筑，丁字路口众多，"拉链马路"频现，下雨水漫"金山"，交通拥堵严重。二是城市建设缺乏特色和文化内涵，品牌效应不高。各地不善于深入挖掘整合自治区优势资源，打造"塞北江南""辽阔草原"的建设理念缺乏。三是一些地方热衷于建设形象工程。地下管网、垃圾分类处理、应急救援等公共服务设施不健全，城市管理粗放，综合执法水平、城市包容度有待提高。

（二）城乡融合发展中存在的主要问题

1.城乡居民收入差距大，农牧民收入来源单一。城乡融合发展中的突出问题就是城乡居民收入不平衡，差距大。2020年，内蒙古城镇常住居民人均可支配收入为41353元，农村牧区常住居民人均可支配收入为16567元，城乡收入比为2.5：1。2020年，内蒙古农村牧区常住居民人均可支配收入低于全国平均水平564元，在全国31个省区市中绝对值位列第10位。从城乡居民收入构成来看，城镇常住居民主要收入来源是工资性收入，2020年，城镇常住居民人均工资性收入24888元，财产净收入2366元；农村牧区常住居民主要收入来源是经营性收入，2020年，农村牧区常住居民人均工资性收入3353元，财产净收入498元，仅为城镇居民人均工资性收入和财产性收入的13.5%和21%，农牧民工资性收入和财产净收入远低于城镇居民。

2.城乡基本公共服务供给不足，优质资源布局失衡。城乡基本公共服务供给的不平衡主要表现在教育、医疗、文化、社会保障等方面。教育方面，农村牧区教育经费投入不足，办学条件较差，师资短缺，教学质量堪忧。在医疗卫生方面，优质的医疗卫生资源大部分集中在城镇，农村牧区卫生院医疗设备落后，医疗卫生人员短缺，服务能力较弱。2020年，全区农村每千人口拥有卫生技术人员仅5.91人，拥有医疗卫生机构床位4.95张，是城镇每千人口拥有量的半数左右。除了教育、医疗，在就业、社保、住房等多个方面，城乡基本公共服务供给都存在差距，因此提高基本公共服务均等化水平任重道远。

3.城乡产业融合程度低，农畜产品加工转化率低。内蒙古是农牧业大区，但农牧业发展在很大程度上受资源约束，现代化水平较低。由于城乡产业空间分布不均衡，农牧业与城镇二、三产业包括涉农涉牧的工业和服务业之间联动不足，农村牧区一二三产融合程度较低，农牧业产前、产中、产后相关行业联系不紧密，产供销衔接弱，由此也限制了农牧民增收。2020年，内蒙古农村牧区常住居民经营净收入中，来自第一产业的人均经营净收入占比91.5%，来自第二、三产业经营净收入占比仅为0.3%和8.2%。同时，农畜产品加工企业技术装备水平较为落后，农畜产品精深加工和综合利用水平较低，产业链条短、附加值低，没有龙头产品、市场竞争力偏弱等问题突出。目前，内蒙古农畜产品加工转化率为64%，低于全国水平4个百分点，且价值链的增值环节主要在县域之外，对当地农牧民的致富带动效应不强。

4.城镇化发展质量不高，东西部地区差异大。2020年，内蒙古常住人口城镇化率较高，城镇化发展速度相对较快，但由于地理位置、资源等原因，全区12个盟市城镇化水平差异明显。东部城市城镇化发展明显落后于西部城市。伴随着城镇化率的快速提高，城镇化发展质量滞后于城镇化发展速度的现象日益突出，也阻碍着城乡融合发展。一是乡村转移人口市民化问题。大量进城务工农业户籍人口在城乡之间频繁流动，没有享受或者没有完整享受城市居民应有的教育、医疗卫生、社会保险、最低生活保障、社会救助、住房保障等公共服务。城镇化与市民化相分离，导致城镇内部出现新的二元结构矛盾，从而阻碍了城乡融合发展。二是户籍制度制约城乡人口流动。根据"七普"数据，2020年，内蒙古户籍人口城镇化率为44.55%，与常住人口城镇化率相差22.93个百分点，城镇户籍人口比重仍比较低。除了落户的限制，受社会经济因素的影响，许多进城务工人员并不愿意把户籍迁入城镇，从而导致城乡人员分割，阻碍了城乡要素双向流动。

八、推进内蒙古新型城镇化建设和城乡融合发展建议

（一）推进新型城镇化建设建议

1.提高生育意愿，推进小城市、小城镇养老服务。针对人口下降趋势，自治区应适时出台生育补贴政策，降低养育成本和抚养难度，制定

更合理的产休假制度，完善托育服务，提高育龄妇女的生育意愿。同时，积极打造拴心留人的养老宜居环境，完善小城市、小城镇养老服务体系，推进"居家养老+社区养老"模式，利用大数据、人工智能等信息技术，搭建智能养老服务平台，提升小城市、小城镇"适老化服务"水平，创造"老有所养、老有所依、老有所乐、老有所安"的生活环境。同时，完善就业服务体系建设，提升就业服务能力。目前，内蒙古县级地区就业服务体系建设虽然得到加强，但还未完全做到覆盖城乡。部分民办培训机构培训质量有待进一步提高，师资力量、师资水平、实践操作环节亟待加强。随着城市发展和产业转型升级，一些新业态逐步兴起，但培训内容却没能随着产业转型发展和变化做出相应调整，培训科目更新较慢，导致部分人员培训后仍然难以就业。尤其随着人口减少、年轻人向大中城市流入，培训机构招生难现象越发突显，与发达地区人员参加培训的积极性形成明显反差。

2.加快中小城市、重点旗县城发展，促进城乡融合发展。以盟市所在地城市和发展潜力大的旗县城为载体，加快发展特色产业，补齐教育、公共卫生、人居环境、市政设施、产业配套短板。合理引导重点生态功能区、兴边富民行动旗县城建设，集中办好寄宿制中小学，建立以生态农牧业、绿色工业、生态旅游为主体的产业体系。以产业为支撑，创建一批高质量特色小镇。推进长期在城市居住的农牧民以及外省区进入内蒙古的转移人口实现落户。促进居住证人口与户籍人口在国有企业招工、机关事业单位就业、上学、公租房获取等享有同等政策。增加保障性廉租房、公租房建设。强化农牧民转移就业技能培训。鼓励发展劳动密集型产业，为返乡创业人员创造良好条件。继续组织开展京蒙等发达省区劳务对接工作。深化农牧区人居环境整治，因地制宜推进改厕、生活垃圾处理。推动旗县城与乡镇一体化发展。

3.优化升级产业结构，促进城乡产业协同发展。产业发展既是新型城镇化的根本，也是乡村牧区振兴的基础。要提高全区城镇化发展质量就要充分利用好劳动资源，统筹推进一二三产业发展，要聚焦比较优势，坚持产业联动、错位发展，突出补链、延链、强链，促进上下游、产供销、大中小企业整体配套协同发展。加快推进以城市科技改造乡村牧区传统农牧业，利用城市工业延长农牧业产业链条，利用城市互联网产业丰富农村牧区产业态，促进城乡产业协同发展。加强对乡村牧区转移人口享受教育、医疗、社保、就业等基本公共服务的资金保障力度。贯彻落实积极就业政策，鼓励创业，促进多种形式的就业。加大就业免费培训力度和职业教育，提高劳动技能和收益回报，创造技能型就业和流动。加快多主体供应、多渠道保障、租购并举的住房制度，满足不同群体的住房需求，实现全体人民住有所居。

4.发展特色优势产业，增强新型城镇化发展动力。充分依托资源优势、区位特点，因地制宜，加快传统产业转型升级和新兴产业发展。加强生态保护，发展高端生态文化、休闲度假、养老养生型全域旅游业，以小城镇和小城市为载体，提高游客停留时间。依据区域类型多样的特点，打造各具特色的工业镇、农业镇、牧业镇、商贸镇、旅游镇和文化名镇等。加快培育优势特色产业，着力构建"一镇一品""一乡一业"的产业新格局，形成小城镇之间的分工协作。加强交通网建设，提高人员流动速度。加大对给水、排水、供热、燃气、污水垃圾处理等市政公用设施的建设力度，打通道路、绿化城镇、净化河道、美化环境、强化服务。加强老区改造和提档升级，加快新区市政设施配套，不断完善城市功能，提升人居环境质量。

5.城镇化与工业化、信息化、产业化协调发展。城镇化建设不应该是单一的、孤立的，而应注重城镇化与工业化、信息化、产业化协调发展，走出一条以工业化、信息化、产业化为城镇化发展提供内在动力的内涵式发展道路。一是通过工业化引导大量劳动力从传统的农牧业转向工业和服务业，通过人口和产业的聚集效应，为推进城镇化奠定坚实的产业基础。二是优化产业布局，促进产业升级，协调城镇化与产业化的发展联动机制，重点推进城镇化的内生增长模式，为城镇化的健康、有序发展提供活力。三是通过信息化产业升级改造提升城镇化发展水平。

6.强化城市精细化管理。一是建立自治区城市规划建设专家库，对标国际、国内一流城市建设经验，增强规划的科学性、系统性、前瞻性和执行力。二是科学规划设置开发强度、功能定位和形态。落实国家"十四五"公共服务标准，推广步行15分钟范围内设置学校、绿地、健身设施等公共服务设施服务圈，对具备条件的轻工行业实行产城融合。树立紧凑城市理念，科学划定城市开发边界，加强城市风貌设计和管控，保护与传承城市文脉，打造空间多元复合、各具特色的现代化城市。三是完善城市治理体系。推进城市智能化"一网统管"，建设和完善内外交通体系、自行车道、绿道等慢行系统以及城市停车设施。压实地下管线行业主管部门职责，提高城市地下管网排水和再生水循环利用能力。实施垃圾分类，建设"无废城市"。提升城市应急管控能力，建设区域公共卫生应急救治中心，强化安全生产，保障城市安全运行。

（二）促进城乡融合发展建议

1.促进城乡要素自由流动。城乡融合发展不仅需要关注城市乡村所拥有的优势资源进行互补，还应该进一步促进人才、土地、资金、技术方面的要素资源的平等交换以及双向流动。在人才要素流动方面，建立城市人才入乡鼓励机制，制定财政、金融、社会保障等鼓励政策，吸引各类人才返乡创业，鼓励城市教科文卫体等工作人员定期服务乡村。在土地要素方面，完善农村承包地、宅基地的"三权分置"制度，推进在符合国土空间规划、用途管制和依法取得前提下，允许农村集体经营性建设用地入市，允许就地入市或异地调整入市等措施。在资金要素方面，鼓励各级财政支持城乡融合发展及相关平台和载体建设，撬动更多社会资金投入；加大开发性和政策性金融支持力度，开展农村集体经营性建设用地使用权、农民房屋财产权等担保融资，支持通过市场化方式设立城乡融合发展基金；完善融资贷款和配套设施建设补助等政策，鼓励工商资本投资适合产业化规模化集约化经营的农业领域。在技术要素方面，建立健全有利于农业科技人员下乡、农业科技成果转化、先进农业技术推广的鼓励和利益分享机制。

2.加快推进以人为核心的新型城镇化。加快推进以人为核心的新型城镇化，促进有能力在城镇稳定就业和生活的农牧业转移人口有序实现市民化，是促进城镇化与工业化同步开展的内在要求和有力举措。一是提高新型城镇化发展质量，繁荣城镇经济，增强城镇产业支撑和就业吸纳能力。提升城市经济质量，增强城市创新力、需求捕捉力、品牌影响力、核心竞争力。着力提升城镇产业支撑能力，立足自身区位条件，资源禀赋和产业积淀，以开展特色产业为核心，兼顾开展特色文化、特色环境、特色建筑。培育和壮大呼包鄂乌城市群，探索构建统一市场，提升区域的活力及综合承载力。二是建立自治区政府、企业、个人共同参与的农业转移人口市民化成本分担机制与自治区内流入地和流出地成本分担机制，全面落实支持农业转移人口市民化的财政政策以及城镇建设用地增加规模与吸纳农业转移人口落户数量挂钩政策。三是在就业创业、社会保障等方面完善农牧业转移人口市民化的配套措施。确保进城务工人员在劳动就业、子女教育、住房和社会保障等方面享有与市民同等的权益。

3.夯实城乡融合发展的经济基石。发展融通城乡的产业，建立城乡共享的经济体系，是重塑城乡关系、促进城乡融合发展的经济基石。一是要发挥比较优势，重构产业链条。要增强城乡三次产业、同次产业之间的内在联系，把现代农业、新型工业与第三产业有机结合起来，提升农业在整个价值链中的奉献度，激发乡村经济发展新动能。推进不同类型、不同环节农牧业产业链延伸整合，促进农牧业生产、加工、物流和研发相互融合，推动产前、产中、产后一体化开展。二是要提高发展质量，夯实农业基础。深化农牧业供给侧结构性改革，厚植农业发展根底。加快推进农牧业转型升级，以科技为支撑，提高农牧业科技水平、装备水平。突出绿色导向，选择环境友好型、清洁型农业生产方式，提高资源利用率和农业生态系统的生产力，着力打造全国重要的绿色农产品供给基地。三是要培育新兴业态。发挥一二三产业融合的乘数效应，依托"互联网+"和"双创"推动农业生产经营模式转变，健全乡村旅游、休闲农业、民宿经济、农耕文化体验、健康养老等新业态培育机制，探索农产品个性化定制服务、会展农业和农业众筹等新模式，完善农村电子商务支持政策，实现城乡生产与消费多层次对接。

4.拓展形成城乡融合发展的新空间。持续优化城乡融合格局是实施乡村振兴战略的重要根底，要坚持城乡空间结构一体塑造，构建以中心城区为核心、以县城为支撑、以小城镇为根底、以农村新型社区为单元的城镇化开展格局。一是要实行规划融合，把城乡作为一个有机整体进行规划。通盘考虑城镇和农村牧区发展，统筹谋划产业发展、基础设施、公共服务、资源能源、生态环境保护等主要布局，形成田园乡村与现代城镇各具特色、交相辉映的城乡发展形态。二是优化城乡布局，以城市群为主体构建大中小城市和小城镇协调发展的城镇格局。培育壮大城市群，支持呼包鄂乌依托各自优势打造产业优势、集聚优势、互联互通优势；增强中心城市辐射带动功能，发挥区域中心城市支撑城镇化格局的重要支点作用，增强辐射带动能力；加快发展中小城市，有重点地发展小城镇，促进大中小城市和小城镇协调发展，增强城镇地区对乡村的带动能力；因地制宜发展特色鲜明、产城融合、充满魅力的特色小镇和小城镇，加强以苏木乡镇政府驻地为中心的农牧民生活圈建设，以镇带村、以村促镇，推动镇村联动发展。

5.加快推进城乡公共服务均等化。不断提升基本公共服务均等化水平，是实现城乡融合发展的重要路径。一是统筹协调城乡教育发展，建立健全城乡义务教育资源均衡配置机制。建立乡村教师补充机制，推动优质教师资源向乡村倾斜，推行城乡义务教育学校标准化建设。二是加快推进镇村卫生服务一体化，健全乡村医疗卫生服务体系。加强乡村医疗卫生人才和医疗卫生服务设施的建设，统筹通过鼓励县医院和乡村的卫生所建立医疗共同体，开展紧密型县域医疗卫生共同体建设试点工作；支持大医院医生多点执业，鼓励大医院与苏木乡镇医院建立医联体，开展"互联网+医疗"优质医疗服务，缓解农村牧区居民看病难、看病贵的问题。三是促进基本公共文化服务标准化、均等化，加快构建农村牧区公共文化服务体系。统筹城乡公共文化设施布局、服务提供、队伍建设，推行公共文化服务参与式管理模式，积极开展乌兰牧骑进农村牧区等活动。四是优化财政支出结构，创新基本公共服务供给的社会参与机制，增强城乡基本公共支出供给能力。公共服务的支出应当向城市弱势群体和农村倾斜，向公共服务的薄弱环节倾斜。积极探索公共服务市场供给模式，建立多元参与机制。

6.构建乡村治理新体系。"十四五"时期，即将步入"后乡村"时代，必须构建起与城乡融合发展相适应的乡村治理新体系。一是强化乡村基层党组织的领导核心作用。通过"两委"换届等渠道，选好配强组织带头人。二是发展壮大村级集体经济。围绕"名、优、稀、特"产品产业，探索集体经济发展新路子。加强对农村集体经济的组织指导、专项服务和资金扶持。三是健全完善自治、法治、德治相结合的乡村治理体系。依托村民会议、村民代表会议、村民议事会等，完善群众自主议事、自治管理、自我服务机制。加强农村法治宣传教育，提高农民群众法治素养。以德治为先，强调道德教化作用，弘扬真善美，传播正能量。四是培养造就高素质乡村治理工作队伍。实施乡村带头人素质整体优化提升行动，通过引导高素质能人返乡、选调生到村任职、选派第一书记和机关干部下派等多种途径，强化基层工作者人才力量。

参考文献

［1］梅田琳.对内蒙古城市化几个问题的分析及相关建议［J］.北方经济.2021（10）.

［2］何建新. 我国城市化发展及政策思考［J］.管理观察.2011（28）.

［3］李豫新，欧国刚.黄河流域新型城镇化协调发展的空间分异及动力因素分析［J］.调研世界，2022（2）:31-40.

［4］杨美成.城镇化对经济增长和碳排放的时变影响［J］.技术经济与管理研究，2022（1）:3-8.

［5］朱纪广，侯智星，李小建，等.中国城镇化对乡村振兴的影响效应［J］.经济地理，2022（4）：1-10.

第十一章　人口居住状况

作为民生之本，住房关系到千家万户的基本生活保障，是人民群众生存层面的首要需求，也是人民群众获得感、幸福感和安全感的重要保障。党的十八大以来，以习近平同志为核心的党中央基于中国住房市场的基本情况和住房领域的现实问题，提出了一系列重要论述。提出了"以人民为中心"的"房住不炒"思想，强调住房应回归其居住属性，实现居民"住有所居"的发展目标，让人民获得"更舒适的居住条件"。2020年第七次全国人口普查资料显示，内蒙古城乡居民的住房建设快速发展，全区家庭住房需求由生存型转向舒适型，居住水平逐步提高，居住环境不断改善，居住条件和质量显著提升，逐步实现了"住有所居"向"住有宜居"的转变，人民群众的"安居梦"得以有力保障。

一、人口的居住现状

（一）住宅建设快速发展

住宅建设情况可以通过住宅总量、户均住房间数以及人均住房面积等指标进行考量。住宅总量是一个地区住宅总体情况的体现，而户均住房间数和人均住房面积是对人们居住空间大小的最直观反映。第七次全国人口普查采用短表和长表相结合的方式，对全区家庭户[1]现住房建筑面积及住房间数进行了调查。其中，住房面积为本户现住房的建筑面积，住房间数不包括厨房、厕所和厅。

1.住宅总量大幅增长

10年来，内蒙古住房建设快速发展，住房总间数和住房建筑总面积大幅增加，住宅规模不断扩大。2020年（第七次全国人口普查资料，下

---

1 本文所指家庭户为内蒙古常住普通住宅家庭户。

同），内蒙古家庭户住房总间数 1966.20 万间，比 2010 年（第六次全国人口普查资料，下同）增加 267.66 万间，增长 15.76%；住房建筑总面积达 7.37 亿平方米，比 2010 年增加 1.94 亿平方米，增长 35.82%。见表 11-1。

表 11-1　内蒙古住房总间数及住房建筑总面积

城乡	2020 年		2010 年	
	住房总间数（万间）	住房建筑总面积（亿平方米）	住房总间数（万间）	住房建筑总面积（亿平方米）
合计	1966.20	7.37	1698.54	5.43

资料来源：《内蒙古自治区人口普查年鉴—2020》《内蒙古自治区 2010 年人口普查资料》。

整体看，内蒙古住房总间数及住房建筑总面积变化趋势与全国趋势相符，增幅差距不大。2020 年，全国家庭户住房总间数及住房建筑总面积分别较 2010 年增长 18.72% 和 34.29%。与全国平均水平相比，内蒙古住房总间数增速低 2.96 个百分点，住房建筑总面积增速高 1.53 个百分点。

2.住房间数稳步增加

随着经济社会的发展和人民生活水平的提高，内蒙古家庭户户均住房间数及人均住房间数持续增加。2020 年，内蒙古家庭户平均每户拥有住房 2.23 间，比 2010 年增加 0.16 间，增长 7.73%；平均每人拥有住房 0.93 间，比 2010 年增加 0.19 间，增长 25.68%。虽然住房间数较 2010 年有所增加，但与全国平均水平相比仍存在较大差距，每个家庭户平均拥有住房间数低于全国 0.97 间，人均住房间数低于全国 0.27 间。见表 11-2。

表 11-2　家庭户平均住房间数

类　　别	平均每户住房间数（间/户）	平均每人住房间数（间/人）
2020 年全国	3.20	1.20
2020 年内蒙古	2.23	0.93
2010 年内蒙古	2.07	0.74

资料来源：《内蒙古自治区人口普查年鉴—2020》《内蒙古自治区 2010 年人口普查资料》《中国人口普查年鉴—2020》。

从家庭拥有住房间数分布看，两居室仍是内蒙古家庭的主力户型，拥有二间住房的家庭户占比高达 53.75%；其次是拥有三间和一间住房的家庭，分别占 24.84% 和 15.83%；拥有四间及以上住房的仅占 5.58%。与 2010 年相比，拥有一间和四间及以上住房的家庭户占比分别下降 11.44 个和 0.93 个百分点，拥有二间和三间住房的家庭户占比分别提高 8.01 个和 4.36 个百分点。与全国平均水平相比，内蒙古家庭住房间数两头小中间大的特征更加明显，其中，拥有两间住房的家庭占比高于全国平均水平 26.37 个百分点，而拥有四间及以上住房的家庭较少，占比低于全国平均水平 23.69 个百分点。见表 11-3。

表 11-3　按住房间数分的家庭户构成

单位：%

类　别	一间	二间	三间	四间及以上
2020 年全国	11.99	27.38	31.36	29.27
2020 年内蒙古	15.83	53.75	24.84	5.58
2010 年内蒙古	27.27	45.74	20.48	6.51

资料来源：《内蒙古自治区人口普查年鉴—2020》《内蒙古自治区 2010 年人口普查资料》《中国人口普查年鉴—2020》。

3.人均住房面积大幅增加

人均住房面积是衡量人口居住水平的重要指标。2020 年，内蒙古居民家庭人均住房建筑面积达到 34.96 平方米，与 2010 年相比，增加 11.44 平方米，增长 48.64%。内蒙古平均每户住房建筑面积 83.58 平方米。但与全国平均水平相比，户均住房建筑面积和人均住房建筑面积仍然较小，分别低于全国平均水平 27.60 平方米和 6.8 平方米。见表 11-4。

表 11-4　家庭户平均住房建筑面积

类　别	平均每户住房建筑面积 （平方米/户）	平均每人住房建筑面积 （平方米/人）
2020 年全国	111.18	41.76
2020 年内蒙古	83.58	34.96
2010 年内蒙古	—	23.52

资料来源：《内蒙古自治区人口普查年鉴—2020》《内蒙古自治区 2010 年人口普查资料》《中国人口普查年鉴—2020》。

从人均住房面积大小的分布看，2020年，全区人均住房建筑面积在20—29平方米的家庭最多，占24.25%，其次是人均住房建筑面积30—39平方米的家庭，占比21.03%。与2010年相比，人均住房建筑面积在30平方米以下的家庭不再是大多数，占比降低28.25个百分点，其中，人均住房建筑面积在8平方米及以下的家庭户、人均住房建筑面积在9—12平方米之间的家庭户以及人均住房建筑面积在13—16平方米之间的家庭户占比分别较2010年降低8.15个、5.68个和6.60个百分点。整体看，2020年，内蒙古按人均住房建筑面积分的家庭户构成与全国分布相近，但人均住房建筑面积在30平方米的家庭户占比高于全国平均水平，人均住房建筑面积在70平方米及以上的家庭户占比则明显低于全国平均水平。见表11-5。

表11-5　按人均住房建筑面积分的家庭户构成

单位：%

类　别	8平方米及以下	9—12平方米	13—16平方米	17—19平方米	20—29平方米	30—39平方米	40—49平方米	50—59平方米	60—69平方米	70平方米及以上
2020年全国	1.58	3.09	4.99	3.04	19.07	16.83	13.66	8.14	8.14	21.48
2020年内蒙古	0.96	2.70	5.29	3.40	24.25	21.03	16.44	7.78	6.03	12.12
2010年内蒙古	9.11	8.38	11.89	7.39	28.08	16.44	8.83	3.56	2.65	3.67

资料来源：《内蒙古自治区人口普查年鉴—2020》《内蒙古自治区2010年人口普查资料》《中国人口普查年鉴—2020》。

4.多代人共居一室现象得以改善

内蒙古家庭户代际关系构成中，一代户的家庭占了绝大多数，为总户数的54.34%，其次为二代户，占39.05%，三代户占6.46%，四代及以上户仅占总数的0.15%。

在一代户家庭中，拥有1—3间住房的家庭占比95.25%，其中，拥有二间住房的占比52.36%，分别比拥有一间和三间住房的家庭占比高30.61个和31.22个百分点。在二代户家庭中，拥有1—3间住房的家庭占比94.52%，其中，拥有二间住房和三间住房的家庭占比分别为56.91%和27.93%，分别比拥有一间住房的家庭占比高47.23个和18.25个百分点。在三代户家庭中，拥有1—3间住房的占87.37%，其中拥有一间住房的家庭占比仅为3.46%，拥有二间和三间住房的家庭占比分别为

46.97%和36.94%，分别比拥有一间住房的家庭占比高43.51个和33.48个百分点。在四代户家庭中，拥有一间住房的家庭占比仅为1.69%，拥有二间和三间住房的家庭占比分别为30.41%和43.24%，拥有四间及以上住房的家庭占比为24.66%，分别高于拥有四间及以上住房的一代户、二代户和三代户家庭占比19.91个、19.17个和12.03个百分点。五代及以上户家庭仅有7户，其中，没有居住在一间住房的家庭，拥有三间住房家庭占比最高，为42.86%，拥有四间和五间及以上住房的家庭占比较其他类别家庭户有所提升，分别为28.57%和14.29%。

通过上述分析可以看出，内蒙古家庭户拥有住房的间数随代数增加而增加，按家庭户代数推算，平均每代人拥有住房1.46间，这表明随着内蒙古家庭住房总量的增加，多代人同居一室的情况得以改善。见表11-6。

表11-6 2020年内蒙古按家庭户类别分的户均住房间数构成

单位：%

类　　别	一间	二间	三间	四间	五间及以上
一代户	21.75	52.36	21.14	3.25	1.50
二代户	9.68	56.91	27.93	3.82	1.67
三代户	3.46	46.97	36.94	8.13	4.50
四代户	1.69	30.41	43.24	13.44	11.22
五代及以上户	0.00	14.29	42.86	28.57	14.29

资料来源：《内蒙古自治区人口普查年鉴—2020》。

（二）住宅质量显著改善

住宅承重结构、住宅层数及房龄均可在一定程度上反映住宅质量的高低。第七次全国人口普查在长表中对家庭户现住房的建筑层数、承重类型以及建成时间进行了调查。

1.住宅承重结构进一步优化

承重结构质量对住宅的质量和使用年限起着决定性作用，是反映住宅质量的重要指标之一。近年来，随着内蒙古新建楼房住宅的增加以及农村牧区危房改造工程的推进，钢及钢筋混凝土结构的住宅建筑大幅增加，竹草土坯结构及其他结构类型的住宅建筑明显减少，住宅承重结构更加优化。2020年，在全区普通住宅建筑中，钢及钢筋混凝土结构的住宅建筑占 46.06%，其次是砖木结构的住宅建筑和混合结构的住宅建筑，占比分别为 28.06% 和 23.32%，竹草土坯及其他结构的住宅建筑占比仅为 2.57%。与 2010 年相比，钢及钢筋混凝土结构的住宅建筑占比提高 25.66 个百分点，在各承重结构类型住宅建筑中占比最高，混合结构的住宅建筑占比提高 3.26 个百分点，砖木结构、竹草土坯及其他结构类型的住宅建筑占比分别下降 17.86 个和 11.05 个百分点。与全国平均水平相比，钢及钢筋混凝土结构的住宅建筑占比低于全国平均水平 6.69 个百分点，混合结构的住宅建筑占比低于全国平均水平 8.75 个百分点，而砖木结构、竹草土坯及其他结构则分别高于全国平均水平 14.47 个和 0.97 个百分点。见表 11-7。

表 11-7　按承重类型分的家庭户构成

单位：%

类　别	钢及钢筋混凝土结构	混合结构	砖木结构	竹草土坯及其他结构
2020 年全国	52.75	32.07	13.59	1.60
2020 年内蒙古	46.06	23.32	28.06	2.57
2010 年内蒙古	20.40	20.06	45.92	13.62

资料来源：《内蒙古自治区人口普查年鉴—2020》《内蒙古自治区 2010 年人口普查资料》《中国人口普查年鉴—2020》。

2.楼房占比进一步提升

为切实改善居民居住条件，内蒙古大力实施保障性安居工程。10 年来，内蒙古对国有林区、国有垦区、国有工矿以及城市棚户区进行大规模改造，启动实施了包头北梁、赤峰铁南等一批重点棚户区改造工程。并对居住在生存条件恶劣、生态环境脆弱、自然灾害频发等地区的农村牧区贫困人口实施易地扶贫搬迁工程。同时，随着城市化进程加快，城市建设规模不断扩大，城市用地不断扩展，内蒙古住宅呈现向高层发展的趋势。越来越多的内蒙古居民搬离低矮平房，搬入楼房新居。

2020 年，内蒙古普通住宅家庭户中，住所为平房的占比为 41.68%，住所为楼房的占比为 58.32%，与 2010 年相比，楼房占比提高 27.04 个百分点，更多的家庭户住进楼房。但与全国平均水平相比，内蒙古家庭户住宅中平房占比仍然较高，高于全国平均水平 13.73 个百分点。见表 11-8。

表 11-8 按建筑层数分的家庭户分布

单位：%

类 别	2020 年全国	2020 年内蒙古	2010 年内蒙古
平 房	27.95	41.68	68.72
楼 房	72.05	58.32	31.28

资料来源：《内蒙古自治区人口普查年鉴—2020》《内蒙古自治区 2010 年人口普查资料》《中国人口普查年鉴—2020》。

从楼房建筑层数看，当前内蒙古楼房建筑仍以多层（7 层及以下）楼房为主，占比 44.18%，高层（8—33 层）楼房及超高层（34 层及以上）楼房占比分别为 14.07% 和 0.08%。2010 年，内蒙古 7 层及以上楼房占比仅为 2.20%，与此相比，内蒙古高层楼房明显增加。但与全国平均水平比，各类楼房占比均较低，多层楼房、高层楼房和超高层楼房分别低于全国平均水平 8.65 个、4.51 个和 0.56 个百分点。见表 11-9。

表 11-9 按建筑层数分的家庭户分布

单位：%

类 别	平房	多层 （7 层及以下）	高层 （8—33 层）	超高层 （34 层及以上）
2020 年全国	27.95	52.83	18.58	0.64
2020 年内蒙古	41.68	44.18	14.07	0.08

资料来源：《内蒙古自治区人口普查年鉴—2020》《中国人口普查年鉴—2020》。

3.超七成住房建成时间不超过 20 年

住房建成时间是房屋新旧程度的直接体现。虽然住房建成时间并不完全等同于房屋质量，但是建成时间越早，房屋的磨损就越大，房屋的自然寿命也就越短。整体看，内蒙古家庭住房较新，2020 年，居住于 2000 年以前建成住房的家庭占比为 28.92%，其中，仅有 0.06% 的家庭居住于 1949 年以前建成的住房中。而 1998 年商品房改革后内蒙古新建住房明显增多。居住在 2000 年及以后建成的住房中的家庭户占比达 71.09%，其中，住房建于 2010 年及以后的家庭占 41.43%，住房建于 2000—2009 年的家庭占 29.66%。与 2010 年相比，内蒙古建成于 20 世纪 80 年代之前、20 世纪 80 年代和 20 世纪 90 年代的家庭住宅明显减少，占比分别降低 9.49 个、13.51 个和 14.03 个百分点；2000—2020 年成为占比最高的一个时间段。

与全国平均水平相比，2010 年成为一个较为明显的分界。居住在 2010 年以前各时期建成的住房的家庭户占比均低于全国平均水平，而居住在近 10 年新建住房的家庭相对较多，占比高于全国平均水平 6.77 个百分点。见表 11-10。

表 11-10　按住房建成时间分的家庭户分布

单位：%

类　别	1949 年以前	1949—1959 年	1960—1969 年	1970—1979 年	1980—1989 年	1990—1999 年	2000—2009 年	2010—2014 年	2015 年及以后
2020 年全国	0.37	0.35	0.81	2.68	10.25	20.55	30.34	21.46	13.20
2020 年内蒙古	0.06	0.23	0.57	2.19	8.89	16.98	29.66	25.66	15.77
2010 年内蒙古	0.35	0.79	2.51	8.89	22.40	31.01	34.06	—	—

资料来源：《内蒙古自治区人口普查年鉴—2020》《内蒙古自治区 2010 年人口普查资料》《中国人口普查年鉴—2020》。

（三）住房设施更加完善

住房设施状况可以通过住房所在建筑是否有电梯，住房内是否有独立使用的厨房、厕所、洗澡设施，是否饮用自来水以及炊事燃料的使用情况等进行分析。随着人民生活水平的提高，居民家庭的居住条件和质量也在不断改善和提高，人们对居住条件改善的需求不断增加，对住房的各种设施和综合功能的要求也越来越高。住房已不仅是遮风避雨的生活容器，还是学习、娱乐、休息的重要场所。10 年来，内蒙古房屋配套建设明显加快，住房设施更加完善，也更能满足人民群众对美好生活的向往。

1. 15.88% 的住房所在建筑有电梯

随着土地价格、房产价格上升，以及住宅小区容积率的提升，内蒙古新建住宅中电梯房比例增加。同时，近年来，内蒙古为适应经济社会发展和人口老龄化需求，全面推进城镇老旧小区改造工作，部分既有住宅得以加装电梯。2020 年，内蒙古有 15.88% 的普通住宅家庭户住房所在建筑设有电梯，这一比例高于居住在 8 层及以上高层及超高层楼房的普通住宅家庭户占比 1.73 个百分点。但内蒙古家庭住房所在建筑有电梯的比例仍然较低，2020 年，内蒙古住房所在建筑有电梯的家庭占比低于全国平均水平 3.80 个百分点。见表 11-11。

表 11-11 按住房所在建筑有无电梯分的家庭户构成

单位：%

类　　别	2020 年全国	2020 年内蒙古	2010 年内蒙古
住房所在建筑有电梯	19.68	15.88	—
住房所在建筑无电梯	80.32	84.12	—

资料来源：《内蒙古自治区人口普查年鉴—2020》《内蒙古自治区 2010 年人口普查资料》《中国人口普查年鉴—2020》。

2. 超九成住房内有厨房

厨房作为住宅的重要组成部分，在家居生活中具有重要而特殊的功能，对满足居住功能和生活质量的提高都有着重要意义。2020 年，内蒙古普通住宅家庭户住房设有厨房的比重为 93.92%，其中，本户独立使用厨房的占 92.81%。与 2010 年相比，设有厨房的家庭户比重提高 13.72 个百分点，本户独立使用厨房的占比提高 13.97 个百分点，未设置厨房的比重下降 13.73 个百分点。但与全国平均水平相比，2020 年，内蒙古住房内没有厨房的家庭占比仍然较高，高于全国平均水平 2.55 个百分点。见表 11-12。

表 11-12 按住房内有无厨房分的家庭户构成

单位：%

类　　别	独立使用	与其他户合用	无
2020 年全国	95.13	1.35	3.52
2020 年内蒙古	92.81	1.11	6.07
2010 年内蒙古	78.84	1.36	19.80

资料来源：《内蒙古自治区人口普查年鉴—2020》《内蒙古自治区 2010 年人口普查资料》《中国人口普查年鉴—2020》。

3.超八成居民家庭住房内有厕所

厕所作为住宅功能的延伸，是住宅的重要组成部分，对住房功能的完善起着重要的作用。2020 年，内蒙古 84.84%的普通住宅家庭户住房有厕所，与 2010 年相比，占比提高了 40.04 个百分点。其中，住房内有水冲式卫生厕所的家庭户占比最高，达到 62.10%。内蒙古居民居住卫生条件显著改善，但与全国平均水平仍存在差距。2020 年，内蒙古住房内有水冲式卫生厕所的家庭户占比较全国平均水平低 16.37 个百分点，而住房内有旱厕的家庭户占比和无厕所的家庭户占比则分别较全国平均水平高 7.12 个和 11.71 个百分点。见表 11-13。

表 11-13　按住房内有无厕所分的家庭户构成

单位：%

类　　别	水冲式卫生厕所	水冲式非卫生厕所	卫生旱厕	普通旱厕	无
2020 年全国	78.47	2.85	6.84	8.38	3.45
2020 年内蒙古	62.10	0.40	4.57	17.77	15.16
2010 年内蒙古	—	—	—	—	55.20

资料来源：《内蒙古自治区人口普查年鉴—2020》《内蒙古自治区 2010 年人口普查资料》《中国人口普查年鉴—2020》。

4. 超六成居民家庭住房内有洗澡设施

近年来，内蒙古居民对洗浴设施的需求和重视程度明显提高，生活水平进一步提高。2020 年，内蒙古 64.77% 的家庭户住房内有洗澡设施。其中，由社区、物业管理部门或其他公共设施统一供应热水的占 1.53%，居民家庭自装热水器的占 61.63%，安装有其他洗澡设施的占 1.60%。与 2010 年相比，住房内有洗澡设施的家庭户占比提高了 40.90 个百分点，特别是家庭自装热水器占比提高了 41.18 个百分点。但 2020 年，内蒙古家庭住房内没有洗澡设施的占比仍高于全国平均水平 23.64 个百分点。见表 11-14。

表 11-14　按住房内有无洗澡设施分的家庭户构成

单位：%

类　　别	统一供热水	家庭自装热水器	其他	无
2020 年全国	1.92	81.88	4.61	11.59
2020 年内蒙古	1.53	61.63	1.60	35.23
2010 年内蒙古	1.62	20.45	1.79	76.13

资料来源：《内蒙古自治区人口普查年鉴—2020》《内蒙古自治区 2010 年人口普查资料》《中国人口普查年鉴—2020》。

5.超八成住房内接通管道自来水

民以食为天，食以水为先。稳定、安全、洁净的饮用水是人民生存的基本需求和健康的必要保证。内蒙古饮水困难家庭多集中于乡村,党的十八大以来,内蒙古深入实施农村牧区饮水安全工程,通过"十个全覆盖"惠民工程及精准扶贫将管道自来水送进了更多农牧民家中。2020年,内蒙古83.46%的家庭户住房有管道自来水,与2010年相比,占比提高20.18个百分点,人民群众用水安全得以保障。但2020年,内蒙古仍有16.54%的家庭住房内没有管道自来水,占比高于全国平均水平7.87个百分点。见表11-15。

表 11-15 按住房内有无管道自来水分的家庭户构成

单位:%

类　　别	2020 年全国	2020 年内蒙古	2010 年内蒙古
住房内有管道自来水	91.33	83.46	63.28
住房内无管道自来水	8.67	16.54	36.72

资料来源:《内蒙古自治区人口普查年鉴—2020》《内蒙古自治区2010年人口普查资料》《中国人口普查年鉴—2020》。

6.超六成住户以清洁能源为主要炊事燃料

随着居民居住条件的改善和环保意识的增强,内蒙古居民家庭的主要炊事燃料也在发生变化,固体燃料的炊事利用明显减少,主要炊事燃料更趋向于环保的清洁能源。2020年,内蒙古65.86%的普通住宅家庭户以清洁能源作为主要炊事燃料。其中,燃气占43.36%,电占22.50%。煤炭、柴草及其他炊事燃料分别占15.22%、17.74%和1.18%。与2010年相比,以清洁能源为主要炊事燃料的家庭户占比提高30.92个百分点,其中,燃气占比提高19.82个百分点,电占比提高11.10个百分点。与此对应,以煤炭、柴草及其他为主要炊事燃料的家庭户占比分别下降13.83个、16.72个和0.37个百分点。

与全国平均水平相比,2020年,内蒙古以燃气和电为主要炊事燃料的家庭户占比仍然较低,特别是以燃气为主要炊事燃料的家庭户占比低于全国平均水平23.86个百分点,而以煤炭和柴草等固体燃料为主要炊事燃料的家庭户占比则分别高于全国平均水平11.75个和7.91个百分点。见表11-16。

表 11-16　按主要炊事燃料分的家庭户构成

单位：%

类　别	燃气	电	煤炭	柴草	其他
2020 年全国	67.22	18.00	3.47	9.83	1.49
2020 年内蒙古	43.36	22.50	15.22	17.74	1.18
2010 年内蒙古	23.54	11.40	29.05	34.46	1.55

资料来源：《内蒙古自治区人口普查年鉴—2020》《内蒙古自治区 2010 年人口普查资料》《中国人口普查年鉴—2020》。

（四）住房来源更加多元

内蒙古住房来源多样，主要有购买住房、自建住房及租赁住房三种方式。其中，以购买新建商品房、二手房、原公有住房、经济适用房（两限房）以及自建住房等为主体的自有住房占比较高，住房自有率达81.84%。

1.购买住房

随着住房商品化进程加快，内蒙古通过购买住房满足居住需求的家庭越来越多。2020 年，内蒙古购买住房的家庭户占比为49.51%。其中，新建商品房和二手房为购房主要来源，购买新建商品房和二手房的家庭户占比分别为28.95%和12.59%，分别比2010 年提高13.96 个和5.85 个百分点。2020 年，内蒙古购买各类住房的家庭占比均高于全国平均水平，其中，购买新建商品房和购买二手房的家庭占比分别高于全国平均水平8.08 个和5.77 个百分点。

2.自建住房

随着购买住房的家庭户不断增加，内蒙古自建住房的家庭户占比有所减少。2020 年，内蒙古自建住房的家庭户占比由2010 年的50.29%降至32.33%，降低了17.96 个百分点，家庭户住宅来源不再以自建住房一家独大。与全国平均水平相比，内蒙古自建住房占比低于全国平均水平13.70 个百分点。

3.租赁住房

近年来，内蒙古坚持以人民为中心，坚持房子是用来住的、不是用来炒的定位，因地制宜发展保障性租赁住房，推动建立多主体供给、多渠道保障、租购并举的住房制度，大力推进公共租赁住房（含廉租住房）

建设，持续增强全区住房保障能力，大力缓解新市民、青年人阶段性住房困难问题。2020 年，内蒙古通过租赁获得住房的家庭占比为 12.19%，其中，租赁廉租房/公租房的家庭占比为 1.85%，高于 2010 年 0.38 个百分点，但可能受租赁需求减弱影响，租赁其他住房的家庭占比由 2010 年的 13.40% 下降至 10.34%，降低 3.06 个百分点。与全国平均水平相比，2020 年，内蒙古通过租赁获取住房的家庭占比低于全国平均水平 2.40 个百分点，其中，租赁廉租房/公租房低于全国平均水平 0.50 个百分点。见表 11-17。

表 11-17　按住房来源分的家庭户构成

单位：%

类　别	租赁廉租房/公租房	租赁其他住房	购买新建商品房	购买二手房	购买原公有住房	购买经济适用房/两限房	自建住房	其他（含继承或赠予）
2020 年全国	2.35	12.24	20.87	6.82	4.00	2.58	46.03	5.12
2020 年内蒙古	1.85	10.34	28.95	12.59	4.55	3.42	32.33	5.96
2010 年内蒙古	1.47	13.40	14.99	6.74	8.10	2.27	50.29	2.73

资料来源：《内蒙古自治区人口普查年鉴—2020》《内蒙古自治区 2010 年人口普查资料》《中国人口普查年鉴—2020》。

二、人口居住水平差异

（一）地区间的居住水平差异

1.户均住房间数十升两降

2020 年，内蒙古平均每户拥有住房 2.23 间，12 个盟市中，有 7 个盟市高于全区平均水平。其中，平均每户住房间数最多的 3 个盟市是阿拉善盟、赤峰市和通辽市，分别为 2.63 间/户、2.54 间/户和 2.45 间/户。平均每户住房间数最少的盟市是乌兰察布市，平均每户拥有住房 1.92 间，是全区唯一一个平均每户住房间数少于 2 间的盟市。户均住房间数最多与最少的盟市相差 0.71 间/户。与 2010 年相比，12 个盟市中，有 10 个盟市平均每户住房间数有不同程度的增加。其中，增速最快的 3 个盟市为呼伦贝尔市、兴安盟和锡林郭勒盟，分别增长 18.29%、17.20% 和 15.08%。乌兰察布市和通辽市平均每户住房间数比第六次全国人口普查时期下降，分别下降 2.04% 和 1.21%。见表 11-18。

表 11-18 内蒙古分地区家庭户平均每户住房间数

地 区	平均每户住房间数（间/户）			
	2020 年	2010 年	增减	增速（%）
内蒙古	2.23	2.07	0.16	7.73
呼和浩特市	2.06	2.01	0.05	2.49
包头市	2.03	1.84	0.19	10.33
乌海市	2.26	2.18	0.08	3.67
赤峰市	2.54	2.24	0.30	13.39
通辽市	2.45	2.48	-0.03	-1.21
鄂尔多斯市	2.34	2.06	0.28	13.59
呼伦贝尔市	2.07	1.75	0.32	18.29
巴彦淖尔市	2.28	2.26	0.02	0.88
乌兰察布市	1.92	1.96	-0.04	-2.04
兴安盟	2.18	1.86	0.32	17.20
锡林郭勒盟	2.29	1.99	0.30	15.08
阿拉善盟	2.63	2.43	0.20	8.23

资料来源：《内蒙古自治区人口普查年鉴—2020》《内蒙古自治区 2010 年人口普查资料》。

2.人均住房建筑面积差距较大

2020 年，内蒙古家庭户人均住房建筑面积为 34.96 平方米，12 个盟市中，有 6 个盟市高于全区平均水平。其中，人均住房建筑面积最大的 3 个盟市是阿拉善盟、鄂尔多斯市和乌海市，分别为 45.12 平方米/人、40.03 平方米/人和 38.34 平方米/人，其中，阿拉善盟是唯一一个超出全区平均水平 10 平方米以上的盟市。人均住房建筑面积最小的盟市是乌兰察布市，平均每人拥有住房建筑面积 32.55 平方米，与阿拉善盟差距高达 12.57 平方米。与 2010 年相比，12 个盟市人均住房建筑面积均有不同程度增加，9 个盟市增加面积在 10 平方米以上，其中增加面积最多的是锡林郭勒盟，增加 13.82 平方米，增长 61.61%。增加面积相对较少的 3 个盟市增加面积也在 9 平方米之上，其中，增加面积最少的是兴安盟，增加 9.10 平方米，增长 37.81%。见表 11-19。

表 11-19　内蒙古分地区家庭户人均住房建筑面积

地　区	人均住房建筑面积（平方米/人）			
	2020 年	2010 年	增减	增速（%）
内蒙古	**34.96**	**23.52**	**11.44**	**48.64**
呼和浩特市	36.02	24.20	11.82	48.84
包头市	34.27	22.51	11.76	52.24
乌海市	38.34	27.80	10.54	37.91
赤峰市	33.10	23.46	9.64	41.09
通辽市	32.98	23.16	9.82	42.40
鄂尔多斯市	40.03	27.42	12.61	45.99
呼伦贝尔市	33.91	21.82	12.09	55.41
巴彦淖尔市	38.27	27.54	10.73	38.96
乌兰察布市	32.55	18.81	13.74	73.05
兴安盟	33.17	24.07	9.10	37.81
锡林郭勒盟	36.25	22.43	13.82	61.61
阿拉善盟	45.12	33.77	11.35	33.61

资料来源：《内蒙古自治区人口普查年鉴—2020》《内蒙古自治区 2010 年人口普查资料》。

3.住宅新旧分布差距较大

2020 年，内蒙古 71.09% 的普通住宅建筑建成于 2000 年及以后。12 个盟市中，有 8 个盟市占比高于全区平均水平。其中，阿拉善盟、鄂尔多斯市、锡林郭勒盟和乌海市占比超过 80%，分别为 84.58%、82.28%、81.46% 和 80.60%。低于全区平均水平的 4 个盟市中，呼和浩特市与全区平均水平相差不大，为 70.99%，包头市、巴彦淖尔市和赤峰市占比分别为 65.98%、61.16% 和 60.54%，分别低于全区平均水平 5.11 个、9.93 个和 10.55 个百分点。占比最低的赤峰市和占比最高的阿拉善盟相差 24.04 个百分点。见表 11-20。

表 11-20　2020 年内蒙古分地区分住房建成时间的家庭户构成

单位：%

地　区	1949 年以前	1949—1959 年	1960—1969 年	1970—1979 年	1980—1989 年	1990—1999 年	2000—2009 年	2010—2014 年	2015 年及以后
内蒙古	**0.06**	**0.23**	**0.57**	**2.19**	**8.89**	**16.98**	**29.66**	**25.66**	**15.77**
呼和浩特市	0.14	0.23	0.75	2.20	9.07	16.62	32.18	24.42	14.39
包头市	0.05	0.64	0.51	1.90	9.11	21.81	32.66	20.91	12.41
乌海市	0.00	0.50	0.87	1.98	4.75	11.30	40.85	27.41	12.34
赤峰市	0.05	0.22	0.94	3.53	12.65	22.07	27.09	19.93	13.52
通辽市	0.03	0.11	0.21	1.01	6.65	19.13	31.01	27.00	14.84
鄂尔多斯市	0.02	0.05	0.15	0.86	4.71	11.93	38.75	32.36	11.17
呼伦贝尔市	0.13	0.17	0.73	2.86	9.45	14.17	25.37	29.35	17.75
巴彦淖尔市	0.03	0.14	0.55	3.33	15.31	19.49	25.46	22.73	12.97
乌兰察布市	0.08	0.17	0.45	1.99	7.20	11.50	21.53	26.74	30.35
兴安盟	0.05	0.16	0.42	1.70	5.91	12.84	25.08	30.62	23.23
锡林郭勒盟	0.03	0.11	0.43	1.48	5.21	11.28	31.80	34.05	15.61
阿拉善盟	0.02	0.02	0.05	0.49	5.42	9.42	35.53	34.51	14.54

资料来源：《内蒙古自治区人口普查年鉴—2020》。

4.住宅承重类型差异大

（1）5 个盟市钢及钢筋混凝土结构住宅建筑占比过半

2020 年，12 个盟市中，乌海市、呼伦贝尔市、鄂尔多斯市、包头市和呼和浩特市等 5 个盟市钢及钢筋混凝土结构住宅建筑占比超过 50%，占比分别为 65.77%、59.39%、55.84%、54.66% 和 52.38%，而乌兰察布市、通辽市、赤峰市、巴彦淖尔市和兴安盟等 5 个盟市该占比不足 40%，分别仅为 34.10%、35.81%、36.95%、37.83% 和 38.03%，占比最低的乌兰察布市和占比最高的乌海市相差 31.67 个百分点。

（2）5 个盟市混合结构住宅建筑占比超三成

2020 年，12 个盟市中，鄂尔多斯市、兴安盟、包头市、呼和浩特市和阿拉善盟等 5 个盟市混合结构住宅建筑占比超过 30%，分别为 32.30%、31.57%、31.45%、30.78% 和 30.69%，分别高于全区平均水平 8.98 个、8.25 个、8.13 个、7.46 个和 7.37 个百分点。呼伦贝尔市、巴彦淖尔市、通辽市和赤峰市占比不足 20%，分别为 13.14%、15.50%、17.12% 和 18.74%，分别低于全区平均水平 10.18 个、7.82 个、6.20 个和 4.58 个 百分点。

（3）3 个盟市砖木结构住宅建筑占比超四成

2020 年，12 个盟市中，通辽市、乌兰察布市和赤峰市超过 40% 的 住宅建筑为砖木结构，占比分别为 46.18%、43.05% 和 40.82%，分别高 于全区平均水平 18.12 个、14.99 个和 12.76 个百分点。

（4）多数盟市竹草土坯及其他结构住宅建筑占比较低

2020 年，12 个盟市中，巴彦淖尔市竹草土坯及其他结构住宅建筑 占比最高，为 8.48%，高于全区平均水平 5.91 个百分点。赤峰市和兴安 盟占比超过 3%，分别为 3.49% 和 3.40%。其余盟市占比均在 3% 以下。 其中，乌海市、通辽市和包头市竹草土坯及其他结构住宅建筑占比不超 过 1%，分别仅为 0.27%、0.89% 和 0.95%。见表 11-21。

表 11-21　2020 年内蒙古分地区分承重类型的家庭户

单位：%

地　　区	钢及钢筋混凝土结构	混合结构	砖木结构	其他结构（含竹草土坯结构）
内蒙古	**46.06**	**23.32**	**28.06**	**2.57**
呼和浩特市	52.38	30.78	14.03	2.80
包头市	54.66	31.45	12.94	0.95
乌海市	65.77	21.44	12.53	0.27
赤峰市	36.95	18.74	40.82	3.49
通辽市	35.81	17.12	46.18	0.89
鄂尔多斯市	55.84	32.30	10.63	1.23
呼伦贝尔市	59.39	13.14	25.25	2.22
巴彦淖尔市	37.83	15.50	38.19	8.48
乌兰察布市	34.10	20.59	43.05	2.26
兴安盟	38.03	31.57	27.00	3.40
锡林郭勒盟	48.08	21.71	28.12	2.10
阿拉善盟	45.67	30.69	22.46	1.18

资料来源：《内蒙古自治区人口普查年鉴—2020》。

5.多数盟市家庭户住宅以楼房建筑为主

2020年，内蒙古仍有超四成居民居住于平房建筑。其中，通辽市、兴安盟、赤峰市、巴彦淖尔市和乌兰察布市等5个盟市占比较高，占比分别为61.23%、56.47%、54.62%、52.21%和49.54%。乌海市平房建筑占比最低，仅16.21%。阿拉善盟、锡林郭勒盟、乌海市、呼伦贝尔市和包头市多层（7层及以下）建筑占比过半，占比分别为67.98%、61.85%、61.33%、57.13%和56.19%。呼和浩特市、鄂尔多斯市、乌海市和包头市高层（8—33层）建筑占比超过20%，分别为25.88%、23.75%、22.41%和20.13%，赤峰市占比12.52%，其余盟市占比均不足10%。同时，仅呼和浩特市、通辽市、包头市、乌海市和赤峰市超高层（34层及以上）住宅建筑占比大于等于0.01%，占比分别为0.28%、0.23%、0.07%、0.05%和0.01%。见表11-22。

表11-22 2020年内蒙古分地区分住房建筑层数的家庭户构成

单位：%

地　　区	平房	多层 （7层及以下）	高层 （8—33层）	超高层 （34层及以上）
内蒙古	**41.68**	**44.18**	**14.07**	**0.08**
呼和浩特市	26.66	47.18	25.88	0.28
包头市	23.61	56.19	20.13	0.07
乌海市	16.21	61.33	22.41	0.05
赤峰市	54.62	32.85	12.52	0.01
通辽市	61.23	31.33	7.22	0.23
鄂尔多斯市	36.24	40.00	23.75	0.00
呼伦贝尔市	35.85	57.13	7.01	0.00
巴彦淖尔市	52.21	38.56	9.23	0.00
乌兰察布市	49.54	43.49	6.97	0.00
兴安盟	56.47	34.71	8.81	0.00
锡林郭勒盟	32.94	61.85	5.21	0.00
阿拉善盟	26.68	67.98	5.34	0.00

资料来源：《内蒙古自治区人口普查年鉴—2020》。

6.住宅设施存在较大差异

（1）电梯房占比差距较大

与各盟市住宅建筑层数分布相对应，各盟市有电梯的住宅建筑占比也存在较大差距。2020年，12个盟市中，呼和浩特市、鄂尔多斯市、乌海市和包头市有电梯的住宅建筑占比高于全区平均水平，占比分别为27.29%、27.18%、24.48%和21.22%，分别高于全区平均水平11.41个、11.30个、8.60个和5.34个百分点。阿拉善盟和锡林郭勒盟有电梯的住宅建筑占比最低，分别为7.15%和7.64%，分别低于全区平均水平8.73个和8.24个百分点。见表11-23。

表11-23　2020年内蒙古分地区分住房所在建筑有无电梯的家庭户构成

单位：%

地　　区	住房所在建筑有电梯	住房所在建筑无电梯
内蒙古	**15.88**	**84.12**
呼和浩特市	27.29	72.71
包头市	21.22	78.78
乌海市	24.48	75.52
赤峰市	13.87	86.13
通辽市	8.44	91.56
鄂尔多斯市	27.18	72.82
呼伦贝尔市	9.55	90.45
巴彦淖尔市	11.65	88.35
乌兰察布市	8.51	91.49
兴安盟	11.15	88.85
锡林郭勒盟	7.64	92.36
阿拉善盟	7.15	92.85

资料来源：《内蒙古自治区人口普查年鉴—2020》。

（2）各盟市有独立使用厨房的占比均超八成

2020年，内蒙古92.81%的普通住宅家庭户有独立使用的厨房。12个盟市中，有7个盟市户占比超过全区平均水平。其中，呼伦贝尔市占比最高，达到97.45%，高于全区平均水平4.64个百分点，乌兰察布市占比最低，占比为 83.67%，低于全区平均水平 9.14 个百分点。乌兰察布市和锡林郭勒盟无厨房的家庭户占比超过 10%，占比分别为 14.03% 和 11.88%，分别高于全区平均水平 7.96 个和 5.81 个百分点。见表 11-24。

表 11-24　2020 年内蒙古分地区分住房内有无厨房的家庭户构成

单位：%

地　　区	独立使用	与其他户合用	无
内蒙古	**92.81**	**1.11**	**6.07**
呼和浩特市	89.55	1.14	9.31
包头市	91.83	0.87	7.30
乌海市	94.05	0.95	5.00
赤峰市	95.77	0.80	3.43
通辽市	97.29	0.96	1.75
鄂尔多斯市	89.16	1.26	9.58
呼伦贝尔市	97.45	0.59	1.95
巴彦淖尔市	95.20	1.28	3.53
乌兰察布市	83.67	2.30	14.03
兴安盟	97.11	0.93	1.97
锡林郭勒盟	86.08	2.03	11.88
阿拉善盟	93.51	1.73	4.75

资料来源：《内蒙古自治区人口普查年鉴—2020》。

（3）户内有水冲式卫生厕所的家庭占六成

2020 年，内蒙古 62.10% 的普通住宅家庭户内有水冲式卫生厕所。12 个盟市中，有 7 个盟市户占比超过全区平均水平。其中，乌海市占比达到 87.03%，高于全区平均水平 24.93 个百分点。阿拉善盟、包头市、呼和浩特市和鄂尔多斯市占比超过 70%，占比分别为 79.92%、76.89%、75.04% 和 73.50%，分别高于全区平均水平 17.82 个、14.79 个、12.94 个和 11.40 个百分点。通辽市、兴安盟和赤峰市占比低于 50%，占比分别为 44.88%、46.06% 和 47.04%，分别低于全区平均水平 17.22 个、16.04 个和 15.06 个百分点。占比最低的通辽市与占比最高的乌海市相差 42.15 个百分点。见表 11-25。

表 11-25　2020 年内蒙古分地区分住房内有无厕所的家庭户构成

单位：%

地　　区	水冲式卫生厕所	水冲式非卫生厕所	卫生旱厕	普通旱厕	无
内蒙古	**62.10**	**0.40**	**4.57**	**17.77**	**15.16**
呼和浩特市	75.04	0.51	1.77	8.24	14.44
包头市	76.89	0.20	1.55	7.67	13.69
乌海市	87.03	0.14	0.27	1.39	11.16
赤峰市	47.04	0.27	8.75	28.86	15.08
通辽市	44.88	0.60	8.21	35.13	11.18
鄂尔多斯市	73.50	0.58	2.12	7.67	16.13
呼伦贝尔市	66.82	0.17	3.10	19.90	10.02
巴彦淖尔市	61.25	0.55	5.22	14.47	18.51
乌兰察布市	52.76	0.27	4.89	16.77	25.31
兴安盟	46.06	0.69	7.47	29.85	15.92
锡林郭勒盟	68.92	0.55	2.67	8.35	19.50
阿拉善盟	79.92	0.50	0.96	4.13	14.49

资料来源：《内蒙古自治区人口普查年鉴—2020》。

（4）各盟市户内洗澡设施配备情况差距明显

2020 年，内蒙古 64.76% 的普通住宅家庭户内有洗澡设施。12 个盟市中，有 7 个盟市占比超过全区平均水平，其中，乌海市和阿拉善盟占比超过 80%，占比分别为 87.87% 和 83.41%，分别高于全区平均水平 23.10 个和 18.64 个百分点。低于全区平均水平的 5 个盟市中，乌兰察布市、兴安盟和赤峰市占比刚刚过半，占比分别为 50.25%、51.39% 和 52.27%，分别低于全区平均水平 14.52 个、13.38 个和 12.50 个百分点。占比最低的乌兰察布市和占比最高的乌海市相差 37.62 个百分点。见表 11-26。

表 11-26　2020 年内蒙古分地区分住房内有无洗澡设施的家庭户构成

单位：%

地　　区	统一供热水	家庭自装热水器	其他	无
内蒙古	**1.53**	**61.63**	**1.60**	**35.23**
呼和浩特市	2.23	72.28	0.51	24.98
包头市	1.64	70.17	0.78	27.42
乌海市	2.21	84.74	0.92	12.13
赤峰市	0.91	49.02	2.34	47.73

续表 单位：%

地　　区	统一供热水	家庭自装热水器	其他	无
通辽市	1.25	58.11	4.71	35.93
鄂尔多斯市	3.13	70.95	0.65	25.26
呼伦贝尔市	2.19	58.53	0.63	38.65
巴彦淖尔市	0.80	66.70	1.46	31.04
乌兰察布市	0.91	48.42	0.92	49.75
兴安盟	0.70	47.46	3.23	48.61
锡林郭勒盟	0.75	66.68	0.54	32.03
阿拉善盟	1.13	81.42	0.86	16.59

资料来源：《内蒙古自治区人口普查年鉴—2020》。

（5）户内有管道自来水的家庭户占比超八成

2020 年，内蒙古 83.46% 的普通住宅家庭户住房有管道自来水。12 个盟市中，有 11 个盟市户内有管道自来水的家庭户占比在 70% 以上，其中，乌海市、包头市、巴彦淖尔市、呼和浩特市和阿拉善盟占比在 90% 以上，占比分别为 97.89%、95.11%、94.19%、92.98% 和 90.84%。需要特别重视的是，兴安盟仅有 52.41% 的家庭户户内有管道自来水，低于全区平均水平 31.05 个百分点，低于占比最高的乌海市 45.48 个百分点。见表 11-27。

表 11-27　2020 年内蒙古分地区分住房内有无管道自来水的家庭户构成

单位：%

地　　区	住房内有管道自来水	住房内无管道自来水
内蒙古	**83.46**	**16.54**
呼和浩特市	92.98	7.02
包头市	95.11	4.89
乌海市	97.89	2.11
赤峰市	77.36	22.64
通辽市	80.16	19.84
鄂尔多斯市	89.91	10.09
呼伦贝尔市	72.56	27.44
巴彦淖尔市	94.19	5.81
乌兰察布市	82.32	17.68
兴安盟	52.41	47.59
锡林郭勒盟	79.57	20.43
阿拉善盟	90.84	9.16

资料来源：《内蒙古自治区人口普查年鉴—2020》。

（6）主要炊事燃料使用差异大

2020 年，12 个盟市中，乌海市、包头市、呼和浩特市和鄂尔多斯市使用燃气作为主要炊事燃料的家庭户超过 50%，占比分别为 76.29%、67.80%、62.17% 和 53.78%。乌兰察布市和兴安盟占比不足 20%，占比分别为 5.73% 和 12.70%，分别低于全区平均水平 37.63 个和 30.66 个百分点，占比最低的乌兰察布市和占比最高的乌海市相差 70.56 个百分点。锡林郭勒盟、乌兰察布市和兴安盟以电作为主要炊事燃料的占比较高，分别为 47.75%、45.71% 和 45.08%。总体看，各地居民以燃气和电作为主要炊事燃料的占比均在 50% 以上。但部分地区以煤炭和柴草作为主要炊事燃料的比重仍然较高，其中，乌兰察布市以煤炭作为主要炊事燃料的家庭户占比达 43.40%，赤峰市、通辽市和兴安盟使用柴草作为主要炊事燃料的占比分别为 39.83%、36.76% 和 32.11%。见表 11-28。

表 11-28　2020 年内蒙古分地区分主要炊事燃料的家庭户构成

单位：%

地　　区	燃气	电	煤炭	柴草	其他
内蒙古	**43.36**	**22.50**	**15.22**	**17.74**	**1.18**
呼和浩特市	62.17	17.53	16.20	3.59	0.51
包头市	67.80	11.83	16.46	3.11	0.81
乌海市	76.29	12.25	10.15	0.09	1.22
赤峰市	40.34	10.68	8.00	39.83	1.14
通辽市	28.80	27.41	5.92	36.76	1.12
鄂尔多斯市	53.78	18.34	20.72	6.37	0.78
呼伦贝尔市	46.22	19.24	13.16	19.35	2.03
巴彦淖尔市	43.04	22.24	13.31	19.38	2.03
乌兰察布市	5.73	45.71	43.40	4.80	0.36
兴安盟	12.70	45.08	9.53	32.11	0.57
锡林郭勒盟	25.29	47.75	17.80	5.17	3.98
阿拉善盟	47.71	37.24	10.17	2.61	2.27

资料来源：《内蒙古自治区人口普查年鉴—2020》。

7.各盟市住房来源差异较大

2020 年,内蒙古各盟市住房自有率均在 70%之上,但住房来源差异较大。乌海市、阿拉善盟、包头市和呼伦贝尔市等 4 个盟市超六成的家庭户住宅来源为购买住房,占比分别为 73.42%、65.31%、62.43%和 62.36%,分别高于全区平均水平 23.90 个、15.79 个、12.90 个和 12.84 个百分点。通辽市、赤峰市、兴安盟和巴彦淖尔市自建住房比重超四成,其中,通辽市占比最高,达 54.16%,高于全区平均水平 21.83 个百分点,乌海市自建住房占比仅 5.78%,低于全区平均水平 26.55 个百分点,与通辽市相差 48.38 个百分点。鄂尔多斯市是租赁住房占比最高的盟市,占比 21.88%,高于全区平均水平 9.69 个百分点。乌兰察布市其他来源住房最多,达 17.33%,高于全区平均水平 11.37 个百分点。见表 11-29。

表 11-29　2020 年内蒙古分地区分住房来源的家庭户构成

单位:%

地　　区	租赁廉租房/公租房	租赁其他住房	购买新建商品房	购买二手房	购买原公有住房	购买经济适用房/两限房	自建住房	其他(含继承或赠予)
内蒙古	**1.85**	**10.34**	**28.95**	**12.59**	**4.55**	**3.42**	**32.33**	**5.96**
呼和浩特市	2.64	15.35	35.95	9.32	7.29	3.10	18.73	7.62
包头市	1.42	12.92	31.87	14.04	11.74	4.78	17.52	5.72
乌海市	1.27	15.19	38.47	14.34	5.53	15.08	5.78	4.35
赤峰市	1.21	6.90	24.54	13.35	1.70	0.90	48.33	3.06
通辽市	1.65	6.24	18.93	11.69	2.38	2.00	54.16	2.95
鄂尔多斯市	3.52	18.36	33.00	11.34	2.23	2.20	24.40	4.94
呼伦贝尔市	1.41	7.93	28.46	20.62	5.92	7.36	22.21	6.09
巴彦淖尔市	1.17	8.29	27.87	12.59	2.22	3.44	40.65	3.78
乌兰察布市	1.85	7.34	27.47	7.27	2.62	3.66	32.46	17.33
兴安盟	1.82	7.28	21.95	13.03	2.16	1.86	46.71	5.19
锡林郭勒盟	2.59	11.16	38.82	10.18	2.92	2.29	25.59	6.46
阿拉善盟	3.21	9.65	43.27	14.76	3.33	3.95	15.92	5.92

资料来源:《内蒙古自治区人口普查年鉴—2020》。

（二）城乡居住水平差异

1.城乡户均间数和人均住房建筑面积存在差异

（1）乡村家庭平均住房间数多于城镇

2020 年，内蒙古城市、镇和乡村家庭平均每户拥有的住房间数分别为 2.19 间、2.19 间和 2.32 间，平均每人拥有的住房间数分别为 0.91 间、0.90 间和 0.99 间，乡村家庭户均住房间数和人均住房间数均多于城市和镇。与 2010 年相比，10 年间内蒙古城市、镇、乡村平均每个家庭增加住房 0.24 间、0.20 间和 0.12 间，分别增长 12.31%、10.05% 和 5.45%；城市、镇、乡村家庭平均每人增加住房 0.18 间、0.17 间和 0.25 间，分别增长 24.66%、23.29% 和 33.78%。乡村家庭户均住房间数增速慢于城镇，但随着内蒙古城镇化进程加快，乡村人口大幅减少，人均住房间数出现较快增长。

与全国平均水平相比，2020 年，内蒙古平均每户家庭拥有的住房间数和平均每人拥有的住房间数均处于较低水平，分别低于全国平均水平 0.97 间和 0.27 间。其中，内蒙古乡村家庭与全国乡村家庭平均水平差距较大，平均每户拥有的住房间数低于全国平均水平 1.61 间，平均每人拥有的住房间数低于全国平均水平 0.44 间。见表 11-30。

表 11-30　全国及内蒙古分城乡家庭户平均住房间数

城乡	内蒙古				全国	
	2020 年		2010 年		2020 年	
	平均每户住房间数（间/户）	平均每人住房间数（间/人）	平均每户住房间数（间/户）	平均每人住房间数（间/人）	平均每户住房间数（间/户）	平均每人住房间数（间/人）
合计	**2.23**	**0.93**	**2.07**	**0.74**	**3.20**	**1.20**
城市	2.19	0.91	1.95	0.73	2.50	0.99
镇	2.19	0.90	1.99	0.73	3.27	1.18
乡村	2.32	0.99	2.20	0.74	3.93	1.43

资料来源：《内蒙古自治区人口普查年鉴—2020》《内蒙古自治区 2010 年人口普查资料》《中国人口普查年鉴—2020》。

（2）城镇家庭住房建筑面积大于乡村

2020 年，内蒙古城市、镇和乡村家庭平均每户住房建筑面积分别为

88.25 平方米、87.83 平方米和 74.69 平方米，平均每人住房面积分别为
36.76 平方米、36.18 平方米和 31.78 平方米。整体看，城市家庭平均每户住房建筑面积和平均每人住房面积最大，镇家庭与城市家庭水平相仿，但乡村家庭与城市家庭存在较大差距，乡村家庭平均每户住房建筑面积和平均每人住房面积分别低于城市家庭 13.56 平方米和 4.98 平方米。与 2010 年相比，10 年间内蒙古城市、镇、乡村家庭人均住房建筑面积分别增加 11.90 平方米、11.80 平方米和 9.61 平方米，分别增长
47.87%、48.40%和 43.34%，城镇家庭住房建筑面积增长快于乡村。

与全国平均水平相比，2020 年，内蒙古城市、镇、乡村家庭住房建筑面积仍然较小，特别是镇和乡村家庭与全国平均水平存在较大差距。从平均每户住房建筑面积看，内蒙古镇和乡村家庭分别低于全国平均水平 29.91 平方米和 53.80 平方米，从平均每人住房建筑面积看，内蒙古镇和乡村家庭分别低于全国平均水平 6.11 平方米和 15.02 平方米。见表
11-31。

表 11-31　全国及内蒙古分城乡分住房建筑面积的家庭户分布

| 城乡 | 内蒙古 | | | 全国 | |
| | 2020 年 | | 2010 年 | 2020 年 | |
	平均每户住房建筑面积（平方米/户）	人均住房建筑面积（平方米/人）	人均住房建筑面积（平方米/人）	平均每户住房建筑面积（平方米/户）	人均住房建筑面积（平方米/人）
合计	**83.58**	**34.96**	**23.52**	**111.18**	**41.76**
城市	88.25	36.76	24.86	92.17	36.52
镇	87.83	36.18	24.38	117.74	42.29
乡村	74.69	31.78	22.17	128.49	46.80

资料来源：《内蒙古自治区人口普查年鉴—2020》《内蒙古自治区 2010 年人口普查资料》《中国人口普查年鉴—2020》。

（3）城乡家庭人均住宅建筑面积集中于 20—49 平方米

从人均住宅建筑面积的大小分布看，2020 年，内蒙古城乡家庭人均住宅建筑面积都集中在 20—49 平方米之间，城市、镇和乡村人均住宅建筑面积在 20—49 平方米的家庭户占比分别为 60.21%、61.58%和
63.60%，乡村占比最高，高于全区平均水平 1.88 个百分点，分别比城市和镇高 3.39 个和 2.02 个百分点。同时，城市、镇人均住宅建筑面积在

70 平方米及以上的家庭户占比分别为 14.06% 和 13.26%，分别高于乡村 5.11 个和 4.31 个百分点，占比明显高于乡村。与 2010 年相比，内蒙古人均住房面积在 30 平方米以上的城乡家庭占比均有所提高。但与全国平均水平相比，内蒙古人均住房面积在 30 平方米以下的城乡家庭仍然较多，人均住房面积在 50 平方米以上的家庭较少。见表 11-32。

表 11-32　全国及内蒙古分城乡分人均住房建筑面积的家庭户分布

单位：%

类　　别	8 平方米及以下	9—12 平方米	13—16 平方米	17—19 平方米	20—29 平方米	30—39 平方米	40—49 平方米	50—59 平方米	60—69 平方米	70 平方米及以上
2020 年全国	1.58	3.09	4.99	3.04	19.07	16.83	13.66	8.14	8.14	21.48
城市	2.50	4.39	6.29	4.22	22.14	17.55	13.38	7.40	6.34	15.79
镇	1.15	2.39	4.14	2.61	18.92	17.55	14.17	8.60	8.58	21.88
乡村	0.80	2.04	4.03	1.97	15.74	15.61	13.66	8.70	9.88	27.55
2020 年内蒙古	0.96	2.70	5.29	3.40	24.25	21.03	16.44	7.78	6.03	12.12
城市	0.79	2.01	4.03	3.92	22.97	21.60	15.64	8.47	6.52	14.06
镇	1.09	2.58	4.48	2.95	23.31	20.67	17.60	8.68	5.38	13.26
乡村	1.04	3.59	7.42	3.17	26.50	20.68	16.42	6.24	6.01	8.95
2010 年内蒙古	9.11	8.38	11.89	7.39	28.08	16.44	8.83	3.56	2.65	3.67
城市	11.05	7.48	9.15	7.12	27.32	17.41	9.01	4.13	2.93	4.40
镇	9.43	7.88	11.29	7.11	27.13	17.01	9.78	3.87	2.51	3.99
乡村	7.45	9.35	14.33	7.74	29.17	15.38	8.18	2.94	2.50	2.94

资料来源：《内蒙古自治区人口普查年鉴—2020》《内蒙古自治区 2010 年人口普查资料》《中国人口普查年鉴—2020》。

2.建筑层数及承重结构存在差异

（1）平房住宅多集中于乡村

2020 年，内蒙古普通家庭住宅建筑有 41.68% 为平房。其中，乡村平房建筑最多，占比高达 92.26%，高于城市 84.60 个百分点，高于镇 64.95 个百分点。从楼房住宅建筑层数看，城镇多层楼房住宅建筑占比均在六成以上，城市和镇占比分别为 64.74% 和 61.44%，乡村占比仅为 6.63%。高层楼房住宅建筑主要集中在城市，占比 27.41%，分别高于镇和乡村 16.17 个和 26.30 个百分点。只有城市建有超高层楼房住宅建筑，占比 0.19%。与 2010 年相比，内蒙古城镇家庭平房住宅占比明显减少，

城市、镇和乡村居住于平房的家庭占比分别降低 24.90 个、40.28 个和
4.41 个百分点，乡村仍以平房为最主要住宅形式。

与全国平均水平相比，2020 年，内蒙古城镇家庭平房占比与全国水
平差距不大，分别高于全国平均水平 1.59 个和 4.14 个百分点，但乡村
居住于平房的家庭占比高于全国平均水平 36.74 个百分点。同时，内蒙
古城市家庭楼房住房以多层为主，居住于多层住房的城市家庭占比高于
全国平均水平 7.76 个百分点，但居住于高层和超高层住房的家庭户占
比分别低于全国平均水平 8.14 个和 1.21 个百分点。见表 11-33。

表 11-33　全国及内蒙古分城乡分建筑层数的家庭户分布

单位：%

类　别	平房	多层 （7 层及以下）	高层 （8—33 层）	超高层 （34 层及以上）
2020 年全国	27.95	52.83	18.58	0.64
城市	6.07	56.98	35.55	1.40
镇	23.17	60.96	15.64	0.22
乡村	55.52	43.38	1.07	0.02
2020 年内蒙古	41.68	44.18	14.07	0.08
城市	7.66	64.74	27.41	0.19
镇	27.31	61.44	11.24	0.00
乡村	92.26	6.63	1.11	0.00
2010 年内蒙古	68.72	—	—	—
城市	32.56	—	—	—
镇	67.59	—	—	—
乡村	96.67	—	—	—

资料来源：《内蒙古自治区人口普查年鉴—2020》《内蒙古自治区 2010 年人口
普查资料》《中国人口普查年鉴—2020》。

（2）城乡住宅承重结构差异显著

2020 年，内蒙古城镇家庭住宅建筑主要为钢及钢筋混凝土结构，城
市和镇占比分别为 69.76% 和 55.46%，乡村占比仅为 11.31%，分别低于
城市和镇 58.45 个和 44.15 个百分点。城市、镇和乡村混合结构住宅建
筑占比分别为 25.54%、24.87% 和 19.51%，差距相对较小，但乡村占比
仍然分别低于城市和镇 6.03 个和 5.36 个百分点。砖木结构的住宅建筑

主要集中于乡村,乡村砖木结构的住宅建筑占比超过六成,达到62.84%,而城市占比仅为4.50%,低于乡村58.34个百分点。城乡竹草土坯结构和其他结构占比均相对较低,城市和镇的占比合计仅1.45%,但乡村仍有6.34%的家庭户居住在竹草土坯结构和其他结构的住宅建筑中。与2010年相比,内蒙古城市、镇和乡村承重类型为钢及钢筋混凝土结构的家庭住房均有不同程度增加,占比分别提高了28.82个、31.77个和8.21个百分点,乡村占比增幅最小。由于内蒙古乡村平房占比较高,2020年,内蒙古乡村家庭住房仍以砖木结构为主,占比高达62.84%,分别高于内蒙古城市、镇家庭占比58.34个和44.42个百分点,高于全国平均水平35.05个百分点。见表11-34。

表 11-34　全国及内蒙古分城乡分承重类型的家庭户分布

单位：%

类　别	钢及钢筋混凝土结构	混合结构	砖木结构	其他结构（含竹草土坯结构）
2020 年全国	52.75	32.07	13.59	1.60
城市	71.71	25.28	2.75	0.26
镇	56.76	32.01	10.29	0.94
乡村	28.92	39.79	27.79	3.50
2020 年内蒙古	46.06	23.32	28.06	2.57
城市	69.76	25.54	4.50	0.20
镇	55.46	24.87	18.42	1.25
乡村	11.31	19.51	62.84	6.34
2010 年内蒙古	20.40	20.06	45.92	13.62
城市	40.94	33.67	23.94	1.46
镇	23.69	19.37	49.89	7.05
乡村	3.10	10.13	60.44	26.32

资料来源：《内蒙古自治区人口普查年鉴—2020》《内蒙古自治区2010年人口普查资料》《中国人口普查年鉴—2020》。

3.城乡住宅建筑新旧水平存在差异

2020 年,内蒙古71.09%的普通住宅家庭户住房建成于2000年及以后。其中,城市、镇和乡村占比分别为74.21%、79.04%和61.05%,乡村占比最少,低于全区平均水平10.04个百分点,分别低于城市和镇

13.16 个和 17.99 个百分点。具体看，2000—2009 年间，城市住宅建设进入高峰期，建成住房比重 34.44%，较 1990—1999 年间提高 17.84 个百分点；镇住宅建设比前期明显加快，占比较 1990—1999 年间提高 18.52 个百分点，但仍低于城市 4.10 个百分点；乡村此间住宅建设平稳增长，占比 23.62%，较 1990—1999 年间提高 2.01 个百分点。2010—2014 年间，镇住宅建设步伐加快，建成住房总量较多，占比 35.86%，分别高于城市和乡村 10.14 个和 18.55 个百分点。2015 年以后，城镇住房建设放缓，占比分别为 14.05% 和 12.84%，分别较 2010—2014 年降低 11.67 个和 23.02 个百分点，乡村住宅建筑占比小幅提高，占比 20.12%，比 2010—2014 年提高 2.81 个百分点。

与 2010 年相比，内蒙古建成于 1990 年之前的家庭住房占比下降了 23.00 个百分点，其中，城市、镇和乡村占比分别下降 16.98 个、23.45 个和 25.48 个百分点，且均低于国家平均水平。总的看，20 世纪 80 年代以后内蒙古城乡居民住房建设开始加快，多数住房房龄在 20 年以下。镇和乡村住宅建设高峰期滞后于城市，城乡住房新旧水平存在差异。见表 11-35。

表 11-35　全国及内蒙古分城乡分住房建成时间的家庭户分布[2]

单位：%

类　别	1949 年以前	1949—1959 年	1960—1969 年	1970—1979 年	1980—1989 年	1990—1999 年	2000—2009 年	2010—2014 年	2015 年以后
2020 年全国	0.37	0.35	0.81	2.68	10.25	20.55	30.34	21.46	13.20
城市	0.28	0.29	0.45	1.78	8.84	20.30	32.86	22.17	13.03
镇	0.29	0.25	0.64	2.15	8.23	18.40	30.44	25.75	13.85
乡村	0.50	0.47	1.31	4.01	13.03	22.10	27.42	18.14	13.02
2020 年内蒙古	0.06	0.23	0.57	2.19	8.89	16.98	29.66	25.66	15.77
城市	0.04	0.29	0.31	1.15	7.40	16.60	34.44	25.72	14.05
镇	0.05	0.10	0.45	1.81	6.72	11.82	30.34	35.86	12.84
乡村	0.11	0.25	0.96	3.67	12.34	21.61	23.62	17.31	20.12
2010 年内蒙古	0.35	0.79	2.51	8.89	22.40	31.01	34.06	—	—
城市	0.45	1.12	1.39	4.91	18.30	31.28	42.54	—	—
镇	0.24	0.41	2.05	8.18	21.70	29.65	37.76	—	—
乡村	0.34	0.74	3.59	12.27	25.87	31.52	25.67	—	—

资料来源：《内蒙古自治区人口普查年鉴—2020》《内蒙古自治区 2010 年人口普查资料》《中国人口普查年鉴—2020》。

---

[2] 所列 2010 年内蒙古城乡建成时间为 2000—2009 年的数据中包含 2010 年的数据。

4.城乡住宅建筑设施存在显著差异

（1）有电梯的住宅建筑主要集中于城市

2020 年，全区有电梯的家庭住宅建筑占比 15.88%，其中，城市有电梯的住宅占比近三成，达到 29.95%，高于全区平均水平 14.07 个百分点，乡村有电梯的住宅建筑占比最小，仅为 1.37%，低于全区平均水平 14.51 个百分点，分别低于城市和镇 28.58 个和 12.55 个百分点。2020年，内蒙古城乡有电梯的住房分布与全国相仿，但均低于全国平均水平，内蒙古城市、镇和乡村家庭住房所在建筑有电梯的占比分别低于全国平均水平 6.72 个、3.44 个和 0.44 个百分点。见表 11-36。

表 11-36 全国及内蒙古分城乡分住房所在建筑有无电梯的家庭户分布

单位：%

类　　别	住房所在建筑有电梯	住房所在建筑无电梯
2020 年全国	19.68	80.32
城市	36.67	63.33
镇	17.36	82.64
乡村	1.81	98.19
2020 年内蒙古	15.88	84.12
城市	29.95	70.05
镇	13.92	86.08
乡村	1.37	98.63

资料来源：《内蒙古自治区人口普查年鉴—2020》《中国人口普查年鉴—2020》。

（2）城乡居民主要炊事燃料差异显著

2020 年，燃气已成为内蒙古城市居民最主要的炊事燃料，占比高达 72.91%，高于全区平均水平 29.55 个百分点，乡村占比仅为 7.97%，低于全区平均水平 35.39 个百分点，分别低于城市和镇 64.94 个和 37.34 个百分点。镇以电为主要炊事燃料的家庭户占比相对较高，为 34.96%，高于全区平均水平 12.46 个百分点，分别高于城市和乡村 13.0 个和 21.98 个百分点。乡村以煤炭和柴草为主要炊事燃料的家庭户占比最高，合计占比达 77.81%，分别高于城市和镇 73.74 个和 59.35 个百分点。

与 2010 年相比，内蒙古乡村使用燃气和电作为主要炊事燃料的家庭占比提高 17.48 个百分点，以柴草和煤炭作为主要炊事燃料的家庭占比下降 16.06 个百分点，但占比仍高达 77.81%，高于全国平均水平 47.11 个百分点，煤炭、柴草等固体燃料仍然是内蒙古乡村家庭最主要的炊事燃料。见表 11-37。

表 11-37　全国及内蒙古分城乡分主要炊事燃料的家庭户分布

单位：%

类　　　别	燃气	电	煤炭	柴草	其他
2020 年全国	67.22	18.00	3.47	9.83	1.49
城市	85.70	11.61	0.69	0.40	1.60
镇	69.60	21.88	3.07	4.13	1.32
乡村	44.89	22.96	6.85	23.85	1.46
2020 年内蒙古	43.36	22.50	15.22	17.74	1.18
城市	72.91	21.96	3.88	0.19	1.05
镇	45.31	34.96	12.71	5.75	1.26
乡村	7.97	12.98	30.24	47.57	1.25
2010 年内蒙古	23.54	11.40	29.05	34.46	1.55
城市	51.58	19.70	26.92	1.20	0.60
镇	24.83	17.55	41.49	15.32	0.81
乡村	1.63	1.84	24.03	69.84	2.66

资料来源：《内蒙古自治区人口普查年鉴—2020》《内蒙古自治区 2010 年人口普查资料》《中国人口普查年鉴—2020》。

（3）仍有近四成乡村家庭户内无管道自来水

2020年，内蒙古16.54%的家庭户户内没有管道自来水，其中，城市和镇的占比低于10%，分别为3.55%和8.62%，但乡村占比高达37.84%，虽然该占比较2010年下降23.49个百分点，但仍高于全区平均水平21.30个百分点，分别高于城市和镇34.29个和29.22个百分点，高于全国平均水平20.28个百分点。见表11-38。

表 11-38　全国及内蒙古分城乡分住房内有无管道自来水的家庭户分布

单位：%

类　　　别	住房内有管道自来水	住房内无管道自来水
2020 年全国	91.33	8.67
城市	97.80	2.20
镇	94.02	5.98
乡村	82.44	17.56
2020 年内蒙古	83.46	16.54
城市	96.45	3.55
镇	91.38	8.62
乡村	62.16	37.84
2010 年内蒙古	63.28	36.72
城市	87.43	12.57
镇	75.18	24.82
乡村	38.67	61.33

资料来源：《内蒙古自治区人口普查年鉴—2020》《内蒙古自治区 2010 年人口普查资料》《中国人口普查年鉴—2020》。

（4）无厨房的家庭户主要集中于乡村

2020 年，内蒙古城乡拥有厨房的家庭户占比均较高，但仍有 6.07% 的家庭户住房内没有厨房，其中，城市、镇和乡村住房内没有厨房的家庭占比分别为 3.65%、4.63% 和 10.01%，乡村占比最高，分别高于城市和镇 6.36 个和 5.38 个百分点。与 2010 年相比，住房内没有厨房的城乡家庭均有所减少，城市、镇和乡村占比分别减少 11.55 个、10.48 个和 15.77 个百分点，但与全国平均水平相比，全区住房内没有厨房的占比仍然较高，乡村家庭尤为明显，占比高于全国平均水平 5.51 个百分点。见表 11-39。

表 11-39　全国及内蒙古分城乡分住房内有无厨房的家庭户分布

单位：%

类　　　别	独立使用	与其他户合用	无
2020 年全国	95.13	1.35	3.52
城市	95.54	1.40	3.06
镇	96.22	1.06	2.72
乡村	94.03	1.47	4.50

续表

单位：%

类　　别	独立使用	与其他户合用	无
2020 年内蒙古	92.81	1.11	6.07
城市	95.88	0.47	3.65
镇	94.62	0.75	4.63
乡村	87.84	2.15	10.01
2010 年内蒙古	78.84	1.36	19.80
城市	83.80	0.99	15.20
镇	83.25	1.63	15.11
乡村	72.74	1.48	25.78

资料来源：《内蒙古自治区人口普查年鉴—2020》《内蒙古自治区 2010 年人口普查资料》《中国人口普查年鉴—2020》。

（5）超七成乡村家庭户住房内为普通旱厕或没有厕所

2020 年，内蒙古城市住房内拥有水冲式卫生厕所的家庭户占比超九成，高达 92.79%，镇占比也达到 75.39%，而乡村占比仅为 16.20%，分别低于城市和镇 76.59 个和 59.19 个百分点。同时，内蒙古仍有超三成家庭户住房内厕所为普通旱厕或没有厕所。其中，城市占比最低，为 6.59%，乡村占比最高，占比高达 72.10%，分别高于城市和镇 65.51 个和 50.29 个百分点。与 2010 年相比，内蒙古城乡住房内没有厕所的家庭户占比大幅下降，城市、镇和乡村占比分别下降 27.59 个、44.61 个和 41.95 个百分点。但与全国平均水平相比，内蒙古住房内没有厕所的家庭，特别是乡村住房内没有厕所的家庭仍然较多，城市和镇占比分别高于全国平均水平 3.21 个和 8.48 个百分点，乡村占比则高于全国平均水平 24.27 个百分点。见表 11-40。

表 11-40　全国及内蒙古分城乡分住房内有无厕所的家庭户分布

单位：%

类　　别	水冲式卫生厕所	水冲式非卫生厕所	卫生旱厕	普通旱厕	无
2020 年全国	78.47	2.85	6.84	8.38	3.45
城市	95.20	1.03	0.95	1.04	1.78
镇	83.28	2.62	5.56	5.94	2.59
乡村	56.71	5.04	14.28	18.13	5.84

续表

单位：%

类　别	水冲式卫生厕所	水冲式非卫生厕所	卫生旱厕	普通旱厕	无
2020 年内蒙古	62.10	0.40	4.57	17.77	15.16
城市	92.79	0.21	0.42	1.60	4.99
镇	75.39	0.35	2.45	10.74	11.07
乡村	16.20	0.67	11.04	41.99	30.11
2010 年内蒙古	—	—	—	—	55.20
城市	—	—	—	—	32.58
镇	—	—	—	—	55.68
乡村	—	—	—	—	72.06

资料来源：《内蒙古自治区人口普查年鉴—2020》《内蒙古自治区 2010 年人口普查资料》《中国人口普查年鉴—2020》。

（6）超七成乡村家庭户住房内没有洗澡设施

2020 年，内蒙古家庭户住房内洗澡设施主要为家庭自装热水器，占比 61.63%，其中，城市住房内拥有家庭自装热水器的家庭户占比超八成，达到 85.00%，镇占比也达 72.40%，而乡村占比仅为 26.14%，分别低于城市和镇 58.86 个和 46.26 个百分点。没有洗澡设施的家庭户以乡村最多，占比高达 70.68%，分别高于城市和镇 58.47 个和 46.64 个百分点。与 2010 年相比，内蒙古更多的家庭住房内拥有了洗澡设施，城市、镇和乡村拥有家庭自装热水器的占比分别提高了 44.39 个、49.06 个和 22.47 个百分点。但与全国平均水平相比，内蒙古住房内拥有洗澡设施的家庭占比仍然较低。2020 年，全区住房内没有洗澡设施的家庭占比高于全国平均水平 23.64 个百分点，其中，乡村家庭与全国平均水平差距最大，住房内没有洗澡设施的乡村家庭占比高于全国平均水平 49.41 个百分点。见表 11-41。

表 11-41　全国及内蒙古分城乡分住房内有无洗澡设施的家庭户分布

单位：%

类　别	统一供热水	家庭自装热水器	其他	无
2020 年全国	1.92	81.88	4.61	11.59
城市	3.17	90.28	1.75	4.80
镇	1.85	86.21	3.75	8.18
乡村	0.55	69.84	8.34	21.27

续表   单位：%

类　　别	统一供热水	家庭自装热水器	其他	无
2020 年内蒙古	1.53	61.63	1.60	35.23
城市	2.01	85.00	0.78	12.21
镇	2.37	72.40	1.19	24.04
乡村	0.31	26.14	2.87	70.68
2010 年内蒙古	1.62	20.45	1.79	76.13
城市	2.6	40.61	2.55	54.24
镇	2.78	23.34	1.85	72.03
乡村	0.26	3.67	1.18	94.89

资料来源：《内蒙古自治区人口普查年鉴—2020》《内蒙古自治区2010年人口普查资料》《中国人口普查年鉴—2020》。

（三）不同人群居住水平差异

1.不同受教育程度户主的居住水平存在差异

（1）户主受教育程度越高住房间数越多

2020 年，内蒙古普通住宅家庭户户均拥有住房 2.23 间。从户主受教育程度看，户主受教育程度不同的家庭户中，户均住房间数以博士研究生为最多，未上过学为最少。户主教育程度为初中及以下的，户均住房间数低于全区平均水平；户主受教育程度为高中的，户均住房间数略高于全区平均水平；户主为大学专科、大学本科和研究生的家庭户，户均住房间数逐步增加；户主为博士研究生的家庭户平均拥有住房 2.64间，比户主未上过学的家庭户均住房间数多 0.79 间。整体看，内蒙古户主受教育程度越高，户均住房间数越多。见表 11-42。

表 11-42　全国及内蒙古按户主受教育程度分的家庭户户均住房间数

单位：间/户

类　　别	未上过学	学前教育	小学	初中	高中	大学专科	大学本科	硕士研究生	博士研究生
2020 年全国	3.09	3.15	3.44	3.30	2.84	2.61	2.61	2.55	2.65
2020 年内蒙古	1.85	1.99	2.15	2.21	2.24	2.33	2.48	2.61	2.64

资料来源：《内蒙古自治区人口普查年鉴—2020》《中国人口普查年鉴—2020》。

（2）不同受教育程度户主的家庭户人均住宅建筑面积相差较大

2020 年，内蒙古普通住宅家庭户人均拥有住宅建筑面积 34.96 平方米。从户主受教育程度看，户主为小学及以上受教育程度的家庭人均住房建筑面积随着户主受教育程度的提高而明显增加。户主为硕士研究生的家庭人均住房建筑面积最大，户主受教育程度为小学和初中的家庭，人均住房建筑面积相差不大。比较特殊的现象是：户主受教育程度为未上过学的家庭人均住房建筑面积大于户主受教育程度为小学和初中的家庭，户主受教育程度为学前教育的家庭人均住房建筑面积大于户主受教育程度为小学、初中、高中和大学专科的家庭。这可能是因为前者多数分布在乡村，而乡村住房面积通常较为宽敞的缘故。与全国平均水平相比，内蒙古户主受教育程度在大学专科及以上的家庭，人均住房建筑面积均大于全国平均水平。见表11-43。

表 11-43　全国及内蒙古按户主受教育程度分的家庭户人均住房建筑面积

单位：平方米/人

类　　别	未上过学	学前教育	小学	初中	高中	大学专科	大学本科	硕士研究生	博士研究生
2020 年全国	43.41	46.31	41.87	39.26	38.67	38.90	39.92	39.70	40.08
2020 年内蒙古	35.34	41.29	31.48	31.52	36.02	40.09	43.70	47.24	45.93

资料来源：《内蒙古自治区人口普查年鉴—2020》《中国人口普查年鉴—2020》。

（3）不同受教育程度户主的家庭户住宅来源差异大

2020 年，户主受教育程度为初中及以上的家庭户住宅来源主要为购买，其中，户主受教育程度为大学本科及以上的家庭户购买住房占比超过 80%。户主受教育程度为未上过学、学前教育和小学的家庭户住宅来源主要为自建。同时，户主受教育程度为初中及以上的家庭户相对户主为其他受教育程度的家庭户流动性较高，租赁住房的占比更高。见表11-44。

表 11-44　2020 年内蒙古按户主受教育程度和住房来源分的家庭户构成

单位：%

受教育程度	租赁廉租房/公租房	租赁其他住房	购买新建商品房	购买二手房	购买原公有住房	购买经济适用房/两限房	自建住房	其他（含继承或赠予）
未上过学	2.23	8.36	8.62	6.05	2.55	2.87	56.05	13.26
学前教育	1.15	6.92	10.38	10.38	4.62	5.38	49.62	11.54
小学	1.70	9.42	11.08	7.96	2.87	2.38	56.82	7.76

续表

单位：%

受教育程度	租赁廉租房/公租房	租赁其他住房	购买新建商品房	购买二手房	购买原公有住房	购买经济适用房/两限房	自建住房	其他（含继承或赠予）
初中	1.97	11.16	22.79	12.78	4.10	3.75	37.60	5.84
高中	2.26	10.50	38.90	15.78	6.93	4.13	16.00	5.49
大学专科	1.56	10.45	53.78	15.88	5.69	3.82	4.81	4.01
大学本科	1.49	10.01	59.89	15.69	5.03	3.05	1.65	3.20
硕士研究生	1.06	10.64	59.20	17.06	5.44	2.62	0.71	3.28
博士研究生	0.70	11.86	48.84	21.40	9.77	2.09	0.93	4.42

资料来源：《内蒙古自治区人口普查年鉴—2020》。

2.不同职业户主居住水平差距较大

2020 年，户主从事的职业对家庭居住水平影响明显。从人均住房建筑面积看，户主为党的机关、国家机关、群众团体和社会组织、企事业单位负责人的家庭人均住房建筑面积最大，达到 40.94 平方米，其次是户主为办事人员和有关人员的家庭，人均住房建筑面积为 40.39 平方米；而户主为农、林、牧、渔业生产及辅助人员和生产制造及有关人员的家庭户人均住房建筑面积较小，分别为 29.58 平方米和 29.84 平方米。从平均每户住房间数看，户主为农、林、牧、渔业生产及辅助人员的家庭住房间数仅少于户主为党的机关、国家机关、群众团体和社会组织、企事业单位负责人的家庭。户主为生产制造及有关人员和社会生产服务和生活服务人员的家庭住房间数较少。见表 11-45。

表 11-45　2020 年内蒙古按户主职业分的家庭户居住水平

职 业	平均每户住房间数（间/户）	人均住房建筑面积（平方米/人）
党的机关、国家机关、群众团体和社会组织、企事业单位负责人	2.54	40.94
专业技术人员	2.35	38.67
办事人员和有关人员	2.42	40.39
社会生产服务和生活服务人员	2.15	32.33
农、林、牧、渔业生产及辅助人员	2.43	29.58
生产制造及有关人员	2.13	29.84
不便分类的其他从业人员	2.18	32.21

资料来源：《内蒙古自治区人口普查年鉴—2020》。

三、城乡居民的住房需求

伴随内蒙古居民收入水平不断提高，家庭户规模逐步缩小，人们对住房的需求持续攀升，刚性和改善性住房需求并存。接下来应继续坚持"房子是用来住的、不是用来炒的"定位，加快完善多主体供给、多渠道保障，租购并举的住房制度，进一步完善做到低端有保障、中端有支持、高端有市场，不断满足人民群众的美好居住生活需要，更好地满足人们的居住需求。

（一）新时代住房需求状况

1.家庭规模小型化提升住房需求

家庭作为住房需求的基本单位，其规模大小、数量多少对住房数量的需求作用突出。2020年，内蒙古平均家庭户规模仅2.35人/户，比第六次全国人口普查减少0.46人，同时，家庭户户数比第六次全国人口普查增加了127.85万户。这意味着10年间至少要增加127万余套住房才能满足新增家庭户对住房的需求。因此，虽然内蒙古常住人口有所减少，但家庭户户均人口规模的缩小及家庭户户数的增加将提升对住房的需求。

2.刚性及改善性住宅需求均较大

2020年，内蒙古普通住宅家庭户住房自有率超八成，达81.85%。但是，购买新建商品房占比较低，仅为28.95%，购买原公有住房、经济适用房、两限房和自建住房等非商品住宅以及购买二手房的占比分别为40.30%和12.59%，潜在性的改善性住房需求仍然较大。同时，全区部分家庭仍需通过租赁保证居住需求，部分家庭对居住房屋建筑没有产权，此类家庭对购买商品住宅均存在刚性需求。总体看，内蒙古住房刚性需求尤其是刚性改善需求仍然较大。

（二）城镇化发展对住房保障提出更高要求

2020年，随着新型城镇化进程稳步推进，内蒙古城镇化建设取得了历史性成就，城镇化率达到67.48%，与2010年相比，城镇人口增加2507301人，占比提高11.95个百分点。同时，经济社会持续发展为人口的迁移流动创造了条件，流动人口规模进一步扩大，与2010年相比，全区人户分离人口增长 59.85%，市辖区内人户分离人口增长 129.76%，流动人口增长 47.97%。随着流动人口及城镇人口大量增加，进城务工农牧民工、新就业大学生和拆迁转移居民等新市民和青年人的住房保障需求规模进一步扩大，需要进一步加大保障性住房供给力度。

（三）乡村居住环境及住房质量提升需求较大

2020 年，内蒙古乡村家庭户住房中有 92.26% 为平房建筑，承重结构为钢及钢筋混凝土结构的家庭占比仅为 11.31%，以煤炭和柴草为主要炊事燃料的家庭户占比高达 77.81%，同时，分别仅有 16.20% 和 29.32% 的乡村家庭户内拥有水冲式卫生厕所和洗澡设施。城乡家庭居住水平仍存在较大差异，乡村家庭居住环境改善及住房质量提升需求较大，需要坚持把改善乡村居住环境作为统筹推进城乡融合发展、助力乡村振兴战略的重要抓手，积极推动乡村基础设施覆盖面，逐步提高乡村家庭住房质量。

第十二章　人口与自然资源环境

内蒙古自治区，简称"内蒙古"，首府呼和浩特，总面积 118.3 万平方千米。地处华北，东、南、西依次与黑龙江、吉林、辽宁、河北、山西、陕西、宁夏和甘肃 8 省区相邻，跨越东北、华北、西北，邻近京津。地势由东北向西南斜伸，呈狭长形，以内蒙古高原地貌为主体，横跨黄河、额尔古纳河、嫩江、西辽河四大水系。气候以温带大陆性季风气候为主，降水量少而不匀，寒暑温差明显。

截至 2021 年，内蒙古自治区共有 9 个地级市、3 个盟（合计 12 个地级行政区划单位），23 个市辖区、11 个县级市、17 个县、49 个旗、3 个自治旗（合计 103 个县级行政区划单位）。

一、内蒙古人口发展概况

（一）人口规模现状

第七次全国人口普查数据显示，内蒙古 2020 年 11 月 1 日零时，常住人口为 24049155 人，占全国常住人口的 1.70%，常住人口数量在各省、自治区、直辖市中居第 26 位。与 2010 年第六次全国人口普查的 24706321 人相比，减少 657166 人，减少 2.66%。自 2011 年以来，内蒙古总人口数量呈逐年下降趋势，人口自然增长率始终保持在 4‰以下。在此期间，其中 2011 年到 2019 年，全国的人口自然增长率一直高于内蒙古地区的人口增长水平，但是由于全国人口自然增长率降幅明显，在 2020 年，全国人口自然增长率降到了 1.45‰，内蒙古地区的人口自然增长率为 2.5‰，高于全国水平。

1.分户别看，内蒙古共有家庭户 9483957 户，家庭户人口 22296184 人，平均每个家庭户的人口为 2.35 人，比 2010 年的 2.82

人减少 0.47 人。

2.分地区看，内蒙古各地区中人口超过 300 万人的地区有 2 个，在 100 万人至 300 万人之间的地区有 8 个，少于 100 万人的地区有 2 个。东部地区常住人口占全区常住人口的 48.55%，中部地区占 41.65%，西部地区占 9.80%。与 2010 年相比，东部地区常住人口比重下降了 2.74 个百分点，中部地区常住人口比重提高了 2.79 个百分点，西部地区常住人口比重下降了 0.06 个百分点。人口进一步向经济发达区域、城市群及首府城市集聚。

3.分性别看，内蒙古常住人口中男性人口为 12275274 人，占 51.04%；女性人口为 11773881 人，占 48.96%。以女性人口为 100.00，常住人口性别比 104.26，比 2010 年的 108.05 下降 3.79，人口的性别结构逐步改善。

4.分年龄段看，内蒙古常住人口中 0—14 岁人口为 3377673 人，占 14.04%，比 2010 年下降 0.03 个百分点；15—59 岁人口为 15914249 人，占 66.17%，比 2010 年下降 8.28 个百分点；60 岁及以上人口为 4757233 人，占 19.78%，比 2010 年上升 8.30 个百分点，其中 65 岁及以上人口为 3138918 人，占 13.05%，比 2010 年上升 5.49 个百分点。

5.分受教育程度看，具有大学（指大专及以上）文化程度的人口为 4494308 人。与 2010 年相比，每 10 万人中拥有大学文化程度的由 10208 人上升为 18688 人，15 岁及以上人口的平均受教育年限由 9.22 年提高至 10.08 年，文盲率由 4.07% 下降为 3.30%。各种受教育程度人口和文盲率的变化，反映了内蒙古 10 年间普及九年制义务教育、大力发展高等教育等措施取得了不错的成效，居民素质进一步提高。

6.分民族看，内蒙古常住人口中汉族人口为 18935537 人，占 78.74%，比 2010 年的 79.54% 下降 0.8 个百分点；蒙古族人口为 4247815 人，占 17.66%，比 2010 年的 17.11% 提高 0.55 个百分点；其他少数民族人口为 865803 人，占 3.60%，比 2010 年的 3.36% 提高 0.24 个百分点。内蒙古少数民族人口稳步增长，充分体现了在中国共产党的领导下，各族人民团结一心、奋力拼搏，开创了共同繁荣发展的面貌。

7.分城乡看，内蒙古居住在城镇的常住人口为 16227475 人，占全区常住人口的 67.48%；居住在乡村的常住人口为 7821680 人，占 32.52%。同 2010 年相比，城镇人口增加 2507301 人，乡村人口减少 3164437 人，城镇常住人口比重上升 11.95 个百分点。这也充分表明 2010 年以来内蒙古新型城镇化进程稳步推进，常住人口城镇化率达到 67.48%，城镇化建设取得了历史性成就。

8.从流动情况看，内蒙古常住人口中人户分离人口为 11462961 人，其中，市辖区内人户分离人口为 2394517 人，流动人口为 9068444 人。流动人口中，跨自治区流入人口为 1686420 人，自治区内流动人口为 7382024 人。与 2010 年相比，人户分离人口增长 59.85%，市辖区内人户分离人口增长 129.76%，流动人口增长 47.97%。内蒙古经济社会持续发展，为人口的迁移流动创造了条件，人口流动趋势更加明显，流动人口规模进一步扩大。

（二）人口发展趋势

1.10 年间人口外流趋势明显

内蒙古常住人口与 2010 年第六次全国人口普查的 2470.63 万人相比，减少 65.72 万人，减少 2.66 %，年平均增长率为-0.27%，人口外流为常住人口减少的最主要原因。

2.人口性别比趋于优化

如果没有外界影响，全球性别比无干扰水平为 103—107。第七次全国人口普查数据显示，内蒙古出生人口性别比为 105.60，与 2010 年 108.87 相比，下降了 3.27 个百分点，处于无干扰生育性别比合理区间。

3.人口老龄化加速发展

2020 年内蒙古有 65 岁及以上人口 313.89 万人，其中 65—69 岁人口占 65 岁及以上人口的比重为 42.19%。与 2010 年相比，65—69 岁占 65 岁及以上人口的比重上升了 6.65 个百分点，由于 50 年代后期、60 年代初期出生的人口逐渐步入老年，加速了内蒙古老龄化进程。

4.受教育程度不断提高

与 2010 年第六次全国人口普查相比，内蒙古常住人口中，15 岁及以上人口的平均受教育年限由 9.22 年提高至 10.08 年，文盲人口减少 21.20 万人，文盲率由 4.07%下降为 3.30%，下降 0.77 个百分点。

5.育龄妇女人数减少

2020 年内蒙古育龄妇女为 558.2 万人，10 年间减少了 123.6 万人，降幅达到 17.4%，除 30—34 岁年龄组和 45—49 岁年龄组小幅增加外，其余年龄组女性均明显减少。其中，15—19 岁年龄组减少 32.4 万人，降幅 40.2%；20—24 岁年龄组减少 49.8 万人，降幅达到 49.4%；25—29 岁年龄组减少 28.9 万人，降幅 29.4%；35—39 岁年龄组减少 28.5 万人，降幅 23.6%；40—44 岁年龄组减少 32.8 万人，降幅 27.7%。育龄妇女的年龄结构呈现中年化，特别是 20—29 岁生育旺盛期的育龄妇女人数下降较多。

6.城镇化建设卓有成效

城镇化水平持续提高也是内蒙古在"七普"中呈现出的一大特点。数据显示，内蒙古常住人口中，居住在城镇的人口 1622.75 万人，居住在乡村的人口 782.17 万人，常住人口城镇化率达 67.48%，高于全国平均水平 3.6 个百分点。与第六次全国人口普查相比，内蒙古城镇人口增加了 250.73 万人，城镇人口比重上升了 11.95 个百分点。

与此同时，10 年间，内蒙古区域城镇化水平差异有所扩大。城镇化率最高的中部地区（呼和浩特市、包头市、鄂尔多斯市和乌兰察布市 4 盟市）与最低的东部地区（呼伦贝尔市、兴安盟、通辽市、赤峰市和锡林郭勒盟 5 盟市）差距扩大了 3.0 个百分点。人口流向主要是向中部地区集聚，尤其向首府城市、经济较发达和有产业支撑的地区，人口聚集效应较为明显。

二、内蒙古自然资源环境概况

（一）内蒙古整体资源概况

内蒙古自治区位于中国北部边疆，由东北向西南斜伸，东西直线距离 2400 公里，南北跨度 1700 公里，横跨东北、华北、西北三大区。土地总面积 118.3 万平方公里，占全国的八分之一。东南西与 8 省区毗邻，北与蒙古国、俄罗斯接壤，国境线长 4200 公里。以蒙古族和汉族为主，还有朝鲜、回、满、达斡尔、鄂温克、鄂伦春等民族。全区分设 9 个地级市和3个盟，分别为呼和浩特市、包头市、呼伦贝尔市、通辽市、赤峰市、乌兰察布市、巴彦淖尔市、鄂尔多斯市、乌海市以及兴安盟、锡林郭勒盟和阿拉善盟。

1.土地资源

内蒙古自治区地域辽阔，土地资源丰富。全区土地面积达118.3万平方公里，约占全国土地面积的12.3%，在全国各省区市中仅次于新疆、西藏自治区而位居第三。

内蒙古草原东起大兴安岭，西至居延海，绵延4 000多公里，是欧亚大陆草原的重要组成部分。草原总面积达8666.7万公顷，占全国草原总面积21.7%，其中可利用面积6818万公顷，约占内蒙古总土地面积的60%。内蒙古现有呼伦贝尔、锡林郭勒、科尔沁、乌兰察布、鄂尔多斯和乌拉特6个著名大草原。全区水平分布的地带性天然草原植被，从东到西可分为草甸草原（森林草原）、典型草原、荒漠草原、草原化荒漠和荒漠五大类。

草甸草原是内蒙古最优良的天然植被。总面积862.87万公顷，占全区草地总面积的9.96%。

内蒙古草地地貌的主体是典型草原。总面积为2767.35万公顷，占全区草地总面积的31.93%，广泛分布于呼伦贝尔平原的中西部、锡林郭勒高平原、阴山北麓丘陵一线、鄂尔多斯高平原东部和西辽河平原南部。

草原向荒漠的过渡地带为荒漠草原，总面积841.99万公顷，占全区草地总面积的9.72%。它在典型草原和草原化荒漠之间由东北向西南方向呈狭长带状分布，以锡林郭勒高平原西北部、乌兰察布高平原和鄂尔多斯高平原西部为主体。

草原化荒漠处于荒漠草原西侧。总面积538.65万公顷，占全区草地总面积的6.22%。这类草原植被带比较集中地分布在鄂尔多斯高平原西北角和阿拉善高平原东隅，沿荒漠草原从东北向西南呈带状延伸。这类草地适宜发展骆驼和羊，是阿拉善双峰驼和内蒙古白绒山羊（阿拉善型）的主要产区。

荒漠是在极干旱的气候条件下，由超旱生半灌木和灌木为主所组成的地带性草地。总面积1692.31万公顷，占全区草地面积的19.53%。位于内蒙古的最西部,东接草原化荒漠,大致以雅布赖山的分水岭为界,集中分布在阿拉善高平原中西部,乌拉特中旗北部,乌拉特后旗西北部,杭锦旗西北部也有分布。

内蒙古自治区是国家森林资源大省区之一,是祖国北方重要的生态安全屏障。内蒙古森林总面积达 4.08 亿亩,占全国森林总面积的 1/8,居全国第 1 位。森林覆盖率达 20%。森林蓄积量 15.27 亿立方米。截至 2019 年,自治区生态产品总值达 44760 多亿元。全区树木种类繁多,乔灌树种达 350 多种,既有寿命长、材质坚硬的优良用材林树种,又有耐旱耐风沙的防护林树种,还有经济树种和列入国家保护的珍贵树种。人工林遍布全区。内蒙古自治区造林面积有 649981 公顷,占全国比重的 9.4%,其中 46.4% 的是人工造林,位居全国第 1 位。西部大开发以来,确立了"把生态建设作为最重要的基础建设来抓,努力把内蒙古建设成为祖国北方最重要的生态防线"的发展战略,坚持走生态建设为主业的林业可持续发展道路,全力实施国家六大林业重点工程,森林面积、蓄积实现了持续"双增长",人工造林保存面积、蓄积大幅度增加。林业重点工程建设保护成效显著,重点工程建设区域森林覆盖率大幅提高。

内蒙古沙漠面积 12 万平方公里,占自治区总土地面积的 10.1%,其中流沙、半固定沙丘、固定沙丘分别占 69%、12% 和 19%。沙漠集中分布于自治区西部荒漠地带,主要有巴丹吉林沙漠、腾格里沙漠、乌兰布和沙漠和库布其沙漠等。内蒙古沙漠地带有丰富的矿产资源、珍稀特色的动植物资源、特殊使用价值的药用营养资源、特定的环境和光热风能资源等。

2.水资源

内蒙古自治区境内共有大小河流千余条,中国的第二大河——黄河,由宁夏石嘴山附近进入内蒙古。其中流域面积在 1000 平方公里以上的河流有 107 条。内蒙古境内有近千个大小湖泊,面积在 200 平方公里以上的湖泊有达赉湖、达里诺尔和乌梁素海。

(1)降水量。2020 年内蒙古自治区平均降水量 311.2 毫米,折合降水总量 3599.39 亿立方米,较上年增加 11.3%,较多年平均值增加 10.3%,

属平水年份。

从水资源分区看，辽河流域、海河流域和黄河流域降水量与多年平均值接近，松花江和西北诸河区降水量较多年平均值增加，增幅分别为16.8%和11.8%。

由于处于北方地区且东西跨度较大，全区降水量时空分布极不均匀，年内降水量主要集中在汛期6—9月份。年降水量空间分布趋势是由东向西逐渐递减，最高值出现在松花江流域的兴安盟保隆站，为853.1毫米，最低值出现在西北诸河流域的阿拉善盟哨马营站，为13.1毫米。

（2）地表水资源量。2020年全区地表水资源量354.19亿立方米，折合年径流深30.6毫米，较上年增加15.8%，较多年平均值减少12.9%。

从行政分区看，乌海市和阿拉善盟地表水资源量与多年平均值接近，其余盟市地表水资源量较多年平均值减少5.5%—75.7%，其中乌兰察布市减幅最大。

从水资源分区看，松花江、辽河、海河、黄河和西北诸河区地表水资源量较多年平均值均减少，减幅分别为6.4%、38.3%、49.3%、49.1%和60.9%。

（3）地下水资源量。2020年全区地下水资源量243.94亿立方米，较上年偏多4.4%，较多年平均值偏多3.3%。其中，平原区地下水资源量155.90亿立方米，山丘区地下水资源量112.18亿立方米，平原区与山丘区间地下水资源重复计算量24.14亿立方米。

从水资源分区看，松花江流域地下水资源量较多年平均值偏多8.1%，黄河和海河流域地下水资源量较多年平均值偏少5.3%和29.6%，辽河和西北诸河区地下水资源量与多年平均值接近。

（4）水资源总量。2020年全区水资源总量503.93亿立方米，其中地下水与地表水资源量间重复计算量94.20亿立方米。全区水资源总量较上年偏多12.5%，较多年平均值偏少7.7%。全区平均产水系数0.14，平均产水模数4.36万立方米/平方公里。

从行政分区看，乌海市和阿拉善盟水资源总量较多年平均值偏多21.7%和12.6%；呼和浩特市、包头市、赤峰市、锡林郭勒盟、乌兰察布市、鄂尔多斯市和巴彦淖尔市水资源总量较多年平均值偏少 7.7%—33.1%，其中乌兰察布市减幅最大；其余盟市水资源总量与多年平均值接近。

从水资源分区看，松花江、辽河、海河、黄河和西北诸河区水资源总量较多年平均值均减少，减幅分别为 4.3%、11.3%、39.7%、22.7%和7.6%。

3.矿产资源

内蒙古自治区已查明资源储量的矿产共 124 种，列入《内蒙古自治区矿产资源储量表》的矿产为 119 种（不包括由自然资源部统计管理的石油、天然气、铀和目前未统计汇总的地热、矿泉水），上表矿产地 2150处，其中，大中型矿产地 891 处。有 45 种矿产的保有资源储量居全国前三位，103 种矿产的保有资源储量居全国前十位，其中，煤炭、铅、锌、银、稀土、铌、锗、普通萤石、晶质石墨等矿产是自治区的优势矿产。2020 年，开采矿产 121 种，完成采选业总产值 2462.6 亿元，占自治区生产总值的 14.19%。内蒙古自治区煤炭、稀土等重要矿产资源储量丰富，相关产业发展潜力巨大，已形成地质调查、勘查、采选、冶炼、加工和应用的完整产业链。

能源矿产品种齐全。石油、天然气集中分布于鄂尔多斯盆地、二连盆地（群）、开鲁盆地和海拉尔盆地（群）。煤炭保有资源量 5179.13 亿吨，居全国第一位，占全国煤炭保有资源总量的 29.02%，且大部分具有煤田构造简单、煤层稳定、厚度大、埋藏浅、易于露天开采等特点，具备建设特大型能源基地的资源条件，对全国能源结构和布局有重要影响。已探获的铀资源量位居全国首位，已形成北方重要的铀矿资源勘查开发基地。稀土资源丰富，保有稀土氧化物资源量居全国第一，包头市具有"稀土之都"的美誉，稀土资源量占全国总量的 83.7%。有色金属矿产资源储量丰富、分布集中，具有规模开发条件，主要分布在呼伦贝尔市西部、大兴安岭中南段和狼山地区，3 个地区有色金属量占全区总量的 95%以上，是我国重要的有色金属原材料供应基地。非金属矿产分布广泛，普通萤石、晶质石墨、高岭土、盐、石膏、芒硝、天然碱等矿产优势明显。

"十三五"矿产资源规划确定的内蒙古各项目标任务基本完成，落实了自治区区域发展方向。

基础地质调查有序推进，服务领域进一步拓展。全区累计投入资金约 11 亿元，共完成 1：25 万区域重力测量 6.26 万平方千米、1：25 万土地质量地球化学调查 1.38 万平方千米、1：5 万区域地质调查 8.06 万平方千米、1：5 万区域矿产地质调查 4.8 万平方千米，通过实施区域矿产地质调查项目，提高了自治区基础地质工作水平，提供了一大批综合异常和重要矿（化）点。完成了西乌珠穆沁旗、额济纳旗等以旗县为单元的 1：10 万水文地质调查 36.4 万平方千米，实施了通辽地区、河套灌区综合开发利用评价，为经济社会发展和生态文明建设的新需求提供了服务。

矿产资源勘查成效显著，资源安全保障更加有力。强化找矿突破行动，积极引导各类资金投入，累计投入矿产勘查资金 42.6 亿元，新增大中型矿产地 117 处，其中，大型 63 处、中型 54 处。重要矿产成果突出，新增煤炭 1136.14 亿吨，铜金属量 145.9 万吨、金金属量 323.8 吨、锡金属量 33.3 万吨、钼金属量 23.1 万吨，晶质石墨矿物量 4475.2 万吨，新发现那仁乌拉钨铋银多金属、维拉斯托锂多金属、查干文都日晶质石墨等大中型矿床。银、铅、锌等优势矿产取得重大突破，新发现了复兴屯、东花脑特银多金属、呼勒图锌多金属等一批大中型矿床。地方财政投入 1.7 亿元，安排地热勘查项目 48 个，实现了地热勘查重大突破，积累了丰富的勘查经验。

矿产资源开发更加合理，资源得到有效保护。积极引导高效利用萤石资源，乌兰察布市开展了萤石开发利用示范工程，在采选利用关键技术方面取得较大创新，提高了重要非金属资源的产品附加值。加强了对锗煤、焦煤、无烟煤的保护利用，严禁超规模生产，多管齐下实现有效保护。煤炭实现供需总量基本平衡，自然保护区内退出矿业权 592 个。

矿产资源开发结构得到优化，节约集约水平不断提升。坚持矿产资源整合与产业结构调整相结合，矿产资源规模化和节约集约利用水平显著提升。矿山数量由 2015 年的 4776 家减少到 2020 年底的 3393 家，大中型矿山数量由 579 家增加到 955 家，大中型矿山比例由 12.12% 提高到 28.15%，较 2015 年提高了 16.03 个百分点。矿山企业积极开展科技创新和技术革新，资源综合利用与节能减排水平逐年提高，"三率"（开采回采率、选矿回收率、综合利用率）指标达到国家"三率"指标最低要求。

内蒙古已有 381 家矿山纳入绿色矿山名录，其中，67 家矿山纳入全国绿色矿山名录。3 个绿色矿业发展示范区内的 141 家矿山已有 55 家纳入了绿色矿山名录，其中，赤峰北成功列入全国绿色矿业发展示范区名单。全区投入 4.3 亿元，启动实施了 21 个绿色勘查示范项目，并印发实施了自治区绿色勘查技术要求。

矿山地质环境治理力度加大，地质环境治理成效明显。实行矿山地质环境分期治理验收制度，生产矿山累计投入治理资金约 97.83 亿元，累计治理面积约 711.8 平方千米，通过实施分期验收制度，强化了生产矿山地质环境治理，加快了"还旧账"进程。各级财政投入 20.39 亿元，完成历史遗留矿山地质环境治理面积 215.5 平方千米，矿山生态环境和人居环境得到明显改善，实现了开发与治理并重，取得了良好的经济效益、社会效益、环境效益。矿山地质环境治理保证金制度向基金制度的转变，进一步推动自治区矿山地质环境治理进入了新局面。

4.风资源

内蒙古地区风能资源非常丰富，在全区 118.3 万平方公里的土地上，风能可利用面积占国土总面积的 80% 左右，具有分布范围广、稳定性高、连续性好、无破坏性风速等优点，年可利用时间 4400—7800 小时。风能总储量达到 8.98 万千瓦，风能技术可开发利用量为 1.5 亿千瓦，占全国可利用风能储量的 40%。

内蒙古风速的季节变化和日变化基本上与生产和生活用电规律相吻合，且地域辽阔，人口稀少，大部分地区为平坦的草场，十分适宜建设大型风电场。

截至 2020 年上半年，内蒙古已完成风电并网装机容量 3033 万千瓦，已超额 1033 万千瓦，占全国累计装机容量的 13.99%，是排名第二的新疆装机容量的 1.5 倍。

"十四五"期间，在边境沿线、戈壁荒漠规划布局风电基地 2000 万千瓦。到 2025 年，多措并举累计建成分散式风电项目 400 万千瓦。

（二）内蒙古环境概况

2020 年，内蒙古生态环境保护工作深入贯彻习近平生态文明思想和习近平总书记在内蒙古重要讲话、重要指示批示精神，认真落实中央和自治区决策部署，全力打好蓝天、碧水、净土保卫战，切实加强自然生态保护，从严推进中央环保督察整改，统筹做好疫情防控与经济社会发展相关工作，不断深化生态环境领域改革，持续加大生态环境监测监管执法力度和生态环境宣传教育工作，生态环境保护各项工作取得显著成效，生态环境质量持续改善。

1.全区水环境质量总体保持良好水平

2020 年，全区 139 个国家及自治区级地表水断面（点位）中，Ⅰ—Ⅲ类水质断面（点位）占 58.3%，劣Ⅴ类占 13.7%，与 2015 年相比，Ⅰ—Ⅲ类水质比例上升 13.8 个百分点，劣Ⅴ类水质比例下降 10.8 个百分点，全区水环境质量明显好转。52 个国家水污染防治目标考核断面（含 3 个湖库）中，Ⅰ—Ⅲ类水质断面比例占 69.2%，优于考核目标 9.6 个百分点；劣Ⅴ类断面比例占 1.9%，优于考核目标 1.9 个百分点。与上年相比，Ⅰ—Ⅲ类水质断面比例上升 5.7 个百分点，劣Ⅴ类水质断面比例下降 3.9 个百分点。全区集中式饮用水水源地取水水质达标率地市级为 87.8%、旗县级为 61.2%，农村万人千吨饮用水源地水质达标率为 59.5%。

2.全区城市环境空气质量优良天数比例增高

2020 年，全区 12 盟市政府所在地空气质量优良天数比例为 90.8%，比上年上升 1.2 个百分点。与上年相比，10 个盟市环境空气质量有所改善。国家考核全区的 10 个盟市 $PM_{2.5}$ 年均浓度较 2015 年下降 25%。全区空气质量优良天数比例与未达标盟市 $PM_{2.5}$ 年均浓度下降比例两项指标，均达到国家环保约束性考核要求。

3.全区土壤环境质量总体保持良好

2020 年，全区监测 35 个采样区 136 个国控土壤风险监控点，所有点位均达到土壤污染风险筛选值要求，达标率为 100%。

4.全区噪声环境质量状况良好

2020年，全区城市道路交通声环境平均等效声级为65.0分贝，声环境质量评价为好，较上年下降0.2分贝。全区城市区域声环境平均等效声级52.4分贝，区域声环境质量评价为较好，较上年下降0.2分贝。

5.全区辐射环境质量总体良好

2020年，全区辐射环境质量总体良好，环境电离辐射水平处于本底涨落范围内，环境电磁辐射水平低于国家规定的电磁环境控制限值。

6.全区生态质量保持稳定

2020年，全区生态地面监测共有7个监测区104个点位，植被现状优良点位数62个，占59.61%。与上年相比，26个点位植被质量变好，其他点位植被质量无明显变化。

三、人口与自然资源环境概况

（一）人口与环境的现状

近年来，内蒙古人口数量增长得到了有效的控制，在环境保护治理方面也取得了一些进展，特别是三废盲目大量的排放得到了初步的控制，环境质量有了一定的好转。随着城镇化建设、工业化的大力推进，废水的排放与处理成为环境保护中的一个突出问题。2011年以来，内蒙古自治区对废水的排放治理取得了一些成绩。

表1　2020年全国及华北地区废水排放主要污染物情况

地　　区	化学需氧量（万吨）	氨氮（万吨）	总氮（万吨）	总磷（万吨）	石油类（吨）	挥发酚（吨）
全　　国	2564.76	98.4	322.34	33.67	3734	59.8
全国平均水平	82.73	3.17	10.39	1.09	120.45	1.93
北京市	5.36	0.28	1.09	0.05	4.7	0
天津市	15.63	0.26	1.69	0.16	8.8	0.1
河北省	127.42	3.22	11.45	1.12	133.5	5
山西省	61.98	1.64	5.4	0.67	26.5	1
内蒙古自治区	70.88	1.39	5.81	0.43	45	0.2

2020 年，内蒙古全年废水排放主要污染物中化学需氧量 70.88 万吨，较全国平均水平低 11.85 万吨；石油类 45 吨，较全国平均水平低 75.45 吨。

（二）人口与资源现状

1.人口与草原状况

内蒙古自治区的草原面积约 8700 万公顷，占全国草原面积的四分之一，是中国五大天然牧场中最大的牧场，其中可利用草原面积约 6818 万公顷，占内蒙古自治区草原面积的 78.7%。从地理分布上看，大约介于北纬 38°00′～50°00′，东经 95°～120°，从东北呼伦贝尔盟（今呼伦贝尔市）的大兴安岭至西北部阿拉善盟尽端，连绵横亘 2000 多公里，都有草原分布。

由于各地的自然条件的不同，特别是降水量和地质条件的不同，在内蒙古自治区分布着各种不同类型的草原，其中草甸草原在自治区分布有 1133 万多公顷，占自治区草原面积的 14%左右，是内蒙古自治区境内最丰满的草原，主要分布在呼伦贝尔盟、兴安盟东部的大兴安岭山地及高平原的河流两岸，河谷潮盆地带，以及通辽市、赤峰市、锡林郭勒盟的部分地区。

干旱草原在内蒙古自治区境内分布很广，主要分布在自治区的中西部地区，是内蒙古的主体草原。从呼伦贝尔盟、兴安盟西部到通辽市、赤峰市、锡林郭勒盟和乌兰察布市、鄂尔多斯市东南部地区，年降水量为 250—350 毫米，这类草原在内蒙古自治区境内共有 3933 万公顷，占自治区整个草原面积的 48.1%，这类草原适合于羊、牛、马的生长繁育，特别适合牛、羊的生长繁育。

半荒漠草原，主要分布在内蒙古自治区乌兰察布市四子王旗以西、巴彦淖尔市乌拉特中后旗，鄂尔多斯市中西部地区，面积约 1000 万公顷，占自治区整个草原面积的 13.1%，这类草原沙漠与草原相伴，草场上多年生牧草居多，根系发达、固沙能力强，但生态环境十分脆弱，过度垦殖与放牧必然会造成草原大面积的沙化。

荒漠草原在内蒙古自治区境内主要分布在阿拉善盟境内，鄂尔多斯市、巴彦淖尔市西部地区，这类草原最大的特点是少雨、燥热，沙漠连片，年降水量在 150 毫米以下，大部分地区降水量不足 100 毫米，有些地区年降水量不足 50 毫米，草原上主要是多年生沙生植物和超旱生植物，生态环境更为脆弱，一旦破坏，很难恢复，这类草原在自治区境内大约 1933 万多公顷，占自治区整个草原面积的 24.8%，主要牲畜为骆驼、牛、羊等，特别适合骆驼的生长繁育。

2010—2020 年，内蒙古自治区的人口总量减少，人均占有的草场面积增加。从 2010 年人均占有草场 3.51 公顷增加到 2020 年的 3.60 公顷，增加了 0.09 公顷。

2.人口与森林

内蒙古自治区是中国多林省区之一，大兴安岭林区是国家和自治区的重要林业基地之一。到 2020 年，内蒙古森林总面积 2614.85 万公顷，森林覆盖率为 23.0%，全区林业用地总面积 4499.17 万公顷，占全区总面积的 38.0%，人均林业用地为 1.87 公顷。

中国从 20 世纪 70 年代开始计划生育政策，有计划控制人口数量的增长，特别是 20 世纪 90 年代以来，内蒙古自治区人口出生率、自然增长率持续下降，但是由于人口增长的自身规律，总人口仍持续增长。1990年，内蒙古总人口为 2162.54 万人。到 2000 年第五次全国人口普查时，自治区总人口达到 2375.54 万人，10 年增加人口 213.0 万人，平均每年增加人口 21.3 万人。到第六次全国人口普查时人口增长至 2470.63 万人，人口增长速度放缓，而到了 2020 年第七次全国人口普查为 2404.92万人，10 年间减少了 65.71 万人口。

内蒙古自治区 1991 年森林覆盖率为 14.1%，比全国森林覆盖率平均值高出 1.12 个百分点。1994 年，自治区森林覆盖率达 13.80%，比 1991年增长减少 0.3 个百分点。1995 年，自治区有森林面积 1406.6 万公顷，森林覆盖率为 13.8%，比 1991 年减少 0.3 个百分点。到 1999 年，全区森林面积达 1866.7 万公顷，森林覆盖率达 14.82%，比 1991 年森林覆盖率提高 0.72 个百分点。2000 年，全区森林覆盖率为 14.82%，比 1991 年增长 0.72 个百分点。2010 年，全区森林覆盖率为 21.0%，比 2000 年增长了 6.18 个百分点。2020 年，全区森林覆盖率为 23.0%，10 年间提高了 2.0 个百分点。

作为我国北方的重要生态屏障，内蒙古的生态治理受到国家的高度重视，"三北"防护林建设、京津风沙源治理、退耕还林、天然林保护等国家重点工程先后在内蒙古强力推进。近年来，内蒙古将山水林田湖草作为一个生命共同体，按照"三山两沙四区"林业生态建设框架，分区施策、重点突破，开展大规模国土绿化，每年完成林业生态建设任务超过 1000 万亩，约占全国生态建设总任务的九分之一。

同时，内蒙古把沙漠、沙地治理作为生态建设主战场，持续推进防沙治沙工作，据第五次荒漠化和沙化土地监测结果，全区荒漠化土地和沙化土地面积实现持续"双减少"，较第四次监测（2009 年）分别减少 625 万亩和 515 万亩。五大沙漠周边重点治理区域沙漠扩展现象得到遏制，沙漠面积相对稳定。五大沙地林草盖度均有提高，沙地向内收缩。科尔沁沙地、毛乌素沙地生态状况呈现持续向好逆转态势，呼伦贝尔沙地实现沙化面积缩减、沙化程度减轻的重大转变，浑善达克沙地南缘长 400 公里、宽 1—10 公里的锁边防护林体系和阴山北麓长 300 公里、宽 50 公里的绿色生态屏障基本形成，乌兰布和沙漠东缘建成长 191 公里的锁边防护林，乌兰布和沙漠西南缘建成间隔长 110 公里、宽 3—5 公里的生物治沙锁边带，腾格里沙漠东南缘建成间隔长 350 公里、宽 3—10 公里绿色防风固沙林带。

3.人口与水资源

内蒙古自治区绝大部分地区处于十年九旱地带，水资源比较缺乏，有不少地区水资源严重不足，成为社会发展中最大的制约因素。

2020 年，全区多年平均水资源可用量 253.44 亿立方米，其中地表水可用水量 140.14 亿立方米，地下水可用水量 113.93 亿立方米，全区年人均占有水量 2200 立方米，每公顷耕地占有水资源 0.76 万立方米。

内蒙古的水资源主要来自三个方面：

（1）外流水系资源：内蒙古自治区地区外流水资源主要有额尔古纳河水系、松花江上游嫩江水系、西辽河水系、黄河水系、海河水系、滦河水系、大凌河水系等大小河流数百条，总流域面积 61.4 万平方公里，年径流量为 382.08 亿立方米。

（2）内陆河流域：内蒙古地区内陆河流域的水资源主要依靠大气降

水、地下水和冰雪融化水等。季节性明显，分布于锡林郭勒盟、乌兰察布市、巴彦淖尔市等地，绝大多数的内流河是季节性河流，发源于大兴安岭西坡、阴山北坡贺兰山西北坡等地区，也有些河流长年流水，但水量不大。

内蒙古境内主要有乌拉盖尔河、额济纳河、锡林河、坝五河、塔布河、艾不盖河等几十条较大的内陆河流以及达里诺尔水系，查干诺尔、黄旗海和岱海水系等，总集水面积为57万平方公里，占内蒙古面积约48.2%，年径流量为14.35亿立方米，占全区径流量约3.6%，每平方公里产水量为1.24万立方米。

（3）地下水资源：内蒙古自治区地下水资源分布较广、埋藏较浅，大多数地下水易于开采利用，是内蒙古重要的给水资源，特别是城市用水、干旱与半干旱地区人畜用水、地下水是其基本的来源。地下水总资源每年约为300.24亿立方米，人均占有地下水资源为1263.88立方米。内蒙古自治区境内地下水资源分布大体是东部比较丰富、西部大部分地区较贫乏。

大兴安岭地区地下水资源丰富，面积约为34万平方公里，每年地下水给水量为88亿立方米。

西辽河平原区，本地区面积约为5万平方公里，地下水天然资源约66亿立方米/年，从1990年之后由于西辽河水源的来水减少，甚至干涸，地下水成为本地区的主要给水来源。

高平原地区，位于阴山北部及大兴安岭以西一直到阿拉善盟尽端的广大地区，由阶状的高原和丘陵组成，面积约为28.25万平方公里，地下水天然补给量每年大约83亿立方米，其中浑善达克沙漠有20亿立方米。锡林郭勒盟东南部的浑善达克沙漠，有3万平方公里，距离我国的心脏地区北京大约500多公里，20世纪90年代之后沙尘暴肆虐，浑善达克沙漠成了北京、天津、山东等地区沙尘暴的主要来源，但地下水的蕴藏量比较丰富，打井、植树造林、种草是大有希望的。

阴山地区，位于内蒙古自治区南部，西至狼山，东至多伦县，面积约12.5万平方公里，地下水补给量大约为45亿立方米，该地区地下水资源比较丰富的有海流盆地、乌兰忽洞盆地、岱海盆地等；固阳盆地、武川盆地以及乌兰花盆地等地下水资源比较匮乏。

河套平原区，总面积为 2.3 万平方公里，包括大青山、乌拉山、狼山以及沿黄河两岸地区，该地区地下水资源比较丰富，除大气降水、阴山裂隙水和沟谷中的潜水补偿外，黄河灌区的渗水也是重要的补水来源，天然补给量为 61 亿立方米/年。其中黄河灌区渗水补给量为 21 亿立方米/年。黄河从 1972 年第一次断流，30 多年来，一直没有间断过，近年来黄河的来水量越来越少，据有关部门和专家估计，今后黄河的来水量会越来越少，直接威胁着内蒙古境内一千多万亩农田的灌溉和几百万人民的生产、生活。过去认为黄河水是取之不尽的，因此对黄河流域的地下水资源利用不够，现在需转变观念，对河套地区的地下水资源，要有计划地开发利用，以缓减对黄河用水量的压力。

鄂尔多斯高原区，位于内蒙古自治区西南部，三面濒临黄河形成一个大弧弯，面积约 8.5 万平方公里，地下水补给量每年约 16 亿立方米，该地区总体上是东南部地下水量比较丰富，中部和西部比较贫乏。

西部沙漠区，位于狼山，西卓子山以西，巴彦淖尔市、乌海市西部，阿拉善盟境内，面积大约 28.2 万平方公里，这一地区有内蒙古自治区著名的腾格里、巴丹吉林、乌兰布和等沙漠，地下水资源主要贮存于基岩山地、山间盆地、河谷平原以及沙漠中。地下水资源总体上是比较贫乏的，有些是特别贫乏的地区，但也有些沙漠地区尚有湖泊分布，水资源较为丰富。

（三）人口与耕地粮食

1.人口与耕地

内蒙古自治区的耕地与全国相比较为宽松，由于各地的自然条件、气候、降雨、水利条件的不同，耕地质量悬殊。

1949 年，内蒙古自治区共有耕地面积 6496.5 万亩，人均占有耕地 10.7 亩。1952 年自治区耕地面积为 7261.0 万亩，人均耕地 10.80 亩，比 1949 年增长 0.1 亩。1953 年自治区耕地面积为 7978.0 万亩，人均耕地为 10.5 亩。1955 年自治区人均耕地 8134.5 万亩，人均耕地 9.60 亩，比 1949 年人均耕地减 1.1 亩。从 1955 年之后，由于人口的大量增加，导致人均占有耕地逐步减少。1976 年自治区耕地面积 7900.5 万亩，但由于自治区总人口已经达到 1769.2 万人，比 1949 年总人口增加 1161.1 万人，致使人均占有耕地降为 4.50 亩，比 1949 年人均占有耕地减少 6.2 亩。1990 年自治区境内有耕地 7748.6 万亩，较 1949 年增加耕地 1252.1 万亩，人均占有的耕地面积却减少 7.3 万亩。到 2000 年时，全区耕地面积较 1949 年增加 4789.5 万亩，增长 73.72%，人均耕地面积 4.75 亩，较 1949 年人均耕地面积减少 5.95 亩。截至 2010 年共有耕地 8235 万亩，人均占有耕地 3.6 亩是中国人均耕地的 3 倍，实际可利用的耕地面积超过 12000 万亩，人均耕地面积居中国首位。2020 年，内蒙古现有耕地 1.39 亿亩，人均占有的耕地 5.5 亩，全区有效灌溉面积 4698 万亩。

2. 人口与粮食

内蒙古自治区人口与粮食、油料、甜菜等主要农产品的人均占有状况是随着人口的增加，粮食、油料、甜菜产量的状况处在动态的变化中。

从 1947 年内蒙古自治区成立到 2020 年的 70 多年时间内，自治区的人口和粮食的关系，总是伴随着各个历史时期的总人口，粮食的总产量变化而变化，而自治区各个时期的总人口与粮食的总产量，又与各个时期人口政策、自然气候条件等有着非常密切的关系。

1947 年内蒙古自治区成立时，自治区的粮食总产量为 36.9 亿斤，人均占有的粮食为 656.93 斤。1949 年，内蒙古自治区粮食总产量为 42.5 亿斤，人均占有粮食为 698.8 斤。从 1947 年到 1957 年的 11 年中，内蒙古自治区粮食总产量最高的是 1956 年，达 93.1 亿斤，比 1947 年增长 152.30 个百分点，比 1949 年粮食总产量增长 119.50 个百分点；其次是 1954 年，这一年自治区粮食总产量达 79.9 亿斤，比 1949 年增长 88 个百分点；再次是 1953 年，粮食总产量达 71.9 亿斤，比 1949 年增长 69.17 个百分点。从人均占有的粮食看，1947—1957 年的 11 年中，人均占有量最高年份是 1956 年达 1038.36 斤，比 1949 年人均占有的粮食增长 48.59 个百分点；其次是 1954 年，人均占有粮食达 996.88 斤，比 1949 年增长 42.65 个百分点；再次是 1952 年，人均占有的粮食达 973.59 斤，比 1949 年增长 39.32 个百分点。1959 年，自治区粮食产量达 86.8 亿斤，人均占有粮食 816.9 斤，比 1949 年人均占有的粮食增加 118.1 斤。1969 年，全区粮食总产量达 70.3 亿斤，人均占有的粮食 481.5 斤，比 1949 年人均占有的粮食减少 217.3 斤，减幅较为明显。1979 年，内蒙古自治区粮食产量突破了百亿斤，达 102.0 亿斤，人均占有的粮食达 550.8 斤，比 1949 年人均占有的粮食减少 148.0 斤。1988 年，内蒙古自治区粮食总产量达到 157.6 亿斤，人均占有的粮食产量为 752.6 斤。

1991—2020 年，内蒙古自治区的粮食产量稳定发展。由 1991 年的 195.7 亿斤增加到 2000 年的 248.37 亿斤，增加 52.67 亿斤，增长 26.91%，年平均增长 2.69%。这 10 年中，内蒙古自治区粮食总产量最多的是 1998 年达 315 亿斤，比 1991 年增产 119.30 亿斤，增长 60.96 个百分点；其次是 1996 年，这一年粮食总产为 307.00 亿斤，比 1991 年增产 111.30 亿斤，增长 56.87 个百分点；再次是 1999 年，全区粮食产量为 285.69 亿斤，比 1991 年增产 89.99 亿斤，增产 45.99 个百分点。从人均占有的粮食方面观察，人均占有的粮食有所增加，1991 年人均粮食为 896.1 斤到 1995 年达到 924 斤，比 1991 年增加 27.9 斤，增长 3.11%。1991—1995 年，自治区人均占有的粮食均超过了 800 斤，粮食的供应是充足的。1996—2000 年，人均占有的粮食都超过了千斤，最高年份是 1996 年，达到 1331.0 斤；最低年份是 2000 年为 1045.5 斤。2000—2010 年，人均占有的粮食超过了 1500 斤，而到了 2020 年，人均占有粮食已超过 2800 斤。这说明粮食的供应储备更加充足，为发展食品业和餐饮业、养殖业和畜牧业提供了良好的条件。

2021 年 3 月，中国·内蒙古粮食高质量发展指数在北京发布。该指数由内蒙古自治区发展和改革委员会、内蒙古粮食和物资储备局与中国经济信息社共同编制并发布，指数的发布，标志着内蒙古粮食高质量发展数字化评价体系初步形成。通过指数的运行与监测，可以客观反映全区粮食工作成效与短板，为探索粮食高质量发展路径，研究制定粮食政策措施提供科学依据。

指数从粮食生产、仓储物流、粮食加工、粮食购销、应急能力、综合保障能力六个维度，评估内蒙古粮食高质量发展总体状况，运行结果显示，2019 年，中国·内蒙古粮食高质量发展指数达 122.97 点，较基期 2015 年上升 22.97%，年均增长率达 5.3%，显示内蒙古粮食进入高质量稳定发展新阶段，分项结果显示，内蒙古在粮食生产、仓储物流、粮食加工、粮食购销、应急能力、综合保障能力等方面探索成效显著。

指数研究专题显示，2011 年至 2019 年，内蒙古粮食年均增产量占全国粮食年均增产量的六分之一。2019 年内蒙古对全国其他省份的粮食贡献量约 450 亿斤，其中粮食净调出量约 200 亿斤、工业用粮约 200 亿斤、肉蛋奶外销转化的饲料用粮约 50 亿斤，且在粮食商品率、粮食加工业等方面对全国粮食产业发展和国家粮食安全的贡献均有明显提高。

内蒙古是我国重要的绿色农畜产品生产加工输出基地，是全国 13 个粮食主产区和 6 个粮食净调出区之一。2020 年，内蒙古粮食产量实现"十七连丰"，肉类产量实现"十六连稳"，"粮仓"粮满、"肉库"肉足，粮食产量突破 730 亿斤，粮食贡献量稳定在 400 亿斤以上。

第十三章　人口发展展望

一、人口发展展望

　　人口是社会经济发展的主体，人口变动、人口数量、人口结构、人口素质会对社会经济各方面产生重要的影响。本章根据第七次全国人口普查数据资料，介绍内蒙古人口发展现状，并对未来人口的发展趋势进行预测，分析存在的问题，为规划社会经济的长远目标，调整和制定人口发展战略，实现人口与资源、环境以及经济、社会可持续发展提供基础性资料。

（一）人口发展现状

　　第七次全国人口普查数据显示，内蒙古 2020 年 11 月 1 日零时，常住人口为 2404.92 万人，占全国常住人口的 1.70%，常住人口数量在各省、自治区、直辖市中居第 26 位。全区家庭户 948.40 万户，集体户 49.02 万户，家庭户人口为 2229.62 万人，集体户人口为 175.30 万人，平均每个家庭户的人口为 2.35 人，比第六次全国人口普查减少 0.47 人。家庭户规模比全国平均水平的 2.62 人少 0.27 人。根据第七次全国人口普查数据测算，2020 年内蒙古人口平均预期寿命达 77.56 岁，男性为 74.98 岁，女性为 80.45 岁，女性比男性高 5.47 岁。平均预期寿命比全国的 77.93 岁低 0.37 岁。全区常住人口中，男性人口为 1227.53 万人，占 51.04%，女性人口为 1177.39 万人，占 48.96%。常住人口性别比（以女性为 100，男性对女性的比例）为 104.26。0—14 岁人口为 337.77 万人，占 14.04%，15—59 岁人口为 1591.43 万人，占 66.17%，60 岁及以上人口为 475.72 万人，占 19.78%，65 岁及以上人口为 313.89 万人，占 13.05%。全区常住人口中，拥有大学（指大专及以上）文化程度的人口为 449.43 万人，拥有高中（含中专）文化程度的人口为 356.27 万人，拥有初中文化程度的人口为 814.33 万人，拥有小学文化程度的人口为 568.20 万人（以上各种受教育程度的人包括各类学校的毕业生、肄业生和在校生）。15 岁及以上人口的平均受教育年限为 10.08 年，文盲人口（15 岁及以上不识字的人）为 79.31 万人，文盲率为 3.30%。居住在城镇的人口为 1622.75 万人，占 67.48%，居住在乡村的人口为 782.17 万人，占 32.52%。全区常住人口中，人户分离人口为 1146.30 人，流动人口为 906.84 万人。育龄妇女人数为 558.20 万人，其中处于 20—39 岁的生育活跃期女性为 311.21 万人，育龄妇女的年龄结构老化明显。

（二）人口发展趋势

人口发展与社会、经济、政治、文化有着直接的关系，而且有一定的惯性作用。第六次全国人口普查以来的 10 年间，内蒙古常住人口产生了新变化、人口结构呈现新趋势，了解内蒙古人口发展趋势，对于准确把握新发展阶段、深入贯彻新发展理念、加快构建新发展格局，充分发挥人口要素优势，以经济发展成就集聚和壮大人口资源、深入优化人口结构，推动全区人口与经济社会和资源环境的协调发展。10 年来全区人口发展主要呈现以下趋势。

常住人口数量减少。全区常住人口与 2010 年第六次全国人口普查的 2470.63 万人相比，减少 65.72 万人，减少 2.66%，年平均增长率为-0.27%，全国 31 个省份中有 6 个省份的人口减少。相关统计数据显示，10 年间内蒙古人口的自然增长率保持正向水平，也就是自然增长呈正向趋势，但增长速度较低，而人口总量减少主要是人口外流所致。

家庭户规模缩小。2020 年平均每个家庭户的人口为 2.35 人，比第六次全国人口普查减少 0.47 人。家庭户规模比全国平均水平的 2.62 人少 0.27 人。

预期寿命明显增长。2020 年内蒙古人口平均预期寿命比 2010 年第六次全国人口普查的 74.44 岁相比增长了 3.12 岁，比全国的 77.93 岁低 0.37 岁。全国预期寿命 10 年间增长 3.1 岁，内蒙古增长幅度略高于全国平均水平。

人口性别比趋于优化。人口性别比与 2010 年第六次全国人口普查的 108.05 相比，下降 3.79。

老年人口比重上升。0—14 岁人口的比重下降了 0.03 个百分点，15—59 岁人口的比重下降了 8.28 个百分点，60 岁及以上人口的比重上升了 8.30 个百分点，65 岁及以上人口的比重上升了 5.49 个百分点。

受教育程度不断提高。与 2010 年第六次全国人口普查相比，全区常住人口中，15 岁及以上人口的平均受教育年限由 9.22 年提高至 10.08 年，文盲人口减少 21.20 万人，文盲率由 4.07% 下降为 3.30%，下降 0.77 个百分点。

城镇化水平快速提升。全区常住人口中城镇人口增加 250.73 万人，乡村人口减少 316.44 万人，城镇人口比重上升 11.95 个百分点。

流动人口大幅增加。与 2010 年第六次全国人口普查相比，人户分离人口增加了 429.21 万人，增长 59.85%，市辖区内人户分离人口增加了 135.23 万人，增长 129.76%，流动人口增加了 293.97 万人，增长 47.97%。

育龄妇女人数减少。育龄妇女人数较 2010 年第六次全国人口普查减少了 159.58 万人，降幅达 22.23%，处于 20—39 岁的生育活跃期妇女减少 101.03 万人，降幅达 24.50%。

（三）人口发展预测

1.预测方法

以内蒙古 2020 年第七次全国人口普查数据为基点，根据第七次全国人口普查的生育、死亡数据对未来 30 年内即 2021—2050 年人口总数、主要人口结构数据进行预测。采用 PADIS-INT 人口预测软件。PADIS-INT 是一款国际通用的人口预测软件，在联合国人口司技术指导下，基于国家人口宏观管理与决策信息系统（简称 PADIS），由中国人口与发展研究中心和神州医疗科技股份有限公司联合研发。

2.预测参数

以内蒙古 2020 年第七次全国人口普查资料为基础数据进行参数设置。

总和生育率：2020 年第七次全国人口普查的内蒙古总和生育率为 1.19，假设随着生育政策的逐步落实，到 2050 年总和生育率达到 1.6。

出生人口性别比：世界人口学界普遍认为，出生人口性别比的合理范围是 102—106 之间。2020 年第七次全国人口普查的内蒙古出生人口性别比为 107.02，假设 2050 年内蒙古出生人口性别比将降到 104 的理想水平。

死亡水平：根据第七次全国人口普查数据计算的内蒙古平均预期寿命为 77.56 岁，男性为 74.98 岁，女性为 80.45 岁，女性比男性高 5.47 岁。2050 年内蒙古与全国同步达到中等发达国家水平，参照 2020 年世界卫生组织发布的世界各国平均预期寿命，假设 2050 年内蒙古平均预期寿命达到目前新加坡和日本的平均水平，即总人口 83.40 岁，男 80.25 岁，女 86.45 岁。

死亡模式：死亡模式选择联合国一般模型生命表。

迁移水平：由于人口迁移比较复杂，不确定因素大，本预测不考虑迁移参数。

（四）未来人口状况

1.总人口

预测结果显示 2024 年总人口达到峰值 2404.92 万人，与 2020 年人口普查人口数持平，之后，人口开始逐年下降，到 2050 年总人口为 2109.16 万人，人口总量相当于内蒙古 1989 年的水平。2020—2050 年 30 年间，人口减少 295.75 万人，减少了 12.30%，平均每年减少 9.86 万人，年均减少 0.44%。

图 13-1　预测的 2020—2050 年内蒙古人口趋势曲线

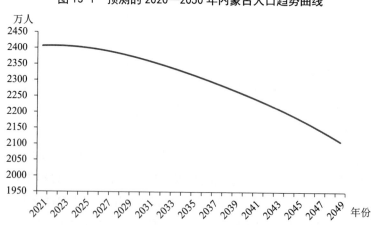

表 13-1　预测的 2021—2050 年内蒙古总人口结果

单位：万人

年　份	人　口	年份	人　口	年份	人　口
2021	2406.46	2031	2363.89	2041	2252.33
2022	2407.05	2032	2354.85	2042	2239.03
2023	2406.59	2033	2345.19	2043	2225.19
2024	2404.92	2034	2335.04	2044	2210.65
2025	2402.15	2035	2324.37	2045	2195.47
2026	2398.18	2036	2313.31	2046	2179.56
2027	2393.15	2037	2301.94	2047	2163.09
2028	2387.16	2038	2290.15	2048	2145.89
2029	2380.20	2039	2277.97	2049	2127.89
2030	2372.38	2040	2265.41	2050	2109.16

2.出生人口和出生率

预测结果显示，未来 30 年，内蒙古人口将于 2042 年出现一次出生小高峰，但峰度很低，出生人口总体呈下降趋势。出生人口从 2020 年的 17.33 万人减少到 2050 年的 14.72 万人，减少 2.61 万人，减少了 15.04%。出生率的变动与出生人口的变化基本同步，从 2020 年的 7.20‰下降到 2050 年的 6.95‰，下降了 0.25 个千分点。

图 13-2　预测的 2020—2050 年内蒙古出生人口、出生率曲线

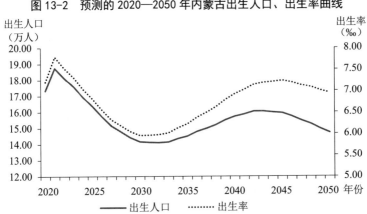

表 13-2 预测的 2021—2050 年内蒙古出生人口、出生率

年　份	出生人口（万人）	出生率（‰）	年份	出生人口（万人）	出生率（‰）
2021	18.75	7.79	2036	14.79	6.38
2022	18.11	7.53	2037	14.98	6.49
2023	17.59	7.31	2038	15.21	6.62
2024	16.92	7.03	2039	15.51	6.79
2025	16.37	6.81	2040	15.73	6.92
2026	15.73	6.55	2041	15.87	7.03
2027	15.15	6.32	2042	16.05	7.14
2028	14.79	6.19	2043	16.04	7.19
2029	14.42	6.05	2044	15.99	7.21
2030	14.16	5.96	2045	15.94	7.24
2031	14.13	5.96	2046	15.73	7.19
2032	14.11	5.98	2047	15.48	7.13
2033	14.15	6.02	2048	15.26	7.08
2034	14.36	6.14	2049	14.97	7.01
2035	14.51	6.23	2050	14.72	6.95

3.死亡人口和死亡率

内蒙古长时期以来人口生育水平一直处于超低水平，人口年龄结构发生了很大变化，老年人口数量和比重急剧上升，老龄化加重，因此死亡人口增加和死亡率上升是内蒙古今后人口发展的必然结果。预测结果显示，死亡人口和死亡率呈现直线上扬的态势（见图 13-3）。死亡人口由 2020 年的 14.38 万人增加到 2050 年的约 33.04 万人。死亡率由 2020 年的 5.98‰上升为 2050 年的 15.60‰。死亡人口的增加和死亡率的上升并不意味着死亡水平的上升，主要原因是老年人口数量增大，比重上升，人口老化所致。各年龄的死亡率呈下降的趋势，也就是人口的死亡水平是下降的，平均预期寿命逐渐提高。

表 13-3　预测的 2021—2050 年内蒙古死亡人口、死亡率

年　份	死亡人口（万人）	死亡率（‰）	年份	死亡人口（万人）	死亡率（‰）
2021	17.10	7.11	2036	25.73	11.09
2022	17.49	7.27	2037	26.20	11.36
2023	18.01	7.48	2038	26.84	11.69
2024	18.55	7.71	2039	27.51	12.05
2025	19.10	7.95	2040	28.11	12.37
2026	19.66	8.19	2041	28.76	12.73
2027	20.14	8.41	2042	29.13	12.97
2028	20.72	8.67	2043	29.68	13.30
2029	21.33	8.95	2044	30.31	13.67
2030	21.93	9.23	2045	30.88	14.02
2031	22.55	9.52	2046	31.40	14.35
2032	23.06	9.78	2047	31.68	14.59
2033	23.71	10.09	2048	32.14	14.92
2034	24.40	10.43	2049	32.64	15.27
2035	25.06	10.75	2050	33.04	15.60

图 13-3　预测的 2020—2050 年内蒙古死亡人口、死亡率趋势曲线

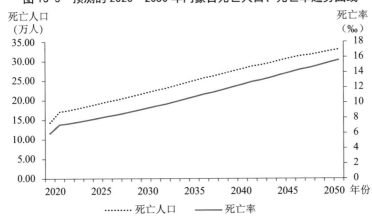

4.年龄构成

根据预测结果，将人口年龄结构划分为 0—14 岁少年儿童人口，15—64 岁青壮年人口，65 岁及以上老年人口。

表 13-4　预测 2020—2050 年内蒙古分年龄段人口状况

年份	分年龄人口数（万人）			分年龄人口比重（%）			抚养比（%）		
	0—14 岁	15—64 岁	65 岁及以上	0—14 岁	15—64 岁	65 岁及以上	少儿人口抚养比	老年人口抚养比	总抚养比
2020	337.77	1753.26	313.89	14.04	72.91	13.05	19.27	17.90	37.17
2021	333.62	1740.56	332.30	13.86	72.33	13.81	19.17	19.09	38.26
2022	328.10	1725.68	353.29	13.63	71.69	14.68	19.01	20.47	39.49
2023	322.42	1712.87	371.31	13.40	71.17	15.43	18.82	21.68	40.50
2024	315.95	1701.87	387.10	13.14	70.77	16.10	18.57	22.75	41.31
2025	309.52	1685.56	407.08	12.89	70.17	16.95	18.36	24.15	42.51
2026	302.57	1677.61	418.01	12.62	69.95	17.43	18.04	24.92	42.95
2027	291.49	1661.90	439.77	12.18	69.44	18.38	17.54	26.46	44.00
2028	282.47	1634.45	470.26	11.83	68.47	19.70	17.28	28.77	46.05
2029	269.79	1615.29	495.13	11.33	67.86	20.80	16.70	30.65	47.36
2030	263.79	1590.13	518.47	11.12	67.03	21.85	16.59	32.61	49.19
2031	253.75	1569.82	540.33	10.73	66.41	22.86	16.16	34.42	50.58
2032	244.51	1552.27	558.08	10.38	65.92	23.70	15.75	35.95	51.70
2033	238.62	1522.43	584.15	10.17	64.92	24.91	15.67	38.37	54.04
2034	238.62	1522.43	584.15	10.17	64.92	24.91	15.67	38.37	54.04
2035	228.84	1462.49	633.05	9.85	62.92	27.24	15.65	43.29	58.93
2036	225.07	1431.19	657.06	9.73	61.87	28.40	15.73	45.91	61.64
2037	222.09	1401.17	678.70	9.65	60.87	29.48	15.85	48.44	64.29
2038	222.09	1401.17	678.70	9.65	60.87	29.48	15.85	48.44	64.29
2039	218.55	1343.56	715.86	9.59	58.98	31.43	16.27	53.28	69.55
2040	218.01	1318.84	728.57	9.62	58.22	32.16	16.53	55.24	71.77
2041	218.23	1295.85	738.26	9.69	57.53	32.78	16.84	56.97	73.81
2042	219.19	1277.63	742.21	9.79	57.06	33.15	17.16	58.09	75.25
2043	220.50	1257.55	747.15	9.91	56.51	33.58	17.53	59.41	76.95
2044	222.11	1235.85	752.71	10.05	55.90	34.05	17.97	60.91	78.88
2045	223.92	1214.45	757.10	10.20	55.32	34.48	18.44	62.34	80.78
2046	225.57	1191.80	762.21	10.35	54.68	34.97	18.93	63.95	82.88
2047	226.97	1163.84	772.30	10.49	53.80	35.70	19.50	66.36	85.86
2048	228.13	1141.27	776.50	10.63	53.18	36.19	19.99	68.04	88.03
2049	228.78	1116.83	782.30	10.75	52.48	36.76	20.49	70.05	90.53
2050	229.04	1095.64	784.49	10.86	51.95	37.19	20.90	71.60	92.51

（1）少年儿童人口

预测显示，内蒙古 0—14 岁少年儿童人数和比重基本呈现直线下降的趋势。人数从 2020 年的 337.77 万人减少到 2050 年的 229.04 万人，减少了 32.19%。年均减少 3.62 万人，年均减少 7.54%。比重从 14.04%下降到 10.86%，下降 3.18 个百分点，年均下降 0.11 个百分点。

图 13-4　预测的 2020—2050 年内蒙古 0—14 岁人口和比重

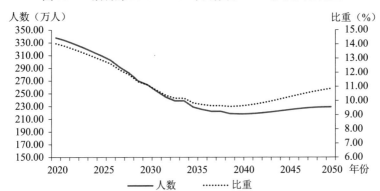

（2）老年人口

根据预测，未来 30 年，内蒙古 65 岁及以上人口数和占总人口的比重呈直线上升趋势。65 岁及以上人口数，从 2020 年的 313.89 万人，增加到 2050 年的 784.49 万人，增加 470.60 万人，增长了 149.93%，年均增加 15.69 万人，年均增长 3.10%。65 岁及以上人口比重由 13.05%上升到 37.19%，30 年上升 24.14 个百分点，年均上升 0.80 个百分点。

图 13-5　预测的 2020—2050 年内蒙古 65 岁及以上人口和比重

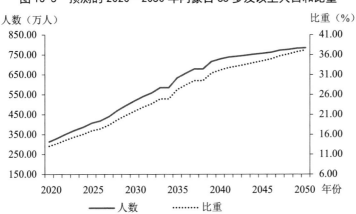

（3）青壮年人口

预测显示，2020 年到 2050 年，15—64 岁人口由 1753.26 万人降到 1095.64 万人，减少 657.62 万人，减少了 37.51%，平均每年减少 21.92 万人，年平均减少 4.00%。15—64 岁人口占总人口的比重由 72.91%下降为 51.95%，降低了 20.96 个百分点，平均每年降低 0.70 个百分点。

图 13-6　预测的 2020—2050 年内蒙古 15—64 岁人口数量及占总人口的比重

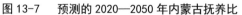

图 13-7　预测的 2020—2050 年内蒙古抚养比

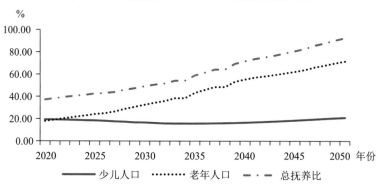

2020—2050 年，少儿人口抚养比由 19.27 上升到 20.90，上升了 1.63 个百分点。老年人口抚养比由 17.90 上升到 71.60，增加了 53.70 个百分点。总抚养比由 37.17 上升到 92.51，上升了 55.34 个百分点。

二、未来30年内蒙古的主要人口问题与对策

（一）快速老龄化问题及对策

2020年内蒙古60岁及以上老年人口数量为475.72万人，60岁及以上老年人口占总人口的比例为19.78%。2000年以来内蒙古老年人口数量进入快速增加期，从206.88万人增加到2010年的283.64万人，到了2020年增加到475.72万人。2000—2010年每年平均增加7.68万人，2010—2020年间每年平均增加19.21万人。60岁及以上老年人口比例也进入快速上升时期。2000—2010年间升高了2.61个百分点，2010—2020年间升高了8.30个百分点。老年人口的数量和比例在过去的10年间上升速度都更快。与此同时，80岁及以上老年人口的规模也不断增加，2020年有54.72万人。可以预计的是，在未来的几十年中内蒙古的老年人口数量增加的速度和老年人口比例上升的速度将会进入快车道。

人口老龄化是关系经济社会长远发展的战略问题。近年来，我们党高度重视应对人口老龄化工作。2019年11月，中共中央、国务院印发《国家积极应对人口老龄化中长期规划》。2020年10月，十九届五中全会提出"实施积极应对人口老龄化国家战略"。习近平总书记指出，各级党委和政府要高度重视并切实做好老龄工作，贯彻落实积极应对人口老龄化国家战略，把积极老龄观、健康老龄化理念融入经济社会发展全过程，加大制度创新、政策供给、财政投入力度，健全完善老龄工作体系，强化基层力量配备，加快健全社会保障体系、养老服务体系、健康支撑体系。

积极实施应对人口老龄化国家战略。实施积极应对人口老龄化国家战略，是党中央全面把握中国人口发展大趋势和老龄化规律作出的重大决策部署。内蒙古在全面推行国家战略的同时，要紧密结合自治区实际情况，因地制宜，创新思路，精准施策，有效解决人口老龄化问题，积极发展老龄事业。

主动积极开发老龄人力资源。老龄人口不仅是支撑新时代经济社会持续发展的新动能，也是中国扩大消费需求的重要力量。很多具有专业技术的老年人虽然已经退休，但却没有选择过退休生活，而是继续在社

会上发挥着重要作用。除此之外，很多老年人积极参与一些公益活动，在志愿者这个岗位上作出了积极的贡献。

健全养老服务体系和制度。进一步健全养老服务体系。鼓励并发展居家养老，以满足大多数老年人的需求，支持家庭承担养老功能。切实推进老年人家庭住房的适老化改造，鼓励支持老年人与家庭成员共同居住或者就近居住，培育扶持上门服务的机构和企业，鼓励和支持发展互助性养老。培育发展社区互助养老、"抱团"养老、旅居式互助养老。

推动养老事业和养老产业协同发展。把握老龄化带来的机遇，发展银发经济，丰富养老服务业态，推动医养结合、康养结合、护养结合，支持养老服务产业与相关产业融合发展。增加老年用品供给，提升老年用品科技含量，促进养老服务消费，培育老龄产业新的增长点。

（二）人口均衡发展问题

人口发展是"国之大者"。2021 年 6 月，中共中央、国务院印发《关于优化生育政策促进人口长期均衡发展的决定》，对做好新时代人口工作作出全面部署。这是以习近平同志为核心的党中央站在中华民族伟大复兴的战略高度，立足新发展阶段、贯彻新发展理念、构建新发展格局，科学把握人口发展规律，兼顾多重政策目标而作出的重大决策。

国家卫生健康委、国家发展改革委等 17 部门印发《关于进一步完善和落实积极生育支持措施的指导意见》（以下简称《指导意见》），要求加快建立积极生育支持政策体系，为推动实现适度生育水平、促进人口长期均衡发展提供有力支撑。《指导意见》从提高优生优育服务水平，发展普惠托育服务体系，完善生育休假和待遇保障机制，强化住房、税收等支持措施，加强优质教育资源供给，构建生育友好的就业环境，加强宣传引导和服务管理等 7 个方面，完善和落实财政、税收、保险、教育、住房、就业等积极生育支持措施，提出 20 项具体政策。针对人口减少、人才流失、快速老龄化的现状，在全面贯彻落实国务院和有关部门政策的同时，内蒙古要紧密结合自身实际，出台积极的配套政策和有力措施，实现人口均衡发展。

加大鼓励生育和人才引进力度。面对人口出生率下降现状，应大力支持鼓励生育配套政策的实施，落实取消社会抚养费制约措施，提高生育津贴和医疗费用支付标准，在严格落实产假、哺乳假等制度上加强监管力度，支持有条件的地方开展父母育儿假试点，实行"二孩""三孩"婴儿奖金制度，尝试将生育情况与养老金制度挂钩，尽可能避免新生人口减少对经济发展的不利影响。同时，人才资源是经济发展和经济增长最直接最重要的推动力量，为人才引进条件"松绑"，切实保障人才引进政策落地，让各类人才在经济建设中发挥力量，为内蒙古经济发展注入动能和活力。

统筹布局产业发展。产业发展和经济增长是提高人才吸引力的核心，稳步推进以人为核心的新型城镇化，通过提高城镇化水平以及良好的城市间协同效应，促进各类生产要素合理流动和高效集聚，增强城市群经济和人口承载力，吸引劳动力流入，打造人口经济圈，防止人口和人才流失。

落实边境地区民生项目。持续改善边境地区群众生产生活条件，做好边境地区基础设施建设工作，尤其是保障教育和医疗等方面的基本公共服务。加大财政投入力度，确保教育资源公平分配，全面提高边境地区乡村教师工资福利待遇。吸引优质教育人才流入边境，提高教学质量，避免边民因子女就学而搬迁。支持边境地区医疗卫生设施提级扩能，改善边境地区医疗机构设备陈旧简陋、缺医少药的现状，使边境居民能够尽快享受到社会平均水平的基本卫生医疗服务。

（三）流动人口问题及对策

内蒙古流动人口越来越多，流动人口为城市经济和各项事业发展提供了大量的劳动力和人才，促进了城市的发展，但同时也给城市的公共基础设施和社会治安等管理工作造成了极大的负担。少数流动人口给城市带来了多元的文化，但也会产生文化的排斥，为管理城市流动人口，促进社会长治久安带来了巨大的挑战。解决好流动人口问题，要深入挖掘引起流动人口问题的症结所在，保障流动群体的合法权益，促进流动人口合理有序流动，创新政府的管理与服务。

坚持"以人为本"的服务意识。新型城镇化要求坚持"以人为本"，实现城市与小城镇的协调可持续发展。流动人口是中国在转变经济体制和建设社会主义现代化过程中，伴随城市化出现的一种人口现象。他们对于城市的建设和发展具有至关重要的作用，为城市建设和发展提供了新的活力和动力。内蒙古自治区是中国边疆少数民族地区，在中国社会的整体安定发展中发挥着战略性的作用，流动人口的治理显得尤为重要。坚持以人为本的服务理念，将管理与服务有机地结合起来，在服务中进行管理，将群众的利益放在首位，积极主动了解他们的内在需求，为流动人口提供优质的管理和服务，切实合理维护他们的合法权益，提高他们的使命感。

树立对流动人口的理性认识。对于流动人口，政府各部门和社会公众要充分理解尊重流动人口的价值和贡献。也可以采取报纸、网络及社区活动等方式进行宣传教育活动，展现流动人口的特质，让人们能够以公平公正、开放包容的态度给流动人口一份关怀，从心底接纳他们的生活习惯和文化习俗，互相交流和帮助。提高流动人口对城市生活的适应性，增强流动人口归属感，为流动人口营造良好的社会环境，使他们积极参与到城市的经济发展和建设中，共同建造美丽和谐的城市生活。当然，流动人口也需要改变自己的行为，提高自己的素养，展示自己的优点，积极适应城市生活。

构建均等化的公共服务体系。各盟市借鉴首府及其他地区流动人口管理的有关经验，提高执法能力，制定具有各盟市特色的流动人口管理与服务法规，细化流动人口在就业、子女教育、医疗卫生、公共安全和社会保障等方面享有相同的公共服务和个人发展权利，维护流动人口基本权益，明确责任追究制度，严厉打击流动人口的犯罪行为和用人单位劳动用工不规范行为。

完善并提升就业服务能力。各盟市应结合时下新型快捷的宣传模式如抖音和网络社区平台等，加大就业援助宣传力度，同时多措并举引导流动人口改变传统保守的就业观念，鼓励新型企业加大招聘流动人口力度；加强就业指导培训，可针对制造业、批发和零售业、采矿业、住宿和餐饮业等具体行业进行指导培训，以提升流动人口的自信心和责任感。鼓励他们摆脱过去技能单一岗位带给自己的舒适区，提升自己接受新事物的能力。规范就业环节，提高流动人口维权意识，提高流动人口的法治观念，而且免费为其提供法律援助。进一步地，各部门强化合作，对企业用工行为充分发挥监管、监督等职责，对侵犯流动人口相关权益的企业做出相应的处罚。精细就业培训，促进流动人口精准就业。

（四）劳动力平均年龄偏高问题

内蒙古已进入人口总量、劳动年龄人口（15—64 岁）总量及占比全面下降的时代，预示着内蒙古人口红利将逐步减少，劳动力无限供给时代已经结束。劳动年龄人口的结构变动不仅可以影响劳动力供给的数量，也影响劳动力供给质量。内蒙古的劳动力总量和比重已经显现出下降趋势、劳动力日益老化、抚养负担进一步加重、劳动力就业结构不尽合理等，这些变化趋势对未来经济社会发展产生直接或间接影响。

扩大劳动力供给规模。在劳动力资源人口持续减少，人口总量出现下降，劳动力抚养负担不断加重的形势下，不仅要确保劳动力的供给规模，提升生育率水平，同时要推动提高劳动参与率、开发老年人力资源、人力资源引进等方面开发可行的政策。多措并举稳定甚至提高劳动参与率。在人口总量、劳动年龄人口比重双下降的情况下，劳动参与率是影响劳动力供给的重要因素，激励提升劳动参与率。

减少就业结构性障碍。就业结构的优化主要是指劳动力资源在各产业间的合理配置。就业结构优化的特征：第一、二产业从业人员向第三产业转移；劳动力从低附加值的资源型、初加工型行业，向高附加值的高、精、尖行业转移；从业人员素质普遍提高，高素质人才比重加大；劳动力供给与需求结构趋于平衡；第三产业就业人数比重最大，产业贡献率最高。积极开展职业技能培训，减少劳动力跨行业、跨区域流动的障碍。优化就业结构，提高服务业吸纳就业人口能力。畅通要素流动，减少城乡就业结构障碍。

统筹城乡人口发展。内蒙古城镇就业劳动力结构与乡村就业劳动力结构是存在很大差异的，统筹城乡人口协调发展是一项长远而系统的工程。2035 年乡村振兴取得决定性进展，农业农村现代化基本实现， 2050 年，乡村全面振兴、农业强、农村美、农民富全面实现，统筹城乡人口发展是保证这一系列短、中、长期目标实现的重要举措。 促进人口向中心城市集聚。支持首府成为全区最具吸引力、竞争力、创新力、影响力的人才中心，推动呼包鄂乌建成全区人才集聚程度最高、创新创造活力最强、科技和人才成果最多的人才"高地"，推动赤峰、通辽等区域中心城市形成纵深推进全区人才队伍建设的重要支点，促进其他盟市打造若干区域人才集聚地。积极调整农牧业产业结构。产业结构决定着产业的未来，劳动力在一定程度上决定着产业的未来和农村牧区的未来。"乡村振兴"战略的实施关键在于"人"，对于内蒙古广大农村牧区来说，首先得"留得住"中青年劳动力，其次要"用得好"，最后还要"引得回"。促进城乡人口双向流动。健康的人口流动应该是双向的，当前人口更多涌向城市，政府部门应该制定激励政策，鼓励部分城市人口向农牧区流动，带动农村地区的经济发展。城乡生活同质，实现共同富裕。城乡生活同质，实现共同富裕是统筹城乡人口协调发展的终极目标。

优化人力资本供给结构。新一轮科技革命和产业变革使各类生产要素相对地位发生明显变化，人力资本、科技创新能力正在成为区域竞争格局的关键变量。要充分发挥人力资源的优势，树立以人的发展作为社会经济全面发展的根本动力的观念，优先投资于人的发展。统筹城乡教育投入，加大对农村牧区基础教育的投入，加快"双一流大学"建设，实现高等教育内涵式发展，培养创新型人才，优化创新创业环境。

（五）发展是解决人口问题的根本途径

人口问题始终是中国面临的全局性、长期性、战略性问题。人口问题的本质是经济问题、发展问题，发展是解决人口问题的根本途径。践行以人民为中心的发展思想，坚定不移走以生态优先、绿色发展为导向的高质量发展新路子，实现人口、经济、社会、生态、资源环境持续协调发展。

以打造祖国北部边疆亮丽风景线为抓手，促进人口和经济协调发展。全面贯彻生态文明理念，坚守底线，划定红线，着力推动生态环境的系统改善、统筹推进、全面进步，实现统筹山水林田湖草沙的系统治理。加快构建人口—资源环境—经济协同发展机制，全面提升生态环境支撑作用，加快产业结构优化，吸引人口集聚，进而推动人口子系统、资源环境子系统和经济子系统良性协同发展。

推动资源依赖型经济向创新驱动型经济转变、由粗放高碳型产业向绿色低碳型产业转变、由分散低效型企业向集约高效型企业转变。减少对传统发展路径依赖，大力实施科技创新驱动战略，推动科技、信息与经济社会融合发展。加快推动能源绿色清洁生产，实现能源的梯次利用和能源资源的循环利用，推进现代能源经济建设，建设能源保障有力、资源利用高效、发展环境优质的现代能源经济。以打造具有区域比较优势的特色产业链为支点，加快全区工业经济转型升级、提质增效。

以"两个基地""一个桥头堡"为定位，发挥内蒙古特色产业，提高人民获得感。根据全区及各个盟市发展阶段、产业特征、人口结构、资源禀赋与区位优势，加强主导产业和人口资源整合的统一规划。实现内蒙古自治区核心城市之间的产业与人口互补与错位共享，避免城市产业发展过度重叠，人口资源与产业需求不匹配。在新的区域经济格局和发展背景下，力争打造国家重要的新型能源和新能源基地、新型化工基地、有色金属工业基地、稀土新材料产业基地和绿色农畜产品加工基地，同时打造中国北方地区重要的冶金和装备制造基地，内蒙古自治区重要的现代服务业和现代农牧业基地，进而通过产业优化布局吸引更多人才向其集聚。

加速构建地区特色的现代化经济体系，走经济集约和可持续发展新路，深入推进以人为核心的新型城镇化。以人为本促进经济长期向好发展。面对人口净流出、常住人口规模缩小导致的人均 GDP 增长率低、社会消费品零售总额低，应统筹布局产业发展。长期而言，产业发展和经济增长才是提高人才吸引力的核心，因此，应稳步推进以人为核心的新型城镇化，通过提高城镇化水平以及良好的城市间协同效应，促进各类生产要素合理流动和高效集聚。发挥呼包鄂城市群建设的带动作用，发展高新技术和新兴产业，促进各类生产要素合理流动和高效集聚，增强城市群经济和人口承载力，吸引劳动力流入，打造人口经济圈。推动人口与经济社会可持续发展，提升城市社会治理水平，实现高质量发展。